Konecny (Hrsg)

RIRUG

Neuerungen im Restrukturierungs-
und Insolvenzrecht

ZIK SPEZIAL

INSOLVENZRECHT UND KREDITSCHUTZ

zik.lexisnexis.at

RIRUG

Neuerungen im Restrukturierungs- und Insolvenzrecht

Beiträge führender Expert:innen zum

- Restrukturierungsverfahren
- Restrukturierungsbeauftragten
- Restrukturierungsplan
  uvm

HERAUSGEGEBEN VON
Univ.-Prof. Dr. Andreas Konecny

LexisNexis® Österreich vereint das Erbe der österreichischen Traditionsverlage Orac und ARD mit der internationalen Technologiekompetenz eines der weltweit größten Medienkonzerne, der RELX Group. Als führender juristischer Fachverlag versorgt LexisNexis® die Rechts-, Steuer- und Wirtschaftspraxis sowie Lehre und Weiterbildung mit Fachinformationen in gedruckter und digitaler Form.

Bücher, Zeitschriften, Loseblattwerke, Skripten und die Kodex-Gesetzestexte garantieren sowohl rasche Information als auch thematische Vertiefung. Von der juristischen Fachredaktion von LexisNexis wird ua die höchstgerichtliche Judikatur gesichtet, nach Wichtigkeit gefiltert und als Rechtsnews zusammengefasst. Webinare bieten Weiterbildung und direkten Kontakt zu Experten.

Mit der Datenbank Lexis 360® haben Sie nicht nur Zugriff auf Gesetze, Rechtsprechung sowie relevante Kommentare und Fachbücher: Enthalten sind auch Lexis Briefings®, eine eigene Kategorie der Rechtsliteratur, die Detailwissen in kürzest möglicher Form komprimiert. Die Suchtechnologie Lexis SmartSearch findet und gruppiert verwandte, weiterführende Inhalte und bringt Sie in Bestzeit zum Rechercheziel. Mit Tools und modernsten Analyse-Technologien wie Lexis SmartScan macht LexisNexis die Zukunft für Sie schon heute verfügbar.

Nähere Informationen unter www.lexisnexis.at

Bibliografische Information der Deutschen Nationalbibliothek
Die Deutsche Nationalbibliothek verzeichnet diese Publikation in der Deutschen Nationalbibliografie; detaillierte bibliografische Daten sind im Internet über https://dnb.de abrufbar.

ISBN 978-3-7007-8254-4

LexisNexis Verlag ARD Orac GmbH & Co KG, Wien
www.lexisnexis.at
Wien 2021 • Best.-Nr. 92.172.001

Alle Rechte, insbesondere das Recht der Vervielfältigung und Verbreitung sowie der Übersetzung, vorbehalten. Kein Teil des Werkes darf in irgendeiner Form (durch Fotokopie, Mikrofilm oder anderes Verfahren) ohne schriftliche Genehmigung des Verlags reproduziert oder unter Verwendung elektronischer Systeme gespeichert, verarbeitet, vervielfältigt oder verbreitet werden. Es wird darauf verwiesen, dass alle Angaben in diesem Werk trotz sorgfältiger Bearbeitung ohne Gewähr erfolgen und eine Haftung des Verlags, der Herausgeber und der Autoren ausgeschlossen ist.

Foto Konecny: Foto Wilke

Druckerei: Prime Rate GmbH, Budapest

Vorwort

Das Restrukturierungs- und Insolvenz-Richtlinie-Umsetzungsgesetz, kurz RIRUG, schließt ein umfangreiches Reformvorhaben ab. Es galt, die „RIRL" umzusetzen, also die RL (EU) 2019/1023 des Europäischen Parlaments und des Rates vom 20. 6. 2019 über präventive Restrukturierungsrahmen, über Entschuldung und über Tätigkeitsverbote sowie über Maßnahmen zur Steigerung der Effizienz von Restrukturierungs-, Insolvenz- und Entschuldungsverfahren. Das ist mit dem RIRUG BGBl I 2021/147 geschehen.

Das RIRUG brachte vor allem die Restrukturierungsordnung (ReO) und zahlreiche Neuerungen beim Insolvenzrecht für natürliche Personen. Beides Themen, die für die Leserinnen und Leser der ZIK von besonderer Bedeutung sind. Daher wurde in der Zeitschrift unverzüglich informiert (s *Mohr*, Das Restrukturierungsverfahren nach der ReO, ZIK 2021/93, 82; *Posani*, Neues für Zahlungspläne und Abschöpfungsverfahren durch das RIRUG, ZIK 2021/94, 95). Auch wenn dafür deutlich mehr Platz zur Verfügung stand als für ZIK-Aufsätze üblich, konnte angesichts der umfangreichen Gesetzesänderungen nur ein Überblick geboten werden. Es war aber klar, dass beim beschränkten Platz in der Zeitschrift dort eine ausführliche Behandlung der Umsetzung der RIRL nicht möglich sein würde. Der LexisNexis-Verlag und die Herausgeberin bzw die Herausgeber der ZIK beschlossen daher, dem RIRUG ein Buch in der Reihe ZIK Spezial zu widmen. Nach dem Vorbild der ersten Spezialausgabe zum IRÄG 2010 sollten die ReO sowie die Neuerungen in IO und Gebührenrecht in Form mehrerer Beiträge zu Themenschwerpunkten analysiert werden. Das Buch mit 16 Aufsätzen liegt hiermit vor.

Dafür ist vor allem den Autorinnen und Autoren herzlich zu danken, die trotz kurzer Arbeitszeit fristgerecht hochwertige Untersuchungen lieferten. Dem LexisNexis-Verlag und seinen Mitarbeiterinnen bzw Mitarbeitern danke ich für die kompetente Betreuung und rasche Produktion des Sammelbandes, besonderer Dank gebührt *Kathrin-Theres Hagenauer* und *Birgit Wenczel*. Herzlich danke ich meinem Team, bestehend aus *Laurenz Oppolzer, Mariana Ristic, Antonia Tieber, Sonja Walcher* und *Johanna Weiss*, für die ausgezeichnete Mitarbeit.

Wien, im Oktober 2021   *Andreas Konecny*

Inhaltsverzeichnis

Vorwort V
Abkürzungsverzeichnis IX
Autorenverzeichnis XI

Die neuen Verfahrensgebäude im Restrukturierungs- und Insolvenzrecht
(Andreas Konecny) 1

Strategische Sanierungsplanung – Kriterien für die Verfahrenswahl
(Alexander Isola/Stefan Weileder/David Seidl) 19

Was will und kann die ReO? – Anwendungsbereich, Zweck und Mittel von
Restrukturierungsverfahren *(Martin Trenker)* 33

Das Restrukturierungskonzept und die Vorbereitung des Restrukturierungsverfahrens
nach der ReO *(Michael Lentsch)* 51

Einleitung und Ablauf des Restrukturierungsverfahrens *(Franz Mohr)* 67

Der Restrukturierungsbeauftragte *(Stephan Riel)* 85

Vollstreckungssperre und Insolvenzschutz *(Axel Reckenzaun)* 115

Vertragsschutz und unwirksame Vereinbarungen nach der ReO
(Philipp Anzenberger) 127

Restrukturierungsverfahren – Planinhalte, Planwirkungen *(Ulla Reisch)* 143

Restrukturierungsverfahren: (Neu-)Finanzierungen und Transaktionen
(Clemens Jaufer/Alexander Painsi) 163

Das Europäische Restrukturierungsverfahren *(Romana Weber-Wilfert)* 173

Das vereinfachte Restrukturierungsverfahren *(Wolfgang Höller/Miriam Simsa/
Philipp Wetter)* 187

Geschäftsleitung und Anteilsinhaber *(Georg Wabl/Gottfried Gassner)* 201

Restrukturierung nach der ReO und Steuerrecht *(Sabine Kanduth-Kristen)* 221

Der neue Privatkonkurs nach dem RIRUG *(Birgit Schneider)* 235

RIRUG: Allgemeine Änderungen im Insolvenzrecht und im Gebührenrecht
(Franz Mohr/Eva Reichel) 251

Stichwortverzeichnis 259

Abkürzungsverzeichnis

EuGVVO	VO (EG) 44/2001 des Rates vom 22. 12. 2000 über die gerichtliche Zuständigkeit und die Anerkennung und Vollstreckung von Entscheidungen in Zivil- und Handelssachen (Neufassung), ABl L 2001/12, 1
EuGVVO 2012	VO (EU) 1215/2012 des Europäischen Parlaments und des Rates vom 12. 12. 2012 über die gerichtliche Zuständigkeit und die Anerkennung und Vollstreckung von Entscheidungen in Zivil- und Handelssachen, ABl L 2012/351, 1
EuInsVO	VO (EG) 1346/2000 des Rates vom 29. 5. 2000 über Insolvenzverfahren, ABl L 2000/160, 1
EuInsVO 2015	VO (EU) 2015/848 des Europäischen Parlaments und des Rates vom 20. 5. 2015 über Insolvenzverfahren (Neufassung), ABl L 2015/141, 19
GREx	Gesamtreform des Exekutionsrechts BGBl I 2021/86
InsNov 2002	Insolvenzrechts-Novelle 2002 BGBl I 2002/75
IRÄG 1997	Insolvenzrechtsänderungsgesetz 1997 BGBl I 1997/114
IRÄG 2010	Insolvenzrechtsänderungsgesetz 2010 BGBl I 2010/29
IRÄG 2017	Insolvenzrechtsänderungsgesetz 2017 BGBl I 2017/122
KO-Nov 1993	Konkursordnungs-Novelle 1993 BGBl 1993/974
ReO	Bundesgesetz über die Restrukturierung von Unternehmen (Restrukturierungsordnung) BGBl I 2021/147
RIRL	RL (EU) 2019/1023 des Europäischen Parlaments und des Rates vom 20. 6. 2019 über präventive Restrukturierungsrahmen, über Entschuldung und über Tätigkeitsverbote sowie über Maßnahmen zur Steigerung der Effizienz von Restrukturierungs-, Insolvenz- und Entschuldungsverfahren und zur Änderung der Richtlinie (EU) 2017/1132 (Richtlinie über Restrukturierung und Insolvenz), ABl L 2019/172, 18
RIRUG	Restrukturierungs- und Insolvenz-Richtlinie-Umsetzungsgesetz BGBl I 2021/147
SanInsFOG	Gesetz zur Fortentwicklung des Sanierungs- und Insolvenzrechts (Sanierungs- und Insolvenzrechtsfortentwicklungsgesetz) dBGBl I 2020/66, 3256
StaRUG	Gesetz über den Stabilisierungs- und Restrukturierungsrahmen für Unternehmen (Unternehmensstabilisierungs- und -restrukturierungsgesetz) dBGBl I 2020/66, 3256

Autorenverzeichnis

Assoz.-Prof. MMMag. Dr. Philipp Anzenberger
Assoz.-Prof. MMMag. Dr. Philipp Anzenberger ist am Institut für Zivilverfahrensrecht und Insolvenzrecht der Karl-Franzens-Universität Graz tätig. Er hat Rechtswissenschaften, Betriebswirtschaftslehre und Geographie (im Rahmen von Umweltsystemwissenschaften) studiert und ist für die Fächer Zivilverfahrensrecht und Bürgerliches Recht habilitiert. Er ist Autor mehrerer Monographien sowie zahlreicher Kommentierungen und Aufsätze in diesen Rechtsbereichen.

RA MMag. Gottfried Gassner
MMag. Gottfried Gassner ist Partner im Corporate / M&A und Restructuring Team der BINDER GRÖSSWANG Rechtsanwälte GmbH und verfügt über mehr als fünfzehn Jahre Erfahrung in diesen Bereichen.

RA Dr. Wolfgang Höller, M.B.L.-HSG
Dr. Wolfgang Höller ist Partner der Schönherr Rechtsanwälte GmbH und leitet dort die Practice Group Insolvency & Restructuring. Er berät seit fast 20 Jahren österr und internationale Unternehmen bei außergerichtlichen und gerichtlichen Sanierungen in allen Fragen des Insolvenzrechts und des Gläubigerschutzes. Zuletzt war er führend bei der Abwicklung von Banken in Österreich tätig. Wolfgang Höller ist Mitautor der Grundsätze für Restrukturierungen in Österreich, in dem gemeinsam mit RBI, Erste und UniCredit Bank Austria ein Best Practice Guide für außergerichtliche Restrukturierungen verfasst wurde.

RA Dr. Alexander Isola, M.C.J. (NYU)
Dr. Alexander Isola, M.C.J. (NYU) ist Rechtsanwalt und Partner bei GRAF ISOLA Rechtsanwälte GmbH mit Büros in Wien und Graz; Schwerpunkte der Tätigkeit sind neben dem Wirtschaftsrecht die Insolvenz- und Sanierungsverwaltung, die Schuldner- und Gläubigervertretung in Insolvenz- und Sanierungsfällen sowie die Beratung in einschlägigen Haftungsangelegenheiten.

Autorenverzeichnis

RA Dr. Clemens Jaufer
Dr. Clemens Jaufer ist Partner der Jaufer Rechtsanwälte GmbH mit Tätigkeitsschwerpunkt im Wirtschaftsrecht, vornehmlich in den Bereichen Unternehmenssanierung und -umstrukturierung, Unternehmensnachfolge, Insolvenzverwaltung sowie Beratung von Unternehmensverantwortlichen in der Krise und beim Erwerb von Krisenunternehmen. Er hat besondere Expertise in der Prüfung von Unternehmen (Legal DD), Corporate Compliance sowie in der Strukturierung und Verhandlung von außergerichtlichen Restrukturierungsprozessen bei Konzernen und in unternehmensbezogenen Vermögensentflechtungen. Er ist Autor sowie Universitätslektor an der KFU Graz.

Univ.-Prof. Dr. Sabine Kanduth-Kristen, LL.M., StB
Dr. Sabine Kanduth-Kristen, LL.M., StB, ist Universitätsprofessorin am Institut für Finanzmanagement der Alpen-Adria-Universität Klagenfurt, Abteilung für Betriebliches Finanz- und Steuerwesen und Mitglied der Forschungsgruppe anwendungsorientierte Steuerlehre (FAST).

Univ.-Prof. Dr. Andreas Konecny
Univ.-Prof. Dr. Andreas Konecny ist Professor am Institut für Zivilverfahrensrecht der Universität Wien.

RA Dr. Michael Lentsch
Dr. Michael Lentsch ist Rechtsanwalt in Wiener Neustadt (Kosch & Partner Rechtsanwälte) mit dem Schwerpunkt Insolvenzrecht und Unternehmenssanierungen.

Autorenverzeichnis

Hon.-Prof. Dr. Franz Mohr
Dr. Franz Mohr ist Honorarprofessor an der Karl-Franzens-Universität Graz und Universitätslektor an der Sigmund Freud PrivatUniversität.

RAA Mag. Alexander Painsi
Mag. Alexander Painsi ist Rechtsanwaltsanwärter der Jaufer Rechtsanwälte GmbH mit Tätigkeitsschwerpunkt im Insolvenz- und Sanierungsrecht mit besonderem Fokus auf gerichtliche und außergerichtliche Restrukturierungen, speziell im grenzüberschreitenden Kontext. Er berät darüber hinaus Banken und Unternehmen in Streitigkeiten rund um Finanzierungen und angespannte Geschäftsbeziehungen sowie bei Unternehmenstransaktionen.

Hon.-Prof. RA Dr. Axel Reckenzaun, MBL
Hon.-Prof. RA Dr. Axel Reckenzaun, MBL ist Rechtsanwalt in Graz in Gemeinschaft mit Dr. Christian Böhm, Dr. Andreas Tschernitz und Mag. Clemens Koller; Schwerpunkte: Kreditsicherungsrecht, Insolvenz- und Restrukturierungsrecht; Honorarprofessor an der Karl-Franzens-Universität Graz; allgemein gerichtlich zertifizierter beeideter Sachverständiger und Vertreter der ÖRAK in der Insolvenzrechtsreformkommission im BMJ; zahlreiche Vorträge und Veröffentlichungen auf dem Gebiet des Zivilverfahrensrechts, insb des Insolvenzrechts.

Mag. Eva Reichel
Mag. Eva Reichel ist Richterin des Handelsgerichts Wien und Referentin des BMJ in den Abteilungen für Unternehmens- und Gesellschaftsrecht sowie Exekutions- und Insolvenzrecht.

Autorenverzeichnis

RA Dr. Ulla Reisch
RA Dr. Ulla Reisch ist Partner der Urbanek Lind Schmied Reisch Rechtsanwälte OG mit Sitz in Wien, St. Pölten und Krems. Ihre Schwerpunkte liegen vor allem im Insolvenz- und Unternehmenssanierungsrecht sowie im internationalen Insolvenzrecht, Gesellschaftsrecht, bei Umgründungen sowie im Privatstiftungsrecht. Sie ist Autorin zahlreicher Artikel in Fachzeitschriften. Daneben ist sie auch als Vortragende sowie als Lektorin am Juridicum sowie der Wirtschaftsuniversität Wien tätig.

RA Dr. Stephan Riel
Dr. Stephan Riel, Rechtsanwalt in Wien mit dem Tätigkeitsschwerpunkt Insolvenz- und Sanierungsrecht, Partner in der Kanzlei Riel & Partner (www.riel.at), Insolvenzverwalter in Wien und Niederösterreich, Mitglied der im BMJ tagenden Insolvenzrechtsreformkommission, Mitherausgeber der ZIK.

Priv.-Doz. Dr. Birgit Schneider
Priv.-Doz. Dr. Birgit Schneider ist juristische Mitarbeiterin bei Schulyok Unger & Partner Rechtsanwälte OG mit dem Tätigkeitsschwerpunkt Insolvenz- und Sanierungsrecht.

RA Dr. David Seidl
Dr. David Seidl ist Rechtsanwalt bei GRAF ISOLA Rechtsanwälte GmbH mit Büros in Wien und Graz. Seine Spezialgebiete sind Organhaftungsfragen und Wirtschaftsstrafrecht, Insolvenz und Sanierung (laufende Bestellung als Insolvenzverwalter, Schuldner- und Gläubigerberatung, Anfechtungsrecht), Marken- und Immaterialgüterrecht sowie Gesellschafts- und Unternehmensrecht.

RA Mag. Miriam Simsa
Mag. Miriam Simsa ist Partnerin bei Schönherr Rechtsanwälte GmbH in Wien. Sie hat sich auf die Bereiche Insolvenzrecht, Restrukturierungen sowie Finanzierungen spezialisiert. Sie berät seit mehr als 10 Jahren österr und internationale Unternehmen zu allen Aspekten im Zusammenhang mit notleidenden Kreditnehmern, einschließlich Refinanzierungen und Kreditverkäufen.

Autorenverzeichnis

Univ.-Prof. MMag. Dr. Martin Trenker
Univ.-Prof. MMag. Dr. Martin Trenker ist Leiter des Instituts für Zivilgerichtliches Verfahren der Universität Innsbruck und Autor zahlreicher Publikationen zum Zivilprozess-, Insolvenz- und Unternehmensrecht.

RA Mag. Georg Wabl, LL.M. (London)
Mag. Georg Wabl, LL.M. (London) ist seit 2017 Rechtsanwalt bei BINDER GRÖSSWANG Rechtsanwälte GmbH in Wien mit Schwerpunkt Restrukturierung, Insolvenzrecht und Gesellschaftsrecht. Davor absolvierte er einen LL.M. an der QMUL mit Schwerpunkt Financial und Corporate Restructuring, wo er auch als Research Assistant tätig war.

RA Dr. Romana Weber-Wilfert
RA Dr. Romana Weber-Wilfert ist Partner der Celar Senoner Weber-Wilfert Rechtsanwälte GmbH. Ihre Tätigkeitsschwerpunkte liegen vor allem im Insolvenz- und Sanierungsrecht sowie im Gesellschafts- und Arbeitsrecht. Sie ist regelmäßig als Autorin und Vortragende sowie als Lehrbeauftragte und Prüferin an der Universität Wien tätig.

RA Mag. Stefan Weileder, LL.M. (DUK)
Mag. Stefan Weileder, LL.M. (DUK) ist Rechtsanwalt und Partner bei GRAF ISOLA Rechtsanwälte GmbH mit Büros in Wien und Graz. Er ist spezialisiert auf Insolvenz- und Restrukturierungsrecht (laufende Bestellung als Insolvenzverwalter, Schuldner- und Gläubigerberatung, Anfechtungs- und Haftungsrecht), Gesellschaftsrecht und Bankrecht (insb Kreditsicherung und Finanzierung).

Autorenverzeichnis

RA Mag. Philipp Wetter, BA
Mag. Philipp Wetter ist Rechtsanwalt bei Schönherr Rechtsanwälte GmbH und auf die Bereiche Insolvenzrecht, Restrukturierungen sowie Finanzierungen spezialisiert. Er berät österr und internationale Unternehmen sowohl auf Schuldner- als auch auf Gläubigerseite zu sämtlichen Fragen im Zusammenhang mit (außergerichtlichen) Restrukturierungen, (Re-)Finanzierungen und (internationalem) Insolvenzrecht. Ein weiterer Schwerpunkt liegt in der Beratung bei der Abwicklung von Kreditinstituten und Distressed M&A-Transaktionen.

FOTONACHWEISE
Anzenberger: Tzivanopoulos, Uni Graz • Gassner: Binder Grösswang • Höller: Schönherr • Isola: Franz Helmreich • Jaufer: Christa Strobl • Kanduth-Kristen: AAU Neumüller • Konecny: Foto Wilke • Lentsch: Foto Tschank • Mohr: privat • Painsi: Christa Strobl • Reckenzaun: Lex Karelly • Reichel: privat • Reisch: Höfinger • Riel: Markus Bacher • Schneider: Foto Wilke • Seidl: Lukas Lorenz • Simsa: Schönherr • Trenker: Picture People GmbH & Co KG • Wabl: Binder Grösswang • Weber-Wilfert: privat • Weileder: privat• Wetter: Schönherr

Die neuen Verfahrensgebäude im Restrukturierungs- und Insolvenzrecht

Andreas Konecny

Gliederung	Seite
1. Einleitung	1
2. Restrukturierungsverfahren	3
2.1. Umsetzungsvorgaben der RIRL	3
2.2. Umsetzung der RIRL	4
2.2.1. Zur Regelung der Restrukturierungsverfahren	4
2.2.2. Selbstständige und unvereinbare Arten von Restrukturierungsverfahren	5
2.3. Der Anwendungsbereich der Restrukturierungsverfahren im Überblick	8
2.3.1. Persönlicher Anwendungsbereich	8
2.3.2. Sachlicher Anwendungsbereich	9
2.4. Das ordentliche Restrukturierungsverfahren im Überblick	9
2.5. Das Europäische Restrukturierungsverfahren im Überblick	10
2.6. Das vereinfachte Restrukturierungsverfahren im Überblick	12
2.7. Anwendbares Recht	13
3. Änderungen bei den Insolvenzverfahren	14
3.1. Umsetzungsvorgaben der RIRL	14
3.2. Das veränderte Verfahrensgebäude im Insolvenzrecht im Überblick	14
3.3. Gesamtvollstreckung	15
3.4. Zahlungsplan	16
3.5. Abschöpfungsverfahren	17
4. Schlusswort	17

In Umsetzung der RIRL schuf der Gesetzgeber mit der im Rahmen des RIRUG eingeführten ReO eigenständige Verfahren(sgebäude) zur Restrukturierung insolvenzbedrohter Unternehmer. Die mit den IRÄG 1997 und 2010 im Insolvenzrecht errichteten Verfahrensgebäude gestaltete er für natürliche Personen teilweise neu. Das weitestgehend unbenützte Reorganisationsverfahren nach dem URG blieb bestehen. Dieser Beitrag bietet einen Überblick zu den verschiedenen Verfahren und Verfahrensabläufen im Restrukturierungs- und Insolvenzrecht, zu ihrem Verhältnis zueinander und zum auf sie anwendbaren Recht.

1. Einleitung

Mit dem RIRUG erfolgt die Umsetzung der RIRL.[1] Dabei waren vor allem zwei Aufgaben zu bewältigen: die Schaffung von Restrukturierungsverfahren und die Erleichterung der Entschuldung insolventer Unternehmer. Das Ergebnis sind die Verfahren nach der ReO und Änderun-

---

[1] Diese Abkürzung ist zwar nicht offiziell, hat sich in Österreich aber eingebürgert und wird auch vom Gesetzgeber des RIRUG in den ErläutRV vielfach verwendet (s insb ErläutRV 950 BlgNR 27. GP 1). Allgemein zur RIRL *Mohr*, die Richtlinie über Restrukturierung und Insolvenz – ein kurzer Gesamtüberblick, ZIK 2019/115, 86.

gen im Insolvenzrecht für natürliche Personen. Sie bringen neue Verfahrensgebäude[2] – iS von Verfahren mit ihrem durch Fristen und Ereignisse abgestimmten Ablauf[3] – im Restrukturierungs- und Insolvenzrecht.

In Umsetzung des Titels II der RIRL über einen präventiven Restrukturierungsrahmen[4] schuf der Gesetzgeber in Art 1 RIRUG die ReO mit drei[5] Restrukturierungsverfahren: einem als Regelverfahren behandelten, gesetzlich nicht näher bezeichneten *(ordentlichen)*[6] *Restrukturierungsverfahren,* einem *europäischen Restrukturierungsverfahren* und einem *vereinfachten Restrukturierungsverfahren.*[7]

In Umsetzung des Titels III der RIRL über Entschuldung und Tätigkeitsverbote[8] erfolgte in Art 2 RIRUG, der diverse Neuerungen in der IO enthält, neben einer Verkürzung der Berechnungsfrist für einen *Zahlungsplan* eine wesentliche *Umgestaltung des Abschöpfungsverfahrens.* Das gibt es nun in zwei Ablaufvarianten, mit *Tilgungsplan* als Verfahren mit dreijähriger Laufzeit der Abtretungserklärung und mit *Abschöpfungsplan* wie seit dem IRÄG 2017 als Verfahren mit fünfjähriger Laufzeit.[9] Neu im insolvenzrechtlichen Verfahrensgebäude ist die *Gesamtvollstreckung* als Ablaufvariante des Schuldenregulierungsverfahrens.[10]

Mit dem *Reorganisationsverfahren* nach dem URG besteht seit 1997 ein vom Insolvenzverfahren getrenntes Verfahren(sgebäude) für die Reorganisation von Unternehmen vor Insolvenzeintritt (s § 1 URG). Das RIRUG lässt es unberührt, was kritisiert wurde.[11] Das Reorganisationsverfahren bietet wenig, im Wesentlichen einen beschränkten Anfechtungsschutz und die Herausnahme von Reorganisationsmaßnahmen aus dem Eigenkapitalersatzrecht (§§ 20 f URG). Da die neuen Restrukturierungsverfahren in ihren Möglichkeiten viel weitergehender sind, wird das Reorganisationsverfahren wohl unbedeutend bleiben[12] und daher in diesem Beitrag nur eingangs erwähnt.

---

2 Der Begriff findet sich in den Materialien zum IRÄG 1997: s ErläutRV 734 BlgNR 20. GP 34. Angesprochen waren damit die neuen Strukturen für Konkursverfahren mit Prüfphase und Berichtstagsatzung, an die Regelungen zu Unternehmensschicksal, Zwangsausgleich und Vertragsverhältnissen angepasst wurden.
3 Siehe bereits *Konecny,* Das Verfahrensgebäude der Insolvenzordnung, in *Konecny,* IRÄG 2010 (2010) 1 (2).
4 Siehe nur *Jurgutyte-Ruez/Urthaler,* Der präventive Restrukturierungsrahmen in der Restrukturierungs-RL, ZIK 2019/116, 91.
5 Oder zwei bzw vier: s *Weber-Wilfert* Das Europäische Restrukturierungsverfahren, in *Konecny,* RIRUG (2021) Pkt 2.1. sowie unten Pkt 2.2.2.
6 Zwecks Abgrenzung von anderen Verfahrensarten wird das Regelverfahren in der Folge als ordentliches Restrukturierungsverfahren bezeichnet: näher dazu unten bei Pkt 2.2.1.
7 Einen ausführlichen Überblick bietet *Mohr,* Das Restrukturierungsverfahren nach der ReO, ZIK 2021/93, 82.
8 Siehe nur *Bilinska,* Richtlinie über Restrukturierung und Insolvenz – die Erleichterung der Entschuldung, ZIK 2019/117, 102.
9 Einen ausführlichen Überblick bietet *Posani,* Neues für Zahlungspläne und Abschöpfungsverfahren durch das RIRUG, ZIK 2021/94, 95. Siehe dazu noch *Schneider,* Der neue Privatkonkurs nach dem RIRUG, in *Konecny,* RIRUG.
10 Ausführlich dazu *Schneider,* GREx und Insolvenz, ZIK 2021/136, 126 (128 f). Die Gesamtvollstreckung brachte zwar nicht das RIRUG, sondern die GREx, der Vollständigkeit halber wird sie aber bei Pkt 3.3. kurz dargestellt.
11 ZB von *Trenker/Lutschounig,* Stellungnahme zum ME 42/SN-96/ME 27. GP 19, die auch seine Funktion als Verweisquelle (s zB § 273 UGB, § 36 GmbHG, § 2 EKEG) als entbehrlich erachten.
12 IdS bereits *Mohr,* ZIK 2019/115, 86 (90). Bekannt geworden ist seit 1997 ein einziges erfolgreich abgeschlossenes Verfahren: s *Reckenzaun/Hadl,* Erste (positive) Erfahrungen mit dem Unternehmensreorganisationsverfahren, ZIK 2001/130, 90.

Dem Aufbau des RIRUG folgend werden zuerst die Restrukturierungsverfahren nach der ReO dargestellt, dabei auch ihr Verhältnis zueinander und das auf sie anwendbare Recht (s Pkt 2.); anschließend die Änderungen beim Verfahrensgebäude nach der IO (Pkt 3.). Im Hinblick auf die ausführlichen Untersuchungen in den Beiträgen des Sammelbandes beschränkt sich dieser Aufsatz auf Grundsätzliches und Überblicke.

2. Restrukturierungsverfahren

2.1. Umsetzungsvorgaben der RIRL

Die RIRL ordnet in ihrem Titel II die Einführung eines *präventiven Restrukturierungsrahmens* an und gibt den nationalen Gesetzgebern für die Umsetzung eine Reihe von Parametern vor. Generell haben die Mitgliedstaaten sicherzustellen, dass Schuldner bei wahrscheinlicher Insolvenz Zugang zu einem präventiven Restrukturierungsrahmen haben, der es ihnen ermöglicht, sich zu restrukturieren, um die Insolvenz abzuwenden und ihre Bestandsfähigkeit sicherzustellen (Art 4 Abs 1 RIRL).[13] Im Kern geht es um die Vereinbarung von Restrukturierungsmaßnahmen mit betroffenen Gläubigern. Sie sollen in einem Restrukturierungsplan vorgesehen sein, den die betroffenen Gläubiger annehmen und der von einer Gerichts- oder Verwaltungsbehörde bestätigt wird (Art 8 ff RIRL).

Das bedingt die Schaffung von *Restrukturierungsverfahren*. Die RIRL bietet für deren Gestaltung breiten Spielraum. Die Restrukturierungsverfahren können *Binnenfälle* und *grenzüberschreitende Fälle* betreffen,[14] *geheim* und *öffentlich* sein.[15] Zwar enthält Art 1 RIRL diverse Vorgaben in Bezug auf den personellen und sachlichen Anwendungsbereich,[16] doch sieht Art 4 Abs 5 RIRL für den präventiven Restrukturierungsrahmen vor, dass er auch aus *mehreren* Verfahren, Maßnahmen oder Bestimmungen bestehen kann, von denen einige *außergerichtlich* durchgeführt werden können.[17] Nach Art 4 Z 6 RIRL kann die Beteiligung einer Justiz- oder Verwaltungsbehörde *auf das Erforderliche und Angemessene* beschränkt werden.[18] Zwingend vorgegeben ist die Beteiligung solcher Behörden nur bei der Bestätigung bestimmter Restrukturierungspläne, sollen diese verbindlich sein (Art 10 Abs 1 RIRL), wenngleich ihnen auch andere Tätigkeiten zugedacht sind, etwa die Bestellung von Restrukturierungsbeauftragten (Art 5 Abs 2 RIRL) oder die Erlassung einer Vollstreckungssperre (Art 6 Abs 1 RIRL). Erst bei der Bestätigung sind Stimmrechte und die Bildung der Klassen abstimmender Gläubiger behördlich zu überprüfen, doch kann vorgesehen sein, dass das bereits zu einem früheren Zeitpunkt geschieht (Art 9 Abs 5 RIRL). Restrukturierungsverfahren können daher weitgehend ohne Beteiligung einer Behörde ablaufen, die erst zur Bestätigung außergerichtlicher Vereinbarungen eingebunden wird. Es ist aber ebenfalls möglich, die Restrukturierung in ein behördliches Verfahren einzubetten.

---

13 Siehe allgemein *Mohr*, ZIK 2019/115, 86.
14 Vgl ErwGr 12 RIRL.
15 Vgl ErwGr 13 RIRL.
16 Vgl nur *Jurgutyte-Ruez/Urthaler*, ZIK 2019/116, 91 (91 f) und unten Pkt 2.3.
17 *Jurgutyte-Ruez/Urthaler*, ZIK 2019/116, 91 (93) bezeichnen das treffend als „Baukastensystem".
18 Vgl dazu auch ErwGr 4, 29 RIRL.

2.2. Umsetzung der RIRL
2.2.1. Zur Regelung der Restrukturierungsverfahren

Der österr Gesetzgeber hat den eingeräumten Umsetzungsspielraum genützt. Die ReO kennt auf den ersten Blick drei Arten von Restrukturierungsverfahren: Es gibt einmal ein in den §§ 1–43 ReO als Regelverfahren normiertes, nicht näher betiteltes Verfahren. Dieses wird hier in Anlehnung an das Insolvenzrecht[19] und im Hinblick auf die Materialien zum RIRUG[20] als *ordentliches* Restrukturierungsverfahren bezeichnet. Dazu kommen als „besondere Verfahrensarten"[21] das *Europäische* Restrukturierungsverfahren (§ 44 ReO) und das *vereinfachte*[22] Restrukturierungsverfahren (§ 45 ReO).

Der Gesetzgeber erklärt diese Dreigestalt der Restrukturierungsverfahren nicht näher, sagt nur, dass der präventive Restrukturierungsrahmen durch ein gerichtliches Restrukturierungsverfahren umgesetzt werde.[23] Wie bei Pkt 2.1. dargelegt, ermöglicht es die RIRL, dass die Restrukturierung im Wesentlichen in einem Gerichtsverfahren stattfindet, aber auch, dass den Regelfall eine außergerichtliche Einigung des Schuldners mit den betroffenen Gläubigern samt gerichtlicher Bestätigung bildet. Österreich hat sich dafür entschieden, dass die *Grundvariante ein Gerichtsverfahren* ist: Das hat den – von Insolvenzverfahren bekannten – Vorteil, dass Schuldner rasch das Gericht anrufen können, (hier) zB, um eine Vollstreckungssperre zu erwirken.[24] Allerdings ist das Regelverfahren damit keine deutliche Alternative zu Insolvenzverfahren, sondern weist Ähnlichkeit mit dem früheren Ausgleichsverfahren oder dem Sanierungsverfahren mit Eigenverwaltung auf.[25] Beide haben sich auf Dauer in der Praxis nicht bewährt.[26] Es bleibt abzuwarten, ob das bei der gerichtslastigen Grundvariante der Restrukturierungsverfahren anders sein wird.

Gibt es *Auslandsbezug,* ist es wichtig, dass der Plan in anderen Staaten anerkannt wird. Für den Gesetzgeber bot sich als Rechtsgrundlage dafür die EuInsVO 2015 an, die jedoch nur bei

---

19 Das Regelinsolvenzverfahren nach den §§ 1–180 IO hat ebenfalls keine nähere Bezeichnung, wird dann in § 181 IO in Abgrenzung zu den Besonderheiten für natürliche Personen ordentliches Verfahren genannt.
20 IZm gebührenrechtlichen Regelungen ist vom ordentlichen im Unterschied zum vereinfachten Verfahren die Rede: s ErläutRV zum RIRUG 950 BlgNR 27. GP 33, 34.
21 So die Überschrift zum 7. Abschnitt mit den §§ 44 und 45 ReO.
22 In § 44 ReO und in den ErläutRV zum RIRUG 950 BlgNR 27. GP 2, 10, 24, 34 ist stets vom „E"uropäischen Restrukturierungsverfahren die Rede, im Text des § 45 ReO und in den ErläutRV zum RIRUG 950 BlgNR 27. GP 2, 24 f, 33, 34 dagegen immer vom „v"ereinfachten Restrukturierungsverfahren. Der grammatikalischen Unterscheidung wird gefolgt.
23 ErläutRV zum RIRUG 950 BlgNR 27. GP 1.
24 Das erleichtert die mögliche Einleitung eines Restrukturierungsverfahrens unter Vorlage bloß eines Restrukturierungskonzepts anstelle eines fertigen Restrukturierungsplans (s insb § 8 ReO). Kritisch zu „planlosen" Schuldnern allerdings *Riel,* Restrukturierungs- und Insolvenz-Richtlinie-Umsetzungsgesetz, AnwBl 2021, 379 (380).
25 Vgl auch *Fidler, Die ReO tritt in Kraft: Doch nur ein „Sanierungsverfahren light"?* ZFR 2021/130, 313 (313).
26 Kurz vor Aufhebung der AO mit dem IRÄG 2010 gab es nur noch 42 Verfahren im Jahr 2008 und 39 im Jahr 2009: s *Zotter,* Insolvenzstatistik 2009 für Österreich, ZIK 2010/8, 18 (19). Die Sanierungsverfahren mit Eigenverwaltung, die auch für Restrukturierungsverfahren angeordnet ist (§ 16 ReO), haben ebenfalls zahlenmäßig keine Bedeutung. In den Jahren 2018 und 2019 (also noch vor dem im Gefolge der Coronapandemie eingetretenen Verfall der Verfahrenszahlen) wurden bloß noch 39 bzw 32 Verfahren eröffnet: s *Kantner,* Insolvenzstatistik 2019 für Österreich, ZIK 2020/10, 22 (22).

öffentlichen Verfahren anwendbar ist.[27] Daher gibt es das öffentlich durchgeführte Europäische Restrukturierungsverfahren (§ 44 ReO), das der Gesetzgeber als zum Eintrag in den Anh A der EuInsVO 2015[28] geeignet erachtet.[29] Dem ist zuzustimmen, weil für das in § 44 ReO geregelte öffentliche „normale" Restrukturierungsverfahren die dafür erforderlichen Voraussetzungen gem Art 1 Abs 1 EuInsVO 2015 gegeben sind.[30] Der tatsächliche Anwendungsbereich dieses Typs von Restrukturierungsverfahren ist aber unklar.[31]

Umgesetzt hat der Gesetzgeber auch die nach der RIRL mögliche Variante, bei der das Gericht eine *außergerichtliche Vereinbarung bloß bestätigt*. Dafür gibt es das vereinfachte Restrukturierungsverfahren (§ 45 ReO). Nach den Materialien[32] ist es bspw nutzbar, wenn bereits eine Abstimmung über eine Restrukturierungsvereinbarung erfolgte, die bei einem außergerichtlichen Ausgleich erforderliche Einstimmigkeit aber an einem oder wenigen Gläubigern („Ausgleichsstörer") gescheitert ist. Da für Restrukturierungsvereinbarungen eine Mehrheitsentscheidung reicht,[33] kann bei Vorliegen der gebotenen Mehrheit und der anderen gesetzlichen Voraussetzungen die Vereinbarung mit geringerem Verfahrensaufwand bestätigt werden.[34]

2.2.2. Selbstständige und unvereinbare Arten von Restrukturierungsverfahren

Die Arten von Restrukturierungsverfahren bieten unterschiedliche Gestaltungsmöglichkeiten, haben Vorteile und Nachteile. Das Gesetz enthält zum Verhältnis der Restrukturierungsverfahren keine Aussage, ja wirft sogar die Frage nach der Zahl an Verfahrensarten auf.

Die ReO regelt *zwei Grundarten* von Restrukturierungsverfahren: das *ordentliche* und das *vereinfachte*.[35] Das ordentliche Verfahren ist gerichtslastig, sieht eine Abstimmung der Gläubiger in einer Tagsatzung, Beschränkungen der Eigenverwaltung und die Bestellung eines Restrukturierungsbeauftragten sowie eine Vollstreckungssperre vor. Das Europäische Restrukturierungsverfahren ist bloß die öffentliche Variante des Grundmodells mit einigen Besonderheiten, es läuft im Übrigen auch ohne Gesetzesverweis nach den §§ 1–43 ReO ab.[36] Deutlich anders strukturiert ist das vereinfachte Verfahren.[37]

Die drei näher geregelten Arten von Restrukturierungsverfahren sind *selbstständige Verfahrenstypen*. Anders als beim Insolvenzverfahren der IO liegt kein einheitliches Verfahren in unterschiedlichen Ablaufvarianten vor, zwischen denen (wie in Grenzen nach der IO) gewechselt wer-

---

[27] ErwGr 12 EuInsVO 2015. Ebenso ErwGr 13 RIRL.
[28] Er zählt nach hM taxativ die von der EuInsVO 2015 erfassten Insolvenzverfahren auf: s nur *Konecny*, Europäisches Insolvenzrecht, in *Mayr*, Handbuch des europäischen Zivilverfahrensrechts (2017) Rz 17.33 mwN; *Walter* in *Koller/Lovrek/Spitzer*, IO (2019) Art 1 EuInsVO Rz 12.
[29] ErläutRV zum RIRUG 950 BlgNR 27. GP 2 f.
[30] Ausführlich *Weber-Wilfert* in *Konecny*, RIRUG Pkt 3.1. Vgl allgemein zum Verhältnis der Restrukturierungsverfahren nach der RIRL zur EuInsVO 2015 *Reinhart* in *Stürner/Eidenmüller/Schoppmeyer*, Münchener Kommentar zur Insolvenzordnung IV⁴ (2021) Art 1 EuInsVO 2015 Rz 11 ff.
[31] Näher dazu unten bei Pkt 2.2.2. und 2.5. sowie bei *Weber-Wilfert* in *Konecny*, RIRUG Pkt 2.1.
[32] ErläutRV zum RIRUG 950 BlgNR 27. GP 2.
[33] Siehe § 33 Abs 1 ReO und für das vereinfachte Verfahren § 45 Abs 3 Z 3 ReO.
[34] Eine Tagsatzung hat nicht stattzufinden: § 45 Abs 1 ReO.
[35] Zutr *Weber-Wilfert* in *Konecny*, RIRUG Pkt 2.1.
[36] Zutr *Weber-Wilfert* in *Konecny*, RIRUG Pkt 2.1.
[37] Nach *Weber-Wilfert* in *Konecny*, RIRUG Pkt 2.1. „eine sehr spezielle eigene Verfahrensart".

den kann. Dem Modell des Verfahrensgebäudes folgend, bilden die Restrukturierungsverfahren drei eigene Gebäude. Das gilt ebenso für das Europäische Restrukturierungsverfahren, mag es auch nur die öffentlich ablaufende Version des ordentlichen Verfahrens sein. Es wird im Gesetz als besondere Verfahrensart qualifiziert (s Überschrift zum 7. Abschnitt der ReO) und bildet jedenfalls insofern ein eigenes Verfahren, als der Schuldner von Beginn an zwischen ihm und dem ordentlichen Verfahren wählen muss und nicht mehr umsteigen kann.[38] Nach dem Wortlaut der ReO fällt die Entscheidung, welche Art von Restrukturierungsverfahren stattfindet, *vor und bei der Verfahrenseinleitung.* Der Schuldner bestimmt das durch seinen Antrag.[39] Bei Vorliegen der gesetzlichen Voraussetzungen muss das Gericht die gewählte Art von Restrukturierungsverfahren einleiten, andernfalls den Antrag zurück- oder abweisen. Strebt der Schuldner einfach ein Restrukturierungsverfahren an, führt das Gericht das ordentliche Verfahren durch. Ein Europäisches Restrukturierungsverfahren erfolgt nur bei Antrag des Schuldners, die Einleitung des Verfahrens mit Edikt öffentlich bekannt zu machen (§ 44 Abs 1 ReO). Will der Schuldner ein vereinfachtes Verfahren, muss er seine Einleitung ausdrücklich mit qualifiziertem Antrag begehren (s § 45 Abs 1, 3 und 4 ReO).

Das Gesetz sieht nicht vor, dass in einem *zwei Verfahrenstypen* eingeleitet werden. Das ist ohnedies angesichts der von der ReO vorgegebenen unterschiedlichen Voraussetzungen und Verfahrensabläufe grundsätzlich ausgeschlossen. Ein Restrukturierungsverfahren kann nicht zugleich geheim (wie das ordentliche) und öffentlich (wie das Europäische: § 44 Abs 1 ReO) sein. Es kann nicht zugleich eine Abstimmung vor Gericht vorsehen (wie das ordentliche Verfahren) und eine bereits von den Gläubigern (mehrheitlich) angenommene Vereinbarung voraussetzen (wie das vereinfachte Verfahren: § 45 Abs 3 und 4 ReO). Wenn der Schuldner andere als Finanzgläubiger in den Restrukturierungsplan einbeziehen oder eine Vollstreckungssperre erwirken will, muss er entweder ein ordentliches oder ein Europäisches Restrukturierungsverfahren anstreben, ein vereinfachtes ist ausgeschlossen (vgl § 45 Abs 1 und 6 ReO).

Fraglich ist allerdings, ob es neben den drei näher geregelten eine *vierte Verfahrensart* gibt, nämlich ein *Europäisches vereinfachtes Restrukturierungsverfahren.* Es könnte einem vereinfachten Verfahren mittels öffentlicher Bekanntmachung (erleichtert) grenzüberschreitende Wirkung verleihen. Dafür argumentiert *Weber-Wilfert,*[40] konsequent davon ausgehend, dass das Europäische Restrukturierungsverfahren keine eigene Verfahrensart, sondern nur das öffentlich abgewickelte Restrukturierungsverfahren sei: Da § 45 Abs 2 ReO die Anwendbarkeit der Bestimmungen des Restrukturierungsverfahrens vorsehe, sofern in § 45 ReO nichts anderes bestimmt sei, sei auch ein öffentliches vereinfachtes Restrukturierungsverfahren möglich. ME

---

[38] Siehe gleich unten. Nach *Weber-Wilfert* in *Konecny,* RIRUG Pkt 2.1. ist das Europäische Restrukturierungsverfahren keine selbstständige Verfahrensart, es handle sich um das allgemeine Restrukturierungsverfahren gem §§ 1 ff ReO mit den verfahrensrechtlichen Besonderheiten gem § 44 ReO. Wesentliche Unterschiede im Verfahrensablauf sind aber mE keine Voraussetzung für eine eigene Verfahrensart. So laufen die Sanierungsverfahren ohne und mit Eigenverwaltung weitestgehend gleich ab (abgesehen von einer frühen Gläubigerversammlung bei Letzterem: s § 179 Abs 1 IO), die Eigenverwaltung begründet aber eine selbstständige Variante des einheitlichen Insolvenzverfahrens: s nur *Konecny* in *Konecny,* IRÄG 2010, 1 (5 ff, 9 ff, 11 ff).
[39] Zur Verfahrensauswahl s *Isola/Weileder/Seidl,* Strategische Sanierungsplanung – Kriterien für die Verfahrenswahl, in *Konecny,* RIRUG.
[40] In *Konecny,* RIRUG Pkt 2.1. Ebenso *Höller/Simsa/Wetter,* Das vereinfachte Restrukturierungsverfahren, in *Konecny,* RIRUG Pkt 1.2.

sprechen überwiegende Argumente dagegen. Deutlich regelt der Gesetzgeber im 7. Abschnitt der ReO zwei getrennte „besondere Verfahrensarten".[41] § 44 ReO sieht das Europäische als öffentliche Variante des ordentlichen Restrukturierungsverfahrens vor: Abstimmung in einer Tagsatzung, Anordnungen zur Beschränkung der Eigenverwaltung bzw zur Bestellung eines Restrukturierungsbeauftragten, erweiterte „allgemeine" Vollstreckungssperre – all das kennt das vereinfachte Verfahren nicht (s § 45 Abs 1, 5 und 6 ReO). Auf dieses sind subsidiär „die Bestimmungen des Restrukturierungsverfahrens" anzuwenden (§ 45 Abs 2 ReO), was ohne Zusatz immer das ordentliche meint. Zudem ist es zweifelhaft, ob das vereinfachte Restrukturierungsverfahren überhaupt in Anh A der EuInsVO 2015 aufgenommen werden kann. Dazu müsste es iSd Art 1 Abs 1 lit b EuInsVO 2015 Vermögen und Geschäfte des Schuldners einer gerichtlichen Kontrolle und Aufsicht unterstellen.[42] Diese ist jedoch nicht vorgesehen. Es gibt keinerlei Einschreiten des Gerichts über Beschwerde von Beteiligten.[43] Das Gericht kann auch nicht amtswegig zur Wahrung der Interessen betroffener Gläubiger dem Schuldner Rechtshandlungen überhaupt oder ohne Zustimmung des Gerichts oder eines Restrukturierungsbeauftragten verbieten, denn es gibt, anders als in den beiden anderen Restrukturierungsverfahren (vgl § 16 Abs 2 ReO), keinerlei Beschränkungen der Eigenverwaltung (§ 45 Abs 5 ReO). Überwiegende Gründe sprechen damit dafür, dass ein vereinfachtes Restrukturierungsverfahren nicht gem § 44 ReO öffentlich bekanntgemacht werden kann. Was die Anwendbarkeit der EuInsVO 2015 betrifft, wird allerdings die Rechtsfrage geklärt werden. Wird in deren Anh A kein Europäisches vereinfachtes Restrukturierungsverfahren aufgenommen,[44] ist sie unanwendbar.

Theoretisch denkbar könnte ein *Umsteigen* von einer Verfahrensart auf eine andere sein: zB um einen im ordentlichen Verfahren zustande gekommenen Restrukturierungsplan durch öffentliche Bekanntmachung des Verfahrens grenzüberschreitend wirksam zu machen; oder wenn sich eine angestrebte Vereinbarung mit Finanzgläubigern im Lauf eines ordentlichen Restrukturierungsverfahrens als außergerichtlich abschließbar erweist und jetzt nur mehr bestätigt zu werden braucht. Ein Umsteigen ist allerdings *gesetzlich nicht gedeckt*. Insb sieht § 44 Abs 1 ReO schon die öffentliche Bekanntmachung der Verfahrenseinleitung und „weiters" die der Bestätigung des Restrukturierungsplans vor (§ 44 Abs 2 Z 3 ReO), nicht aber eine Veröffentlichung bloß einzelner späterer Beschlüsse. Die Bezugnahme der Materialien auf die EuInsVO 2015,[45] die eine Bekanntmachung bereits der Verfahrenseröffnung verlangt,[46] unterstreicht das. Auch § 45 ReO regelt nur ein von Beginn vereinfacht abgewickeltes Verfahren und enthält keinen „Umsteigeantrag"; es wird auch selten vorkommen, dass im Lauf eines Restrukturierungsverfahrens eine Vereinbarung iSd § 45 ReO zustande kommt. Im Ergebnis kann ein Umsteigen nur auf

---

41 Vgl ErläutRV zum RIRUG 950 BlgNR 27. GP 2, wo es nach Ausführungen zum vereinfachten Restrukturierungsverfahren heißt: „Ein weiterer Fall ist ein öffentlich bekanntzumachendes Verfahren (Europäisches Restrukturierungsverfahren), ...".
42 Zutr *Weber-Wilfert* in *Konecny*, RIRUG Pkt 2.1. Die beiden anderen Beschränkungsvarianten kommen nicht infrage.
43 Nach ErwGr 10 EuInsVO 2015 reicht es aus, wenn das Gericht nur aufgrund des Rechtsbehelfes eines Gläubigers oder anderer Verfahrensbeteiligter tätig wird.
44 Mit *Weber-Wilfert* in *Konecny*, RIRUG Pkt 2.1. reicht die Aufnahme des Europäischen Restrukturierungsverfahrens nicht, weil es sich beim öffentlichen vereinfachten Verfahren um eine eigene Verfahrensart handeln würde.
45 ErläutRV zum RIRUG 950 BlgNR 27. GP 2 f, 23 f.
46 Siehe ErwGr 12 EuInsVO 2015 und zB *Konecny* in *Mayr*, EuZVR Rz 17.18; *Reinhart* in *Stürner/Eidenmüller/Schoppmeyer*, MünchKommInsO IV[4] Art 1 EuInsVO 2015 Rz 6a.

dem Weg der *Antragszurücknahme* (mit Einstellung des ersten Restrukturierungsverfahrens: § 41 Abs 2 Z 3 ReO) *und Einleitung einer anderen Verfahrensart* erreicht werden. Verfahrenssperre gibt es dabei keine, weil kein Plan bestätigt wurde (s § 6 Abs 3 Z 2 ReO).

Aufeinanderfolgende Restrukturierungsverfahren *sind möglich*. Kommt jedoch ein bestätigter Restrukturierungsplan zustande, löst er eine *Sperre von sieben Jahren* aus (§ 6 Abs 3 Z 2 ReO).

Wohl nur theoretisch denkbar sind *Parallelverfahren*, jedenfalls im Inland. Eine Planbestätigung in einem sperrt gem § 6 Abs 3 Z 2 ReO das andere Restrukturierungsverfahren, es müsste als unzulässig analog § 41 ReO eingestellt werden.

Wie zwischen den einzelnen Restrukturierungsverfahren gibt es auch eine *Unvereinbarkeit mit Insolvenzverfahren*. Ist eines im Gang, ist ein Restrukturierungsverfahren nicht einzuleiten (§ 6 Abs 3 Z 1 ReO). Wird ein Insolvenzverfahren über das Vermögen des Schuldners während eines Restrukturierungsverfahrens eröffnet, ist dieses einzustellen (§ 41 Abs 2 Z 7 ReO). Eine Vollstreckungssperre im Restrukturierungsverfahren kann aber – uU sogar bei Zahlungsunfähigkeit des Schuldners – die Eröffnung eines Insolvenzverfahrens verhindern (§ 24 ReO).[47] Scheitert ein Restrukturierungsverfahren, zieht seine Einstellung kein „Anschlussinsolvenzverfahren" nach sich.[48]

2.3. Der Anwendungsbereich der Restrukturierungsverfahren im Überblick

2.3.1. Persönlicher Anwendungsbereich

Den persönlichen Anwendungsbereich regeln insb die §§ 1 und 2 ReO. Nach § 1 Abs 1 ReO ist zwar generell auf „Antrag eines Schuldners" ein Restrukturierungsverfahren einzuleiten. Es sind aber nur *Schuldner* erfasst, *die ein Unternehmen betreiben*. Denn die ReO ist das „BG über die Restrukturierung von Unternehmen", der Gesetzeswortlaut nimmt vielfach auf das Schuldnerunternehmen Bezug (zB gleich im § 1 Abs 2 ReO), und auf Privatschuldner ist die ReO ausdrücklich nicht anzuwenden (§ 2 Abs 1 Z 10 ReO). Ob der Schuldner eine natürliche Person oder eine sonstige Rechtsperson ist, spielt keine Rolle, ebenso nicht die Unternehmensgröße, KMU sind in § 29 ReO ausdrücklich erwähnt. Auch die Dauer der unternehmerischen Tätigkeit ist belanglos. Die Gefahr, dass Privatschuldner Unternehmen zwecks Restrukturierungsmöglichkeit nach der ReO gründen, ist wohl theoretisch.

Ausgenommen sind die in § 2 ReO angeführten Schuldner. Das sind diverse Rechtspersonen im *Versicherungs- und Kreditwirtschaftsbereich, öffentliche Stellen* und *natürliche Personen, die keine Unternehmer* sind, die also keine gewerbliche, geschäftliche, handwerkliche oder freiberufliche Tätigkeit udgl ausüben.

Unklarheiten gibt es:

Der Begriff *„Unternehmen"* ist in der ReO nicht definiert. Der vielfache Bezug der ReO auf das Unternehmensrecht legt nahe, vom *unternehmensrechtlichen Verständnis* auszugehen.

---

[47] Siehe dazu nur *Reckenzaun*, Vollstreckungssperre und Entfall der Insolvenzantragspflicht, in *Konecny*, RIRUG Pkt 5.
[48] Wie früher die Einstellung eines Ausgleichsverfahrens einen Anschlusskonkurs: s § 69 AO.

Der maßgebliche Zeitpunkt für die Beurteilung des Unternehmensbetriebs ist nicht ausdrücklich festgelegt. Er muss bei Restrukturierungsverfahren *dauerhaft* gegeben sein. Bereits im Antrag sind Ausführungen mit Bezug zum Unternehmen verlangt (s § 7 Abs 1 ReO). Da das Verfahren zur Restrukturierung eines Unternehmens dient, nicht bloß wie ein Sanierungsplan zur Schuldenregelung, muss es bis zur Bestätigung vorhanden sein. Bei Schließung ist das Verfahren einzustellen, weil offenkundig die Bestandfähigkeit des Unternehmens nicht gegeben ist (vgl § 41 Abs 2 Z 8 ReO). Allerdings erwähnt § 1 Abs 2 ReO als Restrukturierungsmaßnahme die Gesamtveräußerung des Unternehmens. Eine Restrukturierung des Inhalts, dass die Zahlungsunfähigkeit des Schuldners um den Preis der Veräußerung des bestandfähigen Unternehmens vermieden wird, ist also möglich.

Unklar ist, was für *juristische Personen* gilt, die *kein Unternehmen* betreiben. § 2 Abs 1 Z 10 und Abs 2 ReO schließt nur natürliche Personen ohne gewerbliche, geschäftliche, handwerkliche oder freiberufliche Tätigkeit aus. Da die ReO jedoch wie oben dargelegt zur Restrukturierung von Unternehmen dient, sind *Nichtunternehmer* generell von ihrem Anwendungsbereich *ausgenommen*. Das gilt aus den genannten Gründen auch für Vereine. Aus der in den Erläuterungen nicht erörterten, wohl bloß auf einer textlichen Anlehnung an § 74 Abs 2 Z 4 IO beruhenden Anführung der ZVR-Zahl in § 44 Abs 1 Z 3 ReO ist nichts Gegenteiliges zu schließen.

Nicht jeder ein Unternehmen betreibende Schuldner kann mit Erfolg ein Restrukturierungsverfahren beantragen, sondern nur einer, bei dem *wahrscheinliche Insolvenz* vorliegt.[49]

2.3.2. Sachlicher Anwendungsbereich

Alle Forderungen sind restrukturierbar, die *nicht nach § 3 ReO ausgenommen* sind. Dazu zählen neben diversen Forderungen iZm *Arbeitsverhältnissen* die *nach der Einleitung* entstehenden Forderungen, wozu auf § 46 IO verwiesen ist, sowie *Geldstrafen*[50] und *Unterhaltsansprüche*.

Erfasst sind auch die Forderungen, die *keinen Bezug zum Schuldnerunternehmen* haben. Gegen eine Einschränkung spricht der Wortlaut des § 3 ReO: Er nimmt „Privatschulden" nicht generell aus, aber schon die dazu zählenden Unterhaltsforderungen. Deren Erwähnung wäre unnötig, wenn nur Unternehmensschulden restrukturierbar wären. Außerdem wären die beiden Forderungstypen oft nur mit erheblichem Aufwand – wenn überhaupt – abzugrenzen.

2.4. Das ordentliche Restrukturierungsverfahren im Überblick

Im Hinblick auf die ausführlichen Beiträge im Sammelband hier nur ein kurzer Blick auf das ordentliche Restrukturierungsverfahren:[51]

---

49 Ausführlich dazu *Trenker*, Was will und kann die ReO? – Anwendungsbereich, Zweck und Mittel von Restrukturierungsverfahren, in *Konecny*, RIRUG Pkt 3.1. Zu ihren Konsequenzen für die Unternehmensleitung s § 3 Abs 3 ReO und *Wabl/Gassner*, Geschäftsleitung und Anteilsinhaber, in *Konecny*, RIRUG Pkt 2.
50 Hier ist eine Abgrenzung wie in § 58 Z 2 IO vorzunehmen, der ebenfalls „Geldstrafen wegen strafbarer Handlungen jeder Art" ausschließt: s dazu *K. F. Engelhart* in *Konecny*, Kommentar zu den Insolvenzgesetzen (58. Lfg; 2017) § 58 IO Rz 25 ff; *Katzmayr* in KLS, IO § 58 Rz 8 ff; *Nunner-Krautgasser/Mühlbacher*, Verfall, Konfiskation und Einziehung – Welche Tragweite haben sie in der Insolvenz, in *Konecny*, Insolvenz-Forum 2019 (2020) 105 mwN.
51 Allgemein dazu *Mohr*, Einleitung und Ablauf des Restrukturierungsverfahrens, in *Konecny*, RIRUG.

Es beginnt mit einem *Antrag auf Einleitung*.[52] Er muss vorbereitet sein, § 7 Abs 1 ReO legt diverse Antragsinhalte fest. Es ist aber nicht nötig, dass der Schuldner bereits einen Konsens mit den betroffenen Gläubigern erzielt hat. Er muss nicht einmal einen fertigen Restrukturierungsplan vorlegen. Es reicht vorerst ein Restrukturierungskonzept, dem die geplanten Maßnahmen sowie die Vermögens- bzw Schuldenlage zu entnehmen sind (s insb § 8 ReO).

Sind die Voraussetzungen gegeben, erfolgt die *Verfahrenseinleitung*. Sie wird nicht öffentlich bekannt gemacht. Der Schuldner behält die Eigenverwaltung, Einschränkungen sind möglich, die Bestellung eines Restrukturierungsbeauftragten muss bzw kann in bestimmten Fällen erfolgen (s §§ 9 ff ReO).[53] Das Gericht kann auf Antrag des Schuldners gleich oder später eine *Vollstreckungssperre* anordnen (s §§ 19 ff ReO).[54] „Vollstreckung" bedeutet nicht Exekution, sondern Durchsetzung bestimmter Rechte gegenüber dem Schuldner. Die Vollstreckungssperre kann Exekutionssperre sein (s § 19 Abs 1, § 20 ReO), muss aber damit nichts zu tun haben. Denn sie kann auch oder nur Insolvenz- und Vertragsschutz bewirken (s §§ 24, 26 ReO). Sogar schon vor der Einleitung tritt die Unwirksamkeit von „Ipso-facto-Klauseln" iSd § 26 Abs 3 ReO ein.[55]

Nach *Prüfung* des gleich oder später vorgelegten Plans (§ 30 ReO) besteht das Verfahren im Kern aus einer *Abstimmung* der betroffenen Gläubiger in einer Tagsatzung (§§ 31 ff ReO) und der gerichtlichen *Bestätigung* des Plans (§§ 34 ff ReO).[56] Im Erfolgsfall ist es damit aufgehoben, sonst und in einigen anderen Fällen wird es eingestellt (s § 41 ReO). Ein bestätigter Restrukturierungsplan ist danach umzusetzen.[57] Im Fall des Scheiterns samt Eröffnung eines Insolvenzverfahrens besteht für bestimmte Finanzierungen und Transaktionen eingeschränkter Anfechtungsschutz (§§ 36a, 36b IO).[58]

2.5. Das Europäische Restrukturierungsverfahren im Überblick

Die Einleitung des ordentlichen und des vereinfachten Restrukturierungsverfahrens wird nicht öffentlich bekannt gemacht, der Beschluss ist nur dem Schuldner zuzustellen (§ 7 Abs 5, § 45 Abs 2 ReO). UU wünscht der Schuldner ein öffentliches Vorgehen, etwa um leichter Gläubiger zu erreichen oder damit der Restrukturierungsplan in anderen Staaten anerkannt wird. Dann kann er das Europäische Restrukturierungsverfahren beantragen.[59] Geregelt ist es in § 44 ReO.

Das Europäische Restrukturierungsverfahren ist im Kern dem ordentlichen ähnlich, weist bloß diverse Besonderheiten auf. Es wirft allerdings Probleme auf:

---

52 Zu Vorbereitung und Restrukturierungskonzept s *Lentsch*, Das Restrukturierungskonzept und die Vorbereitung des Restrukturierungsverfahrens nach der ReO, in *Konecny*, RIRUG.
53 Siehe dazu *Riel*, Der Restrukturierungsbeauftragte, in *Konecny*, RIRUG.
54 Siehe dazu *Reckenzaun* in *Konecny*, RIRUG.
55 Siehe dazu *Anzenberger*, Vertragsschutz und unwirksame Vereinbarungen nach der ReO, in *Konecny*, RIRUG Pkt 3.1.
56 Siehe dazu *Reisch*, Restrukturierungsverfahren – Planinhalte, Planwirkungen, in *Konecny*, RIRUG.
57 Siehe zu steuerrechtlichen Konsequenzen *Kanduth-Kristen*, Restrukturierung nach der ReO und Steuerrecht, in *Konecny*, RIRUG.
58 Siehe dazu *Jaufer/Painsi*, Restrukturierungsverfahren: (Neu-)Finanzierungen und Transaktionen, in *Konecny*, RIRUG.
59 *Weber-Wilfert* in *Konecny*, RIRUG. Das Europäische Restrukturierungsverfahren unterliegt dem Anwendungsbereich der EuInsVO 2015: ErläutRV zum RIRUG 950 BlgNR 27. GP 2 f, 23 f. Das allerdings erst nach Aufnahme in Anh A, der nach hM taxativ die erfassten Verfahren auflistet: s FN 28.

Unklar sind insb *Bezeichnung und Anwendungsbereich*. Sinnvoll ist neben dem geheimen ein „*Öffentliches Restrukturierungsverfahren*". Denn es kann internationalen Bezug nicht nur innerhalb der EU, sondern auch oder nur zu Drittstaaten geben, und selbst bei Binnenfällen können die Besonderheiten des § 44 ReO hilfreich sein. ME sieht er auch generell ein öffentlich durchgeführtes Restrukturierungsverfahren in der Regelvariante vor.[60] Die missverständliche Bezeichnung als „Europäisches" Verfahren ist durch die Absicht, solche Verfahren dem Anwendungsbereich der EuInsVO 2015 zuzuführen, zu erklären. Dafür wären stets Auslandsbezug und COMI des Schuldners in Österreich geboten.[61] Beides verlangt § 44 ReO jedoch nicht. Nach seinem Abs 1 hat das Gericht *auf Antrag des Schuldners die Einleitung mit Edikt öffentlich bekannt zu machen*. Weitere Voraussetzungen sieht das Gesetz nicht vor. Danach wäre ein „Europäisches" Verfahren selbst in einem reinen Binnenfall möglich, wenn nur der Schuldner öffentliches Vorgehen beantragt. Die Erläuterungen[62] beziehen sich allerdings klar auf die EuInsVO 2015. Es sprechen jedoch mehrere Überlegungen dafür, *auf Schuldnerantrag immer ein Verfahren gem § 44 ReO durchzuführen*: Erstens ist das so im Gesetzeswortlaut angeordnet. Zweitens ist die grenzüberschreitende Anerkennung über die EuInsVO 2015 nur beschränkt erreichbar, weil sie bloß in der EU mit Ausnahme Dänemarks gilt. Und drittens haben die Verfahrensbesonderheiten nichts mit internationalen Fällen, geschweige denn mit europäischem Auslandsbezug zu tun. Die Streitfrage wird aber von der Judikatur zu klären sein.

Europäisch ist das Verfahren an sich bei *Antrag* des Schuldners, die *Einleitung* des Verfahrens mit Edikt *öffentlich bekannt zu machen*. Ein Antrag auf „Europäisches Restrukturierungsverfahren", auf ein „Verfahren gem § 44 ReO" odgl reicht. Zum Inhalt des Edikts s § 44 Abs 1 ReO. Die Bekanntmachung erfolgt in der Ediktsdatei (§ 44 Abs 9 ReO).[63] Eine individuelle Verständigung der Gläubiger ist nicht vorgeschrieben.

Öffentlich bekannt zu machen sind weiters (§ 44 Abs 2 ReO):
- die Tagsatzung zur Abstimmung über den Restrukturierungsplan und der wesentliche Inhalt des Restrukturierungsplans;
- Beschränkungen der Eigenverwaltung;
- die Bestätigung des Restrukturierungsplans;
- die Aufhebung bzw Einstellung des Verfahrens sowie der Eintritt der Rechtskraft des Einstellungsbeschlusses.

Das Gericht kann festlegen, dass die *Vollstreckungssperre alle Gläubiger umfasst* (allgemeine Vollstreckungssperre; § 44 Abs 3 ReO). Nur hier ist das möglich (vgl insb § 22 ReO). Auch Beschlüsse in diesem Zusammenhang sind zu veröffentlichen.

Im Europäischen Verfahren kann der Schuldner eine *Forderungsanmeldung* der Gläubiger beantragen (§ 44 Abs 5 ReO). Die Aufforderung an die Gläubiger ist öffentlich bekanntzumachen. Mangels rechtzeitiger Anmeldung haben die Gläubiger kein Recht zur Teilnahme am Verfahren, der Plan ist trotzdem für sie verbindlich.

---

60 Ebenso *Weber-Wilfert* in *Konecny*, RIRUG Pkt 1.
61 Siehe nur *Konecny* in Mayr, EuZVR Rz 17.18 ff und Rz 17.36.
62 ErläutRV zum RIRUG 950 BlgNR 27. GP 2 f, 23 f.
63 Die in den ErläutRV zum RIRUG 950 BlgNR 27. GP 24 erwähnte zusätzliche Bekanntmachung im Insolvenzregister nach Art 24 EuInsVO 2015 hat nur in den echten europäischen Verfahrensfällen stattzufinden.

An sich muss der Schuldner die vom Plan betroffenen Gläubiger einzeln anführen (§ 27 ReO). Beantragt er eine Forderungsanmeldung, kann er die *betroffenen Gläubiger* und ihre Forderungen bloß unter Bezugnahme auf *Forderungskategorien* benennen, § 27 ReO ist erst nach Ablauf der Anmeldefrist anzuwenden.

Weitere Besonderheiten enthalten die Abs 6–8 des § 44 ReO.

2.6. Das vereinfachte Restrukturierungsverfahren im Überblick

Die Vorteile einer nichtöffentlichen außergerichtlichen Restrukturierung mit denen einer gerichtlichen Kontrolle und Bestätigung des Ergebnisses kombiniert das vereinfachte Restrukturierungsverfahren gem § 45 ReO.[64] Es weist weit weniger Elemente eines Gerichtsverfahrens auf und bietet sich insb zur Absicherung einer außergerichtlichen Einigung samt Überstimmung einzelner „Ausgleichsstörer" bzw „Akkordstörer" an.[65] Allerdings unterliegt es diskutablen Beschränkungen. Es gelten die *allgemeinen Bestimmungen* der ReO mit den *Besonderheiten des § 45 ReO* (§ 45 Abs 2 ReO).

Das vereinfachte Restrukturierungsverfahren ist mE nur *nicht öffentlich* möglich.[66]

Das vereinfachte Restrukturierungsverfahren ist für eine Vereinbarung zwischen Schuldner und *Finanzgläubigern* vorgesehen. Die personelle Einschränkung wird in den Materialien nicht begründet, aber dort immerhin der Kreis der Finanzgläubiger weit gefasst, genannt werden ua Anleihegläubiger und private Darlehensgläubiger.[67] Nicht nur, wer dem Unternehmen *Liquidität zuführt* (wie Banken udgl), sondern auch, wer dem Unternehmen *Liquidität belässt*, ist Finanzgläubiger.[68]

Der Unterschied zum Regelverfahren liegt darin, dass das vereinfachte Verfahren *auf die Bestätigung einer* bereits mit den Finanzgläubigern ausgehandelten *Restrukturierungsvereinbarung* reduziert ist. Auf Antrag des Schuldners hat das Gericht ein vereinfachtes Restrukturierungsverfahren einzuleiten und nach Einvernahme der betroffenen Gläubiger ohne Durchführung einer Tagsatzung über die Bestätigung der Restrukturierungsvereinbarung zu entscheiden.

Die *Restrukturierungsvereinbarung* ist ein Restrukturierungsplan, dem die *Gläubiger bereits zugestimmt haben* (vgl § 45 Abs 4 ReO). Dazu ist nur eine Summenmehrheit von 75 % in jeder Gläubigerklasse erforderlich, keine Kopfmehrheit (§ 45 Abs 3 ReO). Die Zustimmung ist durch Unterfertigung der Vereinbarung nachzuweisen (§ 45 Abs 3 Z 4 ReO).

Der Schuldner hat im *Einleitungsantrag* die in § 45 Abs 3 ReO angeführten *Voraussetzungen darzulegen* und die in § 45 Abs 4 ReO verlangten *Unterlagen beizulegen*. Erforderlich ist auch

---

64 Siehe dazu *Höller/Simsa/Wetter* in *Konecny*, RIRUG.
65 ErläutRV zum RIRUG 950 BlgNR 27. GP 2, 24.
66 Siehe dazu oben Pkt 2.2.2.
67 ErläutRV zum RIRUG 950 BlgNR 27. GP 24 f. Näher zum Begriff der Finanzgläubiger *Höller/Simsa/Wetter* in *Konecny*, RIRUG Pkt 2.1.
68 Nach den ErläutRV zum RIRUG 950 BlgNR 27. GP 24 f zählen dazu Forderungen von Lieferanten mit untypisch langen Laufzeiten (mehr als 180 Tage). Nach *Höller/Simsa/Wetter* in *Konecny*, RIRUG Pkt 2.1. können auch sonstige Forderungen durch eine (faktische oder vereinbarte) Stundung mit einer Periode länger als 180 Tage Finanzierungscharakter bekommen, indem sie eine Innenfinanzierung durch Belassung von Liquidität in den Unternehmen ermöglichen. Das würde mE auch langfristig gestundete Abgaben und Sozialversicherungsbeiträge erfassen.

die *Bestätigung eines Sachverständigen*, dass die Kriterien für eine gesetzeskonforme und aussichtsreiche Restrukturierung erfüllt sind (Details s § 45 Abs 8 Z 3 ReO).

Sind alle Voraussetzungen erfüllt, wird das vereinfachte Restrukturierungsverfahren eingeleitet. Es gibt dort *keine Beschränkung der Eigenverwaltung, keinen Restrukturierungsbeauftragten und keine Vollstreckungssperre* (§ 45 Abs 5 und 6 ReO). Alle von der Restrukturierungsvereinbarung *betroffenen Gläubiger sind einzuvernehmen*, auch diejenigen, die der Vereinbarung bereits zugestimmt haben. Das ist wichtig, weil die bestätigte Vereinbarung nur für einvernommene Gläubiger die Wirkungen eines Restrukturierungsplans hat (§ 45 Abs 7 ReO). Es ist dafür keine Tagsatzung vorgeschrieben, die Einvernahme kann mündlich, schriftlich und elektronisch erfolgen. Zustimmende Gläubiger können auf ihre Einvernahme verzichten.[69] Für die Ermittlung der Bestätigungsvoraussetzungen herrscht der Untersuchungsgrundsatz (§ 5 ReO iVm § 254 IO), es kann zB ein gerichtlicher Sachverständiger bestellt werden. Der Grundsatz, dass die Bestätigung zügig und effizient zu erfolgen hat (§ 34 Abs 5 ReO), ist zu beachten.

Bei Vorliegen der Voraussetzungen gem § 45 Abs 8 ReO erfolgt die *Bestätigung*, mit Rechtskraft ist das vereinfachte Restrukturierungsverfahren aufgehoben; sonst wird die Bestätigung versagt und das Verfahren eingestellt (vgl § 41 ReO).

2.7. Anwendbares Recht

Das auf die Restrukturierungsverfahren anzuwendende Recht enthält vor allem die *ReO*. Sie ist mit ihren 50 Paragrafen im Hinblick auf die umfangreichen Inhalte nicht sehr lang und bereitet Auslegungsprobleme. Vieles ist *knapp* oder auch *gar nicht normiert*: So enthält zB der Abschnitt zur Verfahrenseinleitung (§§ 4–8 ReO) Bestimmungen zum Antrag, aber fast nichts dazu, wie ein Einleitungsverfahren abläuft. Manches steht an *ungewöhnlicher Stelle*: So findet sich in § 7 ReO über den „Antrag auf Einleitung" in Abs 5 die Anordnung, der Beschluss auf Einleitung sei dem Schuldner zuzustellen, was mit dem Einleitungsantrag nichts zu tun hat. Manches ist *verstreut geregelt* und muss geradezu puzzleartig zusammengesetzt werden: ZB sind die zulässigen Restrukturierungsmaßnahmen im § 1 Abs 2 ReO sehr breit definiert, dass mit Mehrheitsentscheidung herbeigeführte Maßnahmen aber nur Änderungen in Bezug auf Forderungen sein können, ergibt sich erst aus § 28 ReO; und dass so keine Eingriffe in Verträge möglich sind, sagt § 39 Abs 3 ReO über die Wirkung bestätigter Restrukturierungspläne.

Zu den Paragrafen der ReO kommen viele der *IO*, und zwar in dreierlei Hinsicht:

Erstens sind die *allgemeinen Verfahrensbestimmungen* hilfsweise anzuwenden, also die §§ 252 ff IO, damit subsidiär das Prozessrecht (§ 5 ReO).

Zweitens gibt es viele *Einzelverweise* auf die IO, einen generellen Verweis auf sie richtigerweise jedoch nicht. Vieles in der IO passt nicht für Restrukturierungsverfahren, wie Regelungen über den Verfügungsverlust des Schuldners bei Verfahrensbeginn, Verfahrenssperren und Verfahrensunterbrechungen, Auflösung von Verträgen, Anfechtung usw. Originell ist der Hinweis in den Erläuterungen, nach denen eine analoge Anwendung der IO nicht ausgeschlossen sei[70] – der Gesetzgeber scheint davon auszugehen, dass die ReO Lücken aufweist.

---

69 *Höller/Simsa/Wetter* in *Konecny*, RIRUG Pkt 2.3.3.
70 ErläutRV zum RIRUG 950 BlgNR 27. GP 6.

Drittens enthält die *IO selbst* Normen mit Bezug auf Restrukturierungsverfahren, und zwar die §§ 36a und 36b IO mit Anfechtungsbeschränkungen, § 57a Abs 3 IO zu nachrangigen Forderungen, § 265 IO zur Geschäftsverteilung und § 283 IO mit Inkrafttretens- und Übergangsbestimmungen.

3. Änderungen bei den Insolvenzverfahren

3.1. Umsetzungsvorgaben der RIRL

Die RIRL ordnet in ihrem Titel III Maßnahmen für die *Entschuldung insolventer Unternehmer* an. Darunter sind an sich nur *natürliche* Personen zu verstehen, die eine gewerbliche, geschäftliche, handwerkliche oder freiberufliche Tätigkeit ausüben (Art 2 Abs 1 Z 9 RIRL). Die Verfahren zur Entschuldung können aber anderen natürlichen Personen zur Verfügung gestellt werden (Art 1 Abs 4 RIRL).

Unternehmer müssen Zugang zu mindestens einem Verfahren haben, das zu einer *vollen Entschuldung* führen kann, und dafür gebotene Leistungen des Schuldners müssen in angemessenem Verhältnis zu seinem Einkommen und Vermögen stehen (Art 20 RIRL). Die *Entschuldungsfrist* soll höchstens *drei Jahre* betragen, danach soll jedenfalls eine Entschuldung erfolgen (Art 21 RIRL). Es sind aber diverse *Ausnahmeregelungen* möglich (s Art 23 RIRL).

3.2. Das veränderte Verfahrensgebäude im Insolvenzrecht im Überblick

Entsprechend den beschränkten Vorgaben der RIRL änderte der Gesetzgeber das im Wesentlichen mit dem IRÄG 2010 errichtete Verfahrensgebäude im Insolvenzrecht nur punktuell. Es bleibt beim einheitlichen Insolvenzverfahren in unterschiedlicher Ablaufgestaltung. Weiter gibt es Konkursverfahren, Sanierungsverfahren mit und ohne Eigenverwaltung sowie Schuldenregulierungsverfahren, für die jeweils die meisten Bestimmungen der IO gelten, wozu im Wesentlichen Unterschiede im Ablauf und bezüglich der Verfügungsbeschränkungen beim Schuldner kommen.[71] Diese Trakte des Verfahrensgebäudes stehen unverändert miteinander in Verbindung, aus Sanierungsverfahren mit können Sanierungsverfahren ohne Eigenverwaltung werden, aus Sanierungsverfahren Konkursverfahren, wobei dann in der Insolvenzdatei die Bezeichnung zu ändern ist. An Insolvenzverfahren natürlicher Personen kann ein eigenständiges Abschöpfungsverfahren anschließen.

Um Titel III der RIRL umzusetzen, waren aber Änderungen beim Insolvenzrecht für natürliche Personen geboten, insb im Hinblick auf die früher nicht vorgesehene bedingungslose Entschuldung nach drei Jahren. Neben einer Verkürzung der Berechnungsfrist für einen *Zahlungsplan* erfolgte eine wesentliche Umgestaltung des *Abschöpfungsverfahrens:* Beantragt der Schuldner seine Durchführung mit *Tilgungsplan,* braucht er sein Einkommen nur für die nächsten drei Jahre an den Treuhänder abzutreten, unterliegt aber strengeren Anforderungen. Er

---

[71] Siehe nur *Konecny* in *Konecny,* IRÄG 2010, 1 (insb 5 ff).

kann alternativ die Durchführung des Abschöpfungsverfahrens mit *Abschöpfungsplan* wählen, da bleibt es bei der mit dem IRÄG 2017 eingeführten fünfjährigen Laufzeit.[72]

Um einen vollständigen Blick über das Verfahrensgebäude im Insolvenzrecht zu bieten, wird kurz auf eine vorgelagerte neue Ablaufvariante im Schuldenregulierungsverfahren eingegangen, die mit der *GREx* eingeführte *Gesamtvollstreckung*.

3.3. Gesamtvollstreckung

Die Gesamtvollstreckung[73] erweitert das insolvenzrechtliche Verfahrensgebäude seit 1. 7. 2021. Die komplexen und teils problematischen Regelungen werden hier nur soweit erörtert, als es um das Verhältnis zu den übrigen Ablaufvarianten des Insolvenzverfahrens geht.

Hintergrund der Neuerung ist der Versuch des Gesetzgebers, bei insolventen natürlichen Personen *Exekutionen zu vermeiden* und Druck in Richtung *Lösungen im Insolvenzverfahren* auszuüben, das allein ein ökonomisches Behandeln der Gläubigerforderungen in einem Gesamtverfahren und vor allem eine Bereinigung der Insolvenzlage ermöglicht. Dazu dient einmal § 49a EO, der bei offenkundiger Zahlungsunfähigkeit Exekutionen ins bewegliche Vermögen einschränkt.[74] Im Insolvenzverfahren soll der Schuldner tunlichst eine Restschuldbefreiung anstreben, wenn er das nicht tut, soll wenigstens das Verfahren kostensparend abgewickelt werden. Auch die Diskussion über einen „ewigen Konkurs"[75] fließt in die Gesetzesänderung ein.[76]

Den Einbau der Gesamtvollstreckung ins einheitliche Insolvenzverfahren regelt § 184a Abs 1 IO: Das auf Antrag eines *Gläubigers* eröffnete *Schuldenregulierungsverfahren* ist im Insolvenzedikt *auch als Gesamtvollstreckung zu bezeichnen*. Sie ist zu *beenden*, sobald der Schuldner die Annahme eines Sanierungs- bzw Zahlungsplans oder die Einleitung eines Abschöpfungsverfahrens beantragt. Die Beendigung ist öffentlich bekannt zu machen, wird mit Ablauf des Tages der öffentlichen Bekanntmachung wirksam und ist nicht anfechtbar.

Die Gesamtvollstreckung ist also *kein eigenes Verfahren,* sie wird auch in § 184a IO – anderswo im Bundesrecht taucht der Begriff nicht auf – nur so und nicht als „Gesamtvollstreckungsverfahren" bezeichnet.[77] Sie ist bloß eine Ablaufvariante[78] des einheitlichen Insolvenzverfahrens in Form eines Schuldenregulierungsverfahrens.[79] In der (überschaubaren) Praxis[80]

---

72 Siehe zu den Änderungen durch das RIRUG *Posani*, ZIK 2021/94, 95; *Schneider* in *Konecny*, RIRUG.
73 Siehe dazu nur *Mohr/Pesendorfer* in *Mohr/Eriksson/Michlits/Pesendorfer/Reichel*, Gesamtreform des Exekutionsrechts – GREx (2021) Rz 634 ff; *Schneider*, ZIK 2021/136, 126 (128 f mwN).
74 Siehe nur *Mohr/Pesendorfer* in *Mohr/Eriksson/Michlits/Pesendorfer/Reichel*, GREx Rz 593 ff; *Schneider*, ZIK 2021/136, 126 jeweils mwN.
75 Siehe dazu nur *Kodek*, Handbuch Privatkonkurs² (2015) Rz 503 ff; *Schneider*, ZIK 2021/136, 126 (131).
76 Der Gesetzgeber spricht ihn in den ErläutRV zur GREx 770 BlgNR 27. GP 70 (iZm § 184a IO) und 72 (iZm § 192b IO) an.
77 Unklar ist in den Erläuterungen zu § 49a EO neben dem Insolvenzverfahren vom „Gesamtvollstreckungsverfahren" die Rede: s ErläutRV zur GREx 770 BlgNR 27. GP 16.
78 „Unterfall": ErläutRV zur GREx 770 BlgNR 27. GP 70.
79 Es gelten die Regelungen für Insolvenzverfahren bzw spezifisch für Schuldenregulierungsverfahren: vgl *Schneider*, ZIK 2021/136, 126 (128).
80 Bei Abfrage am 5. 10. 2021 waren der Insolvenzdatei nur drei Fälle zu entnehmen: s BG Hall (in Tirol) 13 S 25/21p, 13 S 26/21k und 13 S 35/21h.

wird das eröffnete Verfahren als Schuldenregulierungsverfahren bezeichnet, im veröffentlichten Ediktstext steht ergänzend die Zeile: *„Gesamtvollstreckung: Dieses Schuldenregulierungsverfahren wird als Gesamtvollstreckung geführt."* Eine *Beendigung* erfolgt mit Beschluss, das ergibt sich aus dem in § 184a Abs 1 letzter S IO angeordneten Anfechtungsausschluss. Eine Umbezeichnung des Verfahrens ist danach weder nötig noch möglich,[81] weil das einheitliche Insolvenzverfahren in Form eines Schuldenregulierungsverfahrens weiterläuft.

Die Gesamtvollstreckung hat wenige, aber gewichtige *Auswirkungen*, die in § 184a Abs 2 und 3 IO festgelegt sind: Sie löst einen Schutz der Verträge nach § 5 Abs 4 IO und der zur Benutzung einer solchen Wohnung notwendigen Verträge aus;[82] und bestimmte Forderungen aus der Zeit der Gesamtvollstreckung werden bei Beendigung als Insolvenzforderungen eingestuft.[83]

Nicht näher geregelt ist das Verhältnis der Gesamtvollstreckung zu anderen Ablaufarten des Schuldenregulierungsverfahren. Da es nur bei Eröffnung auf Antrag eines Gläubigers eine Gesamtvollstreckung ist, führt ein Eröffnungsantrag des *Schuldners* zu einem *„normalen"* Schuldenregulierungsverfahren ohne die Wirkungen des § 184a Abs 2 und 3 IO. Ob der Schuldner da schon eine Restschuldbefreiung anstrebt, spielt keine Rolle. Wenn er während *laufender* Gesamtvollstreckung einen *Sanierungs- oder Zahlungsplan bzw ein Abschöpfungsverfahren beantragt*, führt das nach dem Wortlaut des § 184a Abs 1 S 2 IO sofort zu Beendigung der Gesamtvollstreckung. Um Unterbrechungen der Konsequenzen der Gesamtvollstreckung zu vermeiden, ist in enger Auslegung ein *zulässiger* Antrag erforderlich.[84] Offen lässt das Gesetz, was bei Zurücknahme eines auf Schuldenregelung zielenden Antrags oder bei seinem Scheitern gilt. ME ist dann in der Insolvenzdatei anzuzeigen, dass das Schuldenregulierungsverfahren *als Gesamtvollstreckung fortgesetzt wird.*[85] Es liegt ja immer noch ein auf Gläubigerantrag eröffnetes Schuldenregulierungsverfahren und kein Antrag (mehr) auf Sanierungsplan usw vor. Andernfalls könnte der dauerhafte Verlust des Wohnschutzes (zwischenzeitig war er allerdings nicht gegeben) den Schuldner von einer Schuldenregelung abhalten. Falls er später nochmals einen Antrag auf Sanierungsplan usw stellt, kommt es erneut zur Beendigung. Alle seit der ersten Beendigung angefallenen Forderungen sind dann gem § 184a Abs 3 IO zu behandeln, damit eine weitestgehende Schuldenregelung möglich ist.

3.4. Zahlungsplan

Das Verfahrensgebäude rund um den Zahlungsplan ändert das RIRUG nur insofern, als es die *Berechnungsfrist* für die Quote an die Verkürzung der Abtretungsfrist beim Abschöpfungsverfahren mit Tilgungsplan anpasste.[86]

---

[81] AA aber die ErläutRV zur GREx 770 BlgNR 27. GP 70, wonach in der Insolvenzdatei die Bezeichnung anzupassen sei.
[82] Näher dazu (krit) *Schneider*, ZIK 2021/136, 126 (129).
[83] Näher dazu *Schneider*, ZIK 2021/136, 126 (129 f).
[84] Zutr *Schneider*, ZIK 2021/136, 126 (130). Nach *Mohr/Pesendorfer* in *Mohr/Eriksson/Michlits/Pesendorfer/Reichel*, GREx Rz 642 ist nach Einlangen des Antrags die Beendigung öffentlich bekanntzumachen.
[85] AA *Schneider*, ZIK 2021/136, 126 (130).
[86] Siehe ErläutRV zum RIRUG 950 BlgNR 27. GP 28. Näher dazu *Schneider* in *Konecny*, RIRUG Pkt 2.1.

3.5. Abschöpfungsverfahren

Zum Abschöpfungsverfahren hält der Gesetzgeber – mE zutr[87] – fest, dass entgegen den Erläuterungen zum IRÄG 2017 die *Subsidiarität ausnahmslos gilt*.[88] Auch wenn der Schuldner nur eine „Nullquote" leisten kann, muss er also einen Zahlungsplan beantragen. Erst wenn das zulässig, aber erfolglos geschehen ist, kann entsprechend § 200 Abs 1 IO über den Einleitungsantrag entschieden werden.

In Umsetzung der RIRL führte der Gesetzgeber eine Drei-Jahre-Variante des Abschöpfungsverfahrens ein. Er verkürzte also dieses nicht generell, sondern teilte es in zwei Ablaufarten. Der Schuldner hat wie bisher gem § 199 Abs 2 IO dem Einleitungsantrag die Erklärung beizufügen, dass er den pfändbaren Teil seines Einkommens udgl dem Treuhänder abtritt. Er hat jetzt aber die Wahl: Beantragt er ein Abschöpfungsverfahren mit *Tilgungsplan*, tritt er nur für die Zeit von *drei Jahren* nach rechtskräftiger Einleitung ab. Bei einem *Abschöpfungsplan* beträgt die Laufzeit der Abtretung weiterhin fünf Jahre. Ein *Eventualantrag* ist möglich.[89]

Den Unterschied bilden *strengere Anforderungen an die Redlichkeit* bei Schuldnern, die einen Tilgungsplan beantragen (vgl § 201 Abs 2, § 216 Abs 1 IO).[90] *Unternehmern* steht der Tilgungsplan *zeitlich unbegrenzt* zur Verfügung, *Verbrauchern nur bis 16. 7. 2026* (§ 283 Abs 9 IO).[91]

4. Schlusswort

Der Gesetzgeber des RIRUG hat die Verfahrensgebäude im Restrukturierungs- und Insolvenzrecht wesentlich erweitert und verändert. Dem Bild folgend gibt es das einheitliche Gebäude des Insolvenzverfahrens mit unterschiedlichen Trakten iS von Ablaufarten, bei dem im Wesentlichen bloß der des Abschöpfungsverfahrens geteilt wurde. Vom Insolvenzverfahren getrennt und auch untereinander nicht verbunden sind die neuen drei selbstständigen Verfahrensgebäude der Restrukturierungsverfahren. Das vereinsamte Gebäude des Reorganisationsverfahrens nach dem URG wartet weiter auf Benützer.

Für restrukturierungs- bzw sanierungsbedürftige Schuldner gibt es ein reiches neues Angebot. Ob sie es in nennenswertem Ausmaß nützen werden, ist fraglich.[92] Bei den Restrukturierungsverfahren scheint sich in der Anfangsphase wenig bis gar nichts zu tun. Europäische Restrukturierungsverfahren wurden laut Ediktsdatei noch keine öffentlich bekannt gemacht,[93] eingeleitete ordentliche bzw vereinfachte Restrukturierungsverfahren wurden dem Verfasser nicht bekannt. Allerdings: Kurz nach Inkrafttreten der ReO und in einer Zeit, in der wirtschaftliche Schräglagen oft durch mannigfache Zuschüsse aus Steuergeldern vermieden oder

---

87 Siehe *Konecny*, IRÄG 2017 und Neues im Insolvenzrecht für natürliche Personen, ecolex 2017, 1160 (1162 f).
88 ErläutRV zum RIRUG 950 BlgNR 27. GP 28.
89 Siehe ErläutRV zum RIRUG 950 BlgNR 27. GP 29; *Posani*, ZIK 2021/94, 95 (97); *Schneider* in *Konecny*, RIRUG Pkt 3.1.
90 Näher dazu *Posani*, ZIK 2021/94, 95 (97 ff); *Schneider* in *Konecny*, RIRUG Pkt 3.2.
91 Siehe dazu – mit verfassungsrechtlichen Bedenken – *Posani*, ZIK 2021/94, 95 (99).
92 Skeptisch *Mohr*, ZIK 2021/93, 82 (94).
93 Die Abfrage erfolgte am 5. 10. 2021.

gar beseitigt werden, ist es zu früh für Prognosen darüber, ob die ReO ein „URG II" wird. Im Insolvenzbereich streben Schuldner häufig die neue Drei-Jahre-Variante des Abschöpfungsverfahrens an,[94] die Gläubiger werden versuchen, ihnen das möglichst schwer zu machen.

Das RIRUG verursachte dem Gesetzgeber und der es aufbereitenden Lehre großen Aufwand. Warten wir ab, ob der Erfolg ihn rechtfertigt.

---

[94] Siehe *Konecny,* RIRUG und GREx: Ediktsdatei und erste praktische Erfahrungen, ZIK 2021/134, 125 Pkt 3.

Strategische Sanierungsplanung – Kriterien für die Verfahrenswahl

Alexander Isola/Stefan Weileder/David Seidl

Gliederung	Seite
1. Ausgangspunkt „wahrscheinliche Insolvenz"	19
2. Wie immer geht es um die Liquidität	22
3. Anreize für die Hausbank	25
4. Abwägungsfaktoren aus Sicht des Schuldners	26
5. Restrukturierungsverfahren als „Vorverfahren"?	29
6. Varianten	31
7. Zusammenfassende Würdigung	32

Mit der ReO hat der Gesetzgeber den bestehenden Optionen zur Sanierung von Unternehmen eine weitere gerichtliche Variante hinzugefügt. Das geschah in verpflichtender Umsetzung der Richtlinie über Restrukturierung und Insolvenz (RIRL). Dass es sich dabei um eine „Pflichtübung" gehandelt haben dürfte, erhellt aus der (für die Autoren eher enttäuschenden)[1] Beschränkung der „neuen" Restrukturierungswerkzeuge auf Stundung und *Haircut*. Chancen zur Erweiterung des „Werkzeugkastens" zur Durchsetzung und Förderung von Restrukturierungen blieben leider ungenutzt bzw wurden – wieder einmal – in die Zukunft verschoben.[2] Im Folgenden soll aus der Perspektive des Praktikers versucht werden, die Vor- und Nachteile des neuen Restrukturierungsverfahrens zu analysieren und dieses Verfahren den bereits bestehenden Sanierungsoptionen gegenüberzustellen. Letztlich soll eine Bewertung vorgenommen werden.

1. Ausgangspunkt „wahrscheinliche Insolvenz"

Die RIRL geht von der Maxime aus, dass die Wahrscheinlichkeit, eine Insolvenz noch abzuwenden, umso höher ist bzw – im Falle eines Unternehmens mit dauerhaft verminderter Bestandfähigkeit – der Abwicklungsprozess umso geordneter und effizienter erfolgt, desto früher der Schuldner seine finanziellen Schwierigkeiten erkennen und geeignete Maßnahmen treffen kann. Gem Art 3 Abs 1 RIRL haben die Mitgliedstaaten daher sicherzustellen, dass Schuldner Zugang zu klaren und transparenten Frühwarnsystemen haben.[3]

---

1 Siehe die Stellungnahme der Autoren im Rahmen der Begutachtung zum Ministerialentwurf, *Isola/Weileder/Seidl*, Stellungnahme zum ME 11/SN-96/ME 27. GP 1 ff.
2 *Mohr*, Reformen zum Exekutions- und Insolvenzrecht – ein Rückblick auf 30 Jahre samt einem kurzen Ausblick, ÖRPfl 2021/1, 30, erwähnt iZm Überlegungen zur Verbesserung des Unternehmensinsolvenzrechts insb den *Debt-Equity-Swap*. Auch das dt Umsetzungsgesetz zur RIRL (StaRUG) sieht ua die Möglichkeit zur Umwandlung von Restrukturierungsforderungen in Anteils- oder Mitgliedschaftsrechte vor. Darüber hinaus können Restrukturierungspläne gem § 7 Abs 4 StaRUG in ihrem gestaltenden Teil auch die Übertragung von Anteils- oder Mitgliedschaftsrechten, Kapitalerhöhungen und -herabsetzungen, die Leistung von Sacheinlagen, den Ausschluss von Bezugsrechten oder die Abfindung von ausscheidenden Gesellschaftern vorsehen.
3 Vgl ErwGr 22 RIRL; ErläutRV 950 BlgNR 27. GP 3.

In der (österr) Praxis stellen sich Restrukturierungsfragen bei prüfungspflichtigen Unternehmen (spätestens) dann, wenn der Wirtschaftsprüfer („WP") seine Redepflicht gem § 273 UGB ausübt. Dies hat insb dann zu geschehen, wenn der WP bei Wahrnehmung seiner Aufgaben Tatsachen feststellt, die den Bestand des geprüften Unternehmens oder Konzerns gefährden oder seine Entwicklung wesentlich beeinträchtigen können. Der klassische Praxisfall der Redepflichtausübung ist aber jener gem § 273 Abs 3 UGB, wenn der WP bei der Prüfung des Jahresabschlusses feststellt, dass die Voraussetzungen für die Vermutung des Reorganisationsbedarfs iSd § 22 Abs 1 Z 1 URG vorliegen. Das Vorliegen der URG-Kennzahlen indiziert nach (empirisch wohl auch begründeter) Auffassung des Gesetzgebers gem § 6 Abs 2 ReO nun auch das Vorliegen einer *„wahrscheinlichen Insolvenz"*.[4]

Die Praxis macht von der in § 26 Abs 1 URG vorgesehenen Möglichkeit, die Vermutung des Reorganisationsbedarfs gutachterlich zu widerlegen, selten Gebrauch.[5] Dies könnte mit dem gem § 27 URG zulässigen Entlastungsbeweis zusammenhängen.[6] Die nunmehrige Begrifflichkeit, demnach *„die Vermutung des Reorganisationsbedarfs"* als *„Vermutung der wahrscheinlichen Insolvenz"* demaskiert wird, dürfte jedoch zur Erhöhung der Haftungsaversion beitragen. Dies umso mehr, als § 1 Abs 3 ReO die Unternehmensleitung bereits bei Eintritt einer wahrscheinlichen Insolvenz explizit dazu anhält, *„Schritte einzuleiten, um die Insolvenz abzuwenden und die Bestandfähigkeit sicherzustellen"*.[7] Die bestehenden gesellschaftsrechtlichen Sorgfaltspflichten werden durch § 1 Abs 3 ReO zwar nur konkretisiert (und kein neues Haftungsregime eingeführt), eine schuldhaft pflichtwidrige Gefährdung der Bestandfähigkeit kann bei Vorliegen einer *„wahrscheinlichen Insolvenz"* aber ohne weiteres zu einer Haftung nach § 84 AktG bzw § 25 GmbHG führen.[8] Zusätzlich wird auch § 19 Abs 4 ReO zur Sensibilisierung beitragen, normiert diese Bestimmung doch, dass Zahlungsunfähigkeit im Fall laufender, erfolgloser Exekutionsführung seitens der Abgabenbehörden oder Sozialversicherungsträger (sei es auch widerlegbar) zu vermuten ist!

Allein die Stigmatisierung als *„wahrscheinliche Insolvenz"* wertet die Bedeutung der URG-Kennzahlen uE erheblich auf. Gerade bei einem Fremdmanagement, wo erfahrungsgemäß eine konstatierte Bestandsgefährdung umso ernster genommen wird, desto weniger es am Eigenkapital beteiligt ist, könnte die ReO daher – ganz iSd RIRL – zu einem frühzeitig(er)en Gegensteuern beitragen. Es wird aber auch den beigezogenen Beratern obliegen, die potenziell

---

[4] ErläutRV 950 BlgNR 27. GP 6.
[5] Dies überrascht eigentlich, bedenkt man, dass zentraler Bestandteil eines solchen „Reorganisations-Gutachtens" die positive Fortbestehensprognose ist, welche das Management (idR mit fachkundiger Unterstützung externer Berater) erstellt. Aus Praktiker-Sicht spricht, zumal um Zeit und Geld zu sparen, überhaupt nichts dagegen, wenn der bestellte WP das Management bei der Erstellung einer solchen Fortbestehensprognose unterstützt und die daraus zu ziehenden Schlussfolgerungen in ein ebenfalls von ihm erstelltes Reorganisationsgutachten einfließen lässt. Es gehört ja ohnedies zu den Aufgaben des WP, der Abschlussprüfung die *Going-Concern*-Analyse voranzustellen (idS auch *Mohr*, Unternehmensreorganisationsgesetz – URG [1997] § 26 Anm 1).
[6] Vgl OGH 6 Ob 269/05k.
[7] Nach den ErläutRV 950 BlgNR 27. GP 3 kann zur Auslegung des Begriffs *„Bestandfähigkeit"* auf die Rechtsprechung zum Begriff *„Lebensfähigkeit"* eines Unternehmens zurückgegriffen werden. Ein Unternehmen ist demnach bestandfähig, wenn dessen Lebensfähigkeit *„unter Bedachtnahme auf eingeleitete Sanierungsmaßnahmen hinreichend, das heißt mit zumindest überwiegender Wahrscheinlichkeit, gesichert ist"* (vgl RIS-Justiz RS0064989).
[8] ErläutRV 950 BlgNR 27. GP 4.

haftende Unternehmensleitung im Falle einer *„wahrscheinlichen Insolvenz"* auf die Pflicht zu insolvenzabwendenden bzw bestandsichernden Maßnahmen sowie auf die angemessene Berücksichtigung der Interessen der Gläubiger, Anteilsinhaber und sonstiger Interessensträger hinzuweisen.[9]

Die involvierten Berater, nicht zuletzt der WP, werden uE daher künftig schon bei Vorliegen der URG-Kennzahlen die Bestandfähigkeit des Unternehmens wesentlich kritischer zu beurteilen haben als bisher. Zu beachten ist dabei, dass die *„wahrscheinliche Insolvenz"* auch einen tatsächlichen oder rechtlichen Grund indiziert, der der Fortführungsannahme iSd § 201 Abs 2 Z 2 UGB entgegenstehen könnte.[10] Gerade risikoaverse WP werden die *Going-Concern-*Annahme bei Vorliegen der URG-Kennzahlen, von Ausnahmen abgesehen, künftig daher nur noch testieren, wenn der Unternehmer eine *lege artis* erstellte Fortbestehensprognose fix und fertig auf den Tisch gelegt hat. Als eine das Insolvenzverfahren vermeidende Alternative bietet sich nunmehr das Restrukturierungsverfahren an, das auch überschuldeten (jedoch zahlungs- und bestandfähigen) Schuldnern offensteht.[11] Für die Einleitung genügt ein bloßes Restrukturierungskonzept iVm dem Vorbringen, dass damit die Bestandfähigkeit des Unternehmens erreicht werden kann (§ 7 Abs 2 ReO). Bei Lichte betrachtet, handelt es sich dabei um nichts anderes als um eine noch „bedingte" Fortbestehensprognose.[12] Damit der WP Bestandfähigkeit attestieren kann, bedarf es aber auch in diesen Fällen der zeitgerechten Umsetzung bzw rechtlichen Absicherung der Bedingungen. Der (risikoaverse) WP könnte folglich gut beraten sein, mit dem Testat solange zuzuwarten, bis alle konkret identifizierten Bedingungen eingetreten sind, und sei es vermittels des „Hebels" eines auf wenige Wochen beschränkbaren Restrukturierungsverfahrens unter gerichtlicher Aufsicht.[13]

Bei Unternehmen, die der Abschlussprüfung nicht unterliegen, wo eine Redepflicht also gar nicht zur Debatte steht und/oder sich die einschlägigen Haftungsfolgen nach § 22 URG auch nicht stellen, ist die Ausgangslage (aus Sicht des Praktikers) keine andere. Auch dort, zumal, wenn der Steuerberater in die Bilanzierung und Veröffentlichung des Jahresabschlusses eingebunden ist, indizieren die (leicht ermittelbaren) URG-Kennzahlen nun die Notwendigkeit, sich mit der Frage einer *„wahrscheinlichen Insolvenz"* und daher letzten Endes auch mit der Bestandfähigkeit des Unternehmens auseinanderzusetzen.[14] Auch dort bedarf es idR also einer positiven, sei es auch von konkreten Restrukturierungsmaßnahmen abhängigen, Fortbestehensprognose.

Ganz iSd von der RIRL gewünschten Frühwarnsystems ist zu hoffen, dass die mit dem Begriff *„wahrscheinliche Insolvenz"* einhergehende tendenzielle Anhebung präventiver Sorgfalts-

---

9   Eine Rangfolge zwischen den Parteien, deren Interessen zu berücksichtigen sind, gibt das Gesetz nicht vor (ErläutRV 950 BlgNR 27. GP 4).
10 Das Vorliegen eines Insolvenzgrundes kann der Fortführungsannahme entgegenstehen, muss es aber nicht. Das gilt uE auch bei Vermutung einer *„wahrscheinlichen Insolvenz"*. Es wird insb darauf ankommen, ob und unter welchen Voraussetzungen die Zahlungsfähigkeit erhalten bleibt (vgl Fachgutachten KFS/RL 28 des Fachsenats für Unternehmensrecht und Revision der Kammer der Wirtschaftstreuhänder zur Unternehmensfortführung gemäß § 201 Abs 2 Z 2 UGB [2017] Rz 14).
11 ErläutRV 950 BlgNR 27. GP 1; *Mohr*, Das Restrukturierungsverfahren nach der ReO, ZIK 2021/93, 82.
12 Zu Praxisproblemen iZm nur bedingt positiven Fortbestehensprognosen s tieferstehend Pkt 5.
13 ErläutRV 950 BlgNR 27. GP 1.
14 Nach dem Fachgutachten KFS/RL 28 (Rz 12) hat der Abschlussaufsteller zu beurteilen, ob der Unternehmensfortführung möglicherweise tatsächliche oder rechtliche Gründe entgegenstehen.

2. Wie immer geht es um die Liquidität

Zweck des Restrukturierungsverfahrens ist es, die Zahlungsunfähigkeit abzuwenden und die Bestandfähigkeit des Unternehmens sicherzustellen. Das antragstellende Unternehmen muss bei Verfahrenseintritt folglich zahlungsfähig sein und dies während des Verfahrens grundsätzlich auch mit überwiegender Wahrscheinlichkeit bleiben.[16] Das erscheint auf erste Sicht klar, eröffnet aber Spielräume.

Zahlungsunfähigkeit liegt nach hA vor, wenn ein Schuldner seine fälligen Schulden mangels bereiter Zahlungsmittel nicht zu zahlen vermag und sich die erforderlichen Zahlungsmittel auch nicht alsbald verschaffen kann.[17] Die Zahlungsfähigkeit ist dabei nach Judikatur und Lehre augenblicksbezogen – also ohne prognostisches Element – zu prüfen.[18] Demgegenüber spielt das prognostische Element beim Begriff der bloßen „Zahlungsstockung", die nach Judikatur und Lehre explizit kein Insolvenzgrund ist,[19] eine ausschlaggebende Rolle. Eine Zahlungsstockung liegt nach hA nämlich vor, wenn (aus *ex-ante*-Sicht) eine hohe Wahrscheinlichkeit dafür besteht, dass der Schuldner in einer (im Durchschnittsfall) drei Monate nicht übersteigenden Frist alle seine Schulden pünktlich zu zahlen in der Lage sein wird.[20]

Eingedenk des Umstandes, dass ein Restrukturierungsverfahren auf kurze Verfahrensdauer ausgelegt ist[21] und der Gesetzgeber eine Prüfung der Zahlungsfähigkeit bei Einleitung des Restrukturierungsverfahrens gar nicht vorsieht,[22] dürfte die Abgrenzung zwischen einer bloßen Zahlungsstockung und einer bereits eingetretenen Zahlungsunfähigkeit für die Eröffnung des Restrukturierungsverfahrens von eher untergeordneter Bedeutung sein.

Bedeutsam wird die Abgrenzung aber spätestens bei einer allenfalls erforderlichen Vollstreckungssperre. In diesem Fall hat das Gericht anhand der Einsicht in die Exekutionsakten zu prüfen, ob der Schuldner zahlungsunfähig ist. § 19 Abs 4 S 2 ReO, demnach Zahlungsunfähigkeit im Fall laufender, erfolgloser Exekutionsführung seitens der Abgabenbehörden oder Sozialversicherungsträger zu vermuten ist, wird erhebliche Bedeutung zukommen.[23] Die Vermutung der Zahlungsunfähigkeit kann zwar widerlegt werden, es ist aber zu befürchten, dass

---

15 Vgl Pkt 5.
16 ErläutRV 950 BlgNR 27. GP 1, 7.
17 *Schumacher* in *Koller/Lovrek/Spitzer*, IO (2019) § 66 Rz 3 mwN.
18 *Isola/Seidl/Spraic*, Zur Zahlungsunfähigkeit – Plädoyer für eine „statische" bzw einheitliche Auslegung, ZIK 2012/299, 214.
19 *Schumacher* in KLS, IO § 66 Rz 18.
20 RIS-Justiz RS0126561; in Ausnahmefällen wird auch eine Frist von bis zu fünf Monaten gebilligt (vgl *Schumacher* in KLS, IO § 66 Rz 22 mwN).
21 Vgl § 31 Abs 1 ReO, demnach die Tagsatzung über die Abstimmung des Restrukturierungsplans idR auf 30 bis 60 Tage nach dessen Vorlage anzuordnen ist.
22 ErläutRV 950 BlgNR 27. GP 1.
23 Im Falle der Offenkundigkeit der Zahlungsunfähigkeit aufgrund der Exekutionsakten liegt sogar ein Unzulässigkeitsgrund iSd § 7 Abs 3 ReO vor.

die Gerichte an die Gegenbescheinigung hohe Anforderungen stellen werden. Die Gerichte werden bei vermuteter Zahlungsunfähigkeit wohl dazu tendieren, sofort einen Restrukturierungsbeauftragten zu bestellen. Dies umso mehr, als ein Publik-Werden eines (nicht öffentlichen) Verfahrens jederzeit für zusätzlichen Gegenwind sorgen könnte.

Das richtige „*Timing*" wird sowohl bei der Verfahrenseinleitung als auch beim Antrag auf Vollstreckungssperre eine große Rolle spielen.

Es bleibt auch abzuwarten, wie die Gerichte mit (dem Einwand) einer bloß vorübergehenden Zahlungsstockung umgehen werden; zumal, wenn der Schuldner vorbringen sollte, den Restrukturierungsplan gerade für die Überwindung einer bereits eingetretenen Zahlungsstockung zu benötigen. Wenn der Schuldner sich dann noch § 24 Abs 3 ReO, demnach trotz einer während der Vollstreckungssperre eingetretenen Zahlungsunfähigkeit ein Insolvenzverfahren dann nicht zu eröffnen ist, wenn die Eröffnung unter Berücksichtigung der Umstände des Falles nicht im allgemeinen Interesse der Gläubiger ist, zunutze macht, könnte das Verfahren zu einem für alle Beteiligten herausfordernden Drahtseilakt werden.

Aus dem Gesagten resultiert, dass an den gem § 7 Abs 1 Z 2 ReO vorzulegenden Finanzplan hohe Anforderungen zu stellen sein werden. Dessen Plausibilität und vertragliche Absicherung sollte uE Dreh- und Angelpunkt der Verfahrenseröffnung bzw des Verfahrens überhaupt sein.

Zu beachten ist dabei, dass § 9 Abs 2 Z 5 ReO implizit das Verbot enthält, Forderungen betroffener Gläubiger sicherzustellen bzw zu begleichen. Das erscheint deshalb von Relevanz, weil dieses Zahlungsverbot iVm der gezielten Herausnahme von Gläubigern aus dem Restrukturierungsplan möglicherweise nur der Vermeidung persönlicher Haftungen der gesetzlichen Vertreter geschuldet sein könnte. Das ist aus Sicht der gesetzlichen Vertreter zwar verständlich und wird von der Judikatur im Einzelfall auch als mit der Sorgfalt eines ordentlichen und gewissenhaften Geschäftsleiters vereinbar gesehen,[24] könnte aufgrund der damit einhergehenden Ungleichbehandlung aber letztlich den Interessen der vom Restrukturierungsplan betroffenen Gläubigerschaft entgegenstehen. Indizien für eine den Gläubigerinteressen widerstreitende Finanzgebarung bzw sachlich nicht rechtfertigbare Ungleichbehandlungen sollten daher (ebenfalls) zur raschen Bestellung eines Restrukturierungsbeauftragten nach § 9 Abs 2 Z 4 ReO führen.

Zur Gewährleistung der Zahlungsfähigkeit hat der Gesetzgeber in der ReO konkrete Maßnahmen vorgesehen:

- **Zwischenfinanzierung**

Eine zum Fortbetrieb bzw Überleben des Unternehmens unverzüglich erforderliche oder der Erhaltung bzw Steigerung des Wertes des Unternehmens dienende „*Zwischenfinanzierung*" kann auf Antrag des Schuldners gerichtlich genehmigt (§ 18 Abs 1 ReO) und damit weitgehend anfechtungsrechtlich immunisiert werden.[25] Der Antrag auf Genehmigung kann bereits mit dem Antrag auf Einleitung des Restrukturierungsverfahrens verbunden werden (§ 18 Abs 4 ReO).

---

24 OGH 6 Ob 164/16k.
25 Gem § 36a Abs 1 IO (idF RIRUG) sind genehmigte Zwischenfinanzierungen nach § 18 Abs 1 ReO wegen mittelbarer Nachteiligkeit (§ 31 Abs 1 Z 3 IO) nicht anfechtbar, wenn dem Anfechtungsgegner die Zahlungsunfähigkeit nicht bekannt war.

- Vollstreckungssperre

Das Gericht kann auf Antrag des Schuldners gegenüber einzelnen Gläubigern oder Gläubigerklassen (im Falle eines [öffentlichen] Europäischen Restrukturierungsverfahrens auch gegenüber allen Gläubigern)[26] eine Vollstreckungssperre anordnen. Die Vollstreckungssperre umfasst unter den Voraussetzungen des § 11 Abs 2 und Abs 3 IO auch Ab- und Aussonderungsansprüche. *Expressis verbis* ausgenommen sind jedoch Forderungszessionen. Zedierte Kundenforderungen des Schuldners können daher durch die Vollstreckungssperre nicht immunisiert werden (§ 20 ReO). Nach Verfahrenseinleitung generierte Neuforderungen können – trotz einer allfälligen Globalzession (auch der künftigen Forderungen) – als Sicherheit für eine allenfalls erforderliche Zwischenfinanzierung iSd § 18 Abs 1 ReO bzw neue Finanzierung iSd § 36a Abs 3 IO dienen, sofern die „Neuforderungen" gem der herrschenden Insolvenzpraxis von der (Alt-)Zessionarin freigegeben werden. Das erscheint auch praktikabel, zumal Ansprüche auf Auszahlung von Krediten in analoger Anwendung des § 25a Abs 2 Z 2 IO nicht von der Auflösungssperre des § 26 ReO umfasst sind (§ 26 Abs 5 ReO) und dem (Alt-)Kreditgeber daher auch im Restrukturierungsverfahren weiterhin das Kündigungsrecht aus wichtigem Grund gem § 987 ABGB bzw (zB gem den Allgemeinen Bankbedingungen) wegen Vermögensverschlechterung zur Verfügung steht.[27]

Beachtlich ist zudem, dass von der per Verfahrenseintritt erwirkten Vollstreckungssperre auch Forderungen umfasst sein können, die im sodann später vorgelegten Restrukturierungsplan gar nicht einbezogen werden.[28] Insoweit könnte es uU zweckmäßig sein, den Restrukturierungsplan erst später vorzulegen und sich zunächst auf ein bloßes Restrukturierungskonzept zu beschränken.

- Vertragsauflösungssperre

Gläubigern, die von einer Vollstreckungssperre konkret betroffen sind, ist es untersagt, im Hinblick auf vor der Vollstreckungssperre entstandene (sei es auch überfällige) Forderungen Vertragsänderungen zulasten des Schuldners vorzunehmen, Leistungen aus wesentlichen noch zu erfüllenden Verträgen zu verweigern bzw diese Verträge vorzeitig fällig zu stellen oder zu kündigen (§ 26 ReO). Inhaltlich geht die ReO in diesem Punkt damit sogar über § 21 IO (insb auch Abs 3 leg cit) hinaus und erleichtert dem Schuldner den Fortbetrieb.

Dieser Maßnahmenkatalog, zumal iVm der Möglichkeit der anfechtungsrechtlichen Immunisierung einer Zwischenfinanzierung, macht ein Restrukturierungsverfahren zumindest auf erstes Hinsehen attraktiv. Ob die anfechtungsrechtliche Immunisierung für den Finanzier aber signifikant vorteilhafter ist als ein erst unmittelbar nach Insolvenzeröffnung mit dem Insolvenzverwalter vereinbarter „Massekredit", darf ernsthaft bezweifelt werden. Während dem Gläubiger einer Zwischenfinanzierung im Falle eines Scheiterns des Restrukturierungsverfahrens nämlich nur jene Sicherheiten (immerhin anfechtungsfest nach § 31 Abs 1 Z 3 IO) haften, die konkret zur Sicherstellung der Zwischenfinanzierung bestellt wurden, haften dem Finanzier eines „echten" Massekredits nicht nur die konkret vereinbarten und bestellten Sicherheiten (und zwar absolut anfechtungsfest, weil ja erst nach Insolvenzeröffnung begründet), son-

---

[26] Vgl § 44 Abs 3 ReO; *Weber-Wilfert*, Das Europäische Restrukturierungsverfahren, in *Konecny*, RIRUG (2021) Pkt 2.

[27] ErläutRV 950 BlgNR 27. GP 15; vgl auch *Weber-Wilfert*, Zession künftiger Forderungen – Werthaltigkeit durch Insolvenzmasse, ZIK 2019/6, 2.

[28] ErläutRV 950 BlgNR 27. GP 12.

dern im Range einer Masseforderung nach § 47 Abs 2 Z 6 IO, somit „*super-senior*", zugleich auch das gesamte weitere Massevermögen.

3. Anreize für die Hausbank

Die Hausbank des Schuldners, die kraft ihrer Stellung als (Absonderungs-)Gläubigerin regelmäßig einen maßgeblichen Einfluss auf die Verfahrensauswahl hat, wird ihre Dispositionen – wie gezeigt – nicht allein vom Anfechtungsschutz der allfälligen Zwischenfinanzierung abhängig machen. Maßgebliche weitere Entscheidungskriterien (die der Schuldner der Hausbank gegenüber ins Spiel bringen könnte) könnten jedoch sein:

- **Eliminierung von Anfechtungsrisiken**

Die alte Grundregel „Im Ausgleich gibt es keine Anfechtung!" wurde durch die Klarstellung in § 157i Abs 1 letzter S IO, dass insb auch Anfechtungsansprüche an einen Treuhänder übertragen werden können,[29] relativiert. Auch im Rahmen eines Sanierungsverfahrens liegt es zwar immer noch am Schuldner selbst, die Abtretung von Vermögenswerten bzw Anfechtungsansprüchen durch einen Treuhandsanierungsplan zu ermöglichen,[30] der einmal bestellte Insolvenzverwalter kann durch entsprechende Empfehlungen bzw Berichte, insb im Rahmen seiner Stellungnahme zum Sanierungsplan, aber jedenfalls das Stimmverhalten der Gläubiger (und damit eine Verbesserung des Planvorschlages) beeinflussen. Im Zuge eines Restrukturierungsverfahrens können Anfechtungsansprüche dagegen grundsätzlich nicht geltend gemacht werden.[31] Selbst wenn Anfechtungsaspekte in die Bewertung nach § 35 ReO einfließen könnten, blieben die damit verbundenen Auswirkungen auf eine bloße Schätzung beschränkt, bei der die rechtlichen und faktischen Prozessrisiken einzupreisen sind.

Dazu kommt: Während § 18 URG noch vorsieht, dass die für die Anfechtung nach der Insolvenzordnung vom Tag der Eröffnung des Insolvenzverfahrens zu berechnenden Fristen um die Dauer des Reorganisationsverfahrens verlängert werden, vorausgesetzt, es wird während der Anfechtungsfrist eingestellt, fehlt nun eine vergleichbare Bestimmung in der ReO.[32]

Diese Rahmenbedingungen sind Alt-Gläubiger-freundlich. Sie könnten die Entscheidung der Hausbank, ein Restrukturierungsverfahren mitzutragen, positiv beeinflussen.

- **Maximierung der Deckung durch Ab- und Aussonderungsrechte**

Die Wahl der Gläubigerklassen gem § 29 ReO kann für strategische Aspekte genutzt werden. Der Schuldner könnte bspw in der von der Hausbank dominierten Klasse der besicherten Gläubiger (§ 29 Abs 1 Z 1 ReO) eine bloße Streckung der Zahlungsfristen (abhängig allenfalls von der Fristigkeit der Verwertung nicht betriebsnotwendiger Assets) vorschlagen (§ 28 S 2 ReO), sodass in der Klasse der besicherten Gläubiger von einer positiven Abstimmung ausgegangen werden kann. Ebensolches könnte der Schuldner erreichen, wenn er den nachrangi-

---

29 ErläutRV 612 BlgNR 24. GP 27.
30 *Riel* in KLS, IO § 157i Rz 3.
31 Die Anfechtung gegenüber Banken richtet sich im Regelfall nach den Gläubigertatbeständen der §§ 30 und 31 IO. Eine Anfechtung nach §§ 439, 440 EO scheidet gegenüber einer kreditgebenden Bank meist aus.
32 Ein Verfahren nach der ReO kann uU längere Zeit dauern. Es könnte zB (erst) eingestellt werden, wenn ein gebotener Beschluss der Gesellschafterversammlung nicht innert sechs Monaten ab Beschlussfassung wirksam wird (§ 41 Abs 2 Z 10 ReO).

gen Gläubigern in der Klasse des § 29 Abs 1 Z 5 ReO einen gegenüber einem Insolvenzverfahren immer noch vorteilhaften 90%igen *Haircut* anbietet. Die Musik spielt dann im Regelfall in der Gläubigerklasse mit unbesicherten Forderungen (§ 29 Abs 1 Z 2 ReO), der ein substantieller und strikt am Insolvenzszenario (§ 35 ReO) orientierter *Haircut* abverlangt wird. Diese Klasse könnte notfalls, falls darin die geforderten Mehrheiten nicht zustande kommen und bspw zwei andere Klassen für den Restrukturierungsplan stimmen, durch einen *Cram-Down* iSd § 36 ReO[33] auf Restrukturierungskurs gebracht werden, weil eben der Restrukturierungsplan eine höhere Quote als das alternative Insolvenzverfahren erwarten ließe (weitere Voraussetzung wäre nach § 36 Abs 1 Z 2 ReO noch, dass die allenfalls ablehnende Gläubigerklasse der unbesicherten Forderungen gegenüber nachrangigen Klassen besser gestellt ist; bezogen auf obiges Beispiel also etwa einen *Haircut* von „nur" 85 % hinnehmen muss).[34]

Das Sanierungsleid der Hausbank beschränkte sich, abgesehen vom Risiko einer Zwischen- oder Neufinanzierung, auf jene Teilbeträge des Alt-Obligos, die durch die bestellten Sicherheiten nicht gedeckt wären (§ 29 Abs 2 ReO). Das diesbezügliche Ausfallsrisiko beim Alt-Obligo wäre uU allerdings von der angepeilten Restrukturierung begünstigt. Auch wenn die Bewertung der Bezug habenden Sicherheiten grundsätzlich wohl zum Verkehrswert unter *Going-Concern*-Prämissen zu erfolgen hat,[35] wird es zB bei der betriebsnotwendigen Produktionsstätte einen Spielraum für eine höhere Bewertung aus der konkret subjektiven Position des Schuldners heraus geben. Der gem § 29 Abs 2 ReO vom *Haircut* erfasste mutmaßliche Ausfall der Hausbank könnte damit sogar deutlich geringer sein als in einem Insolvenzszenario.

4. Abwägungsfaktoren aus Sicht des Schuldners

Für den Schuldner gilt es, abgesehen von den bisherigen Punkten, eine Reihe weiterer Faktoren abzuwägen.

- Geringere Kosten

Sanierungsverfahren sind mitunter kostspielig. Dies gilt im Besonderen für Sanierungsverfahren ohne Eigenverwaltung, wenn dem Masseverwalter „*als Geschäftsführer des schuldnerischen Unternehmens*"[36] zusätzlich zur Regelentlohnung auch eine Entlohnung für die Fortführung des Unternehmens gem § 82 Abs 3 IO zukommt. Unter Einbeziehung der Pauschalgebühr und der Entlohnung der bevorrechteten Gläubigerschutzverbände, zumal, wenn auch noch die besondere Entlohnung für die Verwaltung und Verwertung einer Sondermasse iSd § 82d IO hinzukommt, können sich die vom Schuldner zu finanzierenden Kosten rasch auf rund 10 % des Erfordernisses akkumulieren.

Die ReO sieht im Kostenpunkt demgegenüber keine klaren Regelungen vor.[37] Dies ist dem Umstand geschuldet, dass das Gericht dem Restrukturierungsbeauftragten auch nur ein punktuelles, auf einzelne Aufgaben beschränktes Mandat erteilen kann (§ 9 Abs 3 ReO). Die Involvierung

---

33 Im Falle von nur zwei Klassen genügte es, wenn nur eine dafür stimmt (§ 36 Abs 2 letzter S ReO).
34 Zu den Mehrheitserfordernissen bzw konkret zu den „in the money-Gläubigerklassen" vgl *Reisch*, Restrukturierungsverfahren – Planinhalte, Planwirkungen, in *Konecny*, RIRUG Pkt 6.3.
35 *Nunner-Krautgasser/Anzenberger* in KLS, IO § 149 Rz 8.
36 *Reisch* in KLS, IO § 82 Rz 31.
37 Vgl im Detail *Riel*, Der Restrukturierungsbeauftragte, in *Konecny*, RIRUG Pkt 5.

der (zu entlohnenden) Gläubigerschutzverbände erfolgt überhaupt nur über Schuldnerantrag (§ 31 Abs 2 ReO).[38] Diejenigen Fälle, wo der Restrukturierungsbeauftragte mit der Erstellung des Restrukturierungsplanes beauftragt wird und das gesamte Verfahren überwachend begleitet (sodass ihm gem den Erläuterungen wohl die Regelentlohnung eines Sanierungsverwalters gebührt),[39] sollten nach dem Verständnis des Gesetzgebers eher die Ausnahme als die Regel sein. Der Gesetzgeber geht davon aus, dass die Eigenverwaltung des Schuldners ohne Bestellung (irgend-)eines Restrukturierungsbeauftragten immer dann möglich sein sollte, *„wenn das Verfahren gut vorbereitet ist, der Schuldner vollständige Unterlagen vorlegt und es sich voraussichtlich um Verfahren handelt, die schnell und ohne gröbere Aufwendungen durchgeführt werden können"*.[40]

Im Bereich der Pauschalgebühr könnte die Begrenzung mit 30.000 € dazu führen, dass die Kostenbelastung gerade bei großvolumigen Restrukturierungsverfahren deutlich unter jenen für Sanierungsverfahren liegen.[41]

Sollte sich der gesetzgeberische Wunsch nach grundsätzlicher Eigenverwaltung in der Praxis durchsetzen, könnte sich das Restrukturierungsverfahren damit als kostengünstige Alternative zum Sanierungsverfahren etablieren (dies selbst unter Inkaufnahme der Kosten einer gem § 27 Abs 2 Z 3 lit a ReO gebotenen Bewertung des Unternehmens unter Zugrundelegung einer Fortführung und einer Liquidation).

- **Flexibilität bei Quote und Zahlungsfristen**

Vorteilhaft könnte für den Schuldner auch sein, dass das Restrukturierungsverfahren im Gegensatz zum Sanierungsverfahren keine Mindestquote (§ 141 Abs 1 S 2 IO) und keine Zahlungshöchstfristen (§ 141 Abs 1 S 1 IO) kennt.[42]

Die Möglichkeit zur Unterschreitung einer Quote von 20 % dürfte uE (eingedenk des erforderlichen 75 %-Quorums und des Kriteriums des Gläubigerinteresses) aber selten nutzbar gemacht werden können; ausgenommen vielleicht in der Klasse der Gläubiger nachrangiger Forderungen.

Die Möglichkeit zur Streckung der Zahlungsfristen über die zwei (bzw drei)[43] Jahre des § 141 Abs 1 S 1 IO hinaus dürfte allerdings Potenzial haben. Unternehmen können idR das betriebsnotwendige Vermögen nicht (zumindest nicht kurz- oder mittelfristig) zur Finanzierung einer Sanierungsplanquote heranziehen (außer allenfalls vermittels einer die aktuellen Probleme nur in die Zukunft schiebenden *Sale-and-Lease-Back*-Transaktion). Ein Restrukturierungsplan könnte in diesem Punkt Abhilfe schaffen, indem sich dieser nicht auf einzelne Rückstehungserklärungen beschränkt, sondern die Zahlungsfrist der planerfassten (quotierten oder unquotierten) Schulden einer Klasse gem § 28 ReO generell auf einen realistischen längerfristigen Zeitraum angepasst wird. Verbunden werden könnte das mit der Verpflichtung des Schuldners zu einem *Cash Sweep* bzw zur bevorzugten Ausschüttung von Realisaten aus allfälligen *Desinvestments*.

---

[38] Die Gläubiger können sich aber natürlich nach § 253 Abs 3 IO von einem bevorrechteten Gläubigerschutzverband vertreten lassen.
[39] ErläutRV 950 BlgNR 27. GP 8.
[40] ErläutRV 950 BlgNR 27. GP 10.
[41] Vgl TP 6 I lit c GGG; *Mohr/Reichel*, RIRUG: Allgemeine Änderungen im Insolvenzrecht und im Gebührenrecht, in *Konecny*, RIRUG Pkt 4.6.
[42] *Reisch* in *Konecny*, RIRUG Pkt 2.
[43] Vgl § 11a 2. COVID-19-JuBG.

- Beschränkung der Öffentlichkeit

Abgesehen vom Fall des Europäischen Restrukturierungsverfahrens sind Restrukturierungsverfahren nicht öffentlich.[44] Gerade das vereinfachte Restrukturierungsverfahren gem § 45 ReO, in das in aller Regel nur dem Bankgeheimnis unterworfene Finanzierungsgläubiger involviert sind, birgt gegenüber einem gerichtlichen Insolvenzverfahren den Vorteil der fehlenden Publizität. Auch bei Abhängigkeiten gegenüber Lieferanten, die der Schuldner bewusst nicht in den Restrukturierungsplan einbeziehen möchte, kann sich die Beschränkung der Öffentlichkeit als bestandsfördernd auswirken.

Wenn sich die betroffenen Gläubiger aber nicht auf eine handverlesene Schar beschränken lassen, ist infolge der grundsätzlichen Vertretungsmöglichkeit der Gläubigerschutzverbände[45] wohl von einer „De-facto-Publizität" auf Ebene der direkt oder indirekt Verfahrensbetroffenen auszugehen. Dies muss allerdings, wie der Praktiker weiß, kein Nachteil sein, weil die Einbeziehung der Verbände in aller Regel eine (wichtige) Kanalisierung der Informationswege und eine Orchestrierung der Entscheidungsfindung bewirkt. Es mag immerhin sein, dass die Nichtöffentlichkeit zumindest in medialer Hinsicht zu einer im Vergleich zu anderen Verfahren eingeschränkteren Publizität führt.

- Mehrheitsfindung/*Cram-Down*

Der Praktiker kennt den sog „*Ausgleichsstörer*" vor allem in Person der Sozialversicherungsträger, die sich unter (nicht näher begründbarem) Hinweis darauf, dass Beiträge nicht nur im eigenen, sondern auch im fremden Namen eingehoben würden bzw es an einer gesetzlichen Grundlage für einen Schuldennachlass fehle, außergerichtlichen Lösungen regelmäßig widersetzen bzw sich hieran nicht beteiligen möchten. Daran wird sich durch die ReO nichts ändern. Folglich wird dem 75%igen Kapitalerfordernis in der Klasse der unbesicherten Gläubiger auch im Restrukturierungsverfahren regelmäßig eine entscheidungswesentliche Rolle zukommen. Der Schuldner wird – will er sich nicht dem womöglich riskanten Erfordernis eines *Cram-Down* aussetzen – daher schon im Vorfeld beurteilen müssen, wie sich das voraussichtliche Zustimmungsquorum innerhalb der einzelnen Klassen verhält und ausgehend davon Überlegungen anstellen, welche Gläubiger er in den Restrukturierungsplan einbezieht bzw welche und wie viele Klassen er tatsächlich bildet. Sollte den Sozialversicherungsträgern eine Sperrminorität von > 25 % zukommen (was angesichts der Stundungs- und Ratenzahlungsszenarien infolge der COVID-19-Pandemie zumindest in den kommenden zwei bis drei Jahren durchaus der Fall sein könnte), wäre abzuklären, ob diese zumindest zu einer stillschweigenden Zustimmung durch Nichtteilnahme an der Abstimmung bewogen werden können. Verneinendenfalls wäre abzuwägen, sie vom Restrukturierungsplan auszunehmen bzw gleich ein Sanierungsverfahren zu beantragen, bei dem schon eine einfache Kapital- und Kopfmehrheit für die Annahme ausreicht.[46]

Vielfach wird die Strategie des Schuldners auch davon abhängen, wie die Restrukturierungsgerichte mit der Möglichkeit zum klassenübergreifenden *Cram-Down* umgehen. Die dafür

---

44 Zur Dreigestalt der Restrukturierungsverfahren vgl Konecny, Die neuen Verfahrensgebäude im Restrukturierungs- und Insolvenzrecht, in *Konecny*, RIRUG Pkt 2.2.1.
45 § 253 Abs 3 IO ist mit Ausnahme seines fünften S im Restrukturierungsverfahren anzuwenden (§ 5 ReO); vgl ErläutRV 950 BlgNR 27. GP 18 f.
46 Das Sanierungsverfahren steht dem Schuldner gem § 167 Abs 2 IO schon bei drohender Zahlungsunfähigkeit offen.

normierten Voraussetzungen in § 36 Abs 1 Z 2 und Z 3 ReO erscheinen klar und berechenbar. Allerdings birgt Z 1 leg cit (Erfüllung der Bestätigungsvoraussetzungen) gewisse Risiken für den Schuldner. Sobald nämlich das Gericht dazu verpflichtet wird, das über Gläubigerantrag ins Spiel gebrachte Kriterium des Gläubigerinteresses als Bestätigungsvoraussetzung zu prüfen bzw gar eine (sachverständige) Bewertung iSd § 38 ReO zu erfolgen hat, könnte der Restrukturierungsplan trotz Vorliegens der erforderlichen Gläubigermehrheiten noch scheitern.

Insoweit könnten sich dem *„Ausgleichsstörer"* neue Betätigungsfelder eröffnen: zum einen in Form eines Antrages nach § 35 Abs 2 ReO auf Prüfung des Kriteriums des Gläubigerinteresses (allenfalls iVm einer Bewertung nach § 38 ReO), zum anderen über das Rekursrecht nach § 40 ReO. Selbst wenn dem Rekurs keine aufschiebende Wirkung zuteilwerden sollte,[47] bleibt das in der Restrukturierung befindliche Unternehmen in einer faktischen „Schwebelage". Das kann gravierende Probleme verursachen, zumal wenn derweil die Vollstreckungssperre und eine damit verbundene Insolvenzsperre auslaufen.

Zur Beurteilung der Attraktivität des Restrukturierungsverfahrens wird es daher auch maßgeblich darauf ankommen, wie die Gerichte, die institutionellen Gläubiger und die Gläubigerschutzverbände das Instrumentarium des *Cram-Down* handhaben. Es erscheint durchaus vorstellbar, dass sich regionale Besonderheiten entwickeln werden.

5. Restrukturierungsverfahren als „Vorverfahren"?

Solange eine Gesellschaft zahlungsfähig ist und auf eine offenbar gewordene Bestandgefährdung mit der zügigen Erstellung einer Fortbestehensprognose reagiert, bewegt sie sich im *Going-Concern*; es bedarf – zumindest zeitweilig – keiner Umstellung auf „Insolvenzgestion".[48] In diesem Kontext hat die Frage der Zahlungsfähigkeit ausnahmsweise auch einen zeitraumbezogenen Aspekt. Sie muss gewährleistet sein, solange an der Erstellung der Fortbestehensprognose gearbeitet wird. Kommt letztlich bloß eine bedingt positive Fortbestehensprognose zustande, beginnt – so die Bedingungen nicht zum jeweils in der Prognose geforderten Zeitpunkt vorliegen – sofort die nicht verlängerbare 60-Tages-Frist des § 69 Abs 2 IO zu laufen. Eine nur unter Bedingungen positive Fortbestehensprognose reicht zur Vermeidung der materiellen Insolvenz bei Vorliegen einer rechnerischen Überschuldung nicht aus.[49]

Natürlich steht dem Schuldner innerhalb der 60-Tages-Frist die Möglichkeit offen, aus *ex-ante*-Sicht aussichtsreiche Sanierungsversuche zu unternehmen und insb auch die Bedingungen der Fortbestehensprognose zu erfüllen. Die zulässige Zahlungsweise wird in dieser Phase aber stark verengt. So verbieten § 25 Abs 3 Z 2 GmbHG und § 84 Abs 3 Z 6 AktG masseschmälernde Zahlungen nach dem Eintritt der materiellen Insolvenz, sofern diese nicht mit der Sorgfalt eines ordentlichen Geschäftsleiters vereinbar sind. Zu den zulässigen Zahlungen zählen dann etwa noch solche auf Zug-um-Zug-Geschäfte bzw Zahlungen an Aus- und Abson-

---

[47] Gem § 40 Abs 3 ReO ist dem Rekurs aufschiebende Wirkung zuzuerkennen, wenn die Umsetzung des Restrukturierungsplans für den Rekurswerber mit einem schwerwiegenden unwiederbringlichen Schaden verbunden wäre, der außer Verhältnis zu den Vorteilen der sofortigen Planumsetzung steht.
[48] *Reich-Rohrwig* in *Straube/Ratka/Rauter*, Wiener Kommentar zum GmbH-Gesetz § 25 Rz 124 ff (Stand 1. 6. 2015, rdb.at).
[49] *Mohr*, ZIK 2021/93, 82.

derungsberechtigte bis zur Höhe ihrer Deckung; zulässig werden zudem auch solche Zahlungen sein, die erforderlich sind, um den sofortigen Zusammenbruch des Unternehmens zu verhindern bzw explizit dem Sanierungszweck dienen.[50]

Die Krux besteht darin, dass erfahrungsgemäß mittlere bis große Unternehmen in Form der „Insolvenzgestion" schwerlich fortgeführt werden können. Allein der Einkauf von Roh-, Hilfs- und Betriebsstoffen kann faktisch nur in Ausnahmefällen Zug-um-Zug oder exakt masseneutral erfolgen. Ein solches Unterfangen scheitert daher rasch an den komplexen, über mehrere Abteilungen laufenden, Bestell-, Warenannahme-, Lager- und Zahlungslaufstrukturen. Es stellen sich (im Innen- und Außenverhältnis) akute Haftungsfragen für die Unternehmensleiter und deren Berater. Die Folge ist, dass die vom Gesetzgeber eingeräumte Frist von 60 Tagen zur (außergerichtlichen) Sanierung bzw Vorbereitung eines Sanierungsverfahrens mit Eigenverwaltung in der Praxis selten genutzt wird, selbst wenn eine realistische, allerdings bloß bedingte (und damit Zeit zur Implementierung benötigende) Fortbestehensprognose für das bestandsfähige Unternehmen vorliegt.

Für solche Fälle (oder wenn die Höchstfrist von 60 Tagen zur Realisierung der Sanierung nicht ausreicht) könnte das Restrukturierungsverfahren eine echte Handlungsalternative darstellen, weil es eben auch überschuldeten Schuldnern zur Verfügung steht.[51] Für die Einleitung genügt es, dem Gericht neben den aktuellen Jahresabschlüssen (§ 7 Abs 1 Z 3 ReO), einen Finanzplan (§ 7 Abs 1 Z 2 leg cit) und ein Restrukturierungskonzept (§ 7 Abs 1 Z 1 leg cit) vorzulegen. Ein solches Restrukturierungskonzept könnte die ausgearbeitete, wenngleich (noch) bedingte Fortbestehensprognose sein. In Ansehung der von den Bedingungen betroffenen Gläubiger(-klassen) könnte begleitend eine Vollstreckungssperre (§ 21 Abs 1 ReO) beantragt werden.

Der potenzielle Charme dieser Vorgehensweise erhellt aus § 24 Abs 1 und § 18 Abs 2 ReO. Die Vollstreckungssperre bewirkt eine Aussetzung der Insolvenzantragspflicht wegen Überschuldung (wann immer diese eingetreten sein mag und unabhängig davon, ob die Vollstreckungssperre nur einzelne oder alle Gläubiger umfasst).[52] Ein Haftungsrisiko des Managements wegen Insolvenzverschleppung ist, solange Zahlungs- und Bestandfähigkeit gegeben ist, mangels Pflichtverletzung zumindest im Innenverhältnis weitestgehend auszuschließen. Zahlungen an Berater, auf Löhne und Gehälter bzw „*im gewöhnlichen Geschäftsbetrieb*" können weiterhin erfolgen (und durch gerichtliche Genehmigung iSd § 18 Abs 2 ReO sogar vor einer Anfechtung immunisiert werden), vorausgesetzt, diese sind mit der Sorgfalt eines ordentlichen und gewissenhaften Unternehmensleiters vereinbar. Selbst bei Eintritt der Zahlungsunfähigkeit kann die Insolvenzeröffnung, wie auch schon oben erwähnt, unterbleiben, wenn „*diese nicht im allgemeinen Interesse der Gläubiger*" liegt (§ 24 Abs 3 ReO).

Zu beachten ist allerdings, dass eine Gläubigerungleichbehandlung im Status einer eingetretenen insolvenzrechtlich relevanten Überschuldung nicht mehr zulässig ist. Dies gilt auch, wenn die Insolvenzantragspflicht suspendiert ist![53] Sollte die Restrukturierung durch andrän-

---

50 *Reich-Rohrwig* in *Straube/Ratka/Rauter*, WK GmbHG § 25 Rz 139 ff; *Schumacher* in KLS, IO § 69 Rz 86 ff.
51 ErläutRV 950 BlgNR 27. GP 1.
52 ErläutRV 950 BlgNR 27. GP 14.
53 ErläutRV 950 BlgNR 27. GP 14.

gende Gläubiger gefährdet werden, kann sich der Schuldner nur mit der Vollstreckungs- und Vertragsauflösungssperre nach den §§ 19 ff ReO behelfen.

UE nach könnte sich durch Einleitung eines Restrukturierungsverfahrens iVm der Beantragung einer Vollstreckungssperre daher gerade bei zahlungsfähigen, aber eben überschuldeten Schuldnern das Haftungsrisiko für das Management deutlich reduzieren.

Allein der Umstand der Verfahrenseröffnung wird zudem den Entscheidungsdruck auf die in die Fortbestehensprognose einzubeziehenden Gläubiger erhöhen und im Interesse aller Beteiligten rasch Klarheit schaffen. Das Verfahren kann sich auf eine kurze Zeitdauer, wenige Wochen, beschränken und erledigt sein, lange bevor in einem Sanierungsverfahren die Sanierungsplantagsatzung (Zeitintervall von idR 60 bis 90 Tagen)[54] stattgefunden hätte. Sollte sich die erforderliche Gläubigerbeteiligung doch noch außerhalb eines Restrukturierungsplans regeln lassen, könnte der Schuldner den Antrag auf Annahme eines Restrukturierungsplans auch vorzeitig zurückziehen; das Verfahren könnte nach § 41 Abs 2 Z 3 ReO eingestellt werden. Die (sei es auch freiwillige) Einbeziehung eines Restrukturierungsbeauftragten könnte zusätzlich zur raschen Objektivierung der Entscheidungsgrundlagen (zumal für die *Special-Accounts*-Entscheidungsträger der Finanzierungsgläubiger) beitragen.

Bei Start-Ups ist es nicht selten der Fall, dass die Produktentwicklung abgeschlossen und die Zahlungsfähigkeit womöglich noch für mehrere Wochen oder gar Monate gegeben ist, trotzdem wird häufig eine (bis ins Gründungsstadium zurückreichende) rechnerische Überschuldung vorliegen und mangels noch nicht ausreichend vorhandener Nachfrage nach dem neuen Produkt am Markt keine positive Fortbestehensprognose erstellt werden können. In solchen Fällen kann ein (angestrebtes) Restrukturierungsverfahren geeignet sein, eine neue Finanzierungsrunde einzuläuten oder die Konvertierung von (Förder-)Darlehen in Nachrangdarlehen zu verhandeln, um dem Unternehmen so die nötige Zeit für eine Forcierung der Marketingaktivitäten zu geben. Gerade auch für Nachranggläubiger und (idR unbesicherte) Förderdarlehensgeber dürften Restrukturierungsverfahren gegenüber einem (ansonsten unvermeidlichen) Insolvenzverfahren interessant sein, da diese Gläubiger in Insolvenzverfahren idR bedeutend geringere Befriedigungsaussichten erwarten bzw überhaupt nicht „in the money" wären.

6. Varianten

Vor dem Hintergrund des Vorgesagten erscheint es uns fraglich, ob die Praxis insb das Europäische Restrukturierungsverfahren gem § 44 ReO tatsächlich annehmen wird. Das Verfahren ist *ex lege* öffentlich. Um die Willensbildung der Gläubiger zu kanalisieren, liegt es nahe, dass der Schuldner sogleich beantragt, die Gläubiger zur Forderungsanmeldung aufzufordern (§ 44 Abs 4 ReO). Das entschleunigt aber das Verfahren. Der oben diskutierte Verfahrenskostenvorteil fiele ebenso (weitestgehend) weg. Wenn das Gericht dann noch die Eigenverwaltung des Schuldners beschränken sollte, gäbe es eigentlich kaum noch Vorteile gegenüber einem Sanierungsverfahren mit oder ohne Eigenverwaltung.

Beim auf Finanzgläubiger zugeschnittenen Vereinfachten Restrukturierungsverfahren gem § 45 ReO wird der (positive) Effekt uE vor allem im Vorfeld des Ringens um eine Restrukturie-

---

54 Vgl § 168 Abs 1 IO.

rungsvereinbarung spürbar werden. Die Branche verfügt seit Langem über allseits anerkannte „*Grundsätze für Restrukturierungen in Österreich*", die sich vielfach bewährt haben.[55] Knackpunkt war stets, alle Finanzierungsgläubiger (insb auch die Kreditversicherer) ins Restrukturierungs-Boot zu holen. Dies zu erreichen wird nunmehr substanziell erleichtert, weil es für das Zustandekommen eines gerichtlich bestätigten, für alle Finanzierungsgläubiger verbindlichen, Restrukturierungplanes schon ausreicht, wenn 75 % der Gesamtsumme der Forderungen in jeder Gläubigerklasse zustimmen. Allein das wird den außergerichtlichen Einigungsdruck massiv erhöhen. Ob der Schuldner die gerichtliche Bestätigung dann überhaupt noch beantragt, ist fraglich und könnte sich auf Sonderkonstellationen (etwa, wenn die außergerichtlich vereinbarte Restrukturierungsvereinbarung aufgrund von Sachverhaltsänderungen anzupassen ist) bzw zur Erlangung eines Anfechtungsschutzes nach § 36a IO beschränken. Die Befassung des Restrukturierungsgerichts kostete infolge der zwingenden Prüfung des Planes durch einen Sachverständigen gem § 45 Abs 8 Z 3 ReO ja nur zusätzliche Zeit und zusätzliches Geld.

Verbleibt das ordentliche[56] Restrukturierungsverfahren: Wir haben uns zu den Vor- und Nachteilen vielfach schon oben geäußert. UE wird das Verfahren immer dann Sinn machen, wenn dem Unternehmen zwar Zahlungs- und Bestandfähigkeit attestiert werden kann, allerdings nur eine bedingt positive Fortbestehensprognose vorliegt. Die zeitlichen, wirtschaftlichen und rechtlichen Rahmenbedingungen, die sich aus der Fortbestehensprognose bzw deren konkreten Bedingungen ergeben, werden entscheidungswesentlich dafür sein, ob ein eingetretener *Deadlock* durch Ingangsetzung eines Restrukturierungsverfahrens kurzfristig, zumal durch die Einbeziehung eines Restrukturierungsberaters, durch das Mehrheitselement von (nur) 75 % der Forderungen einer Klasse, allenfalls eben durch ein *Cram-Down*, noch überwunden werden kann. Zumindest in solchen Fällen sollte das Restrukturierungsverfahren ernsthaft in Erwägung gezogen werden.

7. Zusammenfassende Würdigung

G. Kodek meinte unlängst in einem LexisNexis-Vortrag zur Insolvenzrechtsreform 2021, dass das Restrukturierungsverfahren sicher „*kein Massenverfahren*" werde. Das Sanierungsverfahren mit und vor allem ohne Eigenverwaltung habe sich in Österreich als Sanierungsinstrument bestens bewährt. Es werde, meinte er, aber sicher bald erste Verfahren geben, zumal das Ganze auch „*Berater-getrieben*" sei. Diese Einschätzung teilen wir. Wir glauben aus den angeführten Gründen zudem, dass das nicht öffentliche ordentliche Restrukturierungsverfahren bessere Chancen auf Annahme in der Praxis hat als das öffentliche Europäische Restrukturierungsverfahren. Das vereinfachte Restrukturierungsverfahren schafft zwar keine neue Lösung, wohl aber eine erfrischend-positive Dynamik dort, wo auch schon bisher Restrukturierungsvereinbarungen mit Finanzierungsgläubigern geschlossen, Ausgleichsstörer aber von den übrigen Gläubigern abgefunden werden mussten. Die Zahl der gerichtlichen Fälle wird durch die neue Verfahrensoption nicht signifikant ansteigen, wohl aber werden die einschlägigen Fälle im Interesse aller Beteiligten womöglich schneller, effizienter und vor allem „*still*" gelöst werden können.

---

55 *Höller/Schiemer*, Grundsätze der Sanierung in Österreich, in *Konecny*, Insolvenz-Forum 2014 (2015) 13 (13 f).
56 Zur Definition vgl *Konecny* in *Konecny*, RIRUG Pkt 1.

Was will und kann die ReO? – Anwendungsbereich, Zweck und Mittel von Restrukturierungsverfahren

Martin Trenker

Gliederung Seite

1. Einleitung 33
2. Ein Blick in die RIRL 34
3. Einleitungsvoraussetzungen der ReO 35
   3.1. Restrukturierungsbedarf: Wahrscheinliche Insolvenz 35
   3.2. Restrukturierungsfähigkeit: Bestandfähigkeit/Nichtvorliegen von Zahlungsunfähigkeit 37
   3.3. Sonstige Einleitungshindernisse (§ 6 Abs 3, 4 ReO) 39
4. Instrumente des Restrukturierungsplans 40
   4.1. Restrukturierungsplanmaßnahmen – Einführung und Überblick 40
   4.2. Keine Vertragsänderung ohne Zustimmung des Betroffenen 42
   4.3. Forderungskürzung und -stundung betroffener Gläubiger 43
5. Bestätigungsvoraussetzungen des Restrukturierungsplans 45
6. Zusammenschau 47
   6.1. Restrukturierungsbedarf und -fähigkeit als Kernvoraussetzung 47
   6.2. Mittelfristige Vermeidung von Restrukturierungsbedarf als Ziel 48
   6.3. Kürzung/Stundung bestehender Forderungen als spezifisches Restrukturierungsinstrument 48

Die ReO bezweckt – *nomen est omen* – die Restrukturierung eines restrukturierungsbedürftigen und -fähigen Schuldners durch in einem Restrukturierungsplan enthaltene Restrukturierungsmaßnahmen. Was unter einer Restrukturierung konkret zu verstehen ist, wer überhaupt restrukturierungsbedürftig und -fähig ist und was denn mögliche Restrukturierungsmaßnahmen eines Restrukturierungsplans sind, also die Fragen nach *Zweck*, *Anwendungsbereich* und *Mitteln des Restrukturierungsverfahrens*, bedürfen jedoch einer näheren Analyse.

1. Einleitung

Die Antwort auf die Frage nach dem Anwendungsbereich, dem Zweck und den dafür zur Verfügung gestellten Mitteln eines zivilgerichtlichen Verfahrens sollte dem Rechtsanwender – abgesehen von unvermeidbaren Streitfragen im Detail – gewöhnlich keine allzu großen Probleme bereiten. Es ist (leider) bezeichnend für die legistischen Schwächen der ReO, dass das Restrukturierungsverfahren nicht einmal zu diesen fundamentalen Determinanten klare Antworten enthält. Vielmehr bedarf es einer umfassenden Gesamtschau unterschiedlichster und prima vista nicht immer ganz homogener Regelungen, um sich ein Bild darüber zu machen, *in welcher Situation* ein ReO-Verfahren *eingeleitet* werden kann, welche *Ziele* verfolgt werden und mit welchen *Mitteln* diese erreicht werden sollen.

2. Ein Blick in die RIRL

Die Schwierigkeiten bei der *Identifikation „des" Restrukturierungsziels* gehen zumindest teilweise auf die RIRL selbst zurück. Die Erwägungsgründe nennen eine Vielzahl von mittelbaren Zielen, von der Wahrung von Arbeitsplätzen, über den Schutz von Lieferanten, die Erhaltung von Knowhow (ErwGr 2, 4, 16 RIRL), die Reduktion notleidender Kredite (ErwGr 3 RIRL) bis zur Verbesserung der Lage von KMU (ErwGr 17 RIRL). Unmittelbares Ziel des präventiven Restrukturierungsrahmens ist jedoch in erster Linie eine *Insolvenzprävention* für Unternehmer in finanziellen Schwierigkeiten (Art 1 Abs 1 lit a, Art 4 Abs 1; ErwGr 1 RIRL): Anstelle einer Zerschlagung bzw Liquidation soll – wenn nötig gegen den Willen einzelner Beteiligter[1] – die frühzeitige Sanierung des Unternehmers möglich sein (vgl ErwGr 2, 4 RIRL).[2]

Zentrale Anwendungsvoraussetzung ist nach der RIRL die *wahrscheinliche Insolvenz* des Schuldners (Art 1 Abs 1 lit a RIRL). Umstrukturierungen ohne entsprechende Insolvenzgefahr sollen hingegen nicht deren Anwendungsbereich unterliegen.[3] Art 2 Abs 2 lit b RIRL überlässt den Bedeutungsgehalt der wahrscheinlichen Insolvenz (Art 2 Abs 2 lit a RIRL) – ebenso wie jenen der Insolvenz[4] – jedoch ausdrücklich nationalem Recht. Das lässt den MS naturgemäß einen gewissen Spielraum.

Dieser Spielraum soll zwar nach Teilen der Lehre dadurch beschränkt sein, dass sich der Anwendungsbereich des Restrukturierungsrahmens deutlich von jenem eines Insolvenzverfahrens unterscheiden müsse („Abstandsgebot zum Insolvenzverfahren").[5] Eine solche Vorgabe besteht mE allerdings zumindest im Ergebnis nicht, weil keine hinreichenden Gründe ersichtlich sind, die den MS eine überschießende Umsetzung durch Ausweitung des Anwendungsbereichs des Restrukturierungsrahmens auf schon insolvente, aber noch bestandfähige (dazu sogleich) Schuldner verbieten (zur entsprechenden Umsetzung in Österreich unten Pkt 3.2.).[6]

Trotz wahrscheinlicher Insolvenz setzt die RIRL ein Mindestmaß an Bestandfähigkeit des Schuldners voraus: Es müsse sich als wahrscheinlich erweisen, dass durch die Restrukturierungsmaßnahmen eine Insolvenz des Schuldners abgewendet und seine *Bestandfähigkeit gesichert* werden kann (ErwGr 1, 24 RIRL).[7] Dementsprechend ist eine Bestandfähigkeitsprüfung,

---

1 Die Bewältigung des Akkordstörer-Problems ist insoweit wesentliches „Mittel zum Zweck" (*Mohr*, Die Richtlinie über Restrukturierung und Insolvenz – ein kurzer Gesamtüberblick, ZIK 2019/115, 86; in Deutschland dazu ausf *Skauradszun*, Grundfragen des StaRUG – Ziele, Rechtsnatur, Rechtfertigung, Schutzinstrumente, KTS 2021, 1 [7 f]).
2 *Mohr*, ZIK 2019/115, 86.
3 *Freitag*, Grundfragen der Richtlinie über präventive Restrukturierungsrahmen und ihre Umsetzung in das deutsche Recht, ZIP 2019, 541 (546); so auch *Mohr*, Der präventive Restrukturierungsrahmen – Titel II der Richtlinie über Restrukturierung und Insolvenz, in *Jaufer/Nunner-Krautgasser/Schummer*, Unternehmenssanierung mit Auslandsbezug (2019) 15 (20); vgl ferner ErwGr 24 RIRL; *Jurgutyte-Ruez/Urthaler*, Der präventive Restrukturierungsrahmen in der Restrukturierungs-RL, ZIK 2019/116, 91 (91 f mwN).
4 Das harmoniert damit, dass auch die EuInsVO 2015 den Begriff der Insolvenz nicht definiert, sondern gem Art 7 Abs 2 S 1 *leg cit* der *lex fori concursus* überlässt (statt vieler *Trenker* in Koller/Lovrek/Spitzer, IO [2019] Art 7 EuInsVO Rz 30).
5 So in Deutschland insb *Freitag*, ZIP 2019, 541 (546, 550).
6 Im Ergebnis ebenso *Mohr* in *Jaufer/Nunner-Krautgasser/Schummer*, Unternehmenssanierung 15 (26 ff); vgl ferner *Mohr*, ZIK 2019/115, 86.
7 ErwGr 3 RIRL („*Anhäufung von Verlusten*" durch von vornherein aussichtslose Restrukturierungsmaßnahmen verhindern).

die darauf gerichtet ist, Schuldner ohne Aussicht auf Bestandfähigkeit vom Restrukturierungsrahmen auszuschließen, als Option der MS vorgesehen (Art 4 Abs 3 RIRL). In eine ähnliche Kerbe schlägt die Klarstellung, dass die Zulässigkeit der Liquidation von Unternehmen ohne Überlebenschance unberührt bleiben soll (ErwGr 3, 22 RIRL).[8]

Aus der erwähnten Zielsetzung der Insolvenzprävention für Unternehmer folgt, dass der Restrukturierungsrahmen der RIRL nicht auf *natürliche Personen*, die *kein Unternehmen* betreiben, anzuwenden ist (Art 1 Abs 1 lit h RIRL).[9] Den MS wird sogar die Option eingeräumt (von der Österreich systemkonform keinen Gebrauch gemacht hat [vgl § 2 Abs 1 Z 10 ReO]), ihren Restrukturierungsrahmen auf juristische Personen zu beschränken (Art 1 Abs 4 UAbs 2 RIRL), wohl unabhängig davon, ob diese ein Unternehmen betreiben.[10] Ausgenommen sind aber bestimmte Finanzdienstleister, für die besondere Aufsichts- oder Abwicklungsbehörden bestehen (vgl ErwGr 19 RIRL; § 2 Abs 1 Z 1–8 ReO), sowie öffentliche Stellen (Art 1 Abs 2 RIRL; § 2 Abs 1 Z 9 ReO).

3. Einleitungsvoraussetzungen der ReO

3.1. Restrukturierungsbedarf: Wahrscheinliche Insolvenz

Die ReO übernimmt aus der RIRL – neben dem soeben (oben Pkt 2.) erwähnten Erfordernis der *Unternehmereigenschaft* für natürliche Personen – die zentrale Einleitungsvoraussetzung der *wahrscheinlichen Insolvenz* wortwörtlich. Eine *Definition* der wahrscheinlichen Insolvenz enthält die ReO allerdings *nicht*. § 6 Abs 2 ReO ist vielmehr eher als „Begriffsannäherung" anhand weiterer nicht abschließend definierter und kaum voneinander abgrenzbarer Gesetzesbegriffe zu verstehen.

Wahrscheinliche Insolvenz wird erstens mit einer *Gefährdung des Bestands des schuldnerischen Unternehmens* gleichgesetzt. Ausweislich der Materialien ist diese Bestandgefährdung identisch zu jener nach *§ 273 Abs 2 UGB*, die eine Berichtspflicht des Abschlussprüfers auslöst.[11] Dieser Tatbestand ist nach hL verwirklicht, wenn aufgrund bestimmter (Krisen-)Indikatoren ernsthaft damit zu rechnen ist, dass der Geschäftsbetrieb in absehbarer Zeit – zumeist wird auf einen Zeitraum von zwölf Monaten abgestellt – nicht mehr fortgeführt werden kann, also mit erheblicher Wahrscheinlichkeit Insolvenz oder Liquidation drohen.[12] Als bestandsgefährdende Tatsachen werden dementsprechend drohende Zahlungsunfähigkeit[13] oder Über-

---

8 Vgl *Gassner/Wabl*, Die neue EU-Restrukturierungsrichtlinie, ecolex 2019, 333 (334); *Freitag*, ZIP 2019, 541 (543 f).
9 Art 2 Abs 1 Z 9 RIRL definiert Unternehmer als „*natürliche Personen, die eine gewerbliche, geschäftliche, handwerkliche oder freiberufliche Tätigkeit ausüben*". § 2 Abs 2 ReO übernimmt diese unzulängliche Definition bedauerlicherweise wortwörtlich (krit dazu *Trenker/Lutschounig*, Stellungnahme zum ME 42/SN-96/ ME 27. GP 26 f).
10 Letztere Schlussfolgerung ergibt sich mE daraus, dass sich die Unternehmerdefinition in Art 2 Abs 1 Nr 9 RIRL nur auf natürliche Personen bezieht.
11 ErläutRV 950 BlgNR 27. GP 6.
12 *Pucher* in *Mandl/Bertl*, Handbuch zum Rechnungslegungsgesetz (23. Lfg; 2020) § 273 UGB Rz 75 mwN; vgl auch *Müller* in *Straube/Ratka/Rauter*, Wiener Kommentar zum Unternehmensgesetzbuch II/RLG[3] § 273 Rz 32 (Stand 1. 3. 2019, rdb.at); *Steckel* in *U. Torggler*, UGB[3] (2019) § 273 Rz 26.
13 *Casey* in *Hirschler*, Bilanzrecht I[2] (2019) § 273 UGB Rz 32; *Müller* in *Straube/Ratka/Rauter*, UGB II/RLG[3] § 273 Rz 33; *Steckel* in *U. Torggler*, UGB[3] § 273 Rz 26.

schuldung[14] genannt, ebenso anhaltende (Betriebs-)Verluste[15] oder der imminente Entzug von Fremdkapital ohne die Möglichkeit zur Aufnahme neuer Kredite.[16]

Zweitens wird die angesprochene *drohende Zahlungsunfähigkeit* von § 6 Abs 2 ReO explizit als – wohl unwiderlegbares („*insbesondere*") – Beispiel für wahrscheinliche Insolvenz genannt. ME sollte diese drohende Zahlungsunfähigkeit aus Gründen systematischer Kohärenz inhaltsgleich mit jener in *§ 167 Abs 2 IO* – dort als Voraussetzung für die Einleitung eines Sanierungsverfahrens – interpretiert werden, auch wenn der mehr als naheliegende Verweis hierauf weder im Gesetz noch in den Materialien zu finden ist.[17] Nach der IO droht Zahlungsunfähigkeit jedenfalls, wenn aufgrund noch nicht fälliger, jedoch in absehbarer Zeit fällig werdender Verbindlichkeiten und unter Berücksichtigung der voraussichtlich paraten Zahlungsmittel die Zahlungsunfähigkeit eintreten wird.[18] Eine solche Prognose muss eine überschaubare Zeitspanne betreffen;[19] die Literatur zieht als Faustregel[20] – ebenfalls wie bei § 273 Abs 2 UGB – einen Zeitraum von zwölf Monaten heran.[21] Ob sich daran durch die Festlegung eines Prognosezeitraums von 24 Monaten in Deutschland (§ 18 Abs 2 InsO) im Rahmen des SanInsFoG etwas ändern wird, bleibt abzuwarten.

Drittens wird das Vorliegen wahrscheinlicher Insolvenz *gesetzlich vermutet* (§ 6 Abs 2 ReO), wenn der Unternehmer nur noch über eine Eigenmittelquote von unter 8 % verfügt und die fiktive Schuldentilgungsdauer über 15 Jahre beträgt. Es handelt sich dabei um die bereits aus dem *URG* bekannten und dort definierten *Warnkennzahlen* (§ 22 Abs 1 Z 1, §§ 23, 24 URG; vgl ferner § 2 Abs 1 Z 3 EKEG). Die Eigenmittelquote (§ 23 URG) gibt dabei Aufschluss über die Kapitalstruktur des Unternehmens,[22] während die fiktive Schuldentilgungsdauer – das ist jener Zeitraum, der benötigt würde, um alle eingegangenen Verbindlichkeiten wieder abzubauen – als Indikator für die „Finanzkraft" des Unternehmens dient.[23]

Diese Vermutung mag die praktische Handhabung des Kriteriums der wahrscheinlichen Insolvenz zwar zumindest bei rechnungslegungspflichtigen Schuldnern erheblich erleichtern, weil die Parameter einfach und ohne zusätzlichen Aufwand berechenbar sind.[24] Als *Rechtfertigung* für ein Verfahren, das mitunter *zwangsweise Eingriffe in die verfassungsrechtlich geschütz-*

---

14 *Pucher* in *Mandl/Bertl*, Rechnungslegungsgesetz § 273 UGB Rz 77.
15 *Casey* in *Hirschler*, Bilanzrecht I[2] § 273 UGB Rz 32; *Steckel* in *U. Torggler*, UGB[3] § 273 Rz 26 mwN.
16 *Casey* in *Hirschler*, Bilanzrecht I[2] § 273 UGB Rz 32; *Müller* in *Straube/Ratka/Rauter*, UGB II/RLG[3] § 273 Rz 33.
17 *Mohr*, Das Restrukturierungsverfahren nach der ReO, ZIK 2021/93, 82.
18 *Lentsch* in KLS, IO § 167 Rz 14; *Schumacher* in KLS, IO § 66 Rz 33; vgl ferner *Mohr*, Sanierungsplan und Sanierungsverfahren (2010) Rz 413; *Jaufer*, Das Unternehmen in der Krise[3] (2014) 58 f.
19 *Mohr*, Sanierungsplan Rz 413.
20 Vgl *Bitter*, Geschäftsleiterhaftung in der Insolvenz – Alles neu durch SanInsFoG und StaRUG? ZIP 2021, 321 (322 f).
21 *Lentsch* in KLS, IO § 167 Rz 15 mwN.
22 ErläutRV 734 BlgNR 20. GP 84; *Mohr*, Unternehmensreorganisationsgesetz (1997) § 22 Rz 11; *Jenatschek* in *Buchegger*, Österreichisches Insolvenzrecht Zusatzband I (2009) § 23 URG Rz 7; *Lichtkoppler/Reisch*, Handbuch Unternehmenssanierung[2] (2018) Rz 1.38.
23 ErläutRV 734 BlgNR 20. GP 84; *Mohr*, URG § 22 Rz 12; vgl *Jenatschek* in *Buchegger*, Insolvenzrecht ZBd § 24 URG Rz 9.
24 *Riegler/Wesener*, Frühwarnparameter und Haftungen nach dem 4. Abschnitt des URG, ecolex 1997, 758 (761); vgl ferner *Mohr*, URG § 22 Rz 11.

te *Rechtsstellung der Gläubiger* ermöglicht,[25] ist dieser vermutete Reorganisationsbedarf hingegen äußerst „mager". Man muss sich dafür nur vor Augen führen, dass ausweislich der in den Gesetzesmaterialien zum IRÄG 1997[26] angeführten Statistiken nur jedes fünfte buchmäßig reorganisationsbedürftige Unternehmen tatsächlich in die materielle Insolvenz schlittert.[27]

Dieser Makel fällt allerdings praktisch ohnehin kaum ins Gewicht, weil eine exakte inhaltliche Prüfung des Vorliegens wahrscheinlicher Insolvenz von vornherein nicht vorgesehen ist. Der Schuldner muss eine wahrscheinliche Insolvenz nur „darlegen" (§ 7 Abs 1 ReO), womit eine deutlich eingeschränkte Prüfpflicht des Restrukturierungsgerichts korrespondiert (§ 7 Abs 3 ReO): Der Antrag ist (nur) unzulässig, also vom Gericht ab- oder zurückzuweisen (?), wenn er missbräuchlich gestellt wird, weil *wahrscheinliche Insolvenz offenbar nicht vorliegt*. Da gegen die Einleitung des Verfahrens auch kein Rekurs oder sonstiger Rechtsbehelf für (voraussichtlich) betroffene Gläubiger vorgesehen ist (arg: § 7 Abs 5 ReO),[28] dürfte die Behauptung des Vorliegens wahrscheinlicher Insolvenz im Einleitungsverfahren (zur – unklaren – Prüfpflicht im Bestätigungsverfahren unten Pkt 5.) wohl nur einer Plausibilitätsprüfung unterliegen.

3.2. Restrukturierungsfähigkeit: Bestandfähigkeit/Nichtvorliegen von Zahlungsunfähigkeit

Anders als bei einem Insolvenzverfahren, unterhalb dessen Eintrittsschwelle nur noch die Antragsabweisung mangels Masse (§ 71b IO) existiert, muss ein vorinsolvenzlicher Restrukturierungsrahmen nicht nur das Mindestmaß der Krise festlegen, ab der er in Anspruch genommen werden darf („Restrukturierungsbedarf"). Zusätzlich ist am anderen Ende des Spektrums abzugrenzen, wann es für dieses Verfahren schon „zu spät" ist und nur mehr ein echtes Insolvenzverfahren Abhilfe schaffen kann/soll, der Schuldner also nicht mehr *restrukturierungsfähig* oder *-würdig* ist.

In Anlehnung an die RIRL (oben Pkt 2.) stellen die Materialien insofern zum einen klar, dass das Unternehmen grundsätzlich bestandfähig sein bzw werden muss.[29] Das Gesetz selbst äußert sich dazu dahingehend, dass ein Restrukturierungsplan begründen muss, warum seine Umsetzung die *Bestandfähigkeit des Unternehmens* gewährleistet wird; dies soll in Form einer *bedingten Fortbestehensprognose* erfolgen, die von der Annahme und Bestätigung des Plans ausgehen darf (§ 27 Abs 2 Z 8 ReO). Im Übrigen wird die Bestandfähigkeit zwar nicht explizit als Mindestvoraussetzung, ihre Sicherstellung dafür aber an prominenter Stelle (§ 1 Abs 1 ReO) als Ziel des ReO-Verfahrens bezeichnet (vgl ferner § 7 Abs 2, § 34 Abs 4, § 41 Abs 2 Z 8, § 45 Abs 8 ReO).

---

25 Zum Zusammenhang zwischen dem Ausmaß der Krise und der verfassungsrechtlich zulässigen Eingriffsintensität in die Rechtsstellung der Gläubiger durch Mehrheitsbeschluss und gerichtlichen Cram-down *Trenker/Lutschounig*, Stellungnahme zum ME 42/SN-96/ME 27. GP 4 f; vgl dazu instruktiv zum dt Insolvenzplan *Madaus*, Der Insolvenzplan (2011) 280 ff, 300 f, 362 f.
26 ErläutRV 734 BlgNR 20. GP 84.
27 Vgl *U. Torggler*, Sanieren oder Ausscheiden, in *Artmann/Rüffler/U. Torggler*, Gesellschaftspflichten in der Krise (2015) 1 (20): „Das ist von einer Fortsetzungsunmöglichkeit iS einer zumindest überwiegenden Wahrscheinlichkeit einer drohenden rechnerischen Überschuldung oder Zahlungsunfähigkeit weit entfernt". Ebenfalls krit *Jenatschek* in *Buchegger*, Insolvenzrecht ZBd § 23 URG Rz 11 f, § 24 URG Rz 13 f.
28 ErläutRV 950 BlgNR 27. GP 7.
29 ErläutRV 950 BlgNR 27. GP 6.

In einem Atemzug mit diesem Ziel wird in § 1 Abs 1 ReO auch das Abwenden einer *Zahlungsunfähigkeit* als erstrebenswertes Ergebnis eines Reorganisationsverfahrens genannt (s auch § 27 Abs 2 Z 8, § 34 Abs 4, § 41 Abs 2 Z 8, § 45 Abs 8 ReO). Damit geht einher, dass der Schuldner bei Antragstellung noch nicht zahlungsunfähig sein darf;[30] die Zahlungsfähigkeit ist insoweit unabhängig von den Möglichkeiten der ReO (Vollstreckungssperre, Forderungskürzung/-stundung) zu beurteilen.[31] Die Prüfpflicht des Restrukturierungsgerichts im Eröffnungsverfahren ist allerdings abermals (s schon oben Pkt 3.1.) darauf beschränkt, dass nur bei offenkundiger Zahlungsunfähigkeit eine missbräuchliche Antragstellung angenommen werden kann/ muss (?), welche den Antrag unzulässig macht (§ 7 Abs 3 ReO).[32] Zudem schadet Zahlungsunfähigkeit[33] der Fortführung eines bereits eröffneten Restrukturierungsverfahrens gem § 24 Abs 3 ReO nicht unbedingt: Vielmehr kann das Restrukturierungsgericht sogar trotz eines berechtigterweise auf Zahlungsunfähigkeit gestützten Insolvenzantrags das Verfahren fortsetzen, wenn die Eröffnung eines Insolvenzverfahrens nicht im allgemeinen Interesse der Gläubiger ist (§ 24 Abs 3 S 1 ReO).[34] Es muss hierüber mit einem – mE anfechtbaren (arg: „rechtskräftigen") – Beschluss entscheiden, an dessen Rechtskraft das Insolvenzgericht gebunden ist (§ 24 Abs 3 S 3 ReO).[35] Diese zwar wenig systemkonforme, aber pragmatische Ausnahme geht auf Art 7 Abs 3 S 2 RIRL zurück.

Unmittelbar im Anschluss an die Thematisierung von § 24 Abs 3 ReO meinen die Materialien, dass das Insolvenzgericht den Insolvenzantrag nicht abzuweisen habe, sondern das Insolvenzeröffnungsverfahren in einen „ruhensähnlichen Zustand" trete.[36] Im Kontext des § 24 Abs 3 ReO vermag dies allerdings nicht zu überzeugen, weil diesfalls unklar wäre, wie sich dieser Zustand mit der Bindungswirkung des Beschlusses des Reorganisationsgerichts vertragen würde. Die entsprechende Passage der Materialien ist daher wohl nur auf einen Gläubigerantrag wegen Überschuldung zu beziehen. Steht einem auf Zahlungsunfähigkeit gestützten Insolvenzantrag hingegen ein *Beschluss nach § 24 Abs 3 ReO entgegen*, ist der *Antrag* mE *abzuweisen*.[37]

Ganz anders als Zahlungsunfähigkeit behandelt die ReO eine bereits eingetretene *Überschuldung* des Schuldners. Überschuldung hindert selbst bei jenen Rechtsträgern, für die sie grundsätzlich einen Insolvenzgrund darstellt (§ 67 Abs 1 IO), weder die Einleitung, die Fort-

---

30 Vgl ErläutRV 950 BlgNR 27. GP 7.
31 Andernfalls wäre nicht zu erklären, warum Zahlungsunfähigkeit gerade der Bewilligung einer Vollstreckungssperre gem § 19 Abs 2 Z 3 ReO entgegensteht.
32 Die Materialien sprechen sogar davon, dass das Vorliegen von Zahlungsunfähigkeit bei Einleitung überhaupt nicht geprüft werde (ErläutRV 950 BlgNR 27. GP 1).
33 Irrelevant ist – lege non distinguente –, ob die Zahlungsunfähigkeit vor oder nach Eröffnung des ReO-Verfahrens eingetreten ist.
34 Die Materialien (ErläutRV 950 BlgNR 27. GP 14) führen dazu aus: *„Dies könnte etwa der Fall sein, wenn ein Restrukturierungsplan bereits angenommen, aber noch nicht bestätigt wurde. Ein allgemeines Interesse wird auch dann nicht vorliegen, wenn die bei sofortiger Eröffnung des Insolvenzverfahrens erzielbare Quote eindeutig niedriger als die Restrukturierungsplanquote wäre."*
35 Hingegen noch für eine Prüfkompetenz des Insolvenzgerichts *Mohr* in *Jaufer/Nunner-Krautgasser/Schummer*, Unternehmenssanierung 15 (29).
36 ErläutRV 950 BlgNR 27. GP 14.
37 IdS wohl auch *Mohr*, ZIK 2021/93, 82 (90).

führung noch den (erfolgreichen) Abschluss eines Restrukturierungsverfahrens.[38] Damit korrespondiert zum einen die zwar nicht in § 1 Abs 1 ReO erwähnte, aber aus zahlreichen anderen Passagen hervorgehende Zielvorgabe der Beseitigung einer allenfalls bereits eingetretenen Überschuldung (§ 27 Abs 2 Z 8, § 34 Abs 4, § 41 Abs 2 Z 8, § 45 Abs 8 ReO). Zum anderen entfällt mit Wirksamwerden der Vollstreckungssperre – sei es auch nur gegenüber einem Gläubiger (!)[39] – die Insolvenzantragspflicht des Schuldners wegen Überschuldung. Zudem ist über einen (der Praxis freilich ohnedies weitgehend fremden)[40] Gläubigerantrag wegen Überschuldung ab diesem Zeitpunkt nicht mehr zu entscheiden; das Verfahren soll in einen *„ruhensähnlichen Zustand"* treten.[41]

Das Aussetzen der Insolvenzantragspflicht hat praktisch den Sinn, die antragspflichtigen organschaftlichen Vertreter iSd § 69 Abs 3 IO vor einer Insolvenzverschleppungshaftung zu bewahren. Da das *Zahlungsverbot* gem § 84 Abs 3 Z 6 AktG und – bei richtiger Auslegung[42] – auch jenes gem § 25 Abs 3 Z 2 GmbHG nicht erst bei Eintritt der Insolvenzantragspflicht, sondern bereits ab materieller Insolvenz greift, bedurfte es einer zusätzlichen Ausnahme, die sich in § 25 ReO findet. Danach kommt es bei Zahlungen nach Eintritt der Überschuldung grundsätzlich zu keiner Haftung, wobei hiervon eine weitreichende Gegenausnahme für alle Zahlungen an Gläubiger angeordnet wird, die vom Restrukturierungsplan oder der Exekutionssperre erfasst werden.[43]

3.3. Sonstige Einleitungshindernisse (§ 6 Abs 3, 4 ReO)

Weitere Einleitungshindernisse finden sich in § 6 Abs 3 und 4 ReO. Erstens ist ein Restrukturierungsverfahren während eines *anhängigen Insolvenzverfahrens* nicht einzuleiten (§ 6 Abs 3 Z 1 ReO). Demgegenüber schweigt das Gesetz zur Frage, wie zu verfahren ist, wenn erst ein Insolvenz*antrag* anhängig ist. Richtigerweise gibt bei einem auf Zahlungsunfähigkeit[44] gestützten Gläubigerantrag wohl einfach die zeitliche Abfolge der jeweiligen Verfahrensschritte den Ausschlag, ob der „ReO-Antrag" gem § 6 Abs 3 Z 1 ReO wegen schon erfolgter Insolvenzeröffnung ab initio zurückzuweisen, ein eröffnetes Restrukturierungsverfahren gem § 41 Abs 2 Z 7

---

38 ErläutRV 950 BlgNR 27. GP 1; vgl bereits *Mohr*, ZIK 2019/115, 86. Die Behauptung, das Kriterium der Bestandfähigkeit würde zur Abgrenzung zur Insolvenz verlangt (so *Mohr*, ZIK 2021/93, 82), ist deshalb unzutreffend.
39 Vgl ErläutRV 950 BlgNR 27. GP 14; *Mohr*, ZIK 2021/93, 82 (89).
40 *Schumacher* in KLS, IO § 67 Rz 1; vgl ferner *Schneider*, COVID-19: Update: Antragspflicht und Eröffnungsverfahren, ZIK 2020/57, 1; *Trenker* in *Resch*, Corona-HB[1.06] Kap 14 Rz 22 (Stand 1. 7. 2021, rdb.at).
41 ErläutRV 950 BlgNR 27. GP 14.
42 OGH 6 Ob 164/16k; *U. Torggler/Trenker*, Zur Organhaftung für Gläubigerbevorzugung gemäß § 25 Abs 3 Z 2 GmbHG, § 84 Abs 3 Z 6 AktG, JBl 2013, 613 (624 mwN).
43 Diese Gegenausnahme geht im Grundsatz auf eine Anregung aus der Stellungnahme *Trenker/Lutschounig*, Stellungnahme zum ME 42/SN-96/ME 27. GP 52 f zurück, reicht aber weiter als vorgeschlagen. Wenn in den Materialien allerdings doch die Rede davon ist, dass „Zahlungen an solche Gläubiger, die ihre Ansprüche zwangsweise durchsetzen könnten" zulässig seien (ErläutRV 950 BlgNR 27. GP 14 f), dürfte der Gesetzgeber entgegen dem Wortlaut nur Zahlungen an Gläubiger, für die eine Vollstreckungssperre verhängt wurde, für schadenersatzbewährt halten (so auch der Vorschlag von *Trenker/Lutschounig* aaO).
44 Theoretisch bedenklich ist die Rechtslage bei einem auf Überschuldung gestützten Insolvenzantrag, wenn und weil hierüber ebenfalls ohne Aufschub zu entscheiden wäre, was – bei dessen Eröffnung – die Einstellung des ReO-Verfahrens zur Folge hätte (§ 41 Abs 2 Z 7 ReO). Mit den Wertungen von § 24 Abs 1, 2 ReO erscheint dieses Ergebnis nämlich schwerlich vereinbar. Praktisch wird sich das Problem freilich – wie erwähnt (oben Pkt 3.2. bei und in FN 40) – nicht stellen.

ReO einzustellen oder – nach Bewilligung einer Vollstreckungssperre – gem § 24 Abs 3 ReO (dazu oben Pkt 3.2.) vorzugehen ist.[45]

Ein impliziter Vorrang des ReO-Antrags, wie er sich aus § 70 Abs 2 S 2, § 167 Abs 1 Z 2, § 180 Abs 1 IO für den Antrag auf Eröffnung eines Sanierungsverfahrens ergibt,[46] ist dagegen nicht vorgesehen. Eine analoge Anwendung dieses Regelungskonzepts scheidet schon deshalb aus, weil das ReO-Verfahren bei Zahlungsunfähigkeit nur unter den strengen Voraussetzungen des § 24 Abs 3 ReO als Alternative zu einem „echten" Insolvenzverfahren fungieren darf.

Zweitens darf in den letzten *7 Jahren* kein Restrukturierungs- oder *Sanierungsplan* bestätigt worden sein (§ 6 Abs 3 Z 2 ReO). Der Gesetzgeber folgt damit der Anregung im Begutachtungsverfahren,[47] anders als noch in § 6 Abs 3 ME[48] nicht darauf abzustellen, ob in den letzten sieben Jahren ein Restrukturierungs- oder Sanierungsverfahren eröffnet wurde, sondern zu verhindern, dass der Schuldner in diesem Zeitraum mehrmals eine – eben auch im Konkursverfahren mögliche – Restschuldbefreiung *qua* Planbestätigung erhält. Nicht *per se* verboten ist damit eine sofortige, neuerliche Verfahrenseinleitung nach Scheitern (§ 41 ReO) eines ReO-Verfahrens; es gilt aber das Missbrauchsverbot gem § 7 Abs 3 ReO.

Darin, dass § 6 Abs 3 Z 2 ReO über Art 4 Abs 4 RIRL hinausgeht, zumal dieser nur von einer Beschränkung der Zugänge zu einem präventiven Restrukturierungsrahmen spricht, ist mE *keine Richtlinienwidrigkeit* zu erblicken. Art 4 Abs 4 RIRL sollte nämlich insoweit nicht ohne weiteres ein abschließender Charakter unterstellt werden, zumal dies zur Folge hätte, dass wertungsmäßig gleich zu behandelnde Ausschlussgründe anders behandelt werden müssten.

Schließlich begründet eine Verurteilung des Schuldners oder eines seiner organschaftlichen Vertreter wegen des *Bilanzdelikts gem § 163a StGB* ein *bedingtes Einleitungshindernis*: Eine Verfahrenseinleitung ist nur zulässig, wenn der Schuldner bescheinigt, geeignete Maßnahmen zur Behebung der (mit)ursächlichen Probleme für diese Tat ergriffen zu haben.

4. Instrumente des Restrukturierungsplans

4.1. Restrukturierungsplanmaßnahmen – Einführung und Überblick

Die Mittel, welche das Restrukturierungsverfahren bereithält, sind aus dem Gesetz noch weniger klar ersichtlich. Gemeint sind damit allerdings nicht die *flankierenden Instrumente*, welche das Zustandekommen und die Realisierung eines Restrukturierungsplans vor „voreiligen Schritten" bewahren sollen, also die Vollstreckungssperre (§§ 19 ff ReO) einschließlich eines Erlöschens von in den letzten 60 Tagen zuvor[49] begründeten exekutiven Pfandrechten (§ 20 Abs 1 ReO

---

[45] Vgl auch *Mohr*, ZIK 2021/93, 82 (85).
[46] Vgl dazu zB *Mohr*, Sanierungsplan Rz 435; *Winter*, Zum Verhältnis von Insolvenzeröffnungs- und Entschuldungsanträgen zueinander, ZIK 2014/300, 210 (211 f).
[47] *Trenker/Lutschounig*, Stellungnahme zum ME 42/SN-96/ME 27. GP 34 f.
[48] 96/ME 27. GP.
[49] Entscheidend ist dafür, dass das Pfandrecht nicht mehr (insoweit falsch ErläutRV 950 BlgNR 27. GP 12) als 60 Tage vor Bewilligung der Vollstreckungssperre begründet wurde, wobei es auf den Zeitpunkt des Wirksamkeitseintritts der Sperre gegenüber dem jeweiligen Gläubiger (§ 21 Abs 2 S 2 ReO) ankommt.

iVm § 12 IO),⁵⁰ die Insolvenz(antragspflicht)sperre bei Überschuldung (§§ 24 f ReO)⁵¹ sowie die Vertragsauflösungssperre (§ 26 Abs 1, 3 ReO).⁵² Schwer zu fassen ist vielmehr, welche Möglichkeiten das *Herzstück* des Restrukturierungsverfahrens, der Restrukturierungsplan,⁵³ überhaupt bietet (zu seinen Inhaltserfordernissen s § 27 ReO).⁵⁴

§ 1 Abs 2 ReO enthält zunächst eine äußerst weitreichende *Definition*, was unter den Begriff der Restrukturierung – wohlgemerkt ist dabei nicht vom Inhalt eines Restrukturierungsplans die Rede – falle. Der normative Wert der Regelung ist zweifelhaft. Der Sinn dürfte darin bestehen, den Kreis der in § 27 Abs 2 Z 7 lit a ReO anzugebenden Restrukturierungsmaßnahmen abzustecken. Dies ergibt sich daraus, dass die diesbezügliche „Vorbildbestimmung" des Art 8 Abs 1 lit g RIRL explizit auf Art 2 Abs 1 Nr 1 RIRL verweist. Freilich ist die Definition in § 1 Abs 2 ReO so weit gefasst, dass sich daraus wohl keine nennenswerte Einschränkung ergibt; sie bringt damit keinen Mehrwert gegenüber einer allgemeingültigen Definition à la § 6 URG, wonach alle Maßnahmen erfasst sind, die zur Verbesserung der Vermögens-, Finanz- und Ertragslage beitragen. Im Übrigen ist die Definition aber sogar irreführend.⁵⁵ Denn entgegen erster Intuition gibt § 1 Abs 2 ReO keinen Aufschluss darüber, ob die genannten Maßnahmen nach dem Konzept der §§ 27 ff ReO gegen den Willen betroffener Personen umgesetzt werden können. Vielmehr ergibt sich aus den Materialien⁵⁶ und wohl auch aus § 39 Abs 3 ReO eindeutig, dass unter den potenziellen Restrukturierungsmaßnahmen in einem Restrukturierungsplan zwischen *zwei Kategorien* unterschieden werden muss:

- einerseits Maßnahmen, die sich *gegen betroffene Gläubiger* richten und durch die *Bestätigung des Plans unmittelbar wirksam* werden (vgl § 29 Abs 1, § 39 Abs 1 ReO),
- andererseits Maßnahmen, die im Plan nur *vorgesehen* sind, aber in Wahrheit durch *eigenständige Rechtsgeschäfte* vollzogen werden müssen, ohne dass deren Zustandekommen durch den Mechanismus der §§ 27 ff ReO erleichtert würde.⁵⁷

Maßnahmen ersterer Kategorie können zweckmäßigerweise als *„unmittelbar verbindliche Maßnahmen"* bezeichnet werden, darunter fallen insb Stundung und Verzicht, während es sich bei zweiterer Kategorie entweder um *„zustimmungsbedürftige Maßnahmen"* (zB neue Kredite, Umschuldung, Kapitalerhöhung) oder *„einseitige Maßnahmen"*, insb Kündigung von Dauer-

---

50 Dazu *Reckenzaun,* Vollstreckungssperre und Entfall der Insolvenzantragspflicht, in *Konecny,* RIRUG (2021).
51 Dazu *Reckenzaun* in *Konecny,* RIRUG.
52 Dazu unten *Anzenberger,* Vertragsschutz und unwirksame Vereinbarungen nach der ReO, in *Konecny,* RIRUG.
53 ErläutRV 950 BlgNR 27. GP 1.
54 Dazu eingehend *Reisch,* Restrukturierungsverfahren – Planinhalte, Planwirkungen, in *Konecny,* RIRUG.
55 *Trenker/Lutschounig,* Stellungnahme zum ME 42/SN-96/ME 27. GP 22; so bereits *Ringelspacher/Nitsche,* Das StaRUG im Vergleich mit der Umsetzung der EU-Direktive in Österreich, ZRI 2021, 477 (482).
56 ErläutRV 950 BlgNR 27. GP 4, 22.
57 Missachtet der Plan die Notwendigkeit bestimmter Zustimmungserfordernisse, kann darin eine Gesetzwidrigkeit liegen, die wohl im Rahmen der Prüfung nach § 30 Abs 1 Z 1 ReO aufzugreifen wäre. Selbst eine gerichtliche Bestätigung könnte einer unzulässigen Maßnahme gegen den Willen des betroffenen Vertragspartners freilich nicht zur Wirksamkeit verhelfen (vgl zum vergleichbaren Problem eines Eingriffs des Sanierungsplans in die Rechtsstellung eines Aus- oder Absonderungsgläubigers *Riel* in *Konecny/Schubert,* Kommentar zu den Insolvenzgesetzen [30. Lfg; 2008] § 149 KO Rz 2, 5 f; *Nunner-Krautgasser/Anzenberger* in KLS, IO § 149 Rz 2, je mwN).

schuldverhältnissen, wie Arbeitsverträgen, handeln kann. Unabhängig davon wird eine Restrukturierung regelmäßig auch *rein betriebswirtschaftliche Maßnahmen* ohne Eingriffe in die Rechtsposition Dritter erfordern.

4.2. Keine Vertragsänderung ohne Zustimmung des Betroffenen

Zustimmungsbedürftige Maßnahmen, die im Plan nur verankert, aber nicht durch diesen abgeschlossen werden können, sind vor allem *Vertragsänderungen* und *-auflösungen*, wie § 39 Abs 3 S 1 ReO klarstellt. Die Zustimmungsbedürftigkeit dieser Maßnahmen darf auch nicht dadurch umgangen werden, dass Gläubiger im Plan zur Abgabe von Willenserklärungen gezwungen werden (§ 39 Abs 3 ReO).

Gesellschaftsrechtliche Gestaltungen (zB Kapitalschnitt,[58] *Debt-Equity-Swap*)[59] bedürfen dementsprechend ebenso der allgemein dafür vorgesehenen (zB § 119 UGB; §§ 49 ff GmbHG; §§ 145 ff AktG) Voraussetzungen (§ 37 Abs 1 S 2 ReO). Von der Wahlmöglichkeit, auch Sanierungsbeiträge gegen den Willen einzelner Anteilsinhaber durch deren unmittelbare Einbeziehung in den Restrukturierungsplan zu verlangen (vgl Art 12 RIRL), hat der österr Gesetzgeber damit bewusst keinen Gebrauch gemacht.[60]

Abhilfe gegen obstruierende Gesellschafter mit entsprechender Sperrminorität kann damit allenfalls eine – schon unabhängig von der ReO – diskutierte Zustimmungspflicht *qua* Treuepflicht schaffen.[61] § 37 Abs 1 S 3 ReO dürfte hingegen wegen der hohen Anforderungen auf Tatbestandsebene, vor allem aber wegen des engen Anwendungsbereichs, den ihm die Gesetzesmaterialien attestieren,[62] keine praxisrelevante Erleichterung für gesellschaftsrechtliche Maßnahmen bringen. Als weit bedeutsamer könnte sich – neben oder zur Kontinuierung der allgemeinen Treuepflicht – allerdings noch § 1184 Abs 2 ABGB erweisen: Danach kann bei Sanierungsbedürftigkeit, -würdigkeit und -fähigkeit eine Kapitalerhöhung bei gleichzeitigem Ausschluss der „obstruierenden" Gesellschafter mit einfacher Mehrheit be-

---

58 Dazu zB *Reich-Rohrwig*, Sanierung durch vereinfachte Kapitalherabsetzung und -erhöhung, GesRZ 2001, 69 (insb 71, 73 f); *Kittel/Pleyer*, Erleichterung „schwerer" Aktien – Kapitalerhöhung bei (börsenotierten) AGs, deren Nominale über dem Börsekurs liegt? GesRZ 2009, 334 (335); *Spiegelfeld/H. Foglar-Deinhardstein*, Sanierungsinstrumente in der Krise der Kapitalgesellschaft und Treuepflichten der Anteilseigner, in FS Hellwig Torggler (2013) 1139 (1155 ff); *Völkl* in *Straube/Ratka/Rauter*, Wiener Kommentar zum GmbH-Gesetz § 54 Rz 30 ff (Stand 1. 11. 2015, rdb.at); *Prinz* in *H. Foglar-Deinhardstein/Aburumieh/Hoffenscher-Summer*, GmbHG (2017) § 54 Rz 15 ff, § 59 Rz 13 f.

59 So ausdrücklich ErläutRV 950 BlgNR 27. GP 4; näher zum *Debt-Equity-Swap* zB *Eckert*, Kapitalerhöhung gegen Verrechnung von Gesellschafterforderungen, GesRZ 2011, 218 (218 ff); *Spiegelfeld/H. Foglar-Deinhardstein* in FS Hellwig Torggler 1139 (1158 ff); *H. Foglar-Deinhardstein* in *H. Foglar-Deinhardstein/Aburumieh/Hoffenscher-Summer*, GmbHG § 81 Rz 68; *Zollner/Schummer*, Aktuelle Fragen der Kapitalaufbringung, in *Jaufer/Nunner-Krautgasser/Schummer*, Kapitalaufbringung und Kapitalerhaltung (2016) 1 (27 ff); *Hayden/Thorbauer/Gröhs*, Sanierungsinstrumente für Gesellschaften in der „Krise", PSR 2020/3, 8 (16 ff).

60 Vgl *Ringelspacher/Nitsche*, ZRI 2021, 477 (483); *Riel*, Der Restrukturierungsplan, ecolex 2021, 786 (787). Zur Stellung der Anteilsinhaber näher unten *Wabl/Gassner*, Geschäftsleitung und Anteilsinhaber, in *Konecny*, RIRUG.

61 Richtungsweisend BGH II ZR 205/94 („*Girmes*"); II ZR 240/08 („*Sanieren oder Ausscheiden I*"); II ZR 122/09 („*Sanieren oder Ausscheiden II*"); dazu für Österreich zB *Spiegelfeld/H. Foglar-Deinhardstein* in FS Hellwig Torggler 1139 (1156 ff, 1160); *U. Torggler* in *Artmann/Rüffler/U. Torggler*, Gesellschafterpflichten 1 (1 ff); *Zollner/Schummer* in *Jaufer/Nunner-Krautgasser/Schummer*, Kapitalaufbringung 1 (23 ff).

62 ErläutRV 950 BlgNR 27. GP 21.

schlossen werden.⁶³ Freilich ist gerade die subsidiäre Anwendbarkeit dieser Norm auf die im Kontext der ReO besonders interessierenden Rechtsformen der GmbH und AG umstritten und noch nicht höchstrichterlich geklärt.⁶⁴

4.3. Forderungskürzung und -stundung betroffener Gläubiger

Unmittelbar durch Bestätigung des Restrukturierungsplans und damit auch gegen den Willen einzelner betroffener Gläubiger können demgegenüber primär *Forderungen gekürzt* und/oder *gestundet* werden (§ 29 Abs 1 ReO). § 28 S 2 ReO erlaubt insofern generell die Änderung der „*die Zahlung betreffenden Vertragsbedingungen*". Darüber hinaus erwähnen die Materialien die Zulässigkeit der Einräumung von Informations- und Einsichtsrechten sowie von Verwertungs- und Verteilungsregelungen.⁶⁵

Die Möglichkeit einer derartigen Modifikation von Forderungen gilt grundsätzlich sogar für *besicherte Forderungen* (§ 29 Abs 1 Z 1 ReO). Rechtskonstruktiv wird nach dem unmissverständlichen Wortlaut zwar nur die Forderung, nicht hingegen das Sicherungsrecht gekürzt; indirekt hat dies aber im zweipersonalen Sicherungsverhältnis (Akzessorietätsprinzip!) im Ergebnis zur Folge, dass die Sicherheit grundsätzlich in demselben Umfang wie die besicherte Forderung untergeht.⁶⁶ Jedoch ist dabei Folgendes zu bedenken: Die Forderungskürzung einer effektiv gesicherten Forderung bedeutet wegen § 11 Abs 1, § 149 Abs 1 S 1 IO wohl zwangsläufig eine Schlechterstellung im Vergleich zu einem Insolvenzverfahren. Das ist deshalb wesentlich, weil jeder besicherte Gläubiger, der einer Kürzung seiner Forderung nicht zustimmt, folglich den Restrukturierungsplan durch einen Antrag auf Überprüfung des Kriteriums des Gläubigerinteresses (§ 35 ReO) zu Fall bringen kann.⁶⁷ Der Schuldner müsste in solchen Konstellationen also darauf „pokern", dass der Gläubiger das mit diesem Antrag verbundene Kostenrisiko (§ 38 Abs 3 ReO) nicht in Kauf nehmen wird, was wegen des hohen Einsatzes (Misslingen der Restrukturierung!) aber kaum ratsam erscheint.

Zulässig, gewissermaßen durch § 29 Abs 2 ReO sogar implizit vorausgesetzt, ist indessen eine Forderungsgestaltung, bei der nur *teilweise gesicherte Gläubiger* mit dem gesicherten Teil ihrer Forderung auf den Schätzwert ihrer Sicherheit beschränkt werden und ihnen hinsichtlich des ungesicherten Teils ihrer Forderung nur die Restrukturierungsplanquote zugestanden wird. Die Forderungen besicherter Gläubiger können dementsprechend dauerhaft in den – zum maßgeblichen Zeitpunkt⁶⁸ – gesicherten und den ungesicherten Teil „aufgesplittet" werden,

---

63 Ausf zu den Voraussetzungen und Rechtsfolgen der Norm *U. Torggler* in *Artmann/Rüffler/U. Torggler*, Gesellschafterpflichten 1 (17 ff, 35 ff).

64 Dafür *U. Torggler* in *Artmann/Rüffler/U. Torggler*, Gesellschafterpflichten 1 (35 ff); ebenso für eine GmbH, nicht aber für eine AG *Koppensteiner*, Die GesbR neuer Prägung und der allgemeine Teil des Gesellschaftsrechts, wbl 2015, 301 (310 f); zwischen Nachschüssen und Einlagenerhöhung differenziernd *Walch*, Subsidiäre Anwendbarkeit der GesbR-Bestimmungen im GmbH-Recht nach der GesbR-Reform, RdW 2015, 78 (81 f); generell gegen eine subsidiäre Anwendung *Brugger/Schopper*, Keine Anwendung von § 1184 Abs 2 ABGB auf die GmbH und AG, NZ 2015, 405; skeptisch auch *Zollner/Schummer* in *Jaufer/Nunner-Krautgasser/Schummer*, Kapitalaufbringung 1 (27).

65 ErläutRV 950 BlgNR 27. GP 4.

66 Ebenso *Riel*, ecolex 2021, 786 (787).

67 *Trenker/Lutschounig*, Stellungnahme zum ME 42/SN-96/ME 27. GP 15 f. Ebenso *Mohr*, ZIK 2021/93, 82 (84); *Riel*, ecolex 2021, 786 (787).

68 Dies ist mangels anderer Anordnung im Restrukturierungsplan der Zeitpunkt der Planbestätigung.

wenn dies im Plan ausdrücklich angeordnet wird. Da dies trotz gewisser Unterschiede im Detail[69] dem Konzept des § 149 Abs 1 S 2 IO entspricht, wäre einem Antrag auf Überprüfung des Kriteriums des Gläubigerinteresses gem § 35 ReO in dieser Konstellation wohl kein Erfolg beschieden.

Der Rechtsbehelf gem § 35 ReO birgt übrigens zudem ein erhebliches Risiko bei der Forderungskürzung von *nachrangigen Gläubigern* (§ 29 Abs 1 Z 5 ReO): Wäre das *„voraussichtlich verwirklichbare Alternativszenario"* iSd § 35 ReO nämlich ein Sanierungsplan, ist zu bedenken, dass nachrangige Gläubiger nach Bestätigung eines Sanierungsplans – wenn auch erst nach Überwinden der Krise – Anspruch auf dieselbe Quote wie die nicht nachrangigen Insolvenzgläubiger haben (§ 14 EKEG).[70] Ihnen müsste daher im Restrukturierungsplan dieselbe Quote wie sonstigen unbesicherten Forderungen,[71] jedenfalls aber die gesetzliche Mindestquote für einen Sanierungsplan von 20 % (§ 141 Abs 1 IO) geboten werden. Andernfalls droht abermals ein – erfolgreicher – Antrag eines überstimmten nachrangigen Gläubigers wegen Verletzung des Kriteriums des Gläubigerinteresses gem § 35 ReO.[72]

Von einer Gestaltung durch den Restrukturierungsplan überhaupt ausgenommen sind indes nur die in § 3 Abs 1 ReO aufgezählten Forderungen. Neben den Forderungen von Arbeitnehmern (§ 3 Abs 1 Z 1, 2 ReO) ist für das systematische Verständnis vor allem wichtig, dass *nach Verfahrenseinleitung entstehende Forderungen* (§ 3 Abs 1 Z 3 ReO iVm § 46 Z 1, 2, 4, 5, 6 IO), sozusagen das Pendant zu Masseforderungen, durch den Plan nicht unmittelbar gestaltet werden dürfen. E contrario können nur Forderungen nach dem Mechanismus der §§ 27 ff ReO modifiziert werden, die im Zeitpunkt der Verfahrenseröffnung *bereits entstanden*. Zu diesem Entstehungszeitpunkt nur so viel: Einerseits schadet die erst nachträglich eintretende Fälligkeit einer Forderung ihrer Erfassung durch den Plan nicht, weil deren Fälligkeit für die Zwecke der Plangestaltung[73] gem § 28 S 3 ReO iVm § 14 Abs 2, § 15 IO bereits im Zeitpunkt der Verfahrenseinleitung fingiert wird.[74] Auch diese Fälligkeitsfiktion ändert freilich nichts daran, dass eine Forderung aus einem gegenseitigen Vertrag nicht ohne weiteres gekürzt oder gestundet

---

[69] Zur Funktionsweise von § 149 Abs 1 S 2 IO jüngst instruktiv OGH 17 Ob 12/20v; hinsichtlich der bloß auflösend bedingten Befreiung allerdings zu Recht krit *Anzenberger*, NZ 2021, 315 (323 ff) (Entscheidungsanmerkung); *Harnoncourt/Riel*, ÖBA 2021, 567 (571 f) (Entscheidungsanmerkung).

[70] Dies gilt mE auch für nachrangige Gläubiger kraft Vereinbarung, ausf zum Ganzen *Trenker*, Rechtsgrundlagen und Begriff nachrangiger Forderungen, in *Konecny*, Insolvenz-Forum 2019 (2021) 161 (178 ff); ebenso OLG Wien 1 R 31/18p ZIK 2018, 190; aA *Frizberg*, Nachrangige Forderungen (2020) 200 ff.

[71] Eine derartige Gleichbehandlung würde andererseits bei mangelnder Zustimmung der Klasse der unbesicherten Gläubiger ihrerseits die Möglichkeit eines klassenübergreifenden *Cram-Downs* ausschließen. Denn diese Gleichstellung würde die *relative priority rule* des § 36 Abs 1 Z 2 ReO verletzen, weil es für diese auf die *„Liquidationsreihenfolge des Insolvenzrechts (§§ 50 und 57a IO)"* ankommt (ErläutRV 950 BlgNR 27. GP 20).

[72] Dazu bereits *Trenker/Lutschounig*, Stellungnahme zum ME 42/SN-96/ME 27. GP 61 f. Der Gesetzgeber hätte das Problem entweder durch eine – mE rechtspolitisch sehr gut vertretbare (vgl § 225 Abs 1 InsO) – Verschlechterung der Rechtsstellung nachrangiger Gläubiger im Sanierungsplanszenario, also eine Änderung von in § 14 EKEG, oder einfach dadurch lösen können, dass er nachrangige Gläubiger im Einklang mit Art 9 Abs 3 lit b RIRL von vornherein vom Stimmrecht ausschließt, weil ihnen damit folgerichtig auch die Antragsbefugnis gem § 35 ReO entzogen worden wäre.

[73] Auch im unmittelbaren Anwendungsbereich von § 14 Abs 2 IO gelten Forderungen nur für das Insolvenzverfahren als fällig, wohingegen die materiellrechtliche Fälligkeit unberührt bleibt, s dazu zB *Petschek/Reimer/Schiemer*, Das Österreichische Insolvenzrecht (1983) 115.

[74] Vgl *Mohr*, ZIK 2021/93, 82 (84).

werden kann, mag sie auch im Zeitpunkt der Verfahrenseinleitung schon dem Grunde nach entstanden sein. Solange der Vertragspartner *nicht vorgeleistet* und dementsprechend noch ein aufrechtes Zurückbehaltungsrecht gem § 1052 S 1 ABGB hat, ist die Gestaltung seiner Forderung mE vielmehr unzulässig; dafür spricht nicht zuletzt der Verweis von § 28 S 3 ReO auf § 21 Abs 4 IO, der nur unter dieser Prämisse Sinn macht. Eine ausdrückliche Klarstellung dieser so wichtigen systematischen Weichenstellung, wie sie etwa § 3 Abs 2 StaRUG trifft, fehlt aber bedauerlicherweise.

Sehr wohl möglich ist es indessen, wie die Materialien ausdrücklich betonen,[75] *Zinsansprüche* neu zu gestalten. Der Gesetzgeber dürfte gerade eine Modifikation der Zinsen mit den „*die Zahlung betreffenden Vertragsbedingungen*" in § 28 S 2 ReO gemeint haben. Das gilt auch für Zinsen, die erst nach Verfahrenseinleitung oder der Einbringung des Restrukturierungsantrags entstehen, wenngleich sich das Stimmrecht solcher Gläubiger nach der Zinshöhe am Tag der Vorlage des Restrukturierungsplans richtet (§ 32 Abs 1 S 2 ReO). Wesentlich ist nur, dass die Forderung vor Verfahrenseröffnung entstanden ist. Im Ergebnis bedeutet das, dass auch künftige Zinsen aus bereits ausbezahlten *Kredit-* oder *Finanzierungsverträgen* gekürzt und gestundet werden können. Bei einer (teilweise) offenen Kreditlinie kann der Zinssatz hingegen – mangels Vorleistung des Kreditgebers – nicht einfach pro futuro für den Fall zukünftiger Ausnutzungen des Kreditrahmens herabgesetzt werden.[76]

5. Bestätigungsvoraussetzungen des Restrukturierungsplans

Aus den Bestätigungsvoraussetzungen seien an dieser Stelle lediglich jene Tatbestände herausgegriffen, die für das Verständnis der Funktionsweise und Ziele der ReO besonders aufschlussreich erscheinen.

Mit den im Rahmen der Einleitungsvoraussetzungen erwähnten Zielvorgaben (oben Pkt 3.2.) harmoniert zunächst der Versagungsgrund, „*wenn offensichtlich ist, dass der Restrukturierungsplan die Zahlungsunfähigkeit des Schuldners oder den Eintritt der Überschuldung nicht verhindert, eine bereits eingetretene Überschuldung nicht beseitigt oder die Bestandfähigkeit des Unternehmens nicht gewährleistet*" (§ 34 Abs 4 ReO). Es handelt sich dabei übrigens auch um einen Einstellungsgrund (§ 41 Abs 2 Z 8 ReO).

Bemerkenswert ist ferner, dass die Bestätigung gem § 34 Abs 3 Z 1 ReO zu versagen ist, wenn „*ein Grund vorliegt, aus dem der Antrag auf Einleitung des Restrukturierungsverfahrens unzulässig ist (§ 7 Abs. 3)*". Aus dem Verweis auf § 7 Abs 3 ReO ergibt sich, dass jedenfalls das offensichtliche Nichtvorliegen von wahrscheinlicher Insolvenz oder das offensichtliche Vorliegen von Zahlungsunfähigkeit einen Versagungsgrund darstellt, während die Wahrnehmung der offenbaren Untauglichkeit des Restrukturierungsplans ohnehin bereits durch § 34 Abs 4 ReO sichergestellt ist. Im Übrigen wirft der Versagungsgrund des § 34 Abs 3 Z 1 ReO aber mehrere Fragen und Ungereimtheiten auf:

---

75 ErläutRV 950 BlgNR 27. GP 16, 17.
76 Vgl ErläutRV 950 BlgNR 27. GP 17.

Unklar ist zunächst, ob wirklich nur ein *offensichtliches Einleitungshindernis* einen *Versagungsgrund* darstellt oder in diesem Stadium im Detail überprüft werden muss, ob der Schuldner überhaupt schon wahrscheinlich insolvent, aber noch nicht zahlungsunfähig ist. *Mohr*[77] tritt ohne Begründung für erstere Auslegung ein, mE ist hingegen der Prüfungsmaßstab nicht bloß auf Offenkundigkeit beschränkt. Abgesehen von verfassungsrechtlichen Bedenken gegen eine Auslegung, bei der wahrscheinliche Insolvenz als zentrale Legitimationsbasis für eine Forderungskürzung durch Mehrheitsentscheidung und/oder gerichtlichen *Cram-Down* in keinem Zeitpunkt wirklich überprüft werden muss/kann,[78] sprechen auch die Materialien davon, dass die gesetzlichen Einleitungsvoraussetzungen nach der Verfahrenseinleitung irgendwann einer vertieften materiellen Überprüfung zu unterziehen sind;[79] damit kann sinnvollerweise nur die gerichtliche Bestätigung gemeint sein.

In einem anderen Punkt ist der Verweis auf § 7 Abs 3 ReO aber zu weit geraten: Denn das Vorliegen von Zahlungsunfähigkeit, mag diese sogar offenkundig sein, kann bei konsequenter systematischer Interpretation dann keinen Versagungsgrund darstellen, wenn die Versagung nach den Maßstäben des § 24 Abs 3 ReO (vgl oben Pkt 3.2. bei und in FN 34) „*nicht im allgemeinen Interesse der Gläubiger ist*". Im Stadium der Bestätigung gilt dies anders als im unmittelbaren Anwendungsbereich von § 24 Abs 3 ReO mE sogar, wenn keine Vollstreckungssperre bewilligt wurde.

Ferner ist kein hinreichender Sachgrund ersichtlich, warum die Einleitungshindernisse nach § 6 Abs 3, 4 ReO, wie die ausschließliche Bezugnahme auf § 7 Abs 3 ReO suggeriert, keine Versagungsgründe sein sollen, wenn das Gericht von ihnen erst im Laufe des Verfahrens erfährt. Die besseren Gründe sprechen deshalb dafür, den Verweis auf § 7 Abs 3 ReO nicht als exklusiv, sondern sämtliche Einleitungshindernisse auch als Versagungsgründe zu verstehen.

Inhaltlich wird der Spielraum des Schuldners bei der Plangestaltung durch begrüßenswerte Bestätigungserfordernisse zur Wahrung der *Gläubigergleichbehandlung* beschränkt. Innerhalb der jeweiligen Gläubigerklassen müssen alle Gläubiger gleichbehandelt werden (§ 34 Abs 1 Z 2 ReO) und darf diese Vorgabe nicht durch Einräumung von *Sondervorteilen* (§ 150a IO) umgangen werden (§ 34 Abs 3 Z 2 Fall 1, § 39 Abs 4 ReO). Auch (freiwillige) Zahlungen an Gläubiger, deren Forderungen durch den Plan eigentlich gekürzt werden sollten, fallen mE wohl unter dieses Verbot von Sondervorteilen. Ferner wird das Gleichbehandlungsprinzip dadurch abgesichert, dass der Schuldner die betroffenen und nicht betroffenen Gläubiger im Plan anzugeben hat (§ 27 Abs 1 Z 4, 6 ReO) und die Sachgemäßheit dieser Auswahl vor und bei entsprechender Einwendung nochmals in der Restrukturierungsplantagsatzung gerichtlich überprüft wird (§ 30 Abs 1 Z 4, § 34 Abs 3 Z 4 ReO). Dasselbe gilt für die Sachgemäßheit der Einteilung der Gläubigerklassen (§ 30 Abs 1 Z 3, § 34 Abs 3 Z 4 ReO). Flankiert werden diese Anordnungen schließlich dadurch, dass das *wissentliche Verschweigen von Gläubigern* einen eigenen Versagungsgrund darstellt (§ 34 Abs 3 Z 3 ReO), der im Ergebnis sogar bis zu drei Jahre nach rechtskräftiger Bestätigung zum Wegfall einer im Plan angeordneten Restschuldbefreiung führen kann (§ 42 ReO).

---

[77] ZIK 2021/93, 82 (93).
[78] Vgl *Trenker/Lutschounig*, Stellungnahme zum ME 42/SN-96/ME 27. GP 4 f.
[79] ErläutRV 950 BlgNR 27. GP 7. Vgl auch noch *Mohr* in *Jaufer/Nunner-Krautgasser/Schummer*, Unternehmenssanierung 15 (27 f).

Hingegen kann der Versagungsgrund für den Fall, dass der Schuldner nicht alle *nicht unter den Plan fallenden fälligen* und *feststehenden Forderungen* bezahlt hat (§ 34 Abs 3 Z 3 ReO), nicht mit dem Gleichbehandlungsgebot oder sonstigen Interessen der vom Plan betroffenen Gläubiger begründet werden. Es handelt sich dabei eher um eine Art „Wohlverhaltensobliegenheit", deren rechtspolitische Rechtfertigung allerdings überprüfungsbedürftig erscheint. Ein identischer Schutz sämtlicher nicht planbetroffener Gläubiger, wie er im Insolvenzverfahren Massegläubigern wegen ihrer spezifischen Funktion in einem Insolvenzverfahren zu Teil wird (§ 152a Abs 1 Z 2 IO), erscheint mE fragwürdig.

6. Zusammenschau

6.1. Restrukturierungsbedarf und -fähigkeit als Kernvoraussetzung

Ein Verfahren nach der ReO setzt – auch wenn dies offenbar nicht ernsthaft geprüft werden soll – eine *Krise* des Schuldners voraus, die zumindest das Stadium *wahrscheinlicher Insolvenz* erreicht haben muss, aber *noch nicht* so weit fortgeschritten sein darf, dass der Schuldner bereits *zahlungsunfähig* geworden oder gar schon ein *Insolvenzverfahren eröffnet* worden ist. Das Spektrum der ein Restrukturierungsverfahren rechtfertigenden Krise reicht damit von einer *Bestandgefährdung*, bei der ein Eintritt der Zahlungsunfähigkeit binnen zwölf Monaten ohne „Restrukturierungsmaßnahmen" überwiegend wahrscheinlich erscheint (vgl § 1 Abs 2 URG),[80] was bei Unterschreiten der Eigenmittelquote von 8 % und einer fiktiven Schuldentilgungsdauer von mehr als 15 Jahren vermutet wird, bis hin zu einer *insolvenzrechtlichen Überschuldung* oder einer *unmittelbar bevorstehenden Zahlungsunfähigkeit*. Der Unternehmer muss aber in jedem Fall noch insoweit *bestandfähig* sein, als durch die avisierten Restrukturierungsmaßnahmen eine bereits eingetretene Überschuldung beseitigt und eine drohende Zahlungsunfähigkeit oder Überschuldung für einen mittelfristigen Prognosezeitraum (dazu sogleich Pkt 6.2.) mit überwiegender Wahrscheinlichkeit abgewendet werden kann (bedingte Fortbestehensprognose).

Es zeigt sich damit deutlich, dass die ReO *kein reines vorinsolvenzliches Verfahren* etabliert, sondern im Falle der *Überschuldung* als prinzipiell *gleichwertige Alternative zu Konkurs- und Sanierungsverfahren* fungiert.[81] Vom Anwendungsbereich des Konkursverfahrens unterscheidet sich jener der ReO lediglich dadurch, dass er schon bei wahrscheinlicher Insolvenz, aber nicht mehr bei Zahlungsunfähigkeit gegeben ist. Wesentlicher Unterschied zum Anwendungsbereich des Sanierungsverfahrens ist im Großen und Ganzen überhaupt nur der Ausschlussgrund der (offenkundigen) Zahlungsunfähigkeit im ReO-Verfahren, während sich die Eintrittsschwelle der drohenden Insolvenz (§ 167 Abs 2 IO) weitgehend mit jener der wahrscheinlichen Insolvenz iSd § 6 Abs 2 ReO überschneiden dürfte (oben Pkt 3.1).

Freilich bleibt die Einrichtung des Restrukturierungsverfahrens als Alternative bei Überschuldung systematisch halbherzig: Denn der Gesetzgeber lässt die Insolvenzantragspflicht in

---

[80] Zu dieser Lesart der Norm *Dellinger* in *Konecny/Schubert*, Insolvenzgesetze (7. Lfg; 1999) § 67 KO Rz 22; *U. Torggler* in *Artmann/Rüffler/U. Torggler*, Gesellschafterpflichten 1 (20).
[81] Vgl *Mohr*, ZIK 2021/93, 82 (83).

§ 69 Abs 2 IO unverändert.[82] Ein organschaftlicher Vertreter, der nicht binnen längstens 60 Tagen eine Vollstreckungssperre iSd § 19 ReO und damit eine Aussetzung der Insolvenzantragspflicht gem § 24 ReO erwirkt, handelt folglich rechtswidrig, selbst wenn bereits innerhalb des Zeitraums des § 69 Abs 2 IO die Einleitung eines Restrukturierungsverfahrens beantragt wurde. Insoweit besteht genau genommen kein echtes Wahlrecht zwischen Insolvenz- und Restrukturierungsverfahren.[83]

6.2. Mittelfristige Vermeidung von Restrukturierungsbedarf als Ziel

Bemerkenswerterweise markieren die skizzierten Anwendungsvoraussetzungen der ReO indirekt zugleich deren Ziel: Der *Restrukturierungsbedarf* des Schuldners[84] soll in einer Weise *behoben* werden, dass eine materielle Insolvenz über einen mittelfristigen Prognosezeitraum nicht einmal mehr wahrscheinlich ist. Konkret muss das *„Mindestergebnis"* des bestätigten und umgesetzten Restrukturierungsplans dementsprechend wohl sein, dass *Bestand* und *Zahlungsfähigkeit des Schuldners* für zumindest rund *zwölf Monate*[85] mit *überwiegender Wahrscheinlichkeit sichergestellt* sind.

6.3. Kürzung/Stundung bestehender Forderungen als spezifisches Restrukturierungsinstrument

Um diese Restrukturierungsziele zu erreichen, kann im Restrukturierungsplan grundsätzlich jede geeignete Maßnahme *vorgesehen* werden. Die *rechtsgeschäftlichen Voraussetzungen* für deren Zustandekommen werden aber durch das Restrukturierungsverfahren nur insoweit modifiziert, als ein *Erlass*, eine *Stundung* oder eine sonstige Änderung der *Zahlungsbedingungen* für eine *Forderung*, die dem Grunde nach vor Verfahrenseinleitung entstanden ist, angeordnet wird. Solche Maßnahmen können bei Zustimmung aller Gläubigerklassen mit entsprechender Mehrheit (§ 33 ReO) auch *gegen den Willen betroffener Gläubiger* effektuiert werden, wobei selbst die fehlende Zustimmung einzelner Klassen gem § 36 ReO ersetzt werden kann.[86] Stets erforderlich ist dabei die Wahrung der *Gleichbehandlung der Gläubiger*, wobei dies nicht nur durch ein Diskriminierungsverbot innerhalb der Gläubigerklassen und ein Verbot der Gewährung von Sondervorteilen sowie der Verheimlichung von Gläubigern, sondern auch durch ein

---

82 Kritisch dazu *Trenker/Lutschounig*, Stellungnahme zum ME 42/SN-96/ME 27. GP 12 f.
83 So aber *Mohr*, ZIK 2021/93, 82 (83).
84 § 1 Abs 1 ReO spricht davon, dem *Schuldner* zu ermöglichen, sich zu restrukturieren, während § 1 Abs 2 ReO von der Restrukturierung des *Unternehmens* spricht. Dem österr Recht entspricht mE ein Abstellen auf die Person des Schuldners weit besser. Bei natürlichen Personen ist damit weder eine Sphärentrennung zwischen privaten und unternehmerischen Vermögenswerten bzw Verbindlichkeiten vorzunehmen noch ist ein vergleichbares „Aufsplitten" erforderlich, wenn ein Schuldner mehrere Unternehmen betreibt.
85 Dies wird überwiegend sowohl als Prognosezeitraum für eine Bestandgefährdung iSd § 273 Abs 2 UGB als auch für drohende Zahlungsunfähigkeit angegeben (s oben Pkt 3.1.).
86 Der für deutschsprachige Rechtsanwender völlig nichtssagende Begriff des *„klassenübergreifenden Cram-Down"* (zu Recht krit dazu *OLG Graz*, Stellungnahme zum ME 17/SN-96/ME 27. GP 3 sowie jene von *Trenker/Lutschounig*, Stellungnahme zum ME 42/SN-96/ME 27. GP 11) hätte zB einfach mit *„gerichtlicher Ersetzung der Zustimmung"* ins Gesetz aufgenommen werden können. In Deutschland wird das Instrument immerhin, wenn auch mE weniger exakt, als *„gruppenübergreifende Mehrheitsentscheidung"* bezeichnet (§ 26 StaRUG).

Sachlichkeitsgebot bei der Auswahl der betroffenen Gläubiger und Einteilung der Gläubigerklassen sichergestellt wird.

Andere Eingriffe in die Rechte Beteiligter können dementsprechend zwar in den Plan aufgenommen werden (vgl zu gesellschaftsrechtlichen Maßnahmen § 37 Abs 3 ReO). Eine *Erleichterung* gegenüber einem parallelen „außerplanmäßigen" Zustandekommen der Maßnahme bringt dies jedoch *nicht*. Dafür gilt wegen des Zustimmungserfordernisses der Betroffenen grundsätzlich kein Gleichbehandlungsgebot.

Das Restrukturierungskonzept und die Vorbereitung des Restrukturierungsverfahrens nach der ReO

Michael Lentsch

Gliederung	Seite
1. Einleitung	51
2. Das Restrukturierungskonzept	52
2.1. Allgemein	52
2.2. Begriff und Position des Restrukturierungskonzepts	52
2.3. Inhalt	54
2.3.1. Allgemein (Grobüberblick über die Restrukturierungsmaßnahmen)	54
2.3.2. Vermögensauflistung	55
2.4. Sicherstellung der Bestandfähigkeit	56
2.5. Offenbare Untauglichkeit	57
3. Vorbereitung des Restrukturierungsverfahrens	58
3.1. (Neue) Pflichtensituation für die Unternehmensleitung	58
3.2. Analyse der Ausgangssituation	59
3.3. Erstellung der Unterlagen	60
3.3.1. Restrukturierungsplan oder Restrukturierungskonzept	60
3.3.2. Finanzplan	61
3.3.3. Jahresabschlüsse	63
3.4. Flankierende Maßnahmen	64
3.4.1. Finanzierungen	64
3.4.2. Vollstreckungssperre	64
3.5. Europäisches Restrukturierungsverfahren	64
3.6. Vereinfachtes Restrukturierungsverfahren	65
4. Schlussbemerkungen	66

Bei Einleitung eines Restrukturierungsverfahrens muss zumindest ein Restrukturierungskonzept vorliegen. Der gegenständliche Beitrag beschäftigt sich mit dem Mindestinhalt und der Erstellung eines solchen Konzeptes im Speziellen sowie mit der Vorbereitung eines Restrukturierungsverfahrens im Allgemeinen.

1. Einleitung

§ 1 Abs 3 ReO verpflichtet[1] die Unternehmensleitung[2] bei Eintritt einer „wahrscheinlichen Insolvenz" Schritte einzuleiten, um die Insolvenz abzuwenden und die Bestandfähigkeit des Un-

---

1 Arg „hat".
2 Darunter versteht der Gesetzgeber insb den Vorstand einer Aktiengesellschaft und den Geschäftsführer einer GmbH: ErläutRV 950 BlgNR 27. GP 4; Unternehmer (natürliche Personen) werden in der Bestimmung des § 1 Abs 3 ReO nicht ausdrücklich genannt, sind aber mitumfasst (*arg e contrario* § 2 Abs 2 ReO).

ternehmens sicherzustellen. Durch diese Regelung, die Art 19 RIRL umsetzt,[3] soll zwar kein neues Haftungsregime eingeführt,[4] aber doch die bereits bestehende gesellschaftsrechtliche Pflichtenlage konkretisiert werden.[5] Die Einleitung eines Restrukturierungsverfahrens nach der ReO entspricht damit der Pflichtensituation der Unternehmensleitung bei Vorliegen einer wahrscheinlichen Insolvenz.[6] Das Verfahren ermöglicht dem Schuldner, sich zu restrukturieren, um die Zahlungsunfähigkeit abzuwenden und die Bestandfähigkeit sicherzustellen (§ 1 Abs 1 ReO). Um ein Restrukturierungsverfahren *lege artis* beantragen und einleiten zu können, bedarf es sowohl in materieller als auch in formeller Hinsicht einer angemessenen Vorbereitung und zumindest der Erstellung eines Restrukturierungskonzepts (§ 7 Abs 2 ReO). Mit diesem Themenkreis beschäftigt sich der gegenständliche Beitrag.

2. Das Restrukturierungskonzept

2.1. Allgemein

Gem § 7 Abs 1 Z 1 ReO hat der Schuldner dem Antrag auf Einleitung eines Restrukturierungsverfahrens unter anderem einen Restrukturierungsplan oder (zumindest) ein Restrukturierungskonzept beizulegen. Wird dem Antrag kein Restrukturierungsplan angeschlossen, muss gem Abs 2 leg cit dargelegt werden, dass mit dem Restrukturierungskonzept die Bestandfähigkeit des Unternehmens erreicht werden kann.[7] Darüber hinaus darf das Konzept nicht offenbar untauglich sein (§ 7 Abs 3 ReO) und hat zumindest die in Aussicht genommenen Restrukturierungsmaßnahmen[8] und eine Auflistung der Vermögenswerte und Verbindlichkeiten des Schuldners zum Zeitpunkt des Antrags auf Einleitung des Restrukturierungsverfahrens einschließlich einer Bewertung der Vermögenswerte zu enthalten (§ 8 Abs 1 ReO). Für den Fall, dass der Schuldner nur ein Restrukturierungskonzept, aber keinen Restrukturierungsplan nach § 27 ReO vorlegt, ist ihm auf Antrag eine Frist von höchstens 60 Tagen zur Vorlage eines Restrukturierungsplanes einzuräumen (§ 8 Abs 2 S 1 ReO). Wird der Antrag auf Einräumung einer Frist nicht gleichzeitig mit dem Antrag auf Einleitung des Restrukturierungsverfahrens oder binnen der zum Erlag eines Kostenvorschusses zur Deckung der Entlohnung des Restrukturierungsbeauftragten bestehenden Frist gestellt, so ist zwingend ein Restrukturierungsbeauftragter zu bestellen (Abs 2 S 2 leg cit).

2.2. Begriff und Position des Restrukturierungskonzepts

Der Begriff des „Restrukturierungskonzepts" wird mit der ReO erstmals in die österr Rechtsordnung eingeführt und in § 8 Abs 1 ReO nur sehr rudimentär definiert. Davor gab es lediglich den

---

[3] ErläutRV 950 BlgNR 27. GP 4.
[4] ErläutRV 950 BlgNR 27. GP 4.
[5] ErläutRV 950 BlgNR 27. GP 4.
[6] ErläutRV 950 BlgNR 27. GP 1.
[7] Siehe dazu näher unter Pkt 2.4.
[8] Nach den ErläutRV 950 BlgNR 27. GP 7 ist bereits ein „Grobüberblick über die Restrukturierungsmaßnahmen" ausreichend.

Begriff des „Sanierungskonzepts", und zwar in § 13 EKEG[9] und seit dem IRÄG 2010 auch in § 31 Abs 1 Z 3 IO (Anfechtbarkeit wegen Kenntnis der Zahlungsunfähigkeit bei mittelbarer Nachteiligkeit).[10] Ein (nicht offensichtlich untaugliches) Sanierungskonzept iSd § 31 IO sollte *„eine Aussage über ein Mindestmaß an gesamthaften Planungen der erforderlichen Sanierungsschritte sowie eine Analyse der Krisenursachen enthalten. Weiters müssen die Maßnahmen konkret geplant sein und verwirklichbar erscheinen; Kosteneinsparungen müssen sich überzeugend ableiten lassen; bei Erlös- bzw Umsatzsteigerungen sind die Branchenentwicklungen, die lokale und zeitliche Realisierbarkeit sowie das gesamte wirtschaftliche Umfeld zu beachten. Bei Finanzierungsmaßnahmen der Gesellschafter oder außenstehender Dritter sowie Sanierungshilfen seitens der Gläubiger wird in der Regel eine rechtsverbindliche Zusage erforderlich sein"*.[11] Systematisch werden die Anforderungen an ein taugliches Sanierungskonzept über den Anforderungen an einen Reorganisationsplan gem § 6 URG und den Voraussetzungen eines gerichtlichen Sanierungsverfahrens mit Eigenverwaltung gem § 169 Abs 1 Z 1 lit c und d IO angesetzt. Dies deswegen, da das URG noch bei vorhandener Solvenz anzuwenden ist und ein Sanierungsverfahren mit Eigenverwaltung unter Aufsicht von Sanierungsverwalter und Gericht stattfindet, während das Sanierungskonzept gem § 31 Abs 1 Z 3 IO die nicht überwachte Sanierung in *statu cridae* rechtfertigen soll.[12] Der Inhalt eines Reorganisationsplans und eines Antrages auf Eröffnung eines Sanierungsverfahrens mit Eigenverwaltung sind das Mindeste, was ein (taugliches) Sanierungskonzept zu enthalten hat.[13]

Die Anforderungen an ein (taugliches) Restrukturierungskonzept nach der ReO liegen mE genau zwischen einem Reorganisationsplan bzw Antrag auf Eröffnung eines Sanierungsverfahrens mit Eigenverwaltung und einem Sanierungskonzept. Voraussetzung für die Eröffnung eines Restrukturierungsverfahrens ist – wie erwähnt – unter anderem das Vorliegen einer wahrscheinlichen Insolvenz.[14] Wahrscheinliche Insolvenz liegt insb dann vor, wenn eine Bestandgefährdung nach dem UGB gegeben ist.[15] Liegen Tatsachen vor, die den Bestand von Unternehmen gefährden oder die eine Entwicklung wesentlich beeinträchtigen können, oder existieren wesentliche Schwächen der internen Kontrolle des Rechnungslegungsprozesses oder liegen die Voraussetzungen für die Vermutung eines Reorganisationsbedarfes nach dem URG vor, haben Wirtschaftsprüfer iSd § 273 Abs 2 und 3 UGB ihre Redepflicht auszuüben. Dies setzt der Gesetzgeber im Wesentlichen mit der Bestandgefährdung und der wahrscheinlichen Insolvenz gleich. Dies ist jedenfalls bei Vorliegen der Kennzahlen nach dem URG der Fall (§ 6 Abs 2 ReO).[16] Zahlungsunfähigen Schuldnern steht das Restrukturierungsverfahren grundsätzlich nicht zur Verfügung.[17] Trotz Bestandgefährdung muss die Bestandfähigkeit des Unternehmens gegeben sein, die eine (positive) Fortbestehensprognose voraussetzt. Im Rahmen des Restrukturierungsverfahrens nach der ReO kann die Prognose auch bedingt, also von der Annahme und Bestätigung des Restrukturierungsplanes abhängig sein.[18] Das Restrukturierungsverfahren steht daher einem Teil der ma-

---

9 § 13 EKEG (Anteilserwerb zur Sanierung) setzt ein Sanierungskonzept voraus. Der Begriff des Sanierungskonzepts wird dort allerdings nicht näher umschrieben.
10 Vgl ErläutRV 612 BlgNR 24. GP 14.
11 *Bollenberger* in *Koller/Lovrek/Spitzer*, IO (2019) § 31 Rz 18 mwN.
12 *König/Trenker*, Die Anfechtung nach der IO[6] (2020) Rz 11.90.
13 *König/Trenker*, Anfechtung[6] Rz 11.90.
14 ErläutRV 950 BlgNR 27. GP 1.
15 ErläutRV 950 BlgNR 27. GP 1.
16 ErläutRV 950 BlgNR 27. GP 4.
17 ErläutRV 950 BlgNR 27. GP 1.
18 ErläutRV 950 BlgNR 27. GP 1.

teriell insolventen Schuldner offen, und zwar den überschuldeten (§ 67 IO), nicht aber den zahlungsunfähigen (§ 66 IO)[19] und ist daher sowohl zwischen dem Solvenzverfahren nach dem URG und dem Insolvenzverfahren als auch zwischen der gerichtlichen Sanierung im Rahmen von Sanierungsverfahren gem §§ 166 ff IO und der außergerichtlichen Sanierung (vgl § 31 Abs 1 Z 3 IO) anzusiedeln.

Die Anforderungen an ein Restrukturierungskonzept nach der ReO liegen daher zwischen jenen an ein Sanierungskonzept iSd § 31 IO, das die außergerichtliche Sanierung im *statu cridae* rechtfertigt und jenen an den Inhalt eines Antrages auf Eröffnung eines Sanierungsverfahrens mit Eigenverwaltung gem § 169 IO, das grundsätzlich allen insolventen Schuldnern iSd § 166 IO offensteht.

2.3. Inhalt

2.3.1. Allgemein (Grobüberblick über die Restrukturierungsmaßnahmen)

Allgemeiner Ausgangspunkt eines jeden Konzepts ist die Analyse des Istzustandes. In Bezug auf das Reorganisationskonzept bedeutet dies, dass zunächst insb eine Analyse erforderlich ist, in welchem Krisenstadium sich das Unternehmen befindet. Bei einem betroffenen Unternehmen muss zwar (zumindest) eine wahrscheinliche Insolvenz,[20] es darf aber keine Zahlungsunfähigkeit vorliegen. Das Unternehmen muss sich daher zwischen einer Situation, die geeignet ist, den Bestand des Unternehmens zu gefährden (§ 6 Abs 2 ReO) und dem Eintritt der Zahlungsunfähigkeit befinden. Mit anderen Worten, es darf zwar eine Ertrags- oder Eigenkapitalkrise, aber keine Liquiditätskrise vorliegen.[21] Im Rahmen der Analyse sind auch die Krisenursachen herauszuarbeiten, um die Möglichkeit zu erhalten, diese durch gezielte Maßnahmen zu beseitigen. In einem nächsten Schritt sollten in einem derartigen Konzept der Analyse des Istzustandes das angestrebte Ziel bzw die angestrebten Ziele gegenübergestellt werden. Ein Ziel wird vom Gesetz vorgegeben. Die Zahlungsunfähigkeit muss endgültig abgewendet und die Bestandfähigkeit[22] sichergestellt werden (§ 1 Abs 1 ReO). Erst aus der Gegenüberstellung von Istzustand und den angestrebten Zielen können konkrete Maßnahmen abgeleitet werden. Zu den vom Gesetz demonstrativ aufgezählten Restrukturierungsmaßnahmen gehören insb die Änderung der Zusammensetzung, der Bedingungen oder der Struktur der Vermögenswerte und Verbindlichkeiten oder jedes anderen Teils der Kapitalstruktur des Unternehmens des Schuldners, jedweder Verkauf von Vermögenswerten oder Geschäftsbereichen und die Gesamtveräußerung des Unternehmens sowie alle erforderlichen operativen Maßnahmen oder eine Kombination dieser Elemente (§ 1 Abs 2 ReO).[23] Unter den Begriff der Restrukturierung fallen nach

---

19 Diese Aussage trifft auf natürliche Personen, die ein Unternehmen betreiben, nur bedingt zu, da für diese die (reine) Überschuldung kein Insolvenzgrund ist (§ 67 Abs 1 IO).
20 ErläutRV 950 BlgNR 27. GP 1.
21 Allgemein wird zwischen „strategischer Krise, Ertragskrise und Liquiditätskrise" unterschieden (vgl *Lichtkoppler/Reisch/Winkler* in *Lichtkoppler/Reisch*, Handbuch Unternehmenssanierung [2010] 5 ff mwN).
22 Zur Auslegung des Begriffs „Bestandfähigkeit" kann auch auf die Rechtsprechung zum Begriff „Lebensfähigkeit" zurückgegriffen werden (RIS-Justiz RS0064989; ErläutRV 950 BlgNR 27. GP 3).
23 Mit dieser Bestimmung setzt die ReO Art 2 Abs 1 Nr 1 RIRL um: ErläutRV 950 BlgNR 27. GP 4. Der Gesetzgeber hat das in der Richtlinie vorgesehene Wahlrecht ausgeübt und auch die Gesamtveräußerung des Unternehmens als Restrukturierungsmaßnahme erfasst. Weitere mögliche Maßnahmen (einzeln oder in Kombination), die vom Begriff umfasst sind, sind Forderungsnachlässe und Kürzungen, Laufzeitanpassungen,

der Legaldefinition (alle) Maßnahmen, die auf die Restrukturierung des Unternehmens des Schuldners abzielen. Wesentlich ist, dass mit dem Restrukturierungskonzept die Bestandfähigkeit des Unternehmens erreicht werden kann (§ 7 Abs 2 ReO). Es wird zwar nur ein Grobüberblick über die Restrukturierungsmaßnahmen im Rahmen des Restrukturierungskonzepts gefordert,[24] dies ändert aber nichts daran, dass diese die erforderliche Eignung aufweisen müssen. Der Schuldner hat daher darzulegen, wie bei Einhaltung des Konzepts die Bestandfähigkeit des Unternehmens erreicht werden kann.[25] Der „Grobüberblick" über die Restrukturierungsmaßnahmen muss daher zumindest einen solchen Detaillierungsgrad erreichen, dass beurteilt werden kann, ob aus den dargestellten Maßnahmen die geforderte Konsequenz abgeleitet werden kann. Das Restrukturierungskonzept muss daher jedenfalls über allgemeine Floskeln hinausgehen, sich aus der aktuellen Krisensituation und den Krisenursachen ableiten und mit dem Ziel der Sicherstellung der Bestandfähigkeit und Verhinderung der Zahlungsunfähigkeit in Einklang zu bringen sein.[26] Ein Restrukturierungskonzept, das diese Anforderungen nicht erfüllt, kann nicht Grundlage für die Eröffnung eines Restrukturierungsverfahrens sein.[27]

2.3.2. Vermögensauflistung

Neben den in Aussicht genommenen Restrukturierungsmaßnahmen hat ein Restrukturierungskonzept *„eine Auflistung der Vermögenswerte und Verbindlichkeiten des Schuldners zum Zeitpunkt des Antrages auf Einleitung des Restrukturierungsverfahrens einschließlich einer Bewertung der Vermögenswerte zu enthalten"* (§ 8 Abs 1 ReO). Vergleichbar schreibt auch § 27 Abs 2 Z 3a ReO für den Inhalt von Restrukturierungsplänen vor, dass die Darstellung der wirtschaftlichen Situation des Schuldners eine derartige Auflistung zu enthalten hat, allerdings ergänzt um eine Bewertung der Verbindlichkeiten sowie des Unternehmens sowohl zu Fortführungs- als auch zu Liquidationswerten. Im Unterschied zum Restrukturierungsplan muss bei Vorlage eines Restrukturierungskonzepts noch nicht feststehen, welche Gläubiger einbezogen werden sollen, weshalb etwa Informationen über betroffene Gläubiger iSd § 27 Abs 2 Z 4 ReO nicht erforderlich sein sollen.[28] § 8 Abs 1 und § 27 ReO hatten wohl § 169 IO zum Vorbild, der die

---

die Einräumung von Informations- und Einsichtsrechten sowie Verwertungs- und Verteilungsregelungen. Mit solchen Maßnahmen kann nach den Materialien in bestehende (Finanzierungs-)Verträge oder auch in frühere Restrukturierungsvereinbarungen eingegriffen werden. Keine Restrukturierungsmaßnahme in diesem Sinne soll ein sogenannter *„Debt-Equity-Swap"* sein. Im Restrukturierungsplan vorgesehene Kapitalmaßnahmen können danach aber durch gesellschaftsrechtliche Maßnahmen umgesetzt werden.

24 ErläutRV 950 BlgNR 27. GP 7.
25 ErläutRV 950 BlgNR 27. GP 7.
26 Ganz ähnlich auch die Judikatur zur Fortbestehensprognose im Rahmen der Überschuldungsprüfung. Die Überschuldungsprüfung ist durch eine Fortbestehensprognose zu ergänzen, in deren Rahmen mithilfe sorgfältiger Analysen von Verlustursachen, eines Finanzierungsplans sowie der Zukunftsaussichten der Gesellschaft die Wahrscheinlichkeit der künftigen Zahlungsunfähigkeit und damit die Liquidation der Gesellschaft zu prüfen ist. OGH 3. 12. 1986, 1 Ob 655/86 EvBl 1987/104, 266 = wbl 1987, 74 (*Wilhelm*) = ÖBA 1987, 332 = RdW 1987, 126.
27 Nach den ErläutRV 950 BlgNR 27. GP 6 ist ein Restrukturierungsverfahren nur dann einzuleiten, wenn sich aus den *„vorzulegenden Unterlagen eine positive Entwicklung des Unternehmens (...) erwarten lässt"* und dieses *„Bestandfähigkeit erlangt"*.
28 ErläutRV 950 BlgNR 27. GP 7; mE erschwert diese Einschränkung die Beurteilbarkeit des Restrukturierungskonzepts im Hinblick auf die Frage, ob dadurch die Bestandfähigkeit des Unternehmens erreicht werden kann (§ 7 Abs 2 ReO) massiv, zumal das *„Herzstück"* des Verfahrens die *„Kürzung von Gläubigerforderungen"* ist (ErläutRV 950 BlgNR 27. GP 1). Nimmt man die Materialien für bare Münze, nimmt man

Voraussetzungen für die Beantragung eines Sanierungsverfahrens mit Eigenverwaltung regelt. Die dort entwickelten Grundsätze nach Judikatur und Lehre können daher für die Auslegung der neuen Bestimmungen nach der ReO verwendet werden.[29] Im Ergebnis sollte auch bei Antrag auf Einleitung eines Restrukturierungsverfahrens ein Status vorgelegt werden, der neben der Auflistung und Bewertung der Vermögenswerte auch eine Darstellung der Ab- und Aussonderungsrechte beinhaltet (gleichgültig, ob ein Restrukturierungsplan oder ein Restrukturierungskonzept vorgelegt wird), damit den Beteiligten von Beginn an ein ausreichender Überblick über die Vermögenssituation des Schuldners zur Verfügung steht.

2.4. Sicherstellung der Bestandfähigkeit

Legt der Schuldner dem Antrag keinen Restrukturierungsplan bei, sondern ein Restrukturierungskonzept, hat er – wie erwähnt – darzulegen, dass damit die Bestandfähigkeit des Unternehmens erreicht werden kann (§ 7 Abs 2 ReO). Ebenso muss damit die Zahlungsunfähigkeit verhindert werden können.[30] Die Bestandfähigkeit verlangt eine Fortbestehensprognose, die auch bedingt sein kann.[31] Die Überschuldungsprüfung ist durch eine Fortbestehensprognose zu ergänzen, die auf Basis einer sorgfältigen Analyse der Verlustursachen, eines Finanzierungsplans sowie der Zukunftsaussichten der Gesellschaft die Wahrscheinlichkeit der Lebensfähigkeit bzw des Fortbestandes unter Berücksichtigung der eingeleiteten Sanierungsmaßnahme zu beurteilen hat.[32] Ist ein Schuldennachlass erforderlich, der allerdings noch nicht akkordiert wurde, kann außerhalb der ReO nicht mit überwiegender Wahrscheinlichkeit angenommen werden, dass die Lebensfähigkeit gegeben wäre[33] und die Fortbestehensprognose ist nicht positiv. Die Bedingung des Schuldennachlasses ist im Rahmen eines Restrukturierungsverfahrens bei der verlangten Fortbestehensprognose hingegen zulässig.

Für die „Bestandfähigkeit" nach der ReO lässt sich daraus ableiten, dass ein Restrukturierungskonzept auf Basis einer Analyse der Ursachen der Bestandgefährdung dazu geeignet sein muss, unter Berücksichtigung der geplanten Restrukturierungsmaßnahmen die Bestandgefährdung des Unternehmens zu beseitigen und die Zahlungsunfähigkeit zu verhindern. Der im Rahmen des Restrukturierungsverfahrens angestrebte Schuldennachlass muss deshalb über-

---

gleichzeitig in Kauf, dass bei den in Aussicht genommenen Restrukturierungsmaßnahmen die wesentlichste im Restrukturierungskonzept nicht einmal aufzuscheinen hat. ME setzt der Gesetzgeber die „Eintrittsschwelle" hier zu niedrig an.

29 *Lentsch* in KLS, IO § 169 Rz 19; *Mohr*, Sanierungsplan und Sanierungsverfahren (2010) Rz 464; *Riel*, Die Eigenverwaltung gem §§ 169 ff IO, in *Konecny*, IRÄG 2010 (2010) 131 (139); *Riel* in *Konecny*, Kommentar zu den Insolvenzgesetzen (59. Lfg; 2018) § 169 IO Rz 61.
30 Dies wird in § 7 ReO zwar nicht ausdrücklich erwähnt, ergibt sich aber aus dem Zweck des Restrukturierungsverfahrens an sich (§ 1 Abs 1 ReO).
31 ErläutRV 950 BlgNR 27. GP 1; die Materialien sprechen (nur) davon, dass die Fortbestehensprognose „also" von der Annahme und Bestätigung des Restrukturierungsplans abhängig sein kann. Ob auch andere Bedingungen zulässig sind, bleibt offen. Nach Ansicht des Verfassers müssen zumindest solche Bedingungen zulässig sein, deren Eintritt durch die geplanten Restrukturierungsmaßnahmen im Rahmen des Restrukturierungsverfahrens überwiegend wahrscheinlich ist.
32 RIS-Justiz RS0064989, insb OGH 3. 12. 1986, 1 Ob 655/86 EvBl 1987/104, 266 = wbl 1987, 74 (*Wilhelm*) = ÖBA 1987, 332 = RdW 1987, 126 (RIS-Justiz RS0064962) und OGH 25. 6. 1987, 8 Ob 608/87 wbl 1988, 129 = JBl 1989, 53.
33 RIS-Justiz RS0064989, insb OGH 19. 11. 2008, 3 Ob 173/08z SZ 2008/169.

wiegend wahrscheinlich sein.[34] Allgemein muss das Restrukturierungskonzept Maßnahmen vorsehen, die per se sowohl abstrakt als auch konkret geeignet sind, die Bestandgefährdung zu beseitigen und die Bestandfähigkeit zu sichern.[35]

2.5. Offenbare Untauglichkeit

Der Antrag auf Einleitung eines Restrukturierungsverfahrens ist unzulässig, wenn der Restrukturierungsplan oder das Restrukturierungskonzept offenbar untauglich ist.[36] Das Gericht hat vor der Entscheidung über die Einleitung des Restrukturierungsverfahrens *„vor allem"* eine formelle Prüfung durchzuführen, ob der Antrag den gesetzlichen Anforderungen entspricht; eine vertiefte materielle Prüfung ist erst im eingeleiteten Verfahren vorzunehmen.[37] Aus der Wendung *„vor allem"* lässt sich im Umkehrschluss entnehmen, dass die Gerichte vor Verfahrenseinleitung auch materielle – wenn auch möglicherweise oberflächliche – Prüfungen vorzunehmen haben. So scheint zumindest eine Prüfung erforderlich zu sein, ob das Restrukturierungskonzept abstrakt dazu geeignet ist, die Bestandfähigkeit des Unternehmens zu sichern. Auf jeden Fall muss aber eine Prüfung erfolgen, ob der Vorschlag, der sich aus dem Restrukturierungskonzept ergibt, offenbar untauglich ist.

Was unter „offenbarer Untauglichkeit" eines Restrukturierungskonzepts zu verstehen ist, ergibt sich weder aus dem Gesetz noch aus den Materialien. Wie bereits in anderem Zusammenhang erwähnt,[38] behandelt § 13 EKEG den Erwerb einer Beteiligung im Rahmen eines Sanierungskonzepts. Die hL[39] geht davon aus, dass in diesem Zusammenhang auf keinen Fall ein vom Erwerber als untauglich erkanntes (oder unschwer als untauglich erkennbares) Sanierungskonzept ausreichen soll.[40] Selbst ein vom Erwerber subjektiv für tauglich gehaltenes Sanierungskonzept soll danach nicht genügen, wenn dessen Untauglichkeit *ex ante* zwar nicht für den Erwerber, wohl aber für einen Experten erkennbar ist.[41] Allerdings beziehen sich § 13 EKEG und die dargestellte hL nicht darauf, dass ein Sanierungskonzept offenbar untauglich sein müsse, um das Sanierungsprivileg zu verlieren, sodass sich für die Frage, wann ein Restrukturierungskonzept offenbar untauglich ist, daraus nichts gewinnen lässt. Es wäre mE

---

34 Das ist dann der Fall, wenn es keinen vernünftigen Grund gibt, daran zu zweifeln. Wenn zB Gläubiger wie ÖGK, SVS oder BUAK die Sperrminorität von mehr als 25 % haben (vgl § 33 Abs 1 ReO), deren grundsätzliche Kontrastimmen notorisch sind und auch ein klassenübergreifender *Cram-Down* (§ 36 ReO) nicht möglich ist, ist der angestrebte Schuldennachlass im Restrukturierungsverfahren nicht überwiegend wahrscheinlich.
35 In der Literatur zu § 273 UGB wird auch von „Gegenmaßnahmen" gesprochen, die „zu einer Abwendung der Bestandgefährdung führen" müssen, vgl *Köll/Milla* in *Zib/Dellinger*, Unternehmensgesetzbuch Großkommentar III/2 (2015) § 273 Rz 40 mwN.
36 § 7 Abs 3 ReO. Im Ministerialentwurf (ME RIRUG 2021, 96/ME 27. GP) war noch davon die Rede, dass das Restrukturierungskonzept nicht „offensichtlich untauglich" sein darf (anstatt „offenbar"). Auch in den Erläuterungen ist nach wie vor von „offensichtlich untauglich" die Rede (ErläutRV 950 BlgNR 27. GP 7). Es ist davon auszugehen, dass die Begriffe „offenbar" und „offensichtlich" synonym verwendet werden und ihnen keine unterschiedliche Bedeutung zukommt.
37 ErläutRV 950 BlgNR 27. GP 7.
38 Siehe oben Pkt 2.2.
39 Vgl *Dellinger* in *Dellinger/Mohr*, Eigenkapitalersatz-Gesetz (2004) § 13 Rz 10 mwN.
40 *Dellinger* in *Dellinger/Mohr*, EKEG § 13 Rz 10.
41 *Dellinger* in *Dellinger/Mohr*, EKEG § 13 Rz 10.

auch überzogen, bereits dann von Offenbarkeit auszugehen, wenn – nur – ein Experte die Untauglichkeit erkennen kann.

Nach § 31 Abs 1 Z 3 IO war der Eintritt eines Nachteils für die Insolvenzmasse dann objektiv vorhersehbar, wenn ein Sanierungskonzept „offensichtlich untauglich" war. Der Unterscheidung von „offenbar" und „offensichtlich" kommt mE keine eigenständige Bedeutung zu.[42] Die Unterscheidung zwischen Sanierungskonzept und Restrukturierungskonzept ist lediglich graduell.[43] Die Untauglichkeit eines Sanierungskonzepts ist dann offensichtlich, wenn es von erkennbar unrichtigen Grundlagen ausgeht oder die gezogenen Schlüsse, getroffenen Annahmen und/oder erwarteten Ergebnisse unplausibel sind.[44] Diesen Grundsatz kann man mE auch auf die Frage, wann ein Restrukturierungskonzept offenbar untauglich ist, umlegen. Ein offenbar untaugliches Restrukturierungskonzept liegt daher dann vor, wenn es *„auf der Hand liegt"*,[45] dass es entweder auf falschen Grundlagen basiert, unrichtige Annahmen trifft, unlogische Schlüsse zieht oder unwahrscheinliche Ergebnisse erwartet, weshalb die in „Aussicht genommen Restrukturierungsmaßnahmen"[46] nicht zum Ziel[47] führen können. Wesentlich ist, dass diese Mängel so gravierend sein müssen, dass sie bereits bei oberflächlicher Prüfung auffallen.[48]

3. Vorbereitung des Restrukturierungsverfahrens

3.1. (Neue) Pflichtensituation für die Unternehmensleitung

§ 1 Abs 3 ReO hält fest, dass die Unternehmensleitung[49] bei Eintritt einer wahrscheinlichen Insolvenz Schritte einzuleiten hat, um die Insolvenz abzuwenden und die Bestandfähigkeit sicherzustellen. Damit sollen zwar keine neuen Haftungsgrundlagen eingeführt, aber doch die bereits bestehenden gesellschaftsrechtlichen Sorgfaltspflichten konkretisiert werden.[50] „Wahrscheinliche Insolvenz" liegt auch dann vor, wenn der Schuldner überschuldet iSd Insolvenzrechtes ist, zB bei Vorliegen einer bedingten (positiven)[51] Fortbestehensprognose.[52] Lediglich bereits zahlungsunfähigen Schuldnern ist das Restrukturierungsverfahren verwehrt.[53] Für überschuldete, aber nicht zahlungsunfähige Schuldner ergibt sich daher mit Einführung der ReO insofern eine „neue" Pflichtensituation, als sowohl die Einleitung eines Insolvenzverfahrens als auch eines Restruktu-

---

42 Siehe FN 33.
43 Siehe oben unter Pkt 2.3.
44 *Bollenberger* in KLS, IO § 31 Rz 18; *Konecny*, Das Insolvenzrechtsänderungsgesetz 2010, ZIK 2010/119, 82 (87 f); *König* in *Konecny*, IRÄG 2010, 79 (88 ff); *König/Trenker*, Anfechtung[6] Rz 11.91; *Lentsch/Widhalm-Budak*, Praxisprobleme bei Erstellung der Fortbestehensprognose, in *Konecny*, Insolvenz-Forum 2016 (2017), 61 (92 ff).
45 *Lentsch/Widhalm-Budak* in *Konecny*, Insolvenz-Forum 2016, 61 (92) mwN.
46 § 8 Abs 1 ReO.
47 Sicherung der Bestandfähigkeit des Unternehmens und Verhinderung der Zahlungsunfähigkeit (§ 1 Abs 1 ReO).
48 ErläutRV 950 BlgNR 27. GP 7.
49 Der Begriff der „Unternehmensleitung" umfasst insb den Vorstand einer Aktiengesellschaft und den Geschäftsführer einer GmbH: ErläutRV 950 BlgNR 27. GP 4.
50 ErläutRV 950 BlgNR 27. GP 4.
51 Gemeint ist, dass die Fortbestehensprognose bei Eintreten der Bedingung positiv sein muss.
52 ErläutRV 950 BlgNR 27. GP 1.
53 ErläutRV 950 BlgNR 27. GP 1.

rierungsverfahrens den auferlegten Pflichten entspricht. Der Schuldner hat in dieser Situation daher ein „Wahlrecht"[54] hinsichtlich der Art des Verfahrens und hat sich dabei für jenes Verfahren zu entscheiden, welches *ex ante* für das Unternehmen besser geeignet zu sein scheint. Der Wahl der „richtigen" Verfahrensart kommt daher bei Vorbereitung des Verfahrens eine erhebliche Bedeutung zu.[55] Fällt die Wahl auf die Einleitung eines Restrukturierungsverfahrens,[56] ist nicht nur der Antrag auf Einleitung samt der erforderlichen Unterlagen zu erstellen, sondern es sind auch taktische Überlegungen anzustellen[57] und flankierende Maßnahmen zu ergreifen.[58] Das Restrukturierungsverfahren nach der ReO bietet dem Schuldner verschiedene Möglichkeiten der Restrukturierung und daher eine gewisse Flexibilität. Durch die Eigenverwaltung liegt es noch mehr als beim Sanierungsverfahren nach der Insolvenzordnung am Schuldner, für die erforderliche Transparenz zu sorgen. Eine seriöse Vorbereitung des Restrukturierungsverfahrens ist daher unabdingbare Voraussetzung für den angestrebten Erfolg.[59]

3.2. Analyse der Ausgangssituation

Durch das Restrukturierungsverfahren soll der Schuldner die Möglichkeit erhalten, die Bestandfähigkeit seines Unternehmens sicherzustellen.[60] Wie erwähnt, verlangt die Bestandfähigkeit eine Fortbestehensprognose, die auch bedingt sein kann.[61] Um im Rahmen einer Fortbestehensprognose zu zuverlässigen Aussagen zu gelangen, bedarf es zunächst einer sorgfältigen Analyse

---

54 *Riel*, Restrukturierungs- und Insolvenz-Richtlinie-Umsetzungsgesetz, AnwBl 2021/193, 379.
55 Siehe dazu auch den Beitrag von *Isola/Weileder/Seidl*, Strategische Sanierungsplanung – Kriterien für die Verfahrenswahl, in *Konecny*, RIRUG (2021).
56 Ein nicht unwesentlicher Faktor bei dieser Frage dürfte mE der Umstand sein, dass Dienstnehmerforderungen im Restrukturierungsverfahren nicht berührt werden dürfen (§ 3 Abs 1 Z 1 ReO). Ist eine derartige Maßnahme notwendig, ist das Insolvenzverfahren die „richtige" Wahl.
57 Es ist zu überlegen, ob nur ein Restrukturierungskonzept oder ein ausgearbeiteter Restrukturierungsplan vorgelegt wird (was selbstverständlich nicht unerhebliche Auswirkungen auf die Vorbereitungtätigkeit hat), ob die Bestellung eines Restrukturierungsbeauftragten beantragt wird (§ 9 ReO), ob eine Vollstreckungssperre erforderlich ist (§§ 19 ff ReO), welche Gläubiger in einen Restrukturierungsplan miteinbezogen werden, welche Gläubigerklassen gebildet werden (§§ 29 ff ReO) etc.
58 ZB Vorbereitung von Finanzierungen (§ 18 ReO) oder in vereinfachten Restrukturierungsverfahren die Einholung der Zustimmungen (§ 45 ReO).
59 Nach Ansicht des Verfassers ist es nach den *verba legalia* zwar denkbar, ein Restrukturierungsverfahren mit minimaler Vorbereitung zu beantragen, indem nur ein rudimentäres Restrukturierungskonzept vorgelegt wird, und dann innerhalb der Frist von maximal 60 Tagen einen Restrukturierungsplan auszuarbeiten (im Übrigen eine Phase, die uU auch missbrauchsanfällig sein könnte), sehr erfolgversprechend dürfte eine derartige Vorgehensweise idR jedoch nicht sein. Versäumnisse bei der Vorbereitung sind mE im Verfahren nur schwer sanierbar. Dabei ist es vor allem problematisch, dass ganz entscheidende Fragen vom Eröffnungs- in das Bestätigungsverfahren „verlagert" werden, obwohl es offenkundig zweckmäßiger wäre, den Antragsteller durch höhere Anforderungen an den Eröffnungsantrag im Vorfeld des Restrukturierungsverfahrens zur kritischen Selbstreflektion und Prüfung konkret umsetzbarer Restrukturierungsmaßnahmen zu zwingen (so auch *Riel*, AnwBl 2021/193, 379 [380]). Siehe dazu auch ErläutRV zum IRÄG 2010 612 BlgNR 24. GP 30 und *Riel* in *Konecny*, Insolvenzgesetze § 169 IO Rz 14 ff sowie *Lentsch* in KLS, IO § 169 Rz 12 zum Sanierungsverfahren mit Eigenverwaltung.
60 ErläutRV 950 BlgNR 27. GP 3.
61 ErläutRV 950 BlgNR 27. GP 1; wenngleich die ErläutRV dies nicht ausdrücklich anführen, kann nach dem Zweck des Restrukturierungsverfahrens, nämlich Sicherung der Bestandfähigkeit, wohl nur eine positive Fortbestehensprognose gemeint sein.

der Ursachen für die eingetretene Krise.⁶² Auch im Rahmen von (außergerichtlichen und gerichtlichen) Sanierungen ist der Ausgangspunkt stets eine Analyse der Ausgangssituation.⁶³ Dementsprechend bedarf die Vorbereitung eines Restrukturierungsverfahrens – soll es erfolgreich sein – ebenfalls einer exakten Analyse der wirtschaftlichen und rechtlichen Situation des Schuldners. Aufgrund des Umstandes, dass das Restrukturierungsverfahren zwar überschuldeten, aber nicht zahlungsunfähigen Schuldnern offensteht,⁶⁴ bedarf es einer konkreten Beurteilung, sind die Grenzen in der Praxis doch oft fließend.

Im Ergebnis ist das Krisenstadium des Schuldners zu analysieren und erheben. Die Einleitung des Restrukturierungsverfahrens setzt die wahrscheinliche Insolvenz des Schuldners voraus (§ 6 Abs 1 ReO). Dies liegt dann vor, wenn der Bestand des Unternehmens ohne Restrukturierung gefährdet wäre, insb bei drohender Zahlungsunfähigkeit, die vermutet wird, wenn die Eigenmittelquote 8 % unterschreitet und die fiktive Schuldentilgungsdauer 15 Jahre übersteigt (§ 6 Abs 2 ReO). Zur Auslegung des Begriffes der wahrscheinlichen Insolvenz kann ua an den Begriff der Bestandgefährdung gem § 273 Abs 2 UGB angeknüpft werden.⁶⁵ Liegt keine Bestandgefährdung vor, ist die Antragstellung missbräuchlich und der Antrag unzulässig (§ 7 Abs 3 ReO). Der Schuldner darf überschuldet, allerdings nicht zahlungsunfähig sein. Das Krisenstadium des Schuldners muss, damit er ein Restrukturierungsverfahren in Anspruch nehmen kann, daher zwischen der Bestandgefährdung und einer Zahlungsunfähigkeit liegen.

Das Ergebnis der Analyse kann in weiterer Folge als Basis für die weiteren strategischen und taktischen Entscheidungen dienen, ebenso als Ausgangspunkt dafür, welche konkreten Restrukturierungsmaßnahmen zur Zielerreichung⁶⁶ ergriffen werden müssen.

3.3. Erstellung der Unterlagen
3.3.1. Restrukturierungsplan oder Restrukturierungskonzept

Welche Unterlagen dem Antrag auf Einleitung eines Restrukturierungsverfahrens beizulegen sind, ergibt sich aus § 7 Abs 1 ReO. Zunächst ist dies gem Z 1 leg cit ein Restrukturierungsplan oder ein Restrukturierungskonzept. Der Inhalt eines Restrukturierungsplans ergibt sich

---

62 *Kammer der Wirtschaftstreuhänder/Wirtschaftskammer Österreich/KMU Forschung Austria GmbH*, Leitfaden Fortbestehensprognose (2016) 13 und 31 (abrufbar unter news.wko.at/news/oesterreich/Fortbestehensprognose2016.pdf [abgefragt 13. 8. 2021]); *Karollus/Huemer*, Die Fortbestehensprognose im Rahmen der Überschuldungsprüfung² (2006) 100 mwN.
63 Vgl *Feldbauer-Durstmüller*, Sanierungsfähigkeitsprüfung, in *Feldbauer-Durstmüller/Schlager*, Krisenmanagement – Sanierung – Insolvenz (2002) 445 (460 ff); *Lichtkoppler/Reisch/Winkler* in *Lichtkoppler/Reisch*, HB Unternehmenssanierung 31.
64 Allerdings wird das Vorliegen der Zahlungsunfähigkeit bei Einleitung des Restrukturierungsverfahrens nicht geprüft: ErläutRV 950 BlgNR 27. GP 4; dies ist iZm der Möglichkeit, „nur" ein Restrukturierungskonzept vorzulegen und eine Frist von 60 Tagen zu beantragen, um dies nachzuholen (§ 8 Abs 2 ReO) ein Umstand, der auch potenziellen Missbrauch des Verfahrens zwecks Verschleppung der Insolvenzeröffnung zulässt, zumal eine „Verfahrenskonstellation denkbar ist, in der nach Einleitung des Verfahrens zunächst einfach nichts geschieht": *Riel*, AnwBl 2021/193, 379 (380).
65 ErläutRV 950 BlgNR 27. GP 6.
66 Abwendung der Zahlungsunfähigkeit und Sicherstellung der Bestandfähigkeit (§ 1 Abs 1 ReO).

insb aus § 27 ReO,[67] jener des Restrukturierungskonzepts aus § 8 Abs 1 iVm § 7 Abs 2 ReO.[68]

3.3.2. Finanzplan

Gem § 7 Abs 1 Z 2 ReO ist zusätzlich zum Restrukturierungsplan oder Restrukturierungskonzept ein Finanzplan vorzulegen. Dabei handelt es sich um eine vom Schuldner unterfertigte Gegenüberstellung der voraussichtlichen Einnahmen und Ausgaben für die folgenden 90 Tage, aus der sich ergibt, wie die für die Fortführung des Unternehmens und die Bezahlung der laufenden Aufwendungen notwendigen Mittel aufgebracht und verwendet werden sollen. Vorbild dieser Bestimmung war offenkundig § 169 Abs 1 Z 1 lit d IO, wonach einem Antrag auf Eröffnung eines Sanierungsverfahrens mit Eigenverwaltung ebenfalls ein Finanzplan beizulegen ist. Die Bestimmungen sind nahezu ident. Während § 169 IO von Masseforderungen spricht, erwähnt § 7 ReO die „laufenden Aufwendungen", da der Terminus der Masseforderung in der ReO nicht existiert. Im Gegensatz zum Finanzplan nach der IO muss jener nach der ReO vom Schuldner unterfertigt werden. Im Ergebnis handelt es sich um eine Liquiditätsplanung, die vom Bruttoprinzip auszugehen hat. Ein- und Auszahlungen sind unsaldiert zu erfassen. Die Aufstellung muss vollständig sein und den rechtlichen und faktischen Gegebenheiten eines Insolvenzverfahrens Rechnung tragen.[69]

Nach den ErläutRV hat der Finanzplan neben einer Gegenüberstellung der kalkulierten Einnahmen und Ausgaben auch eine Kapitalflussrechnung zu enthalten, anhand derer die laufende Liquidität für den Zeitraum des Restrukturierungsverfahrens abgeleitet werden kann.[70] Der Begriff der „Kapitalflussrechnung" ist gesetzlich nicht definiert. In § 250 Abs 1 UGB wird die „Konzernkapitalflussrechnung" als Teil der Konzernbilanz erwähnt, allerdings findet sich auch hier keine Definition. Der Gesetzgeber hat im UGB bewusst „von weiteren Regelungen zur Ausgestaltung der Geldflussrechnung" abgesehen.[71]

Die Kapitalflussrechnung ist ein Instrument, um die Finanzlage eines Unternehmens darzustellen.[72] Mithilfe dieser Rechnung wird die Veränderung eines Finanzmittelfonds, definiert als Fonds der flüssigen Mittel, aufgrund der fonds-, dh zahlungswirksamen Vorgänge des betrieblichen Leistungs- und Absatzprozesses sowie aufgrund der Investitions- und Finanzierungsaktivitäten der Periode aufgezeigt.[73] Ermöglicht werden soll dadurch eine bessere Beurteilung des Unternehmens hinsichtlich seiner Fähigkeit, Zahlungsüberschüsse zu erwirtschaf-

---

67 Vgl dazu den Beitrag von *Reisch*, Restrukturierungsverfahren – Planinhalt, Planwirkungen, in *Konecny*, RIRUG; gem § 27 Abs 3 ReO ist dem Restrukturierungsplan auch eine detaillierte Gläubigerliste anzuschließen, die nicht Teil des Restrukturierungsplanes ist.
68 Siehe dazu im Detail unter Pkt 2.
69 *Lentsch* in KLS, IO § 169 Rz 20 mwN und näheren Ausführungen.
70 ErläutRV 950 BlgNR 27. GP 6.
71 *Rohatschek/Leitner-Hanetseder* in *Zib/Dellinger*, UGB III/2 § 250 Rz 3 mwN.
72 Fachgutachten KFS/BW 2 des Fachsenats für Betriebswirtschaft der Kammer der Steuerberater und Wirtschaftsprüfer über die Geldflussrechnung als Ergänzung des Jahresabschlusses und Bestandteil des Konzernabschlusses (2019) Rz 3 (abrufbar unter ksw.or.at/PortalData/1/Resources/fachgutachten/KFSBW2_19012016_RF.pdf [abgefragt 13. 8. 2021]); AFRAC-Stellungnahme 36: Geldflussrechnung (UGB) (Juni 2020) Rz 1 (abrufbar unter afrac.at/wp-content/uploads/AFRAC-Stellungnahme_36_Geldflussrechnung_Juni_2020.pdf [abgefragt 13. 8. 2021]).
73 KFS/BW 2 Rz 8.

ten, seiner Fähigkeit, die Zahlungsverpflichtungen zu erfüllen und das Eigenkapital zu bedienen, der Auswirkungen von Investitions- und Finanzierungsvorgängen auf die Finanzlage sowie der Gründe für die Divergenz zwischen Jahresergebnis und Nettogeldfluss aus der betrieblichen Tätigkeit.[74] Die Kapitalflussrechnung ermöglicht es, sowohl Herkunft als auch Abfluss der Liquidität in der Vergangenheit zu analysieren. Diese Informationen sind für ein Restrukturierungskonzept von zentraler Bedeutung. Auf diesen Daten aufbauend können die Maßnahmen erarbeitet werden, die zu ergreifen sind, um die Liquiditätssituation zu verbessern. In jeder Krise ist das zentrale Element der Unternehmenssteuerung die Liquidität. Auch im Restrukturierungsverfahren liegt ein Hauptaugenmerk darauf, da die Zahlungsunfähigkeit abgewendet werden muss. Diese solide Analyse und Planung der Herkunft der finanziellen Mittel sowie deren (maßvolle) Verwendung müssen Bestandteil eines jeden Restrukturierungskonzepts sein. Lediglich bei Kleinstunternehmen erscheint der Aufwand der Liquiditätsplanung in der Form einer Kapitalflussrechnung hypertroph zu sein. In solchen Fällen kann es sinnvoll sein, zumindest die Liquiditätsplanung für die Verfahrensdauer auf einfacher Basis zu erstellen. Insgesamt ist das neue Erfordernis, den Finanzplan um eine Kapitalflussrechnung zu erweitern, zu begrüßen. Allerdings ergibt sich dies nur aus den ErläutRV und nicht aus dem Gesetz.

Bemerkenswert ist, dass der Gesetzgeber zwar die laufende Liquidität für den Zeitraum des Restrukturierungsverfahrens aus dem Finanzplan gem § 7 Abs 1 Z 2 ReO abgeleitet wissen wollte,[75] dies aber im Gesetz so nicht festgehalten hat, da § 7 Abs 1 Z 2 ReO ausdrücklich von einer Dauer von „90 Tagen" spricht.[76] Restrukturierungsverfahren können aber mitunter länger als 90 Tage dauern. Bei Vorlage eines Restrukturierungskonzepts ist dem Schuldner auf seinen Antrag eine Frist von maximal 60 Tagen zur Vorlage eines Restrukturierungsplanes einzuräumen (§ 8 Abs 2 ReO). Die Tagsatzung zur Abstimmung ist idR auf 30–60 Tage nach Vorlage des Restrukturierungsplans anzuberaumen. Werden beide Fristen voll ausgeschöpft, dauert es von Einleitung des Verfahrens bis zur Abstimmung über den Restrukturierungsplan 120 Tage. Dazu kommt noch die erforderliche Bestätigung des Restrukturierungsplans. In diesem Fall kann das Verfahren deutlich länger als 90 Tage dauern. Auch im Fall des § 37 ReO, in dem erst nach der notwendigen Gesellschafterversammlung über den Restrukturierungsplan abgestimmt werden kann, ist eine deutlich längere Verfahrensdauer denkbar,[77] dennoch begnügt sich das Gesetz mit 90 Tagen. Lediglich für den Fall, dass eine Vollstreckungssperre länger als drei Monate erforderlich sein sollte, kann diese nur verlängert werden, wenn der Finanzplan den Verlängerungszeitraum umfasst (§ 22 Abs 2 ReO). Sollte diese Notwendigkeit bereits bei Verfahrenseinleitung absehbar sein, ist anzuraten, bereits mit dem Antrag auf Einleitung eines Restrukturierungsverfahrens einen Finanzplan für mehr als 90 Tage (§ 22 Abs 4 ReO) vorzulegen.[78]

---

74 KFS/BW 2 Rz 9; AFRAC 36 Rz 1.
75 ErläutRV 950 BlgNR 27. GP 6.
76 Wobei nicht klar ist, an welchen Zeitpunkt diese Frist anknüpft. Gemeint sind mE die auf den Einleitungsbeschluss folgenden 90 Tage.
77 Vgl § 41 Abs 2 Z 10 ReO, wonach das Verfahren einzustellen ist, wenn ein gebotener Beschluss der Gesellschafterversammlung nicht binnen 6 Monaten ab Beschlussfassung wirksam wird.
78 Aus der Formulierung des Gesetzes geht nicht klar hervor, ob der Verlängerungszeitraum bereits bei Antragstellung auf Einleitung des Verfahrens vom Finanzplan umfasst sein muss oder ein ergänzender Finanzplan bei Antrag auf Verlängerung vorgelegt werden kann. ME gibt es keinen triftigen Grund, Zweiteres nicht zuzulassen. Die Materialien schweigen zu dieser Frage allerdings.

Zusätzlich zum Finanzplan nach § 7 Abs 1 Z 2 ReO muss ein Restrukturierungsplan nach § 27 Abs 2 Z 7 lit e ReO ebenfalls einen Finanzplan enthalten, der für die Laufzeit der Umsetzung der Restrukturierungsmaßnahmen die Einnahmen und Ausgaben darzustellen hat und wie die für die Umsetzung der Restrukturierung notwendigen Mittel aufgebracht und verwendet werden sollen.[79] Da die beiden Varianten des Finanzplanes einen jeweils anderen Fokus haben,[80] ist anzunehmen, dass tatsächlich zwei Finanzpläne vorzulegen sind.[81] Darüber hinaus ist davon auszugehen, dass der Finanzplan nach § 27 ReO eine deutlich längere Laufzeit aufweist, die uU sogar mehrere Jahre dauern kann, weshalb er auch nicht den Detaillierungsgrad aufweisen kann, den der Finanzplan nach § 7 ReO unbedingt aufweisen muss.[82]

Im Gegensatz zur IO hat die Nichteinhaltung des Finanzplans keine (unmittelbaren) Folgen. Während im Sanierungsverfahren mit Eigenverwaltung die Nichteinhaltung zum Entzug der Eigenverwaltung führt (§ 170 Abs 1 Z 1 IO),[83] ist in der ReO keine direkte Sanktion vorgesehen. Lediglich in dem Fall, dass nicht unter den Restrukturierungsplan fallende fällige und feststehende Forderungen nicht bezahlt wurden (daher auch jene Forderungen, die für die Fortführung des Unternehmens und die Bezahlung laufender Ausgaben notwendig waren), ist einem angenommenen Restrukturierungsplan die Bestätigung zu versagen (§ 34 Abs 3 Z 3 ReO). Sollte allerdings offensichtlich werden, dass der Restrukturierungsplan die Zahlungsunfähigkeit des Schuldners oder den Eintritt der Überschuldung nicht verhindert, eine bereits eingetretene Überschuldung nicht beseitigt oder die Bestandfähigkeit des Unternehmens nicht gewährleistet, ist das Restrukturierungsverfahren einzustellen (§ 41 Abs 2 Z 8 ReO).

3.3.3. Jahresabschlüsse

Gem § 7 Abs 1 Z 3 ReO sind dem Antrag auf Einleitung des Verfahrens jene Jahresabschlüsse, zu deren Aufstellung der Schuldner nach Unternehmensrecht verpflichtet ist, beizulegen. Betreibt er sein Unternehmen länger als drei Jahre, so genügt die Vorlage für die letzten drei Jahre. Ein Restrukturierungsverfahren kann daher ohne aktuellen Jahresabschluss sowie die beiden Jahresabschlüsse davor nicht eröffnet werden.[84] Die Bestimmung führt dazu, dass Schuldnern der Zugang zu Restrukturierungsverfahren verwehrt ist, wenn deren Bücher und Aufzeichnungen in einem Maße unvollständig oder unzureichend sind, dass die geschäftliche und finanzielle Situation des Schuldners auf Grundlage der Jahresabschlüsse nicht festgestellt werden kann.[85] Die Vorlage einer Saldenliste reicht nicht aus.[86] Ist ein Jahresabschluss nicht geprüft oder festgestellt, muss ein vorläufiger vorgelegt werden. Bei der Frage, welcher Jahresabschluss vorliegen muss, ist auf die Verpflichtung gem § 193 Abs 2 und § 222 Abs 1 UGB abzustellen.

---

79 Vgl dazu den Beitrag von *Reisch* in *Konecny*, RIRUG.
80 Der Finanzplan nach § 7 Abs 1 Z 2 ReO konzentriert sich auf die Fortführung des Unternehmens und die Bezahlung der laufenden Aufwendungen, während jener nach § 27 Abs 2 Z 7 lit e ReO die Umsetzung der Restrukturierungsmaßnahmen fokussiert.
81 Wobei mE nichts dagegen spricht, beide Varianten in einem gemeinsamen Dokument darzustellen.
82 Vgl *Lentsch* in KLS, IO § 169 Rz 20.
83 Darunter ist zu verstehen, dass Abweichungen vorliegen, die dazu führen, dass die Masseforderungen im Planungszeitraum nicht bezahlt werden können: *Lentsch* in KLS, IO § 170 Rz 8.
84 Dieses Erfordernis hat seine Grundlage in Art 4 Abs 2 RIRL, ErläutRV 950 BlgNR 27. GP 7.
85 Siehe auch ErwGr 27 RIRL, ErläutRV 950 BlgNR 27. GP 7.
86 Vgl zur identen Bestimmung des § 169 Abs 2 IO *Lentsch* in KLS, IO § 169 Rz 21.

Ein für die Verfahrenseröffnung eigens erstellter Jahresabschluss ist nicht erforderlich.[87] Ist die Frist zur Erstellung des Jahresabschlusses noch nicht abgelaufen, so muss dieser noch nicht vorgelegt werden.[88] Läuft die Frist zur Aufstellung des Jahresabschlusses während des Verfahrens ab und legt der Schuldner diesen nicht vor, ist das Restrukturierungsverfahren einzustellen (§ 41 Abs 2 Z 6 ReO).

3.4. Flankierende Maßnahmen

3.4.1. Finanzierungen

Bei Vorbereitung des Verfahrens ist auch auf Basis des Restrukturierungskonzepts oder Restrukturierungsplans zu überlegen, ob Finanzierungen erforderlich sind. Gem § 18 Abs 1 ReO hat das Gericht auf Antrag des Schuldners eine neue finanzielle Unterstützung (Zwischenfinanzierung) und verschiedene Transaktionen, die angemessen und für die Aushandlung des Restrukturierungsplans unmittelbar notwendig sind, zu genehmigen. Der Schuldner kann diese Anträge mit dem Antrag auf Einleitung des Restrukturierungsverfahrens verbinden (§ 18 Abs 4 ReO). Unterstützend wird dazu in den §§ 36a und 36b IO normiert, dass Zwischenfinanzierungen nach § 18 Abs 1 ReO und Transaktionen gem § 18 Abs 2 und Abs 3 ReO in einem allfälligen späteren Insolvenzverfahren nicht gem § 31 Abs 1 Z 3 IO anfechtbar sein sollen.

3.4.2. Vollstreckungssperre

Gem § 19 Abs 1 ReO hat das Gericht auf Antrag des Schuldners eine Vollstreckungssperre zu bewilligen. Dieser Antrag muss zwar nicht im Eröffnungsantrag gestellt werden, ist aber idR relativ bald zu stellen, falls der Vertragsschutz (§ 22 ReO) oder der Insolvenzschutz (§ 21 ReO) angestrebt wird.[89] Die Vollstreckungssperre kann gem § 20 Abs 1 ReO alle Forderungen, daher auch besicherte Forderungen, umfassen. Sie kann gegenüber einem einzigen, mehreren oder allen Gläubigern ausgesprochen werden. Soll die Vollstreckungssperre alle Gläubiger umfassen, ist das Verfahren öffentlich als Europäisches Verfahren iSd § 44 ReO zu führen.[90] Bei Vorbereitung des Verfahrens ist daher die Überlegung anzustellen, inwieweit eine Vollstreckungssperre erforderlich ist. Dies hängt unter anderem auch davon ab, ob Vertragsschutz bzw Insolvenzschutz erforderlich ist (s oben).

3.5. Europäisches Restrukturierungsverfahren

§ 44 ReO regelt das Europäische Restrukturierungsverfahren, das eine öffentliche Bekanntmachung der Einleitung in der Ediktsdatei vorsieht. Voraussetzung ist ein Antrag des Schuldners vor Einleitung des Restrukturierungsverfahrens (§ 44 Abs 1 ReO). Ein späterer Umstieg ist nicht möglich.[91] Es handelt sich um ein Verfahren, das nach Veröffentlichung der Einleitung des Verfahrens gem Art 24 Abs 2 lit a EuInsVO 2015 auf der Grundlage der EuInsVO 2015

---

[87] *Lentsch* in KLS, IO § 169 Rz 21 mwN.
[88] ErläutRV 950 BlgNR 27. GP 7.
[89] Vgl *Riel*, AnwBl 2021/193, 379 (380).
[90] Dieser Antrag ist vor Einleitung des Restrukturierungsverfahrens zu stellen. Siehe dazu gleich unter Pkt 3.5.
[91] *Riel*, AnwBl 2021/193, 379 (384).

auch anerkannt werden kann.[92] Die Veröffentlichung kann auch die Vollstreckungssperre für alle Gläubiger umfassen sowie den Antrag des Schuldners, die Gläubiger zur Anmeldung ihrer Forderungen aufzufordern. Nach den ErläutRV soll der Eindruck vermieden werden, dass es sich um ein „Insolvenzverfahren ieS" handelt,[93] wenngleich dies einem solchen schon sehr nahekommt.[94] Das nicht öffentliche Verfahren kann nach der EuGVVO 2012 nicht anerkannt werden.[95]

3.6. Vereinfachtes Restrukturierungsverfahren

§ 45 ReO sieht ein vereinfachtes Restrukturierungsverfahren vor, wenn nur Finanzgläubiger betroffen sind. Nach Einvernahme der Gläubiger und ohne Durchführung einer Tagsatzung hat das Gericht über die Bestätigung der Vereinbarung zu entscheiden. Der Schuldner hat im Antrag darzulegen, dass wahrscheinlich Insolvenz vorliegt, nur Finanzgläubiger betroffen sind, eine Mehrheit von mindestens 75 % der Gesamtsumme der Forderungen in jeder Gläubigerklasse zugestimmt hat und der Schuldner sowie die zustimmenden Gläubiger die Restrukturierungsvereinbarung unter Angabe des Datums der Unterfertigung unterschrieben haben.

Beizulegen ist eine Restrukturierungsvereinbarung unter Beschluss der Zustimmungserklärungen. Eine Vollstreckungssperre ist nicht möglich. Der Plan ist unter den Voraussetzungen des § 45 Abs 8 ReO zu bestätigen. Für die Vorbereitung des Verfahrens ist darauf hinzuweisen, dass gem Z 3 leg cit eine Bestätigung eines allgemein beeideten und gerichtlich zertifizierten Sachverständigen für das Gebiet Unternehmensführung, Unternehmensreorganisation, Unternehmenssanierung oder Unternehmensliquidation vorzulegen ist. Daraus muss sich ergeben, dass § 34 Abs 1 Z 2 und 4 ReO erfüllt sind (lit a leg cit), die Einteilung der Gläubigerklassen in besicherte und unbesicherte Forderungen unter Berücksichtigung des Verkehrswertes der Sicherheiten erfolgt ist (lit b leg cit), das Kriterium des Gläubigerinteresses gem § 35 Abs 1 ReO erfüllt ist (lit c leg cit) und die Restrukturierungsvereinbarung die Zahlungsunfähigkeit des Schuldners und den Eintritt der Überschuldung verhindert oder eine bereits eingetretene Überschuldung beseitigt und die Bestandfähigkeit des Unternehmens gewährleistet (lit d leg cit). Damit sollen Fälle erfasst werden, in denen ein außergerichtlicher Abschluss einer Restrukturierungsvereinbarung an der Zustimmung eines Gläubigers oder der Minderheit an Gläubigern („Akkordstörer") scheiterte.[96] Die fehlenden Zustimmungen können durch die Bestätigung des Gerichtes ersetzt werden. Dieses Verfahren bedarf daher einer besonderen Vorbereitung, weil neben der Erstellung einer bedingten positiven Fortbestehensprognose auch die Bestätigung eines gerichtlich beeideten Sachverständigen erforderlich ist.

---

92 ErläutRV 950 BlgNR 27. GP 2, 19. Dies setzt allerdings voraus, dass das Restrukturierungsverfahren in den Anhang A zur EuInsVO 2015 aufgenommen wird, was zum Zeitpunkt der Verfassung dieses Beitrages (noch) nicht der Fall war; s auch *Weber-Wilfert*, Das Europäische Restrukturierungsverfahren, in *Konecny*, RIRUG.
93 ErläutRV 950 BlgNR 27. GP 20.
94 *Riel*, AnwBl 2021/193, 379 (384).
95 *Riel*, AnwBl 2021/193, 379 (384).
96 ErläutRV 950 BlgNR 27. GP 24.

4. Schlussbemerkungen

Liegt bei einem Schuldner die Situation der „wahrscheinlichen Insolvenz" vor und entschließt er sich, die Einleitung eines Restrukturierungsverfahrens nach der ReO zu beantragen, kommt der richtigen Vorbereitung des Verfahrens essenzielle Bedeutung zu. Dabei ist neben der Vorbereitung der notwendigen Unterlagen zunächst die Überlegung anzustellen, ob gleich mit dem Antrag auf Einleitung ein Restrukturierungsplan gem § 27 ReO vorgelegt wird oder zunächst nur ein Restrukturierungskonzept, das aber zumindest geeignet sein muss, beurteilen zu können, ob damit die Bestandfähigkeit des Unternehmens erreicht werden kann. Ist das Konzept offenbar untauglich, ist der Antrag unzulässig. In der Praxis bleibt abzuwarten, ob die Schuldner die Möglichkeit, nur ein Restrukturierungskonzept vorzulegen und dann gem § 8 Abs 2 ReO eine maximal 60-Tage-Frist in Anspruch zu nehmen, um den Restrukturierungsplan – uU gemeinsam mit dem Restrukturierungsbeauftragten – zu erstellen, überwiegend in Anspruch nehmen werden. Es wird an den Gerichten liegen, zu verhindern, dass diese Phase missbräuchlich in Anspruch genommen wird, zumal eine Situation eintreten kann, in der das Restrukturierungsverfahren unter Vorlage eines rudimentären Restrukturierungskonzepts eingeleitet wird und zunächst 60 Tage „nichts" passiert.[97] Auch die Restrukturierungsbeauftragten werden gerade in dieser Phase großes Augenmerk insb auf die Gläubigerinteressen legen müssen, damit es nicht zu unerwünschten Insolvenzverschleppungen kommen kann. Auf der anderen Seite kann man festhalten, dass seriös vorbereitete Restrukturierungsverfahren eine hohe Wahrscheinlichkeit aufweisen werden, positiv abgeschlossen zu werden, wodurch sowohl für die Gläubiger als auch für den Schuldner uU bessere Ergebnisse als in einem Insolvenzverfahren eintreten können. Ob die Schuldner diese neue Möglichkeit in Anspruch nehmen und rechtzeitig die erforderlichen Maßnahmen setzen werden, bleibt abzuwarten.

---

[97] *Riel*, AnwBl 2021/193, 379 (380).

Einleitung und Ablauf des Restrukturierungsverfahrens

Franz Mohr

Gliederung   **Seite**

1. Einleitung 68
2. Zuständigkeit 68
3. Verfahrensbestimmungen 69
4. Antrag auf Einleitung des Restrukturierungsverfahrens 70
    4.1. Antragsrecht 70
    4.2. Inhalt des Antrags 70
    4.3. Restrukturierungskonzept 71
    4.4. Verbesserung 71
    4.5. Restrukturierungsplan 72
    4.6. Einleitung des Restrukturierungsverfahrens 73
5. Vollstreckungssperre 73
    5.1. Allgemeines 73
    5.2. Verlängerung 74
    5.3. Aufhebung der Sperre 74
6. Bestellung eines Restrukturierungsbeauftragten 75
    6.1. Allgemeines 75
    6.2. Bestellungsbeschluss 75
    6.3. Kostenvorschuss des Schuldners 75
    6.4. Kostenvoranschlag des Restrukturierungsbeauftragten 76
    6.5. Bestellung auf Gläubigerantrag 76
    6.6. Einschränkung der Eigenverwaltung 77
7. Entscheidungen während des Verfahrens 77
    7.1. Genehmigung einer Zwischenfinanzierung oder von Transaktionen 77
    7.2. Vorlage des Jahresabschlusses 77
    7.3. Eintritt der Zahlungsunfähigkeit 78
    7.4. Beiziehung von Gläubigerschutzverbänden 78
    7.5. Einstellung des Restrukturierungsverfahrens 79
8. Anordnung der Restrukturierungsplantagsatzung 79
9. Restrukturierungsplantagsatzung 80
10. Erstreckung der Tagsatzung 80
11. Abstimmung über den Plan 81
    11.1. Allgemeines 81
    11.2. Stimmrechtsprüfung 81
    11.3. Entlohnungsantrag des Restrukturierungsbeauftragten 82
12. Bestätigung des Restrukturierungsplans 82
    12.1. Allgemeines 82
    12.2. Bewertung 83
    12.3. Rekurs gegen die Bestätigung 83

13. Anspruch auf Ausfall 84
14. Schlussbemerkung 84

Der präventive Restrukturierungsrahmen der RIRL wird in Österreich als Restrukturierungsverfahren umgesetzt, das neben der Abstimmung über einen Restrukturierungsplan ergänzende Verfahrensbausteine vorsieht. Über den Verfahrensablauf – vom Antrag auf Einleitung bis zur Aufhebung oder Einstellung des Verfahrens – bietet der Beitrag einen Überblick.

1. Einleitung

Der präventive Restrukturierungsrahmen, in Titel II der Restrukturierungs- und Insolvenz-Richtlinie (RIRL) geregelt, wird durch ein gerichtliches Restrukturierungsverfahren in der Restrukturierungsordnung (ReO) umgesetzt. Regelfall ist ein nicht bekanntzumachendes, also geheimes, Verfahren, bei dem es um die Abstimmung der Gläubiger über einen *Restrukturierungsplan* und dessen gerichtliche Bestätigung geht. Eine Vollstreckungssperre ist mit der Einleitung des Restrukturierungsverfahrens nicht verbunden; sie kann aber auf Antrag des Schuldners bewilligt werden und zieht eine weitgehende Insolvenzeröffnungs- und Vertragsauflösungssperre nach sich. Während des Verfahrens hat das Gericht auf Antrag des Schuldners auch über die Genehmigung von Zwischenfinanzierungen und Transaktionen und auf Antrag oder von Amts wegen über die Bestellung eines Restrukturierungsbeauftragten zu entscheiden.

Zusätzliches, nämlich eine Forderungsanmeldung und eine Exekutionssperre, die alle Gläubiger erfasst, gibt es nur beim – bekanntzumachenden – *Europäischen Restrukturierungverfahren*.

Mit einem abgespeckten, vom Regelfall wesentlich abweichenden Verfahren – als *vereinfachtes Verfahren* bezeichnet – soll ohne Abstimmung der Gläubiger vor Gericht die Bestätigung einer Restrukturierungsvereinbarung erreicht werden, deren Zustandekommen als außergerichtlicher Ausgleich an einem oder wenigen Gläubiger/n („Ausgleichsstörer") gescheitert ist.[1]

Der Ablauf des Restrukturierungsverfahrens ist – wie auch die RIRL – von Flexibilität geprägt. Der Beitrag behandelt den Standardfall des Restrukturierungsverfahrens, in den Materialien auch als ordentliches Verfahren bezeichnet. Der Ablauf ist geprägt von einem gestrafften Verfahren, bei dem der Prüfungs- und Überwachungsaufwand des Gerichts nicht umfassend ist und damit dem Willen der Gläubigermehrheit beim Zustandekommen eines Restrukturierungsplans der Vorrang vor einem aufwändigen Verfahren eingeräumt wird. Der Untersuchungsgrundsatz wird vielfach eingeschränkt, indem auf die Offenkundigkeit oder Offensichtlichkeit abgestellt wird.

2. Zuständigkeit

§ 4 ReO verweist zur Zuständigkeit auf das nach § 63 IO zuständige Gericht. Die Restrukturierungsverfahren sind somit bei dem für Insolvenzverfahren zuständigen Gerichtshof erster Instanz zu führen, in dessen Sprengel der Schuldner im Zeitpunkt des Antrags auf Einleitung des Restrukturierungsverfahrens sein *Unternehmen betreibt*. Mangels eines Unternehmens wird

---

[1] Siehe hiezu *Höller/Simsa/Wetter*, Das vereinfachte Restrukturierungsverfahren, in *Konecny*, RIRUG (2021).

auf den gewöhnlichen Aufenthalt abgestellt. Da diese Anknüpfung nur bei natürlichen Personen Bedeutung hat und diese Personen, betreiben sie kein Unternehmen, vom Restrukturierungsverfahren ausgeschlossen sind, hat der Zuständigkeitstatbestand des gewöhnlichen Aufenthalts keinen Anwendungsbereich.

Das Restrukturierungsverfahren wird nicht auf in Österreich betriebene Unternehmen eingeschränkt. Betreibt der Schuldner ein Unternehmen, aber nicht im Inland, so ist der Gerichtshof zuständig, in dessen Sprengel sich eine *Niederlassung*, mangels einer solchen Vermögen des Schuldners befindet.

§ 4 ReO verweist weiters auf § 64 IO; somit ist das HG Wien für den Bereich des LGZ Wien zuständig.

§ 65 IO enthält eine Sonderbestimmung für das Insolvenzverfahren über das Privatvermögen eines unbeschränkt haftenden Gesellschafters, wenn das Verfahren gleichzeitig mit der Eröffnung des Insolvenzverfahrens über das Vermögen einer eingetragenen Personengesellschaft oder im Laufe eines solchen Insolvenzverfahrens eröffnet wird, auf die § 4 ReO ebenfalls verweist. § 65 IO hat nur einen geringen Anwendungsbereich, weil der unbeschränkt haftende Gesellschafter *ex lege* kein Unternehmer iSd § 2 Abs 2 ReO ist. Ist der Gesellschafter jedoch Unternehmer oder eine juristische Person, die in den Anwendungsbereich der ReO fällt, so kann § 65 IO Bedeutung haben.

Die *internationale Zuständigkeit* ist nach § 27a JN gegeben; sie richtet sich nur im Anwendungsbereich der EuInsVO 2015 nach dieser. Die EuInsVO 2015 ist aber nur anzuwenden, wenn das Verfahren bekanntgemacht wird, was nur beim Europäischen Restrukturierungsverfahren (§ 44 ReO) vorgesehen ist.

Bei Verteilung der Geschäfte des Gerichts muss nach § 265 Abs 1 Z 1 IO die *Geschäftsverteilung* Insolvenz- und Restrukturierungsverfahren einer Abteilung zuweisen. Nur bei Auslastung einer Abteilung können die Verfahren aufgeteilt werden; allerdings darf nach der Art des Insolvenzverfahrens nicht unterschieden werden; aus dem Verweis in § 265 Abs 2 Z 1 IO auf die Insolvenzverfahren nach Abs 1 Z 1 ergibt sich mE, dass der Begriff des Insolvenzverfahrens alle Verfahren nach dieser Gesetzesstelle erfasst, also auch die Restrukturierungsverfahren.

3. Verfahrensbestimmungen

Allgemeine verfahrensrechtliche Regelungen enthält die ReO nicht. § 5 ReO verweist auf die allgemeinen Verfahrensbestimmungen der Insolvenzordnung, also die §§ 252–269 IO. Von den Bestimmungen der IO haben vor allem diejenigen über die *Säumnisfolgen* Bedeutung. Das Gericht kann jeden Beteiligten unter Setzung einer angemessenen Frist zur Äußerung über einen Antrag auffordern und im Fall der Nichtäußerung annehmen, dass der Beteiligte diesem keine Einwendungen entgegensetzt (§ 259 Abs 3 IO). Die Rekursfrist gegen Entscheidungen beträgt 14 Tage (§ 260 Abs 1 IO). Das Neuerungsverbot gilt nur für *nova producta*; in Rekursen können neue Tatsachen, soweit sie bereits zur Zeit der Beschlussfassung in erster Instanz entstanden waren, und neue Beweismittel angeführt werden.

Ausdruck eines straffen Verfahrens ist die Regelung in § 254 Abs 4 IO, wonach Entscheidungen mit Blick auf eine zügige Bearbeitung auf eine *effiziente Weise* zu treffen sind.

Nach § 252 IO ist die Zivilprozessordnung subsidiär anzuwenden. Ausnahmen von der Anwendung der ZPO enthält § 254 IO, und zwar, dass ua die Bestimmungen über die Vertretung durch Rechtsanwälte und die Prozesskosten nicht anzuwenden sind; es gibt somit *keinen Kostenersatz*.[2]

§ 5 S 2 ReO enthält eine Ausnahme von den allgemeinen Verfahrensbestimmungen der IO. § 253 Abs 3 S 5 IO ist nicht anzuwenden. Die bevorrechteten Gläubigerschutzverbände sowie ihre Bevollmächtigten haben somit ein *Akteneinsichtsrecht* in die Akten nur als Vertreter eines Gläubigers, nicht losgelöst davon, also dann nicht, wenn sie nicht von einem Gläubiger bevollmächtigt wurden.

4. Antrag auf Einleitung des Restrukturierungsverfahrens

4.1. Antragsrecht

Das Restrukturierungsverfahren ist mit Beschluss einzuleiten. Das Recht, die Einleitung des Restrukturierungsverfahrens zu beantragen, steht nur dem Schuldner zu, wie sich aus § 1 Abs 1 ReO ergibt; nicht anderen Personen.

Fehlt dem Schuldner die Prozessfähigkeit, so ist dessen gesetzlicher Vertreter legitimiert, also bei einer Gesellschaft der *organschaftliche Vertreter*. Es kommt auf die konkrete satzungsgemäße Vertretungsbefugnis an.[3] Bei Gesamtvertretungsbefugnis muss der Antrag von allen organschaftlichen Vertretern gestellt werden; eine Regelung wie in § 69 Abs 4 IO findet sich in der ReO nicht. Ob die Bestimmungen über die interne Beschlussfassung eingehalten worden sind, ist für die Gültigkeit und Zulässigkeit des Antrags auf Einleitung des Restrukturierungsverfahrens jedoch ohne Bedeutung.[4] Auch bei eingetragenen Personengesellschaften bedarf es nur der Zustimmung der vertretungsbefugten und nicht aller unbeschränkt haftenden Gesellschafter, wie dies auch bei einem Antrag auf Annahme eines Sanierungsplans in der IO vorgesehen ist.[5] Ein Prokurist ist zur Stellung eines Einleitungsantrags nicht berechtigt.[6]

4.2. Inhalt des Antrags

Im Antrag auf Einleitung des Restrukturierungsverfahrens hat der Schuldner nach § 7 Abs 1 ReO das Vorliegen der *wahrscheinlichen Insolvenz* darzulegen,[7] also schlüssig zu behaupten; eine Bescheinigung wird nicht verlangt. Der Schuldner hat dem Antrag einen Restrukturierungsplan, einen Finanzplan und Jahresabschlüsse, zu deren Aufstellung er nach Unternehmensrecht ver-

---

2 Zur Ausnahme s § 38 Abs 3 ReO.
3 ErläutRV 950 BlgNR 27. GP 21.
4 ErläutRV 950 BlgNR 27. GP 21.
5 Allerdings kann der Restrukturierungsplan, wie sich aus dem Hinweis auf § 164 Abs 1 IO in § 33 Abs 1 ReO ergibt, nur mit Zustimmung aller – nicht nur der vertretungsbefugten – unbeschränkt haftenden Gesellschafter geschlossen werden.
6 Zum Konkursantrag OGH 8 Ob 124/07d ZIK 2008/223, 134.
7 Dieser Begriff ist dem Verfahrensrecht nicht fremd; s § 260 EO und § 389 Abs 1 EO; § 89 Abs 3 IO.

pflichtet ist, aus den letzten drei Jahren anzuschließen.[8] Ist die Frist zur Erstellung des Jahresabschlusses noch nicht abgelaufen, so muss dieser noch nicht vorgelegt werden.[9]

4.3. Restrukturierungskonzept

Statt eines Restrukturierungsplans genügt die Vorlage eines Restrukturierungskonzepts. Der Schuldner hat hiebei gem § 7 Abs 2 ReO zusätzlich im Einleitungsantrag darzulegen, dass mit dem Restrukturierungskonzept die *Bestandfähigkeit des Unternehmens* erreicht werden kann.

Schließt der Schuldner dem Einleitungsantrag nur ein Restrukturierungskonzept und keinen Restrukturierungsplan an, so ist die erste Phase des Restrukturierungsverfahrens eine Art *Vorbereitungsverfahren*; die Einleitung ist Startschuss für ein Vorverfahren, in dem der Plan erstellt wird. Das Gericht hat nach § 8 Abs 2 ReO einen Restrukturierungsbeauftragten zu bestellen, der den Schuldner bei der Ausarbeitung des Restrukturierungsplans unterstützt oder den Plan erarbeitet. Ein Antragsrecht zur Vorlage des Plans hat der Restrukturierungsbeauftragte jedoch nicht.

Meist wird der Schuldner die Person, die für ihn den Plan erstellt, selbst auswählen wollen. Daher kann statt der Bestellung eines Restrukturierungsbeauftragten auch eine *Frist zur Vorlage* des Restrukturierungsplans gewährt werden. Nach § 8 Abs 2 ReO hat das Gericht dem Schuldner auf dessen Antrag eine Frist von höchstens 60 Tagen zur Vorlage des Restrukturierungsplans einzuräumen. Ein solcher Antrag muss entweder zugleich mit dem Antrag auf Einleitung des Restrukturierungsverfahrens gestellt werden oder spätestens binnen der zum Erlag eines Kostenvorschusses zur Deckung der Entlohnung des Restrukturierungsbeauftragten bestimmten Frist. Daraus ergibt sich mE, dass das Gericht einen Restrukturierungsbeauftragten erst zu bestellen hat, nachdem es dem Schuldner den Erlag eines Kostenvorschusses aufgetragen hat und der Vorschuss erlegt worden ist. Zu einer Bestellung soll es nämlich nicht kommen, wenn noch offen ist, ob der Schuldner den Restrukturierungsplan selbst oder mit einem von ihm beigezogenen Berater erstellen will.

Erlegt der Schuldner den Kostenvorschuss nicht rechtzeitig, so ist dies ein Einstellungsgrund nach § 41 Abs 2 Z 5 ReO: allerdings nur, wenn der Schuldner nicht während der Frist zum Erlag des Kostenvorschusses beantragt, ihm eine Frist zur Erstellung des Restrukturierungsplans einzuräumen.

4.4. Verbesserung

Fehlt im Antrag das gesetzlich vorgeschriebene Vorbringen – also insb Ausführungen zur wahrscheinlichen Insolvenz – oder sind ihm nicht alle vorgeschriebenen Urkunden angeschlossen, so hat das Gericht den Antrag zur Verbesserung binnen einer von ihm festzulegenden Frist von höchstens 14 Tagen zurückzustellen (§ 7 Abs 4 ReO).[10] Wird der Antrag *nicht*

---

8 Siehe hiezu *Lentsch*, Das Restrukturierungskonzept und die Vorbereitung des Restrukturierungsverfahrens nach der ReO, in *Konecny*, RIRUG.
9 ErläutRV 950 BlgNR 27. GP 7; s auch § 17 Abs 2 ReO und den Einstellungsgrund nach § 41 Abs 2 Z 6 ReO.
10 Nach den ErläutRV 950 BlgNR 27. GP 7 kann auf die Judikatur zu § 169 Abs 5 IO zurückgegriffen werden; im RIS sind aber keine Entscheidungen hiezu aufzufinden.

fristgerecht verbessert, so ist er zurückzuweisen, also auch dann, wenn die Verbesserung verspätet erfolgte.

4.5. Restrukturierungsplan

Legt der Schuldner einen Restrukturierungsplan vor, so wird es zweckmäßig sein, wenn er auch – wie dies § 27 Abs 1 ReO verlangt – dessen Abschluss beantragt. Das Fehlen eines solchen Antrags steht aber der Einleitung nicht entgegen. Es bedarf auch nicht der Darlegung im Antrag, dass mit dem Plan die Bestandfähigkeit erreicht werden kann, weil im Restrukturierungsplan umfassendere Angaben verlangt werden. Der Schuldner hat die Gründe darzulegen, aus denen der Restrukturierungsplan die Zahlungsunfähigkeit des Schuldners und den Eintritt der Überschuldung verhindern oder eine bereits eingetretene Überschuldung beseitigen und die Bestandfähigkeit des Unternehmens gewährleisten wird, was in Form einer Fortbestehensprognose, die von der Annahme und Bestätigung des Restrukturierungsplans abhängig sein kann (*bedingte Fortbestehensprognose*), zu geschehen hat; Angaben werden auch zu den notwendigen Voraussetzungen für den Erfolg des Plans verlangt (§ 27 Abs 2 Z 8 ReO). Das Gericht hat nach Vorlage des Plans die *Plausibilität* dieser bedingten Fortbestehensprognose zu prüfen (§ 30 Abs 1 Z 2 ReO). Mit der Prüfung kann das Gericht den Restrukturierungsbeauftragten oder einen Sachverständigen beauftragen.

Das Gesetz sagt nicht ausdrücklich, ob diese Prüfung vor Einleitung vorzunehmen ist. Aus § 30 ReO, wonach mit der Prüfung das Gericht den Restrukturierungsbeauftragten oder einen Sachverständigen beauftragen kann, ist nichts zu gewinnen, weil nicht nur der Restrukturierungsbeauftragte, der erst zugleich mit der Einleitung und nicht davor bestellt werden kann, sondern auch ein Sachverständiger erwähnt wird, dessen Bestellung auch vor Einleitung möglich ist. Die Materialien haben eine Prüfung nach der Einleitung des Verfahrens im Auge: Vor der Entscheidung über die Einleitung des Verfahrens hat va eine *formelle Prüfung* zu erfolgen, ob der Antrag den gesetzlichen Anforderungen entspricht; eine detailliertere materielle Prüfung ist erst im eingeleiteten Verfahren vorzunehmen.[11] Diese Vorgangsweise spiegelt sich im Gesetzestext dadurch wider, dass der Antrag nur dann unzulässig ist, wenn der Restrukturierungsplan oder das Restrukturierungskonzept offenbar untauglich oder der Antrag missbräuchlich ist, weil sich insb Zahlungsunfähigkeit – dessen Nichtvorliegen Teil der bedingten Fortbestehensprognose nach § 27 Abs 2 Z 8 ReO ist – aus den Exekutionsdaten offenkundig ergibt.

Das Gericht hat nach Vorlage des Restrukturierungsplans weiters nach § 30 Abs 1 ReO den Inhalt des Plans auf dessen *Vollständigkeit und Gesetzmäßigkeit* sowie die Sachgemäßheit der Bildung der Gläubigerklassen einerseits und der Auswahl der betroffenen Gläubiger andererseits zu prüfen. Diese Prüfung, insb der Vollständigkeit des Planinhalts, hat zwar als „formale" Prüfung sogleich zu erfolgen, allerdings stehen Mängel der Einleitung des Verfahrens nicht entgegen, weil auch die Vorlage eines Restrukturierungskonzepts ausreichend ist, das diese Angaben nicht zu enthalten braucht. Erfüllt der Restrukturierungsplan nicht die an ihn gestellten Anforderungen, aber die eines Restrukturierungskonzepts, so ist das Verfahren einzuleiten: Zugleich mit der Einleitung des Restrukturierungsverfahrens ist ein Verbesserungsauftrag zu erteilen. Bei dessen Nichtbefolgung ist das Verfahren einzustellen (§ 41 Abs 2 Z 2 ReO). Das Gericht hat dem Schuldner keinen Auftrag zum Erlag eines Kostenvorschusses zur De-

---

11 ErläutRV 950 BlgNR 27. GP 7.

ckung der Entlohnung eines Restrukturierungsbeauftragten, der ihn bei der Ausarbeitung des Plans unterstützt, zu erteilen, weil ein solcher nicht zu bestellen ist. Der Schuldner hat ja durch Vorlage des – wenngleich zu verbessernden – Plans gezeigt, dass er selbst den Restrukturierungsplan erstellen will.

4.6. Einleitung des Restrukturierungsverfahrens

Sind die Voraussetzungen für die Vorprüfung erfüllt und liegt auch kein Einleitungshindernis wie ein anhängiges Insolvenzverfahren vor,[12] so leitet das Gericht das Restrukturierungsverfahren mit Beschluss ein. Der Beschluss ist nach § 7 Abs 5 ReO dem *Schuldner zuzustellen*. Eine Zustellung an die Gläubiger wird nicht vorgesehen; diesen steht auch kein Rekursrecht gegen den Einleitungsbeschluss zu.[13]

5. Vollstreckungssperre

5.1. Allgemeines

Der Schuldner kann zugleich mit dem Einleitungsantrag nicht nur die Annahme des Restrukturierungsplans, die Einräumung einer Frist zur Vorlage eines Restrukturierungsplans oder die Genehmigung einer Zwischenfinanzierung oder einer Transaktion verlangen, sondern auch eine Vollstreckungssperre für höchstens drei Monate. Mit der Einleitung des Verfahrens ist keine Vollstreckungssperre verbunden; sie darf auch nicht von Amts wegen angeordnet werden, sondern nur *auf Antrag des Schuldners*. Die Sperre kann nicht nur während des Restrukturierungsverfahrens, sondern bereits zugleich mit dem Einleitungsantrag beantragt werden; sie darf aber nicht vor der Einleitung bewilligt werden.[14]

Der Schuldner hat gem § 19 Abs 3 ReO im Antrag die Gläubiger samt Anschrift zu nennen oder Gläubigerklassen anzugeben, für deren Forderungen die Vollstreckungssperre begehrt wird. Die Bewilligung darf nicht über den *beantragten Umfang* hinausgehen.[15] Das betrifft nicht nur den Kreis der Gläubiger, sondern auch die Dauer und die damit verbundenen Rechtsfolgen, wie die Vertragsauflösungssperre und Insolvenzeröffnungssperre. Solche Sperren allein, also ohne eine Vollstreckungssperre, können nicht bewilligt werden, weil sie eine wirksame Vollstreckungssperre voraussetzen.

Als Voraussetzung für die Bewilligung der Vollstreckungssperre wird in § 19 Abs 1 ReO die Unterstützung der Verhandlungen über einen Restrukturierungsplan genannt. § 19 Abs 2 ReO sieht Gründe vor, bei deren Vorliegen der Antrag auf Bewilligung einer Vollstreckungssperre abzuweisen ist; einer der Abweisungsgründe ist die Zahlungsunfähigkeit des Schuldners. Vor der Entscheidung sind die *Gläubiger nicht einzuvernehmen*. Die Prüfung ist aber umfangreicher als bei der Entscheidung über die Einleitung des Restrukturierungsverfahrens, weil auch zu

---

12 Näheres s § 6 Abs 3 ReO.
13 Auch ein die Einleitung des Verfahrens abweisender Beschluss ist nur dem Schuldner zuzustellen.
14 Siehe hiezu *Anzenberger*, Vertragsschutz und unwirksame Vereinbarungen nach der ReO, in *Konecny*, RIRUG.
15 ErläutRV 950 BlgNR 27. GP 12; das Gericht hat nach § 21 Abs 1 ReO einen oder mehrere Gläubiger zu nennen oder Gläubigerklassen festzulegen, deren Forderungen unter die Vollstreckungssperre fallen.

erheben ist, ob zur Hereinbringung von Abgaben und Sozialversicherungsbeiträgen Exekutionsverfahren gegen den Schuldner geführt werden. Diese Prüfung darf die Einleitung des Restrukturierungsverfahrens nicht verzögern. Liegen die Voraussetzungen zur Einleitung des Restrukturierungsverfahrens vor, so ist das Verfahren einzuleiten, selbst wenn das Gericht die Prüfung, ob eine Vollstreckungssperre zu bewilligen ist, noch nicht abgeschlossen hat.

Die Bewilligung der Vollstreckungssperre ist gem § 21 Abs 2 ReO dem Schuldner sowie den Gläubigern, deren Forderungen von der Sperre umfasst sind, zuzustellen. Der Beschluss ist nicht anfechtbar; auch den Gläubigern steht kein Rekursrecht zu. Die *Rechtswirkungen* der Vollstreckungssperre treten mit der Zustellung ihrer Bewilligung an den jeweiligen Gläubiger ein. Damit die Sperre vom Exekutionsgericht beachtet werden kann, ist das für die Exekution auf das bewegliche Vermögen zuständige Exekutionsgericht – dieses richtet sich nach dem allgemeinen Gerichtsstand des Schuldners (§ 4 EO) – zu verständigen, mE erst nach Eintritt der Wirksamkeit, also nach Zustellung an den Gläubiger.

5.2. Verlängerung

Die Vollstreckungssperre kann auf Antrag des Schuldners oder des Restrukturierungsbeauftragten verlängert werden;[16] Gläubigern steht kein solches Antragsrecht zu.[17] Die Gesamtdauer der Vollstreckungssperre darf nach § 22 Abs 4 ReO einschließlich Verlängerungen *sechs Monate* nicht überschreiten.

Für den Verlängerungsantrag sind die Verfahrensbestimmungen des Antrags maßgebend, dh dass die Gläubiger vor der Entscheidung nicht zu vernehmen sind; das Gericht hat auch neuerlich zu prüfen, ob der Schuldner *zahlungsunfähig* ist. Der Verlängerungsbeschluss ist nicht anfechtbar.

5.3. Aufhebung der Sperre

Die Sperre endet mit Fristablauf, ohne dass es einer Aufhebung bedarf. Sie kann aber auch schon davor vom Gericht aufgehoben werden. Als Ausgleich dafür, dass die Vollstreckungssperre ohne Einvernahme der Gläubiger bewilligt wird und den Gläubigern kein Rekursrecht gegen die Bewilligung zukommt, können diese eine Aufhebung der Vollstreckungssperre erreichen, mE auch bereits dann, wenn sie ihnen noch nicht zugestellt wurde und somit noch nicht wirksam ist. Die Sperre kann zur *Gänze oder nur teilweise* aufgehoben werden. Ein Aufhebungsgrund liegt gem § 23 Abs 1 Z 1 ReO etwa dann vor, wenn die Sperre die Verhandlungen über den Restrukturierungsplan nicht mehr unterstützt. Ein Antragsrecht steht auch dem Schuldner und dem Restrukturierungsbeauftragten zu. Die Sperre kann aber auch von Amts wegen aufgehoben werden. Von der Aufhebung ist das Exekutionsgericht zu verständigen.

Vor der Aufhebung sind der Schuldner und der Restrukturierungsbeauftragte *einzuvernehmen*; auch bei einer amtswegigen Aufhebung. Weder einer Einvernehmung noch des Vorliegens von Aufhebungsgründen bedarf es jedoch bei einem Schuldnerantrag.

---

16 Näheres zu den Voraussetzungen s § 22 Abs 2 ReO.
17 ErläutRV 950 BlgNR 27. GP 13.

6. Bestellung eines Restrukturierungsbeauftragten

6.1. Allgemeines

Die Bewilligung der Vollstreckungssperre kann ein Grund zur Bestellung eines Restrukturierungsbeauftragten sein. Nach § 9 Abs 1 ReO hat das Gericht einen Restrukturierungsbeauftragten zur Unterstützung des Schuldners und der Gläubiger bei der Aushandlung und Ausarbeitung des Plans ua dann zu bestellen, wenn das Gericht eine Vollstreckungssperre bewilligt und ein solcher Beauftragter zur *Wahrung der Interessen der Gläubiger* erforderlich ist oder durch die Eigenverwaltung Nachteile für die Gläubiger zu erwarten sind. Auch für einzelne Aufgaben kann das Gericht gem § 9 Abs 3 ReO einen Restrukturierungsbeauftragten bestellen.[18] Nicht geregelt ist, ob der Schuldner vor der Bestellung einzunehmen ist.[19] Im Hinblick auf die bei der Beurteilung heranzuziehenden Kriterien ist dies mE geboten, wobei eine Ausnahme dann gerechtfertigt ist, wenn dies nicht rechtzeitig möglich ist. Dies ist anzunehmen, wenn die Eigenverwaltung zu Nachteilen für die Gläubiger führt und diese auch nicht durch die Beschränkung der Eigenverwaltung vermieden werden können.

6.2. Bestellungsbeschluss

Der Beschluss über die Bestellung des Restrukturierungsbeauftragten ist dem Schuldner und den bekannten betroffenen Gläubigern *zuzustellen* (§ 9 Abs 5 ReO). Daraus ergibt sich mE, dass diesen Personen ein Rekursrecht zukommt.

6.3. Kostenvorschuss des Schuldners

§ 10 ReO sieht einen Kostenvorschuss des Schuldners für die Anlaufkosten und einen ergänzenden für die Gesamtentlohnung des Restrukturierungsbeauftragten vor. Dies spricht dafür, bereits vor der Bestellung einen Kostenvorschuss zu verlangen; dies muss aber nicht sein. Spätestens zugleich mit der Bestellung ist jedoch dem Schuldner der Erlag eines angemessenen Kostenvorschusses aufzutragen. Der Kostenvorschuss soll nicht die Gesamtentlohnung des Restrukturierungsbeauftragten, sondern nur die *Anlaufkosten* sicherstellen. Zur Höhe verweisen die Materialien lediglich auf die Umstände des Einzelfalls.[20] Der Auftrag zum Erlag eines Kostenvorschusses, der 2.000 € nicht übersteigt, kann nicht, ein darüber hinausgehender Betrag nicht abgesondert angefochten werden (§ 10 Abs 4 ReO).

Nach § 10 Abs 1 ReO hat das Gericht den Schuldner vor dem Auftrag zum Erlag eines Kostenvorschusses *einzuvernehmen*, soweit dies rechtzeitig möglich ist. Dies kann mit der Vernehmung zur Frage, ob die Voraussetzungen zur Bestellung eines Restrukturierungsbeauftragten vorliegen, verbunden werden, selbst wenn der Beauftragte erst nach Erlag des Kostenvorschusses bestellt werden sollte.

---

18 Siehe hiezu *Riel*, Der Restrukturierungsbeauftragte, in *Konecny*, RIRUG.
19 Vgl hiezu *Kodek*, Keine gesonderte Anhörung des Schuldners vor Entziehung der Eigenverwaltung, ZIK 2005/221, 190 zum Schuldenregulierungsverfahren.
20 ErläutRV 950 BlgNR 27. GP 8.

6.4. Kostenvoranschlag des Restrukturierungsbeauftragten

Um die Entlohnung einschätzen zu können, hat der Restrukturierungsbeauftragte unverzüglich nach seiner Bestellung dem Gericht einen Kostenvoranschlag, in dem er die *voraussichtliche Entlohnung* für die ihm aufgetragenen Aufgaben darzulegen hat, vorzulegen und dem Schuldner zu übersenden (§ 10 Abs 2 ReO).

Nach Vorlage des Kostenvoranschlags hat das Gericht dem Schuldner aufzutragen, binnen einer vom Gericht festzusetzenden Frist einen *weiteren Kostenvorschuss* zur Deckung der voraussichtlichen Entlohnung des Restrukturierungsbeauftragten zu erlegen. Das Gericht kann auf Antrag des Schuldners die Zahlung in monatlichen *Raten*, die dem voraussichtlichen Arbeitsaufwand entsprechen, bewilligen.

Will der Restrukturierungsbeauftragte für seine Tätigkeit eine über den Kostenvoranschlag hinausgehende Entlohnung ansprechen, so hat er einen *weiteren Kostenvoranschlag* vorzulegen. Auch für diesen gilt, dass der Restrukturierungsbeauftragte die (weiteren) erforderlichen Tätigkeiten darzulegen hat; außerdem besteht eine Kostenvorschusspflicht des Schuldners.

Erlegt der Schuldner den Kostenvorschuss *nicht rechtzeitig*, so ist dies ein Grund zur Einstellung des Restrukturierungsverfahrens nach § 41 Abs 2 Z 5 ReO. Ist im Gesetz vorgesehen, dass mit einer Aufgabe nur ein bereits bestellter Restrukturierungsbeauftragter – statt eines Sachverständigen – beauftragt werden darf, so ist auch für die dadurch notwendige Erhöhung der Entlohnung ein Kostenvorschuss zu verlangen. Der Nichterlag führt mE aber nicht zur Einstellung, weil dies auch bei Nichterlag eines Kostenvorschusses für die Gebühren des Sachverständigen nicht vorgesehen ist.[21]

6.5. Bestellung auf Gläubigerantrag

§ 9 Abs 1 Z 3 ReO räumt dem Schuldner und der Mehrheit der Gläubiger, die nach dem Betrag der Forderungen zu berechnen ist, nicht aber dem einzelnen Gläubiger das Recht ein, die Bestellung eines Restrukturierungsbeauftragten zu beantragen. Die Bestellung setzt voraus, dass dies zur Unterstützung des Schuldners und der Gläubiger bei der Aushandlung und Ausarbeitung des Plans erforderlich ist. Bei einem Antrag des Schuldners ist dies mE anzunehmen und nicht zu prüfen. Bei einem Antrag der Gläubigermehrheit setzt die Bewilligung überdies voraus, dass die Kosten des Restrukturierungsbeauftragten von den die Bestellung beantragenden Gläubigern getragen werden und von diesen ein *Kostenvorschuss* erlegt wurde. Der Restrukturierungsbeauftragte darf somit erst nach Erlag eines Kostenvorschusses bestellt werden. Der Auftrag zum Erlag eines Kostenvorschusses, der 2.000 € nicht übersteigt, kann nicht angefochten werden.

Bei der *Mehrheit* ist, obwohl § 9 Abs 1 Z 3 ReO nur von Gläubigern spricht, mE auf die betroffenen Gläubiger abzustellen. Vor Vorlage des Plans gilt jedoch diese Einschränkung nicht, weil die Regelung sonst ins Leere laufen würde; es sind alle Gläubiger umfasst, die betroffen sein könnten.

Nicht geregelt wird, ob auch der *Umfang der Befugnisse* des Restrukturierungsbeauftragten im Antrag festgelegt werden muss. Da sich die Befugnisse nicht aus dem Gesetz ergeben, ist

---

21 Zum Kostenvorschuss für die Gebühren des Sachverständigen s § 365 ZPO und § 3 GEG.

dies mE zu verlangen. Allerdings kann die Entscheidung des Gerichts darüber hinausgehen, weil ein Restrukturierungsbeauftragter auch von Amts wegen bestellt werden kann, wenn die Voraussetzungen zur Bestellung für die weiteren Befugnisse gegeben sind. Zur Deckung der Entlohnung dieser zusätzlichen Tätigkeiten besteht keine Kostenvorschusspflicht der Gläubiger, sondern eine des Schuldners.

6.6. Einschränkung der Eigenverwaltung

Die Bestellung eines Restrukturierungsbeauftragten und die Festlegung der diesem eingeräumten Befugnisse wird oft mit einer Einschränkung der Eigenverwaltung nach § 16 Abs 2 ReO verbunden sein. Obwohl dies nicht festgelegt wird, ist mE vor der Einschränkung der Schuldner einzuvernehmen, soweit dies rechtzeitig möglich ist. Der Beschluss über die Beschränkung der Eigenverwaltung des Schuldners ist diesem und dem Restrukturierungsbeauftragten zuzustellen. Der Beschluss kann nicht angefochten, aber auf Antrag abgeändert werden (§ 16 Abs 4 ReO).

7. Entscheidungen während des Verfahrens

7.1. Genehmigung einer Zwischenfinanzierung oder von Transaktionen

Während des Restrukturierungsverfahrens und bereits zugleich mit dem Antrag auf Einleitung des Restrukturierungsverfahrens kann der Schuldner die Genehmigung einer Transaktion oder einer Zwischenfinanzierung beantragen (§ 18 ReO).[22] Transaktionen sind ua Zahlungen von Gebühren und Kosten für die Inanspruchnahme professioneller Beratung in engem Zusammenhang mit der Restrukturierung. Die Tätigkeiten müssen nicht während des Restrukturierungsverfahrens, sondern können auch innerhalb von *14 Tagen vor dem Einleitungsantrag* geleistet worden sein, wie sich aus § 36b Abs 1 IO ergibt. Dennoch kommt eine Genehmigung vor Einleitung nicht in Betracht.

Dem Vertragspartner des Schuldners steht kein Antragsrecht zu; er hat auch kein Rekursrecht gegen eine die Genehmigung ablehnende Entscheidung. Er kann aber den Vertrag von der Genehmigung des Gerichts abhängig machen.

7.2. Vorlage des Jahresabschlusses

Nach § 41 Abs 2 Z 6 ReO ist das Restrukturierungsverfahren einzustellen, wenn der Schuldner den Jahresabschluss nicht vorlegte, für den die Frist zur Vorlage während des Verfahrens abgelaufen ist. Die Obliegenheit des Schuldners, der zur Aufstellung von Jahresabschlüssen nach Unternehmensrecht verpflichtet ist, zur Vorlage, legt § 17 Abs 2 ReO fest. Der Schuldner hat den Jahresabschluss *spätestens in der Restrukturierungstagsatzung* vorzulegen. Eine Aufforderung des Gerichts zur Vorlage ist nicht Voraussetzung für die Einstellung des Verfahrens.

---

[22] Siehe hiezu *Jaufer/Painsi*, Restrukturierungsverfahren: (Neu-)Finanzierungen und Transaktionen, in *Konecny*, RIRUG.

7.3. Eintritt der Zahlungsunfähigkeit

Während des Restrukturierungsverfahrens wird nicht laufend geprüft, ob der Schuldner zahlungsunfähig wird; nur die Offensichtlichkeit, dass der Restrukturierungsplan die Zahlungsunfähigkeit nicht verhindert, ist ein *Einstellungsgrund* nach § 41 Abs 2 Z 8 ReO. Den Schuldner trifft auch keine Verpflichtung, den Eintritt der Zahlungsunfähigkeit im Restrukturierungsverfahren dem Gericht zu melden; ihn trifft aber weiterhin die Verpflichtung, einen Antrag auf Eröffnung des Insolvenzverfahrens bei Eintritt der Zahlungsunfähigkeit zu stellen. Juristische Personen trifft die Antragspflicht auch bei Eintritt der Überschuldung, außer es ist eine Vollstreckungssperre bewilligt und zumindest gegenüber einem Gläubiger wirksam geworden.

Bei Zahlungsunfähigkeit hat das Gericht auf Antrag des Schuldners oder eines Gläubigers – bei Vorliegen der übrigen Voraussetzungen – ein Insolvenzverfahren zu eröffnen. Davon hat es nach § 24 Abs 3 ReO nur abzusehen, wenn die Eröffnung des Insolvenzverfahrens unter Berücksichtigung der Umstände des Falles *nicht im allgemeinen Interesse der Gläubiger* wäre, also insb der Restrukturierungsplan bereits von den Gläubigern angenommen, aber noch nicht vom Gericht bestätigt wurde.[23] Über das Vorliegen des allgemeinen Interesses ist auf Ersuchen des Insolvenzgerichts im Restrukturierungsverfahren zu entscheiden. Der Beschluss ist, sobald er rechtskräftig ist, dem Insolvenzgericht zu übersenden; er *bindet* das Insolvenzgericht. Dieses Gericht entscheidet über die Eröffnung des Insolvenzverfahrens. Wurde das allgemeine Interesse bejaht, so ist das Insolvenzverfahren nicht zu eröffnen. Der Antrag über die Eröffnung des Insolvenzverfahrens ist auch nicht abzuweisen; eine Entscheidung darüber ist bloß nicht zu treffen, sodass das Verfahren in einen ruhensähnlichen Zustand tritt.[24]

Liegt das allgemeine Interesse nicht vor und wird ein Insolvenzverfahren über das Vermögen des Schuldners eröffnet – rechtskräftig muss der Beschluss nicht sein –, so ist das Restrukturierungsverfahren nach § 41 Abs 2 Z 7 ReO einzustellen.

7.4. Beiziehung von Gläubigerschutzverbänden

Nach § 31 Abs 2 ReO sind auf Antrag des Schuldners die bevorrechteten Gläubigerschutzverbände der Restrukturierungsplantagsatzung beizuziehen. Der Schuldner kann auch nur die Beiziehung eines Gläubigerschutzverbands beantragen. Eine Beiziehung von Amts wegen wird nicht vorgesehen. Die Beiziehung bedeutet in erster Linie, dass das Gericht die beigezogenen Gläubigerschutzverbände zur Tagsatzung zu laden hat. Da die Verbände nur auf Antrag des Schuldners beizuziehen sind, kann er auch die Art und das *Ausmaß der durchzuführenden Tätigkeiten* bestimmen. Diese können über die Teilnahme an der Tagsatzung hinausgehen; insb wird es va um die Aushandlung des Plans im Vorfeld der Abstimmungstagsatzung gehen.

Die Gläubigerschutzverbände haben für ihre Tätigkeit einen Anspruch auf angemessene *Belohnung*, die der Schuldner zu zahlen hat. Bei Bestimmung der Belohnung hat das Gericht nur die beantragten und bewilligten Tätigkeiten zu berücksichtigen. ME kann auch vorweg der Umfang der Tätigkeit festgelegt werden, etwa die Anzahl der Stunden limitiert werden, die die Verbände nicht überschreiten dürfen.

---

23 ErläutRV 950 BlgNR 27. GP 14.
24 ErläutRV 950 BlgNR 27. GP 14.

Der Erlag eines *Kostenvorschusses* zur Deckung der voraussichtlichen Belohnung ist nicht vorgesehen. Nach Beendigung der Tätigkeit hat das Gericht auf Antrag des Gläubigerschutzverbandes die Belohnung zu bestimmen und dem Schuldner die Zahlung der Belohnung binnen 14 Tagen aufzutragen. Der rechtskräftige Beschluss ist ein Exekutionstitel iSd § 1 Z 18 EO.

7.5. Einstellung des Restrukturierungsverfahrens

Während des Verfahrens hat das Gericht Einstellungsgründe nach § 41 ReO wahrzunehmen, deren Vorliegen aber nur zu prüfen, wenn Anhaltspunkte dafür vorliegen. Das Restrukturierungsverfahren ist ua einzustellen, wenn der Schuldner nicht mitwirkt, weil er *Mitwirkungs- und Auskunftspflichten* oder Verfügungsbeschränkungen beharrlich verletzt. Auch die schlechte wirtschaftliche Situation ist ein Einstellungsgrund, einerseits die Eröffnung eines Insolvenzverfahrens über das Vermögen des Schuldners, andererseits die Offensichtlichkeit, dass der Plan die Zahlungsunfähigkeit oder den Eintritt der Überschuldung des Schuldners nicht verhindert, die Überschuldung nicht beseitigt oder die Bestandfähigkeit des Unternehmens nicht gewährleistet. Zur Einstellung kommt es weiters dann, wenn ein *Restrukturierungsplan nicht zustande kommen* wird, weil der Schuldner den Antrag auf Annahme eines Restrukturierungsplans zurückzieht, die Gläubiger den Restrukturierungsplan ablehnen und die Tagsatzung nicht erstreckt wird oder wenn die Bestätigung des Restrukturierungsplans rechtskräftig versagt wurde.

Eine Einstellung des Restrukturierungsverfahrens ist nur bis zu dessen Aufhebung möglich, dh nicht mehr während des Rekursverfahrens über die Bestätigung des Plans.

8. Anordnung der Restrukturierungsplantagsatzung

Ein fixer Bestandteil des Restrukturierungsverfahrens ist die Tagsatzung, bei der über den Restrukturierungsplan abgestimmt wird.[25] Das Gericht hat nach § 31 Abs 1 ReO die Tagsatzung idR auf *30 bis 60 Tage* nach Vorlage des Restrukturierungsplans anzuordnen. Das Gesetz legt somit eine Frist, innerhalb der die Restrukturierungsplantagsatzung stattfinden soll, fest, nicht aber, wann sie anberaumt werden soll. Dies kann, muss aber nicht sogleich nach Vorlage des Restrukturierungsplans sein. Zweckmäßig ist es, davor den Plan nach § 30 ReO zu prüfen. Erfolgt die Prüfung des Plans vor der Anberaumung, so darf die Anberaumung nicht mehr auf 30 bis 60 Tage erfolgen, sondern muss in einer kürzeren Frist geschehen, weil diese bereits mit der Vorlage zu laufen begonnen hat.

Die auf die **Vorlage** abstellende Bestimmung ist berichtigend auszulegen. Die Frist wird mE nur ausgelöst, wenn einerseits auch ein Antrag des Schuldners[26] auf Annahme des Plans vorliegt und andererseits dem Plan die Gläubigerliste nach § 27 Abs 3 ReO angeschlossen ist, weil diese das Gericht für die Ladung zur Tagsatzung benötigt.[27] Ein Auftrag zur Verbesserung des Plans steht der Anordnung der Tagsatzung zwar nicht im Wege, weil dem Schuldner und

---

25 Zum Restrukturierungsplan s *Reisch*, Restrukturierungsverfahren – Planinhalte, Planwirkungen, in *Konecny*, RIRUG.
26 Andere Personen haben kein Antragsrecht.
27 Ist eine Liste der betroffenen Gläubiger dem Restrukturierungsplan nicht angeschlossen, so ist deren Fehlen ein Verbesserungsgrund.

nicht dem Gericht die Übersendung des Restrukturierungsplans an die Gläubiger obliegt, dennoch wird mE die Frist erst mit Vorlage des verbesserten Plans ausgelöst. Überdies beginnt die Frist mE frühestens mit dem Beschluss über die Einleitung, weil davor eine Anberaumung nicht vorgesehen ist.

Nach § 31 Abs 1 ReO ist § 145 Abs 2 S 2 IO anzuwenden. Somit sind der Schuldner, die Personen, die sich zur Übernahme einer Haftung für seine Verbindlichkeiten bereit erklären, sowie die betroffenen Gläubiger[28] zu *laden*; der Restrukturierungsbeauftragte dann, wenn er nicht nur für einzelne Tätigkeiten bestellt worden ist.

Vor der Tagsatzung, und zwar spätestens zwei Wochen vor der Abstimmung, muss der zur Abstimmung gelangende *Restrukturierungsplan den betroffenen Gläubigern übermittelt* worden sein. Die Übersendung obliegt dem Schuldner und nicht dem Gericht.[29] Der Schuldner hat die Verständigung zu bescheinigen; die Bescheinigung ist Voraussetzung für die Bestätigung des Plans gem § 34 Abs 1 Z 3 ReO. Der Zeitpunkt der Bescheinigung wird nicht festgelegt; mE kann das Gericht die Bescheinigung bereits vor der Tagsatzung verlangen.

9. Restrukturierungsplantagsatzung

An der Restrukturierungsplantagsatzung, in der die Gläubiger über den Plan abstimmen – die Gläubigerversammlung kann auch virtuell abgehalten werden (§ 31 Abs 3 ReO) –, hat der Schuldner *persönlich teilzunehmen*, wie sich aus dem Verweis auf § 145 Abs 3 IO in § 31 Abs 1 ReO ergibt. Seine Vertretung durch einen Bevollmächtigten ist nur zulässig, wenn er aus wichtigen Gründen verhindert ist und das Gericht sein Ausbleiben für gerechtfertigt erklärt. Andernfalls gilt der Antrag auf Abschluss des Restrukturierungsplans als zurückgezogen, was zur Einstellung des Verfahrens gem § 41 Abs 2 Z 3 ReO führt.

Die Tagsatzung beginnt mit einem *Bericht des Restrukturierungsbeauftragten* über die wirtschaftliche Lage und die bisherige Geschäftsführung des Schuldners sowie über die Ursachen seines Vermögensverfalls und über die voraussichtlichen Ergebnisse einer Durchführung des Insolvenzverfahrens (§ 31 Abs 4 ReO iVm § 146 IO). Ist kein Insolvenzverwalter bestellt, so obliegt der Bericht dem Insolvenzgericht. Es kann hiezu, wenn dies als erforderlich gesehen wird, einen Restrukturierungsbeauftragten nach § 9 Abs 3 Z 2 ReO bestellen.

10. Erstreckung der Tagsatzung

Der Schuldner kann den *Restrukturierungsplan ändern*. Ändert der Schuldner den Plan bei der Tagsatzung, so hat das Gericht, wenn nicht alle betroffenen Gläubiger anwesend sind, die Abstimmung hierüber nur zuzulassen, wenn der geänderte oder der neue Vorschlag für die Gläubiger nicht ungünstiger ist. Wenn das Gericht die Abstimmung über den bei der Tagsatzung geänderten Plan nicht zugelassen hat, kann die Restrukturierungsplantagsatzung erstreckt werden (§ 31 Abs 5 ReO iVm § 148a IO).

---

28 ErläutRV 950 BlgNR 27. GP 18.
29 Eine Zustellung durch Bekanntmachung in der Ediktsdatei ist auch nicht im Europäischen Restrukturierungsverfahren ausreichend.

Die Tagsatzung kann auch dann *erstreckt* werden, wenn zu erwarten ist, dass die Erstreckung der Tagsatzung zur Annahme des Vorschlags führen wird oder wenn nur eine Mehrheit bei der Abstimmung erreicht wurde.

Die neuerliche Tagsatzung ist vom Gericht sofort festzusetzen und mündlich bekanntzugeben. Wird in der neuerlichen Tagsatzung über einen geänderten Vorschlag abgestimmt, so obliegt es dem Schuldner, den geänderten Plan den Gläubigern zu übersenden. Die 14-Tage-Frist des § 31 Abs 1 ReO ist bei der Festlegung des neuen Termins zu berücksichtigen.

11. Abstimmung über den Plan

11.1. Allgemeines

Zum Zustandekommen des Restrukturierungsplans bedarf es in erster Linie der *Mehrheit der betroffenen Gläubiger* in jeder Klasse, wobei die Summe der Forderungen der zustimmenden Gläubiger zumindest 75 % der Gesamtsumme der Forderungen der betroffenen Gläubiger zu betragen hat (§ 33 Abs 1 ReO). Die Mehrheiten werden nur von den anwesenden Gläubigern berechnet.

Wird die *Mehrheit nicht erreicht* und auch nicht die Tagsatzung erstreckt, so ist das Restrukturierungsverfahren nach § 41 Abs 2 Z 9 ReO einzustellen; andernfalls ist über die Bestätigung zu entscheiden; ein Beschluss über die Annahme oder Nichtannahme des Plans ist nicht zu fassen.

11.2. Stimmrechtsprüfung

Damit nicht eine Gläubigermehrheit erreicht wird, obwohl die Forderung eines (mehrerer) Gläubiger(s) nicht oder nicht in diesem Umfang besteht, sind die betroffenen Gläubiger gem § 32 Abs 2 ReO berechtigt, *Einwendungen* gegen die unter den Restrukturierungsplan fallenden Forderungen vorzubringen. Hängt das Ergebnis der Abstimmung von diesen bestrittenen Forderungen ab, so hat das Gericht eine Stimmrechtsentscheidung zu treffen (§ 32 Abs 4 ReO iVm § 93 Abs 4 IO). Dass eine Bestätigung im Rahmen eines klassenübergreifenden *Cram-Down* in Betracht kommt, ändert daran nichts, weil dieser nur subsidiär ist und auch weitere Bestätigungsvoraussetzungen erfordert.

Zur Prüfung der Forderungen – eigentlich des Stimmrechts – kann das Gericht auch einen Restrukturierungsbeauftragten nach § 9 Abs 3 Z 4 ReO bestellen. Dieser hat den Bestand und die Höhe der Forderungen zu prüfen und hiezu *Einsicht in die Geschäftsbücher* und die Aufzeichnungen des Schuldners zu nehmen (§ 32 Abs 3 ReO).

Die Entscheidung über das Stimmrecht ist nicht anfechtbar; allerdings ist – folgt man der Ansicht des OGH zum Sanierungsplan[30] – das Vorliegen der Gläubigermehrheit im Rekursverfahren überprüfbar.

---

[30] OGH 8 Ob 5/93; s auch OGH 8 Ob 104/08i ZIK 2009/105, 63 zum Zahlungsplan.

11.3. Entlohnungsantrag des Restrukturierungsbeauftragten

Da die Bestätigung des Restrukturierungsplans nach § 34 Abs 1 Z 5 ReO voraussetzt, dass die vom Restrukturierungsbeauftragten bis zur Restrukturierungsplantagsatzung entstandene und geltend gemachte Entlohnung bestimmt wurde, hat der Beauftragte seinen bis zur Tagsatzung entstandenen Anspruch bei *sonstigem Verlust* in der Tagsatzung geltend zu machen (§ 15 Abs 2 ReO).

War der Restrukturierungsbeauftragte bei der Tagsatzung *nicht anwesend*, weil dies nicht zu seinen Aufgaben gehörte, so hat ihm das Gericht eine Frist für die Geltendmachung der Entlohnung einzuräumen. Ansprüche, die für Tätigkeiten nach der Tagsatzung anfallen, sind binnen 14 Tagen nach der Beendigung geltend zu machen. Die Nichteinhaltung dieser bzw der vom Gericht eingeräumten Frist führt zum Verlust des Entlohnungsanspruchs, wie sich aus dem Verweis auf § 125 IO ergibt.

Aus diesem Verweis ist auch abzuleiten, dass das Gericht über die Ansprüche des Restrukturierungsbeauftragten nach *Einvernahme des Schuldners* zu entscheiden hat. Die Bestellung eines Gläubigerausschusses im Restrukturierungsverfahren ermöglicht die ReO nicht, sodass dessen Befassung nicht in Betracht kommt; die Einbeziehung der Gläubiger ist nicht vorgesehen. Die Entscheidung über die Entlohnung kann vom Schuldner und vom Restrukturierungsbeauftragten angefochten werden, nicht von den Gläubigern. Der Rekurs ist zweiseitig.

Auf Antrag des Restrukturierungsbeauftragten ist dem Schuldner die Zahlung der Entlohnung samt Barauslagen binnen 14 Tagen aufzutragen, soweit der erlegte Kostenvorschuss nicht ausreicht (§ 15 Abs 3 ReO). Dieser Auftrag kann auch erst nach Aufhebung des Restrukturierungsverfahrens erlassen werden. Der Beschluss ist ein Exekutionstitel nach § 1 Z 18 EO.

12. Bestätigung des Restrukturierungsplans

12.1. Allgemeines

Wird die Mehrheit in jeder Gläubigerklasse erreicht, dann hat das Gericht über die Bestätigung des Restrukturierungsplans zu entscheiden. *Alle Pläne* bedürfen einer Bestätigung, auch bei Zustimmung aller Gläubiger. Selbst wenn eine Zustimmung der Mehrheit der Gläubigerklassen nicht erreicht wird, kann der Plan aufgrund eines klassenübergreifenden *Cram-Down* bestätigt werden. Eines ausdrücklichen Antrags hiezu bedarf es nicht, weil der Antrag bereits vom Antrag auf Abschluss des Restrukturierungsplans umfasst ist (§ 27 Abs 1 ReO).

Die Entscheidung über die Bestätigung des Restrukturierungsplans hat das Gericht mit Blick auf eine zügige Bearbeitung der Angelegenheit auf effiziente Weise zu treffen (§ 34 Abs 5 ReO).

Das Gesetz kennt Bestätigungsvoraussetzungen und Versagungsgründe, die das Gericht zu prüfen hat, großteils von Amts wegen.

Nur auf Antrag ist ua ein Verstoß gegen das Kriterium des Gläubigerinteresses gem § 35 ReO zu prüfen. Der Antrag kann nicht nur in der Tagsatzung, sondern auch *binnen sieben Tagen* nach der Tagsatzung gestellt werden. Daher kann der Restrukturierungsplan nicht gleich nach der Tagsatzung bestätigt werden. Ein nach der siebentägigen Frist gestellter Antrag löst jedoch keine Überprüfungspflicht aus und steht der Bestätigung nicht entgegen; der Antrag ist zurückzuweisen. Auch die – neuerliche – Prüfung, ob der Restrukturierungsplan den nach § 30 Abs 1 ReO zu überprüfenden Anforderungen entspricht, wie etwa die Sachgemäßheit der Bildung der Gläubigerklassen, ist nur aufgrund *begründeter Einwendungen*, die spätestens in der Restrukturierungsplantagsatzung erhoben wurden, vorzunehmen (§ 34 Abs 3 Z 4 ReO).

Bei einem *Debt-Equity-Swap* kann der Schwebezustand bis zur Bestätigung noch länger dauern. Der *Debt-Equity-Swap* bedarf eines Gesellschafterbeschlusses; wird ein gebotener Beschluss der Gesellschafterversammlung nicht binnen sechs Monaten ab Beschlussfassung wirksam, so ist das Restrukturierungsverfahren nach § 41 Abs 2 Z 10 ReO einzustellen.

12.2. Bewertung

Zur Entscheidung über die Versagung der Bestätigung wegen Nichtvorliegens des Kriteriums des Gläubigerinteresses, das nur auf Antrag eines ablehnenden betroffenen Gläubigers zu prüfen ist, wird es meist einer Bewertung des Unternehmens und der Vermögenswerte des Schuldners bedürfen. Zur Schätzung kann das Gericht nach § 38 Abs 2 ReO einen Sachverständigen bestellen oder hiemit den Restrukturierungsbeauftragten beauftragen. Hiefür gibt es eine *Kostenersatzregelung*, die sich nach der ZPO richtet. Der Gläubiger hat die Gebühren und die Entlohnung zu tragen, wenn das Gericht eine Verletzung des Kriteriums des Gläubigerinteresses verneint; andernfalls hat er hingegen einen Anspruch auf Ersatz der Kosten. Der Kostenersatzanspruch besteht mE gegenüber dem Schuldner und nicht gegenüber anderen Gläubigern.

Der Verstoß gegen die Bedingungen für einen klassenübergreifenden *Cram-Down* hat das Gericht vor der Bestätigung von Amts wegen zu prüfen. Einer Bewertung bedarf es nur, wenn ein ablehnender betroffener Gläubiger einen solchen Verstoß behauptet. Andernfalls ist von der Bewertung des Schuldners im Restrukturierungsplan auszugehen.

Dem Gläubiger, auf dessen Antrag die Überprüfung vorgenommen wird, kann der Erlag eines *Kostenvorschusses* aufgetragen werden (§ 38 Abs 3 ReO). Rechtsfolgen bei Nichterlag sieht die ReO nicht vor. ME hat in diesem Fall die Bewertung zu unterbleiben, wie aus § 365 iVm § 332 Abs 2 ZPO – die Anwendbarkeit ergibt sich aus § 5 ReO und § 252 IO – abgeleitet werden kann.

12.3. Rekurs gegen die Bestätigung

Die Entscheidung über die Bestätigung des Restrukturierungsplans kann durch Rekurs angefochten werden; diesem kommt aber keine aufschiebende Wirkung zu.[31] Da eine Aufhebung der Bestätigung des Restrukturierungsplans vermieden werden soll, kann das Rekursgericht, das einem Rekurs gegen die Bestätigung des Restrukturierungsplans Folge gibt, nicht nur die Bestätigung des Restrukturierungsplans aufheben, sondern auch die Bestätigung des Restrukturierungsplans aufrechterhalten. Auf Antrag des Gläubigers, dem finanzielle Verluste entstanden sind, hat der Schuldner diesem Gläubiger einen *Ausgleich* nach § 40 Abs 5 ReO zu gewähren. Hierüber entscheidet nicht das Rekursgericht, sondern das Gericht, das über die Bestätigung des Plans in erster Instanz entschieden hat.

---

31 Näheres s § 40 ReO.

Die *Höhe* des Ausgleiches hat das Gericht nach freier Überzeugung (§ 273 ZPO) durch Beschluss im Restrukturierungsverfahren festzusetzen. Es sind die Verfahrensbestimmungen der IO und nicht der ZPO anzuwenden. Der rechtskräftige Beschluss ist ein Exekutionstitel iSd § 1 Z 18 EO.

13. Anspruch auf Ausfall

Nicht Gegenstand des Restrukturierungsverfahrens ist die Geltendmachung des Anspruchs auf Ausfall, den ein betroffener Gläubiger mit Klage geltend machen kann. Der Anspruch setzt nach § 42 ReO voraus, dass der Schuldner nicht betroffene Gläubiger wissentlich verschwiegen hat.

14. Schlussbemerkung

Die ReO bietet ein Restrukturierungsverfahren mit ergänzenden Bausteinen, wie einer Vollstreckungssperre. Sie ist – wie auch die RIRL – beim Verfahrensablauf von *Flexibilität* geprägt. Es bleibt abzuwarten, ob diese von der Praxis genutzt werden wird. ME wird es wohl meist zu einem Restrukturierungsverfahren kommen, bei dem bereits mit dem Antrag auf Einleitung der Restrukturierungsplan vorgelegt und auch eine Vollstreckungssperre beantragt wird, um die Auflösung von Verträgen zu verhindern.

Der Restrukturierungsbeauftragte

Stephan Riel

Gliederung   **Seite**

1. Einleitung 86
   1.1. Allgemeines 86
   1.2. Vorgaben der RIRL 87
       1.2.1. Zum Schuldner in Eigenverwaltung 87
       1.2.2. Zum Restrukturierungsbeauftragten 88
   1.3. Umsetzung im RIRUG 88
2. Bestellung des Restrukturierungsbeauftragten 90
   2.1. Allgemeines 90
       2.1.1. Zuständigkeit des (Insolvenz-)Gerichts 90
       2.1.2. Verfahren, insbesondere die notwendigen Erhebungen 90
   2.2. Bestellungsgründe 92
       2.2.1. Allgemeines 92
       2.2.2. Zwingende Bestellung eines Restrukturierungsbeauftragten (§ 9 Abs 1 und 2 ReO) 93
           2.2.2.1. Allgemeines 93
           2.2.2.2. Bestellungsgründe gem § 9 Abs 1 ReO (Unterstützung des Schuldners und der Gläubiger) 93
               2.2.2.2.1. Allgemeines 93
               2.2.2.2.2. Vollstreckungssperre 93
               2.2.2.2.3. Cram-Down 94
               2.2.2.2.4. Antrag 95
               2.2.2.2.5. Bestellung gem § 8 Abs 2 ReO 96
           2.2.2.3. Bestellungsgründe gem § 9 Abs 2 ReO (Nachteile für die Gläubiger) 96
       2.2.3. Fakultative Bestellung eines Restrukturierungsbeauftragten (§ 9 Abs 3 ReO) 98
           2.2.3.1. Allgemeines 98
           2.2.3.2. Prüfung von Zwischenfinanzierungen, Transaktionen und neuen Finanzierungen 99
           2.2.3.3. Unterstützung bei der Abstimmung und im Bestätigungsverfahren 99
           2.2.3.4. Verfügungsbeschränkungen 100
           2.2.3.5. Prüfung des Restrukturierungsplans 100
           2.2.3.6. Prüfung der Voraussetzungen für eine Vollstreckungssperre 100
   2.3. Auswahl und Bestellung des Restrukturierungsbeauftragten 101
3. Aufgaben des Restrukturierungsbeauftragten 102
   3.1. Allgemeines 102
   3.2. Trennung zwischen Bestellungsvoraussetzungen und den Aufgaben des Restrukturierungsbeauftragten 103

3.3. Abgrenzung zur Eigenverwaltung des Schuldners 104
    3.3.1. Problemstellung 104
    3.3.2. Keine Gleichstellung mit dem Schuldner im Konkursverfahren 104
    3.3.3. Teilweise Kontrolle 104
    3.3.4. Wahrung der Interessen betroffener Gläubiger 105
3.4. Grenzen aus den Pflichten des Restrukturierungsbeauftragten 106
    3.4.1. Problemstellung 106
    3.4.2. Ausarbeitung des Restrukturierungsplans 106
    3.4.3. Aushandlung des Restrukturierungsplans 107
3.5. Festlegung der Aufgaben 108
3.6. Typische Aufgaben 108
4. Pflichten und Verantwortlichkeit des Restrukturierungsbeauftragten 109
    4.1. Allgemeines 109
    4.2. Wahrnehmung des gemeinsamen Interesses der Beteiligten 109
    4.3. Haftung des Restrukturierungsbeauftragten 110
    4.4. Überwachung und Enthebung des Restrukturierungsbeauftragten 110
5. Ansprüche des Restrukturierungsbeauftragten 111
    5.1. Allgemeines 111
    5.2. Berechnung der Entlohnung des Restrukturierungsbeauftragten 111
    5.3. Verfahren 112
        5.3.1. Kostenvoranschlag und Kostenvorschuss 112
        5.3.2. Kostenbestimmungsantrag und Kostenbestimmung 113
    5.4. Absicherung der Entlohnung 113
6. Schluss 114

Nach der RIRL soll die Bestellung eines Restrukturierungsbeauftragten zur Überwachung der Tätigkeit eines Schuldners oder zur teilweisen Übernahme der Kontrolle über den täglichen Betrieb eines Schuldners nicht in jedem Fall zwingend sein, sondern im Einzelfall je nach den Umständen des Falles erfolgen. Der folgende Beitrag gibt einen ersten Überblick über die Voraussetzungen der ReO für die Bestellung eines Restrukturierungsbeauftragten und dessen Aufgaben.

1. Einleitung

1.1. Allgemeines

Die Grundsatzfrage des Insolvenzrechts, von wem die Verwaltungs- und Verfügungsbefugnisse im Hinblick auf das zur vollständigen Gläubigerbefriedigung unzulängliche Schuldnervermögen ausgeübt werden sollen,[1] stellt sich in abgewandelter Form auch für das Restrukturierungsverfahren. Die Richtlinie über Restrukturierung und Insolvenz (RIRL)[2] beantwortet sie dahingehend,

---

[1] Vgl *Riel* in *Konecny*, Kommentar zu den Insolvenzgesetzen (59. Lfg; 2018) § 169 IO Rz 89 mwN.

[2] Die Abkürzung „RIRL", die etwa die ErläutRV 950 BlgNR 27. GP 1 verwenden, geht offenbar auf einen Vorschlag von *Mohr*, Die Richtlinie über Restrukturierung und Insolvenz – ein kurzer Gesamtüberblick, ZIK 2019/115, 86 (86 FN 1 aE) zurück.

dass der Schuldner *ganz oder zumindest teilweise die Kontrolle über seine Vermögenswerte und den täglichen Betrieb seines Unternehmens behält* (Art 5 Abs 1 RIRL). Damit sollen „unnötige Kosten" vermieden, „dem frühzeitigen Charakter der präventiven Restrukturierung Rechnung" getragen und Schuldnern ein Anreiz geboten werden, „bei finanziellen Schwierigkeiten frühzeitig die präventive Restrukturierung zu beantragen".[3]

Dem Schuldner soll also – nach österr Terminologie – *grundsätzlich Eigenverwaltung* zustehen.[4]

Die für das Folgende wichtigste Vorgabe der RIRL ist, dass daher die *„Bestellung eines Restrukturierungsbeauftragten* zur Überwachung der Tätigkeit eines Schuldners oder zur teilweisen Übernahme der Kontrolle über den täglichen Betrieb eines Schuldners (...) *nicht in jedem Fall zwingend sein, sondern im Einzelfall je nach den Umständen des Falles* bzw. den besonderen Erfordernissen des Schuldners erfolgen" soll.[5] Die Verwaltungs- und Verfügungsbefugnis des Schuldners und die Bestellung eines Restrukturierungsbeauftragten sind also nach der RIRL (und noch deutlicher nach § 16 Abs 1 ReO) zwei Seiten derselben Medaille; die einschlägigen Regelungen müssen daher gemeinsam in den Blick genommen werden.

1.2. Vorgaben der RIRL
1.2.1. Zum Schuldner in Eigenverwaltung

Gem Art 5 Abs 1 RIRL müssen „Schuldner, die präventive Restrukturierungsverfahren in Anspruch nehmen, ganz oder zumindest teilweise die Kontrolle über ihre Vermögenswerte und den täglichen Betrieb ihres Unternehmens behalten." Nur „(f)alls erforderlich" wird gem Art 5 Abs 3 RIRL „über die Bestellung eines Restrukturierungsbeauftragten (...) im Einzelfall entschieden, außer unter bestimmten Umständen, für die die Mitgliedstaaten vorschreiben können, dass in jedem Fall zwingend ein Restrukturierungsbeauftragter zu bestellen ist".

Aus diesen Vorgaben ergibt sich dreierlei:

Erstens wäre im Bereich des Restrukturierungsverfahrens eine *vollständige Entmachtung* des Schuldners, wie sie zB das Sanierungsverfahren ohne Eigenverwaltung mit sich bringt,[6] *unionsrechtswidrig*.[7]

Zweitens soll „(d)ie Bestellung eines Restrukturierungsbeauftragten (...) nicht in jedem Fall zwingend sein, *sondern im Einzelfall je nach den Umständen des Falles* bzw. den besonderen Erfordernissen des Schuldners erfolgen".[8]

---

[3] ErwGr 30 RIRL. Nicht unähnlich wurde schon mit dem IRÄG 2010 die (in der Praxis leider viel zu wenig erfüllte) Hoffnung verbunden, dass die Eigenverwaltung im Sanierungsverfahren einen „Anreiz" zur rechtzeitigen Eröffnung des Insolvenzverfahrens bieten würde; vgl ErläutRV 612 BlgNR 24. GP 4 (IRÄG 2010).

[4] *Mohr*, ZIK 2019/115, 86 (87); *Jurgutyte-Ruez/Urthaler*, Der präventive Restrukturierungsrahmen in der Restrukturierungs-RL, ZIK 2019/116, 91 (93 f); *Mohr*, Das Restrukturierungsverfahren nach der ReO, ZIK 2021/93, 82 (86); s auch die Überschrift zu § 16 ReO.

[5] ErwGr 30 RIRL.

[6] Vgl dazu *Konecny*, Das Verfahrensgebäude der Insolvenzordnung, in *Konecny*, IRÄG 2010 (2010) 1 (9); *Lentsch* in *Koller/Lovrek/Spitzer*, IO (2019) § 167 Rz 2.

[7] Siehe nur *Jurgutyte-Ruez/Urthaler*, ZIK 2019/116, 91 (94).

[8] ErwGr 30 RIRL.

Drittens können die Mitgliedstaaten aber unter bestimmten, in Art 5 Abs 3 RIRL nicht abschließend (arg „zumindest")[9] angeführten Voraussetzungen die Bestellung eines Restrukturierungsbeauftragten im Einzelfall vorschreiben bzw ermöglichen.

1.2.2. Zum Restrukturierungsbeauftragten

Gem Art 2 Abs 1 Z 12 RIRL ist der Restrukturierungsbeauftragte „eine Person (...), die von einer Justiz- oder Verwaltungsbehörde bestellt wird, um insbesondere eine oder mehrere der folgenden Aufgaben zu erfüllen:

a) Unterstützung des Schuldners oder der Gläubiger bei der Ausarbeitung oder Aushandlung eines Restrukturierungsplans;

b) Überwachung der Tätigkeit des Schuldners während der Verhandlungen über einen Restrukturierungsplan und Berichterstattung an eine Justiz- oder Verwaltungsbehörde;

c) Übernahme der teilweisen Kontrolle über die Vermögenswerte oder Geschäfte des Schuldners während der Verhandlungen."

Aus diesen Vorgaben ergibt sich dreierlei:

Erstens wird der Restrukturierungsbeauftragte *bestellt*, nicht zB vom Schuldner beauftragt. Er ist auch sonst – wie sich auch aus Art 26, 27 RIRL[10] ergibt – einem Insolvenzverwalter zumindest verwandt.[11]

Zweitens kann der Restrukturierungsbeauftragte sehr heterogene Aufgaben haben, die sich – der zit Aufzählung folgend – zunächst in *unterstützende* (lit a), *überwachende* (lit b) und *verwaltende* (lit c) *Tätigkeiten* unterteilen lassen.[12]

Und *drittens* sind die *Aufgaben des Restrukturierungsbeauftragten* in der RIRL nicht abschließend aufgezählt (arg „insbesondere" in Art 2 Abs 1 Z 12 RIRL). Den Mitgliedstaaten kommt insofern ein erheblicher Regelungsspielraum zu.

1.3. Umsetzung im RIRUG

Gegen Ende der Beratungen zur RIRL wurde – unter österr Präsidentschaft – vom sehr schuldnerfreundlichen Ansatz der Vorentwürfe teilweise abgegangen und den Mitgliedstaaten die Möglichkeit eingeräumt, im Zuge der Umsetzung „die *Abwägung der Interessen von Schuldner und Gläubiger selbst zu bestimmen*".[13] Auch die *Konkretisierung der Eintrittsschwel-*

---

[9] ErwGr 30 RIRL erwähnt etwa, dass „der Restrukturierungsplan Maßnahmen enthält, die die Arbeitnehmerrechte berühren, oder (...) sich der Schuldner oder seine Unternehmensleitung in ihren Geschäftsbeziehungen kriminell, betrügerisch oder schädigend verhalten haben".

[10] Art 26 RIRL stellt die *practitioners in procedures concerning restructuring, insolvency and discharge of debt* (Überschrift) untereinander gleich.

[11] Nach *Thole*, Das Amt des Restrukturierungsbeauftragten – Umsetzungsperspektiven für den deutschen Gesetzgeber, ZRI 2020, 393 (394) sieht die RIRL den Restrukturierungsbeauftragten „als Unterfall des gerichtlich eingesetzten (Insolvenz-)Verwalters".

[12] *Thole*, ZRI 2020, 393; zu ergänzen sind nach der ReO Aufgaben zur Unterstützung des Gerichts; dazu unten Pkt 2.2.3.

[13] *Mohr*, ZIK 2019/115, 86.

le, insb der *likelihood of insolvency*, hat die RIRL den Mitgliedstaaten überlassen (Art 2 Abs 2 lit b RIRL).[14]

Das RIRUG nützt diesen Umsetzungsspielraum dahingehend aus, dass auch materiell insolvente, weil überschuldete Antragsteller Zugang zum Restrukturierungsverfahren haben[15] und gestaltet die *Zugangsvoraussetzungen* für das Restrukturierungsverfahren im internationalen Vergleich insgesamt sehr „*niederschwellig*" aus.[16] Der Schuldner muss bei Antragstellung noch nicht einmal einen Restrukturierungsplan vorlegen[17] und daher auch noch nicht die „betroffenen Gläubiger" benennen.

Weil sich materiell insolvente und „planlose" Schuldner aber nicht selten so verhalten, dass Nachteile für die Gläubiger zu besorgen sind, etwa weil sie unangemessene Verfügungen über ihr Vermögen treffen oder ihre laufenden Verbindlichkeiten nicht bezahlen, sieht das RIRUG *Kontroll- und Eingriffsmöglichkeiten des Gerichts* vor (vgl etwa § 16 Abs 2, § 30 ReO). Voraussetzung für die Erfüllung dieser Gerichtsaufgaben im Gläubigerinteresse ist regelmäßig eine möglichst *zeitnahe Kenntnis von der Gebarung des Schuldners*. Eine solche könnte sich zwar das Gericht auch selbst, etwa durch einen „Lokalaugenschein" (§ 368 ZPO iVm § 252 IO iVm § 5 ReO) im Unternehmen des Schuldners verschaffen, doch ist die Bestellung eines „Entsandten" des Gerichts zweifellos der effizientere, für Richter und Gläubiger(vertreter) „gewohntere" und insgesamt der österr Rechtstradition besser entsprechende Weg.[18]

Daher hat die ReO als *Gegengewicht zur niedrigen Eintrittsschwelle* bei der Abwägung der Interessen von Schuldner und Gläubiger nicht nur die Spielräume der RIRL in Richtung möglichst weitgehender, an Vorbilder aus dem Insolvenzrecht angelehnte Eingriffsmöglichkeiten des Gerichts ausgenützt, sondern in diesem Zusammenhang *auch dem Gericht einen weiten Spielraum bei der Entscheidung über die Bestellung eines Restrukturierungsbeauftragten eingeräumt*. Hervorzuheben sind dazu an dieser Stelle drei Regelungen, die bei unbefangener Lektüre der RIRL nicht zwingend nahe liegen, sich aber aus den eben skizzierten Entscheidungen des österr Gesetzgebers über die Ausübung der von der RIRL eingeräumten Wahlrechte erklären:

Erstens kann das Gericht dem Schuldner im Restrukturierungsverfahren gem § 16 Abs 2 ReO (ganz ähnlich wie dem Schuldner im Sanierungsverfahren mit Eigenverwaltung gem § 172 Abs 2 IO) bestimmte *Rechtshandlungen verbieten*.

Zweitens kann das Gericht gem § 9 Abs 3 ReO auch dann, wenn weder die an Art 5 Abs 3 RIRL angelehnten Voraussetzungen für die Bestellung eines Restrukturierungsbeauftragten gem § 9 Abs 1 ReO noch die Nachteile für die Gläubiger voraussetzenden Bestellungsgründe gem § 9 Abs 2 ReO vorliegen, *einen Restrukturierungsbeauftragten für nur beispielhaft genannte (arg „insbesondere") Aufgaben zur Unterstützung des Gerichts bzw des Verfahrens bestellen*.

---

14 *Mohr*, ZIK 2019/115, 86; *Jurgutyte-Ruez/Urthaler*, ZIK 2019/116, 91 (91 f).
15 Siehe nur ErläutRV 950 BlgNR 27. GP 1: „Der Schuldner kann (...) überschuldet im Sinne des Insolvenzrechts sein." Vgl dazu die Kritik *de lege ferenda* bei ÖRAK (Referent *Riel*), Stellungnahme zum ME 37/SN-96/ME 27. GP 2 f.
16 *Riel*, Restrukturierungs- und Insolvenz-Richtlinie-Umsetzungsgesetz, AnwBl 2021, 380.
17 Siehe § 8 Abs 2 ReO.
18 Siehe aus dt Sicht *Skauradszun*, Grundfragen zum StaRUG – Ziele, Rechtsnatur, Rechtfertigung, Schutzinstrumente, KTS 2021, 1 (41 f).

Und *drittens* enthalten die §§ 11–15 ReO Bestimmungen über Auswahl, Pflichten, Haftung, Enthebung und Entlohnung des Restrukturierungsbeauftragten, die stark an den entsprechenden Vorschriften der IO über den Sanierungsverwalter angelehnt sind, sodass der Restrukturierungsbeauftragte sehr deutlich als *„insolvenzverwalternah"* ausgestaltet wurde.

Eine schwächere („schuldnerfreundlichere") Ausgestaltung der Kontroll- und Eingriffsmöglichkeiten des Gerichts wäre nach der RIRL zwar möglich, aber nur dann sachgerecht gewesen, wenn durch eine erheblich höhere Eintrittsschwelle das Risiko deutlich reduziert worden wäre, dass Schuldner das Restrukturierungsverfahren in Anspruch nehmen, die den damit verbundenen Anforderungen mangels einschlägiger (Sanierungs-)Erfahrung oder schlicht mangels Erfüllung der nächstliegenden Voraussetzungen, zB was die Liquiditätsausstattung oder -planung betrifft, nicht gewachsen sind. Da dies – zumindest außerhalb des vereinfachten Restrukturierungsverfahrens gem § 45 ReO[19] – offenkundig nicht der Fall ist, *müssen die Restrukturierungsgerichte dafür sorgen, dass nicht „unter ihren Augen" zum Nachteil der Gläubiger dilettiert oder gar der Vermögensverfall noch beschleunigt wird.*

Diese Gerichtsaufgabe wird nicht selten dann am effizientesten erfüllt werden können, wenn ein Restrukturierungsbeauftragter bestellt wird.

2. Bestellung des Restrukturierungsbeauftragten

2.1. Allgemeines

2.1.1. Zuständigkeit des (Insolvenz-)Gerichts

Gem Art 2 Abs 1 Z 12 RIRL wird der Restrukturierungsbeauftragte „von einer Justiz- oder Verwaltungsbehörde bestellt." Nach § 9 Abs 1 ReO ist dafür das Gericht, und zwar das „nach § 63 IO" (§ 4 ReO), also das *Insolvenzgericht*, zuständig. Die „Spezialisierung und die Erfahrung der Insolvenzgerichte",[20] die ja auch und gerade die *Auswahl und Überwachung eines Verwalters* betrifft,[21] wird daher auch für Restrukturierungsverfahren nutzbar gemacht. Es geht dabei – wie nicht zuletzt die Verweise auf §§ 80a, 84 IO in § 11 Abs 1, § 12 Abs 2 ReO zeigen – um sehr ähnliche Fragen.

2.1.2. Verfahren, insbesondere die notwendigen Erhebungen

Nach der RIRL soll die Bestellung eines Restrukturierungsbeauftragten *„nicht in jedem Fall zwingend* sein, sondern im Einzelfall je nach den Umständen des Falles bzw den besonderen Erfordernissen des Schuldners erfolgen."[22] Anders als im Insolvenzverfahren vor dem Gerichtshof (§ 80 Abs 1 S 1 IO) wird daher im Restrukturierungsverfahren nicht notwendig zugleich mit der Einleitung des Verfahrens und auch nicht in jedem Verfahren ein „Verwalter" bestellt.

Vielmehr ist „im Einzelfall" (vgl Art 5 Abs 2 RIRL) über die Bestellung zu entscheiden.

---

19 Es ist daher insofern konsequent, dass im vereinfachten Restrukturierungsverfahren, das umfassend vorzubereiten ist, ein Restrukturierungsbeauftragter nicht bestellt werden kann (§ 45 Abs 5 ReO).
20 ErläutRV 950 BlgNR 27. GP 5.
21 *Riel*, Die Verwalterauswahl nach der österreichischen Insolvenzordnung, NZI 2017, 832 (833 f).
22 ErwGr 30 RIRL.

Die Bestellung eines Restrukturierungsbeauftragten setzt gem § 9 ReO voraus, dass zumindest einer der *Bestellungsgründe* der ReO[23] vorliegt. Diese begründen teilweise *zwingende Handlungspflichten des Gerichts* (§ 8 Abs 2, § 9 Abs 1 und Abs 2 ReO) und sind – wie die folgende grobe Einteilung zeigt – durchaus *heterogen*:

Erstens gibt es eine Bestellung über *Antrag* des Schuldners oder der Mehrheit der Gläubiger (§ 9 Abs 1 Z 3 ReO).

Zweitens gibt es Bestellungsgründe, die eine *Unterstützung des Schuldners und der Gläubiger* bei der Aushandlung und Ausarbeitung des Plans zum Ziel haben (§ 8 Abs 2, § 9 Abs 1 ReO).

Drittens muss ein Restrukturierungsbeauftragter bestellt werden, wenn Umstände bekannt sind, die erwarten lassen, dass die Eigenverwaltung zu *Nachteilen für die Gläubiger* führen wird (§ 9 Abs 2 ReO).

Viertens kann das Gericht einen Restrukturierungsbeauftragten *insb* für die in § 9 Abs 3 ReO aufgezählten Aufgaben bestellen.

Bereits diese Aufzählung zeigt, dass bei der Entscheidung über die Bestellung eines Restrukturierungsbeauftragten vielfältige Sachverhaltsaspekte und vor allem unterschiedliche, typischerweise durchaus *widersprüchliche Interessen zu* berücksichtigen sind. Das Gericht wird sich daher *möglichst frühzeitig* mit der Frage auseinandersetzen müssen, ob ein Restrukturierungsbeauftragter zu bestellen ist. Dafür spricht auch, dass – wenn ein Restrukturierungsbeauftragter zu bestellen ist – dieser seine Sachkunde zweckmäßigerweise möglichst von Anfang an in das Verfahren einbringen sollte.[24]

Das Gericht hat jedenfalls *Erhebungen* anzustellen, ob ein Restrukturierungsbeauftragter zu bestellen ist (§ 5 ReO iVm § 254 Abs 5 IO). Den Schuldner trifft dazu eine *umfassende Auskunftspflicht*, deren Verletzung für sich schon ein Grund für die Bestellung eines Restrukturierungsbeauftragten ist (§ 9 Abs 2 Z 1 ReO). Wenn im Antrag entsprechendes Vorbringen fehlt, sollte das Gericht dem Schuldner jedenfalls auftragen, anzugeben, ob

1. ein Antrag auf *Vollstreckungssperre* geplant ist (§ 9 Abs 1 Z 1 ReO) und welche Gläubiger unter die Vollstreckungssperre fallen sollen;
2. eine Zwischenfinanzierung, eine Transaktion oder eine neue Finanzierung[25] geplant sind (§ 9 Abs 3 Z 1 ReO);
3. innerhalb einer Gläubigerklasse *Widerstände einer qualifizierten Minderheit* (25 %) gegen den Restrukturierungsplan zu erwarten sind (§ 9 Abs 1 Z 2 ReO);
4. gegen den Schuldner oder die Leitung seines Unternehmens ein Ermittlungsverfahren wegen des Verdachts der Begehung einer mit Strafe bedrohten Handlung eingeleitet wurde (§ 9 Abs 2 Z 3 ReO).

Darüber hinaus sind – zweckmäßigerweise zugleich mit der Erstprüfung der Zahlungsfähigkeit (§ 7 Abs 3 ReO) – *der Antrag* und sonstige Erkenntnismittel, wie etwa die „Exekutionsdaten" (§ 7 Abs 3 ReO), die aus Anlass einer Entscheidung über eine Vollstreckungssperre

---

[23] Siehe zu diesen ausf gleich Pkt 2.2.
[24] Zutr *Deppenkamper*, Heute an morgen denken – der Restrukturierungsbeauftragte kommt! ZIP 2020, 1041 (1045).
[25] Zu diesen Begriffen näher *Jaufer/Painsi*, Restrukturierungsverfahren: (Neu-)Finanzierungen und Transaktionen, in *Konecny*, RIRUG (2021) Pkt 2. und 3.

erhobenen Informationen (§ 19 Abs 4 ReO) oder ein Akt über einen Insolvenzantrag, *daraufhin zu untersuchen*, ob Anhaltspunkte für die Annahme vorliegen, dass

1. schon mit der Einleitung des Verfahrens oder alsbald danach *Verfügungsbeschränkungen* gem § 16 Abs 2 ReO festzulegen sind (§ 9 Abs 3 Z 4 ReO), weil zB Zahlungsunfähigkeit zwar nicht „offenkundig" iSd § 7 Abs 3 ReO ist, aber auch nicht ausgeschlossen werden kann, weil gegen die Richtigkeit von Finanzplan oder Vermögensverzeichnis Bedenken bestehen (§ 9 Abs 2 Z 4 ReO) oder weil sich aus dem Finanzplan ergibt, dass der Schuldner beabsichtigt, Forderungen betroffener Gläubiger zu begleichen (§ 9 Abs 2 Z 5 ReO) oder Forderungen von Arbeitnehmern nicht zu bezahlen;

2. im Zusammenhang mit der Prüfung des Restrukturierungsplans gem § 30 ReO eine Prüfung durch einen Restrukturierungsbeauftragten erforderlich werden wird, zB wenn die bedingte Fortbestehensprognose (§ 30 Abs 1 letzter S ReO) oder das Vorbringen im Restrukturierungsplan zur Auswahl der betroffenen Gläubiger oder zur Klassenbildung unklar oder unschlüssig sind;

3. im Zusammenhang mit der Abstimmung über den Sanierungsplan ein *Bericht gem § 31 Abs 4 ReO* iVm § 146 IO über die voraussichtlichen Ergebnisse einer Durchführung des Insolvenzverfahrens oder eine *Prüfung der Forderungen* der Gläubiger notwendig werden wird (§ 9 Abs 3 Z 3 und Z 4 ReO), weil etwa schon aus dem Antrag erkennbar ist, dass auch typischerweise nicht professionell vertretene Gläubiger betroffen sind (und die Beiziehung der Gläubigerschutzverbände nicht gem § 31 Abs 2 S 1 ReO beantragt wird), weil betroffene Gläubiger mit nicht von Vornherein irrelevanten Stimmrechten den Vorschlag des Schuldners ablehnen oder weil Forderungen strittig sind.

Die zwingenden Bestellungsgründe gem § 9 Abs 1 und 2 ReO hat das Gericht während des ganzen Verfahrens zu beobachten. Auch von der fakultativen Bestellungsmöglichkeit gem § 9 Abs 3 ReO kann das Gericht jederzeit, auch noch im Bestätigungsverfahren (vgl § 9 Abs 1 Z 2 ReO) Gebrauch machen. Entsprechende Hinweise von Gläubigern (auch unter der Mehrheit gem § 9 Abs 1 Z 3 ReO) können Anlass zu *amtswegigen Erhebungen* zum Vorliegen von Bestellungsgründen sein.

2.2. Bestellungsgründe

2.2.1. Allgemeines

Unter der Überschrift „Bestellung eines Restrukturierungsbeauftragten" enthält § 9 ReO die Voraussetzungen unter denen das Gericht einen Restrukturierungsbeauftragten zu bestellen hat (§ 9 Abs 1 und Abs 2 ReO) oder bestellen kann (§ 9 Abs 3 ReO). Bei den zwingenden Bestellungsgründen gem § 9 Abs 1 und 2 ReO folgt das Gesetz den Vorgaben der RIRL und schöpft diese weitgehend aus.[26] Damit und insb mit den fakultativen Bestellungsgründen des § 9 Abs 3 ReO nützt das RIRUG ausweislich der Materialien ein „Wahlrecht" der RIRL, „um eine *objektive Überprüfung des Restrukturierungsplans* zu ermöglichen".[27]

---

26 Vgl ErläutRV 950 BlgNR 27. GP 7 f.
27 ErläutRV 950 BlgNR 27. GP 1.

2.2.2. Zwingende Bestellung eines Restrukturierungsbeauftragten (§ 9 Abs 1 und 2 ReO)

2.2.2.1. Allgemeines

§ 9 Abs 1 und Abs 2 fassen die Gründe zusammen, aus denen das Gericht einen Restrukturierungsbeauftragten *zu bestellen hat.*

§ 9 Abs 1 ReO übernimmt dabei den Katalog des Art 5 Abs 3 RIRL, der Fälle aufzählt, in denen Schuldner und Gläubiger der *Unterstützung* bei der Aushandlung und Ausarbeitung des Plans bedürfen. § 8 Abs 2 ReO ergänzt dies um den Sonderfall der besonderen Unterstützungsbedürftigkeit eines „planlosen" Schuldners. § 9 Abs 2 ReO nützt den Spielraum, den Art 5 Abs 2 und Abs 3 RIRL (arg „zumindest") einräumt und den ErwGr 30 aE RIRL voraussetzt, zur Erweiterung der zwingenden Bestellungsvoraussetzungen um Sachverhalte, die *Nachteile für die Gläubiger* erwarten lassen.

2.2.2.2. Bestellungsgründe gem § 9 Abs 1 ReO (Unterstützung des Schuldners und der Gläubiger)

2.2.2.2.1. Allgemeines

Die in § 9 Abs 1 ReO aufgezählten Fälle stammen – wie erwähnt – aus Art 5 Abs 3 RIRL.[28] Die Bestellung eines Restrukturierungsbeauftragten soll hier der *Unterstützung des Schuldners und der Gläubiger* bei der Aushandlung und Ausarbeitung des Plans dienen (vgl § 9 Abs 1 ReO, der insofern Art 5 Abs 3 RIRL und ErwGr 31 RIRL wiederholt).

Es geht um die Förderung von „Integrität und Effizienz des Prozesses durch eine dritte und neutrale Person als vermittelnde und koordinierende Instanz,[29] nicht um die Überwachung des Schuldners[30] und auch nicht um eine allseits akzeptierte Mediation. Auf einen einschlägigen *Unterstützungsbedarf*, über den Schuldner und Gläubiger wohl auch nicht immer einer Meinung sein werden,[31] kommt es im Bereich des § 9 Abs 1 ReO auch gar *nicht* an; es muss vielmehr einer der folgenden Gründe vorliegen, bei denen RL und Gesetz von der Notwendigkeit der Unterstützung des Schuldners und der Gläubiger ausgehen und daher die „zwingende Bestellung eines Restrukturierungsbeauftragten"[32] anordnen:

2.2.2.2.2. Vollstreckungssperre

Gem § 9 Abs 1 Z 1 ReO ist ein Restrukturierungsbeauftragter zu bestellen, wenn das Gericht *eine Vollstreckungssperre* bewilligt. Nach dem Gesetz ist *jede* Vollstreckungssperre gem §§ 19, 20 ReO Anlass für die Bestellung eines Restrukturierungsbeauftragten. Art 5 Abs 3 lit a RIRL handelt hingegen nur von einer allgemeinen Aussetzung („*general stay*") von Einzelvollstre-

---

28 ErläutRV 950 BlgNR 27. GP 7.
29 BT-Drucksache 19/24181, 169.
30 Die Überwachung des Schuldners kann aber einem gem § 9 Abs 1 ReO bestellten Restrukturierungsbeauftragten zusätzlich übertragen werden: s dazu unten Pkt 3.2.
31 Daher ist ein Antrag in den Fällen des § 9 Abs 1 Z 1 und 2 ReO nicht erforderlich, obwohl in Frage gestellt werden kann, ob „Unterstützung" aufgezwungen werden kann; vgl ablehnend BT-Drucksache 19/24181, 174.
32 ErwGr 31 RIRL.

ckungsmaßnahmen,[33] wie sie das RIRUG nur in § 44 Abs 3 ReO kennt.[34] In solchen Fällen ist das Verfahren so *insolvenzähnlich*, dass die Überwachung durch einen neutralen Dritten zur Unterstützung der Gläubiger jedenfalls geboten ist.[35]

Richtet sich die Vollstreckungssperre nur gegen einzelne (oder gar nur einen)[36] Gläubiger, liegen Insolvenznähe und Überwachungsnotwendigkeit weniger nahe, doch ist es ohnehin weitere Voraussetzung für die Bestellung eines Restrukturierungsbeauftragten gem § 9 Abs 1 Z 1 ReO, dass diese „zur *Wahrung der Interessen der Gläubiger*[37] *erforderlich* ist". Sind die von der Vollstreckungssperre betroffenen Gläubiger ohne weiteres in der Lage, ihren Interessen wirkungsvoll Geltung zu verschaffen, also zB professionell vertreten, ist die Bestellung eines Restrukturierungsbeauftragten eher nicht *zwingend* geboten; im umgekehrten Fall bedarf es aber eines Korrektivs zur Wahrung der Interessen dieser insofern schutzwürdigen Beteiligten,[38] dh zur Unterstützung der Gläubiger. Dies ist vor allem dann anzunehmen, wenn Gläubiger von der Vollstreckungssperre erfasst werden, die – wie insb Lieferanten oder Kleingläubiger – in einem Insolvenzverfahren typischerweise von Gläubigerschutzverbänden vertreten werden.[39]

2.2.2.2.3. Cram-Down

Gem § 9 Abs 1 Z 2 ReO ist ein Restrukturierungsbeauftragter zu bestellen, wenn die Bestätigung des Restrukturierungsplans eines *klassenübergreifenden Cram-Down* bedarf.

§ 9 Abs 1 Z 2 ReO greift damit, wenn der Schuldner den *Restrukturierungsplan gegen den Willen der Mehrheit in zumindest einer Gruppe* durchsetzen will. Da die Gruppenbildung dem Schuldner obliegt, ist eine Konstellation angesprochen, in der dem Restrukturierungsplan *ganz erheblicher Widerstand* begegnet.

Schuldner und Gläubiger bedürfen in dieser Situation ganz besonders der Unterstützung bei der Aushandlung des Plans. Im Bestätigungsverfahren ist es dafür freilich regelmäßig zu spät.[40] Die Bestimmung ist daher so zu lesen, dass ein Restrukturierungsbeauftragter schon dann zwingend zu bestellen ist, wenn die Bestätigung des Plans *voraussichtlich* eines klassenübergreifenden *Cram-Down* bedarf.[41]

---

33 Ebenso ErwGr 31 RIRL.
34 Dennoch kann sich § 9 Abs 1 Z 1 ReO zwanglos auf Art 5 Abs 2 und Abs 3 RIRL (arg „zumindest") stützen.
35 Vgl BT-Drucksache 19/24181, 170.
36 *Mohr*, ZIK 2021/93, 86.
37 Art 5 Abs 3 lit a RIRL stellt auf die „Interessen der *Parteien*" ab. Da aber die Vollstreckungssperre nur über Antrag des Schuldners angeordnet wird (§ 19 Abs 1 ReO) und § 9 Abs 1 Z 1 ReO nur greift, wenn eine Vollstreckungssperre bewilligt wurde, sind keine schutzwürdigen Interessen des Schuldners an der Nichtbestellung eines Restrukturierungsbeauftragten zu erkennen, wenn dieser im Gläubigerinteresse erforderlich ist.
38 Vgl BT-Drucksache 19/24181, 169.
39 Vgl instruktiv aus dt Sicht, wo Gläubigerschutzverbände keine mit der österr Praxis vergleichbare Rolle spielen, BT-Drucksache 19/24181, 170.
40 Im Bestätigungsverfahren, also nach der Abstimmung, bedürfen Schuldner und Gläubiger regelmäßig keiner Unterstützung mehr (vgl BT-Drucksache 19/24181, 171; *Jurgutyte-Ruez/Urthaler*, ZIK 2019/116, 91 [94]). Dafür mag eine Unterstützung der Entscheidungsfindung des Gerichts umso dringender sein.
41 Zutr *Mohr*, ZIK 2021/93, 86; vgl idS § 73 Abs 2 StaRUG und dazu BT-Drucksache 19/24181, 170.

RIRL und ReO ist damit die Wertung zu entnehmen, dass in *besonders konfliktträchtigen Situationen* die Bestellung eines Restrukturierungsbeauftragten besonders nahe liegt.

2.2.2.2.4. Antrag

Gem § 9 Abs 1 Z 3 ReO ist ein Restrukturierungsbeauftragter zu bestellen, wenn der *Schuldner oder die Mehrheit der Gläubiger* dies beantragen. Noch weniger als in den anderen Fällen des § 9 Abs 1 ReO dient die Bestellung hier der Überwachung des Schuldners; sie wäre dafür auch ungeeignet, weil die Kostenfolgen die „Gläubiger regelmäßig von einem Antrag abhalten" werden „und gerade die Schuldner, die eine Überwachung vermeiden wollen und daher besonders überwachungsbedürftig sind", keinen Antrag stellen werden.[42]

Der *Antrag des Schuldners* bedarf keiner weiteren Begründung. Zulässiger Antragsinhalt ist aber nur die Bestellung eines Restrukturierungsbeauftragten, *nicht* hingegen ein Vorschlag zur Person oder zu den Aufgaben des Restrukturierungsbeauftragten, über die allein das Gericht entscheidet.

Der *Antrag der Mehrheit der Gläubiger* bedarf – wie der des Schuldners – keiner weiteren Begründung und ist – ebenso wie der des Schuldners – auf die Bestellung als solche beschränkt; es gibt auch für die Gläubigermehrheit *kein Vorschlagsrecht* zu Person und Aufgaben des Restrukturierungsbeauftragten. Allerdings ist der Nachweis notwendig, dass die Antragsteller tatsächlich die „Mehrheit der Gläubiger" sind. Einzelne „Akkordstörer" sind damit nicht antragslegitimiert.

Aus dem Gesetz ergibt sich dazu nur, dass die Mehrheit „nach dem Betrag der Forderungen zu berechnen ist", es also auf „Köpfe" nicht ankommt. Das Mehrheitserfordernis selbst (einfache Mehrheit oder 75 % wie in § 33 Abs 1 ReO) und die für die Mehrheitsberechnung relevanten Gläubiger (alle [betroffenen] Gläubiger oder Mehrheit einer/jeder Gruppe) sind ungeregelt. ME sollte die *einfache Mehrheit der betroffenen Gläubiger einer Klasse* antragslegitimiert sein,[43] da sich der Plan für jede Gläubigergruppe anders auswirken und daher der Bedarf nach Unterstützung bei seiner Aushandlung und Ausarbeitung je nach Gruppe ganz unterschiedlich sein kann. Das gleich zu erörternde Kostenrisiko lässt Missbräuche nicht erwarten.

Über Antrag der Gläubigermehrheit ist ein Restrukturierungsbeauftragter nur zu bestellen, wenn die *Kosten des Beauftragten* von den die Bestellung beantragenden Gläubigern *getragen* werden und von diesen ein Kostenvorschuss erlegt wurde. Das Gesetz verlangt also *kumulativ* den Erlag eines Kostenvorschusses *und* eine (im Zweifel solidarische: § 348 UGB) Verpflichtung der Gläubiger zum Kostenersatz. Aus Letzterer folgt, dass die Kosten die antragstellenden Gläubiger endgültig zu tragen haben, wenn der Restrukturierungsplan nicht ausdrücklich eine Kostenübernahme durch den Schuldner vorsieht. Vereinbarungen über die (Höhe der) Entlohnung zwischen Gläubigern und Restrukturierungsbeauftragtem sind dennoch unzulässig (§ 15 Abs 2 ReO iVm § 125 Abs 5 IO).

---

[42] VID-Stellungnahme zum RefE SanInsFoG vom 2. 10. 2020, https://www.vid.de/wp-content/uploads/2020/10/VID-Stellungnahme-zum-RefE-SanInsFoG.pdf (abgefragt 28. 7. 2021) 55. Das ändert freilich nichts daran, dass dem über Antrag des Schuldners bestellten Restrukturierungsbeauftragten auch die Überwachung des Schuldners übertragen werden kann: s dazu unten Pkt 3.2.

[43] Auf die „Stimmrechte in einer Gruppe" stellt auch § 77 Abs 1 StaRUG ab.

2.2.2.2.5. Bestellung gem § 8 Abs 2 ReO

§ 8 Abs 2 ReO kennt einen weiteren Fall der zwingenden Bestellung eines Restrukturierungsbeauftragten zur Unterstützung des Schuldners. Es geht um den *„planlosen" Schuldner*,[44] der ohne Restrukturierungsplan in das Verfahren kommt und nicht einmal rechtzeitig eine Frist zur Vorlage eines solchen beantragt.[45] Das Gericht hat dann einen Restrukturierungsbeauftragten zu bestellen, der *den Schuldner bei der Ausarbeitung* des Restrukturierungsplans binnen der vom Gericht gesetzten Frist von höchstens 60 Tagen zu *unterstützen* hat.[46]

2.2.2.3. Bestellungsgründe gem § 9 Abs 2 ReO (Nachteile für die Gläubiger)

Gem § 9 Abs 2 ReO hat das Gericht einen Restrukturierungsbeauftragten zu bestellen, wenn Umstände bekannt sind, die erwarten lassen, dass die Eigenverwaltung zu *Nachteilen für die Gläubiger* führen wird.

Damit nützt das RIRUG die in Art 5 Abs 2 RIRL eingeräumte Möglichkeit aus, *„weitere Fälle einer zwingenden Bestellung* des Restrukturierungsbeauftragten vorzusehen".[47] Die ReO erfasst nicht nur die der RIRL vorschwebenden Fälle, dass „sich der *Schuldner* oder seine Unternehmensleitung in ihren Geschäftsbeziehungen kriminell, betrügerisch oder *schädigend* verhalten haben",[48] sondern stellt – nach dem Vorbild von § 170 Abs 1 Z 1 IO[49] – auf die *Perspektive der Gläubiger* ab. Von diesen sollen Nachteile durch die Bestellung eines Restrukturierungsbeauftragten unabhängig von einem dolosen Schuldnerhandeln abgewendet werden.

Die Abwendung von Nachteilen für die Gläubiger ist der alleinige Bestellungsgrund gem § 9 Abs 2 ReO. Solchen Nachteilen wird nämlich zumindest im ersten Schritt am besten durch eine *Überwachung des Schuldners* durch einen Restrukturierungsbeauftragten (§ 14 Z 2 ReO) begegnet.

Weil die *„Gefahrenquellen"*, die von einem Schuldner in schlechter wirtschaftlicher Situation typischerweise ausgehen, vielfältig sind, sieht § 9 Abs 2 Z 2 ReO (in fast wörtlicher Übereinstimmung mit den Voraussetzungen des § 170 Abs 1 Z 1 IO) vor, dass ein Restrukturierungsbeauftragter zu bestellen ist, „wenn Umstände bekannt sind, die erwarten lassen, dass die *Eigenverwaltung zu Nachteilen für die Gläubiger* führen wird, *insbesondere wenn* (...) der *Schuldner den Interessen der Gläubiger zuwiderhandelt*". Wie bei § 170 IO gibt es damit eine

---

44 ÖRAK (Referent *Riel*), Stellungnahme zum ME 37/SN-96/ME 27. GP 6.
45 Auf die Versäumnis dieses Antrages kommt es nach ErläutRV 950 BlgNR 27. GP 7 an. § 8 Abs 2 ReO ist wohl dahingehend zu verstehen, dass das Gericht dann, wenn mit dem Antrag kein Restrukturierungsplan vorgelegt wird *und* im Antrag auch keine Frist für die Vorlage des Restrukturierungsplans beantragt wird, zunächst einen Kostenvorschuss aufzutragen hat. Innerhalb der für den Erlag des Kostenvorschusses gesetzten Frist kann der Schuldner einen Antrag auf Einräumung einer Frist für die Vorlage des Restrukturierungsplans beantragen. Ein Restrukturierungsbeauftragter ist nur zu bestellen, wenn bis zum Ablauf der für den Erlag des Kostenvorschusses gesetzten Frist kein Antrag auf Einräumung einer Frist für die Vorlage des Restrukturierungsplans gestellt *und* ein Kostenvorschuss erlegt wird (vgl ErläutRV 950 BlgNR 27. GP 7). Wird der Kostenvorschuss nicht erlegt, ist das Verfahren einzustellen (§ 41 Abs 2 Z 5 ReO).
46 Näher unten Pkt 3.4.2.
47 ErläutRV 950 BlgNR 27. GP 7 f.
48 ErwGr 30 aE RIRL.
49 ErläutRV 950 BlgNR 27. GP 8.

"Generalklausel in der Generalklausel", die dem Gericht einen weiten Beurteilungsspielraum eröffnet.[50]

§ 9 Abs 2 ReO erläutert diesen Grundtatbestand durch einige *Beispiele*, bei denen nach der zutr Einschätzung des RIRUG Nachteile für die Gläubiger besonders nahe liegen:

1. Verletzung von *Mitwirkungs- und Auskunftspflichten* (§ 9 Abs 2 Z 1 ReO), etwa wenn „der Schuldner Anfragen zur Bezahlung der nach Einleitung des Restrukturierungsverfahrens entstandenen Forderungen oder Fragen zu dem Restrukturierungsplan oder -konzept nicht beantwortet",[51] weil das Gericht bei mangelnder Kooperation des Schuldners seine Aufgaben am effizientesten erfüllen kann, wenn es einen Restrukturierungsbeauftragten bestellt;

2. Ermittlungsverfahren wegen des *Verdachts strafbarer Handlungen* (§ 9 Abs 2 Z 3 ReO), da möglicherweise strafrechtswidriges Verhalten des Schuldners oder seiner Organe in der Vergangenheit Misstrauen hinsichtlich der Gestion in der Restrukturierungsphase rechtfertigt;[52]

3. Notwendigkeit der *Überprüfung des Finanzplans* im Interesse der Gläubiger (§ 9 Abs 2 Z 4 ReO), da der Finanzplan ebenso wichtig wie „fehleranfällig" und zu besorgen ist, dass ein Schuldner, dessen Zahlen nicht stimmen, seine wirtschaftliche Tätigkeit auch sonst nicht „im Griff" hat,[53] sodass der Finanzplan bis auf ganz klare Fälle überprüft werden muss, was das Gericht regelmäßig nicht selbst leisten kann;[54]

4. Zahlung oder Sicherstellung betroffener Gläubiger und Nichtzahlung von nach Einleitung des Verfahrens entstandenen Forderungen (§ 9 Abs 2 Z 5 ReO), da *rechtswidrige oder zumindest verfahrensunangemessene Zahlungen* (vgl dazu auch § 25 Abs 1 S 2 ReO) ebenso wie das Nichtzahlen der laufenden Verbindlichkeiten entweder auf Unkenntnis der „Spielregeln" oder unzureichende liquide Mittel (oder beides) zurückzuführen sind, und jedenfalls das Einschreiten eines Dritten erfordert, der die rechtlichen und faktischen Anforderungen und Grenzen einer „Insolvenzgestion" kennt.

Darüber hinaus führt aber auch jedes andere *Handeln wider die Interessen der Gläubiger* (§ 9 Abs 2 Z 2 ReO), das Nachteile für diese erwarten lässt, zur zwingenden Bestellung eines Restrukturierungsbeauftragten. Im Ergebnis rechtfertigt damit die begründete Einschätzung des Gerichts, dass *eine Überwachung des Schuldners* (§ 14 Z 2 ReO) zur Vermeidung von Nachteilen für die Gläubiger *notwendig* ist, die Bestellung eines Restrukturierungsbeauftragten.

Die Intensität der Überwachung hat das Gericht in einem zweiten Schritt festzulegen (§ 14 HS 1 ReO).[55]

---

[50] Siehe dazu näher *Riel* in *Konecny*, Insolvenzgesetze § 170 IO Rz 4 und 27.
[51] ErläutRV 950 BlgNR 27. GP 8.
[52] Vgl ErwGr 30 aE RIRL wonach die Mitgliedstaaten die zwingende Bestellung eines Restrukturierungsbeauftragten vorsehen können, „wenn sich der Schuldner oder seine Unternehmensleitung in ihren Geschäftsbeziehungen *kriminell, betrügerisch oder schädigend verhalten haben*".
[53] *Riel* in *Konecny*, Insolvenzgesetze §§ 171, 172 IO Rz 14 mwN.
[54] Vgl ÖRAK (Referent *Riel*), Stellungnahme zum ME 37/SN-96/ME 27. GP 7.
[55] Dazu unten Pkt 3.

2.2.3. Fakultative Bestellung eines Restrukturierungsbeauftragten (§ 9 Abs 3 ReO)

2.2.3.1. Allgemeines

Gem § 9 Abs 3 ReO kann das Gericht, wenn die zwingenden Bestellungsgründe gem § 9 Abs 2 und 3 ReO nicht vorliegen, „im Einzelfall über die Bestellung eines Restrukturierungsbeauftragten entscheiden".[56]

Das Gesetz enthält dazu keine ausdrücklichen weiteren Voraussetzungen, zählt aber „einige Beispiele demonstrativ auf".[57] Aus diesen ergibt sich, dass es primär um die Erfüllung von Aufgaben geht, bei denen *der Restrukturierungsbeauftragte das Gericht unterstützt*, das zB eine Zwischenfinanzierung oder eine Transaktion genehmigen (§ 18 Abs 1 und 2 ReO), über das Kriterium des Gläubigerinteresses entscheiden (§ 34 Abs 2, § 35 ReO), Verfügungsbeschränkungen anordnen und überwachen (§ 16 Abs 2 ReO) oder eine Stimmrechtsentscheidung treffen (§ 32 Abs 4 ReO iVm § 93 Abs 4 IO) muss.

All das könnte das Gericht wohl auch ohne Bestellung eines Restrukturierungsbeauftragten tun, doch ist die Bestellung eines „Entsandten" des Gerichts zweifellos der effizientere Weg.[58] Das RIRUG geht zutr davon aus, dass Art 5 Abs 3 RIRL nicht abschließend (arg „zumindest") und eine „gerichtsentlastende Rolle des Restrukturierungsbeauftragten (...) in der Richtlinie angelegt"[59] ist. Das damit begründete „Wahlrecht" hat der Gesetzgeber dazu genutzt, eine *„objektive Überprüfung des Restrukturierungsplans zu ermöglichen"*.[60]

Die Bestellung eines Restrukturierungsbeauftragten gem § 9 Abs 3 ReO ist damit primär dann möglich und geboten, wenn das Gericht der Ansicht ist, dass für die *vertiefte materielle Prüfung*[61] im eröffneten Verfahren *Sachverhaltselemente durch einen sachkundigen, objektiven Dritten aufgearbeitet* werden müssen. Dies betrifft etwa die Prüfung des Sanierungsplans gem § 30 ReO, die (Vorbereitung der) Abstimmung und das Bestätigungsverfahren, in das die ReO eine Vielzahl von Fragen „verpackt".

Der Entscheidungsspielraum des Gerichtes ist sehr weit. Außerhalb des vereinfachten Restrukturierungsverfahrens, in dem ein Restrukturierungsbeauftragter nicht zu bestellen ist (§ 45 Abs 5 ReO), ist kaum ein Fall denkbar, in dem zB ein Bericht gem § 31 Abs 4 ReO iVm § 146 IO die Abstimmung und das Bestätigungsverfahren nicht unterstützen würde. Auch das Unionsrecht setzt hier mE keine Grenzen, da Art 5 RIRL nur verlangt, dass über die Bestellung des Restrukturierungsbeauftragten „im Einzelfall" entschieden wird, was § 9 Abs 3 ReO so bestimmt, und dass der Schuldner „zumindest teilweise" verfügungsbefugt ist, was erstens von einer gerichtsunterstützenden Tätigkeit des Restrukturierungsbeauftragten völlig unberührt bleibt und zweitens keine Frage der Bestellung eines Restrukturierungsbeauftragten an sich, sondern der davon zu unterscheidenden Bestimmung seiner Aufgaben (§ 14 Abs 1 ReO) ist.

---

[56] ErläutRV 950 BlgNR 27. GP 8.
[57] ErläutRV 950 BlgNR 27. GP 8.
[58] Vgl *Skauradszun*, KTS 2021, 1 (41 f).
[59] BT-Drucksache 19/24181, 171 unter Hinweis auf ErwGr 68 und Art 8 Abs 1 lit h RIRL.
[60] ErläutRV 950 BlgNR 27. GP 1, 7.
[61] ErläuRV 950 BlgNR 27. GP 7.

Zusammenfassend kann das Gericht – gestützt auf § 9 Abs 3 ReO – immer dann einen Restrukturierungsbeauftragten bestellen, wenn es nach pflichtgemäßem Ermessen der Ansicht ist, dass dies zur Unterstützung des Gerichts, insb zur *objektiven Überprüfung des Restrukturierungsplans*[62] erforderlich ist.

Insb gilt das in folgenden Fällen:

2.2.3.2. Prüfung von Zwischenfinanzierungen, Transaktionen und neuen Finanzierungen

Gem § 9 Abs 3 Z 1 ReO kann ein Restrukturierungsbeauftragter zur *Prüfung* einer Zwischenfinanzierung (§ 18 Abs 1 ReO), einer Transaktion (§ 18 Abs 2 ReO) oder einer neuen Finanzierung (§ 36a Abs 3 IO) bestellt werden.

Diesen Fällen ist gemeinsam, dass der *Anfechtungsschutz* gem §§ 36a, 36b IO voraussetzt, dass die geplante Maßnahme vom Gericht genehmigt (§ 36a Abs 2 IO für Zwischenfinanzierungen und § 36b Abs 1 IO für Transaktionen während des Restrukturierungsverfahrens) oder im Bestätigungsverfahren (mit positivem Ergebnis) geprüft wurde (§ 36a Abs 2, § 34 Abs 1 Z 4 ReO für neue Finanzierungen). Das Gericht muss daher Entscheidungen treffen, die potentiell *erhebliche Auswirkungen auf nicht betroffene Gläubiger* haben, die nach Scheitern der Restrukturierung als Insolvenzgläubiger den Anfechtungsschutz gegen sich gelten lassen müssen, ohne ihre Rechte im Restrukturierungsverfahren verteidigen zu können.

Die Prüfung solcher Maßnahmen durch einen Restrukturierungsbeauftragten, der *Sachkenntnisse sowohl der Finanzierung eines Fortbetriebes als auch der Insolvenzanfechtung* hat, kann das Risiko erheblich reduzieren, dass das Gericht zu Lasten nicht betroffener Gläubiger unangemessene Verfügungen des Schuldners genehmigt, und sich daher schon zur Vermeidung von Amtshaftungsansprüchen empfehlen.

2.2.3.3. Unterstützung bei der Abstimmung und im Bestätigungsverfahren

Gem § 9 Abs 3 Z 2 und Z 4 ReO kann ein Restrukturierungsbeauftragter zur Erstattung eines Berichts über die voraussichtlichen Ergebnisse einer Durchführung des Insolvenzverfahrens und zur Prüfung von Forderungen, gegen die Einwendungen vorgebracht worden sind, bestellt werden.

Beides dient der Unterstützung des Gerichts, das die Abstimmung über den Restrukturierungsplan zu leiten[63] sowie über Stimmrecht und Abstimmungsergebnis (§ 32 Abs 4 ReO) und insb über die Bestätigung des Restrukturierungsplans (§ 34 Abs 1 S 1 ReO) zu entscheiden hat.

Gleichgelagerter Unterstützungsbedarf des Gerichts kann sich etwa bei der im Bestätigungsverfahren anzustellenden Prüfung ergeben, ob der Schuldner die nicht unter den Restrukturierungsplan fallenden fälligen und feststehenden Forderungen bezahlt hat (§ 34 Abs 3 Z 3 ReO), die ohne Erhebungen im Unternehmen kaum durchzuführen ist.

---

62 ErläutRV 950 BlgNR 27. GP 1.
63 Arg „in einer Tagsatzung" in § 31 Abs 1 ReO.

2.2.3.4. Verfügungsbeschränkungen

Gem § 9 Abs 3 Z 4 ReO kann ein Restrukturierungsbeauftragter bei Festlegung von Verfügungsbeschränkungen bestellt werden.

Damit bezieht sich das Gesetz auf § 16 Abs 2 ReO, nach dem das Gericht dem Schuldner bestimmte *Rechtshandlungen ohne Zustimmung des Restrukturierungsbeauftragten verbieten* kann. Das Gericht kann so zB eine Aufgabenverteilung etablieren, die in etwa § 171 Abs 1 IO entspricht,[64] was etwa dann geboten sein kann, wenn Schuldner oder Berater „offenkundig überfordert" sind,[65] oder wenn aus anderen Gründen Nachteile für die Gläubiger zu besorgen sind.

2.2.3.5. Prüfung des Restrukturierungsplans

Die dem Gericht übertragene *Vorprüfung des Restrukturierungsplans* gem § 30 ReO auf Sachgemäßheit der Auswahl der betroffenen Gläubiger und der Gruppenbildung und auf Plausibilität der bedingten Fortbestehensprognose gehört zweifellos zu den *schwierigsten Aufgaben*, die das Gericht im Restrukturierungsverfahren hat. Gem § 30 Abs 1 letzter S ReO kann es mit „der Prüfung nach § 27 Abs. 2 Z 8" ReO den Restrukturierungsbeauftragten oder einen Sachverständigen beauftragen.[66]

Das Gericht kann daher – obwohl der Katalog des § 9 Abs 3 ReO diesen Fall nicht ausdrücklich erwähnt[67] – auch zur Unterstützung der Vorprüfung des Restrukturierungsplans gem § 30 ReO einen Restrukturierungsbeauftragten bestellen (arg insb in § 9 Abs 3 ReO) und ihm etwa die Erstattung eines *Berichts zu den Voraussetzungen des § 30 ReO* auftragen.

Dies gilt sinngemäß für § 38 Abs 2 ReO, wonach das Gericht den Restrukturierungsbeauftragten mit der Bewertung des Unternehmens oder der Vermögenswerte des Schuldners beauftragen kann.

2.2.3.6. Prüfung der Voraussetzungen für eine Vollstreckungssperre

Gem § 22 Abs 2, § 23 Abs 1 ReO ist der Restrukturierungsbeauftragte legitimiert, die Verlängerung oder die Aufhebung der Vollstreckungssperre zu beantragen.

Die ReO geht also davon aus, dass ein Restrukturierungsbeauftragter grundsätzlich geeignet ist, die Voraussetzungen einer Vollstreckungssperre zu überprüfen, weshalb es nahe liegt, einen Restrukturierungsbeauftragten gem § 9 Abs 3 ReO schon im Zuge des Verfahrens über den Antrag des Schuldners auf Bewilligung einer Vollstreckungssperre zur Prüfung der Voraussetzungen gem § 19 Abs 2 ReO zu bestellen. Umso mehr kann ein Restrukturierungsbeauftragter mit der Prüfung der Voraussetzungen für eine Verlängerung der Vollstreckungssperre gem § 22 Abs 2 ReO beauftragt werden.

---

[64] Vgl unten Pkt 3.3.3.
[65] VID-Stellungnahme zum RefE SanInsFoG vom 2. 10. 2020, 64.
[66] Nach den ErläutRV 950 BlgNR 27. GP 18 macht das RIRUG damit von der Option nach Art 8 Abs 1 lit h S 2 RIRL Gebrauch.
[67] Anders noch § 9 Abs 3 Z 2 ReO idF ME RIRUG 2021, 96/ME 27. GP.

2.3. Auswahl und Bestellung des Restrukturierungsbeauftragten

Die *Auswahl* des Restrukturierungsbeauftragten kann für „die Stakeholder des Restrukturierungsprozesses (...) von großer Bedeutung sein".[68] Sie obliegt – in Übereinstimmung mit dem bewährten *Organisationsmodell der „doppelten Unabhängigkeit",*[69] wonach der unabhängige Richter den (vor allem deshalb) unabhängigen Verwalter bestimmt[70] – allein dem Gericht. Es gibt *kein Vorschlags- und kein Anhörungsrecht* der Gläubiger oder des Schuldners, der seinen Restrukturierungsbeauftragten daher nicht „mitbringen"[71] kann.

Das Auswahlermessen des Gerichts wird in § 11 ReO in ganz ähnlicher Weise determiniert, wie in §§ 80a, 80b IO.[72] Wie der Insolvenzverwalter der IO muss der Restrukturierungsbeauftragte *verlässlich,*[73] sachkundig und unabhängig sein (§ 11 Abs 1 und Abs 2 ReO). Zulässig ist auch die Bestellung einer juristischen Person oder einer eingetragenen Personengesellschaft.

In erster Linie ist aus der *Liste der Restrukturierungsbeauftragten* (§ 46 ReO)[74] auszuwählen.[75]

Nach den Materialien kommen „unter anderem Rechtsanwälte, Wirtschaftstreuhänder, Bilanzbuchhalter und Unternehmensberater in Betracht".[76] Wichtiger als eine Berufsbefugnis sind Fachkenntnisse (§ 11 Abs 1 ReO) und va „Kenntnisse im Insolvenzwesen" (§ 80 Abs 2 IO), die nur durch die erfolgreiche Abwicklung mehrerer Insolvenzverfahren erworben werden können.[77] Dies ist auch die Sicht der RIRL, die neben der Sachkunde die *Erfahrung des Verwalters* betont (Art 26 Abs 1 lit c RIRL) und zB für Fälle mit grenzüberschreitenden Bezügen die Fähigkeit des Verwalters einfordert, mit Insolvenzverwaltern anderer Mitgliedstaaten zusammenzuarbeiten.[78]

Die Bestellung eines Restrukturierungsbeauftragten kann schon zugleich mit der Einleitung des Verfahrens oder in dessen Verlauf, auch noch im Bestätigungsverfahren (vgl § 9 Abs 1 Z 2 ReO), erfolgen. Sie erfolgt mit Beschluss (vgl § 9 Abs 5 ReO), der *Name und Anschrift des Restrukturierungsbeauftragten* (vgl § 27 Abs 2 Z 2 ReO) und zweckmäßigerweise die Angaben gem § 44 Abs 1 Z 5 ReO, § 74 Abs 2 Z 6 IO enthält.

In der Begründung ist der Bestellungsgrund darzulegen.

---

68 *Flöther,* Der Restrukturierungsbeauftragte: Neue Figur im altbekannten Gewand? NZI Beilage 1/2021, 48 (50).
69 Treffende Begriffsbildung von *Jelinek,* Strukturen konkursverfahrensrechtlicher Organisationsentscheidungen, in FS Krejci (2001) 1789 (1807).
70 Näher *Riel,* NZI 2017, 832 (833 mwN), insb auf die ErläutRV 988 BlgNR 21. GP 14 (InsNov 2002), wonach es die „Gefahr eines Missbrauchs erheblich vergrößern würde", wenn „Großgläubiger einen ihnen genehmen Verwalter durchsetzen würden".
71 Vgl BT-Drucksache 19/24181, 172.
72 ErläutRV 950 BlgNR 27. GP 9; vgl daher zu den hier nicht zu wiederholenden Einzelheiten *Riel,* NZI 2017, 832 (834 ff mwN).
73 Oder „integer"; so ErwGr 87 RIRL.
74 https://restrukturierungsbeauftragte.justiz.gv.at/edikte/rv/rvliste.nsf/Suche!OpenForm (abgefragt 28. 7. 2021).
75 ErläutRV 950 BlgNR 27. GP 9. Dass auch außerhalb der Liste der Restrukturierungsbeauftragten bestellt werden kann, ergibt sich trotz des Wortlautes des § 11 Abs 1 S 1 ReO aus dem Verweis auf § 80a Abs 3 IO.
76 ErläutRV 950 BlgNR 27. GP 9; in den Erläuterungen zum ME RIRUG 2021, 96/ME 27. GP kamen die Bilanzbuchhalter noch nicht vor, deren gesetzlicher Berechtigungsumfang (§ 2 BiBuG 2014) die Tätigkeit als Restrukturierungsbeauftragter zumindest nicht nahelegt.
77 *Riel,* NZI 2017, 832 (835 mwN).
78 ErwGr 88 RIRL.

Weiters hat das Gericht zumindest die *ersten Aufgaben des Restrukturierungsbeauftragten* zugleich mit der Bestellung festzulegen (§ 16 Abs 1 ReO).[79] Der Beschluss ist dem Schuldner und den bekannten betroffenen Gläubigern (§ 9 Abs 5 ReO) sowie dem Restrukturierungsbeauftragten selbst *zuzustellen*.

Eine *Veröffentlichung* erfolgt nur im Europäischen Restrukturierungsverfahren (§ 44 Abs 1 Z 5 ReO) und dann gem § 44 Abs 9 ReO in der *Ediktsdatei*, nicht in der Insolvenzdatei,[80] und „zusätzlich" im Insolvenzregister gem Art 24 EuInsVO 2015.[81] Sonst bleibt das Verfahren auch insofern „*geheim*".[82] Insb ist eine Eintragung des Restrukturierungsbeauftragten im Firmenbuch nicht vorgesehen.

Außerhalb des Europäischen Restrukturierungsverfahrens ist *für den Geschäftsverkehr* daher *nicht erkennbar*, dass und mit welchen Aufgaben ein Restrukturierungsbeauftragter und wer bestellt wurde.

Gegen die Bestellung ist ein *Rekurs* zulässig. Rekurslegitimiert sind der Restrukturierungsbeauftragte selbst, der Schuldner und *die (aktuell) betroffenen Gläubiger* (vgl § 9 Abs 5, § 13 ReO). Im Rekurs kann insb vorgebracht werden, dass keine Bestellungsgründe vorliegen, also gar kein Restrukturierungsbeauftragter zu bestellen wäre. Der Rekurs hat keine aufschiebende Wirkung (§ 524 Abs 1 ZPO iVm § 252 IO iVm § 5 ReO). Daneben kann jederzeit die Enthebung des Restrukturierungsbeauftragten beantragt werden.[83]

3. Aufgaben des Restrukturierungsbeauftragten

3.1. Allgemeines

RIRL und ReO enthalten *keine taxative Aufzählung* der möglichen Aufgaben des Restrukturierungsbeauftragten (arg „insbesondere" in Art 2 Abs 1 Z 12 RIRL und § 14 ReO).[84] Vielmehr hat das *Gericht die Aufgaben des Restrukturierungsbeauftragten festzulegen* (§ 14 HS 1 ReO).

Als *mögliche* Aufgaben nennt § 14 ReO, in enger Anlehnung an die Aufzählung in Art 2 Abs 1 Z 12 RIRL:[85]

1. die *Unterstützung* des Schuldners oder der Gläubiger bei der Ausarbeitung oder Aushandlung eines Restrukturierungsplans;
2. die *Überwachung* der Tätigkeit des Schuldners während der Verhandlungen über einen Restrukturierungsplan und die Berichterstattung an das Gericht;

---

[79] Dazu unten Pkt 3.5.
[80] So soll der Eindruck vermieden werden, das Restrukturierungsverfahren wäre ein „Insolvenzverfahren ieS": ErläutRV 950 BlgNR 27. GP 24.
[81] So ausdrücklich ErläutRV 950 BlgNR 27. GP 24. Art 24 Abs 1 EuInsVO 2015 lässt „mehrere Register" der Mitgliedstaaten zu. Zum Insolvenzregister vgl Art 24 ff EuInsVO 2015 und zum Stand der Bemühungen https://beta.e-justice.europa.eu/110/DE/bankruptcy_and_insolvency_registers (abgefragt 28. 7. 2021).
[82] Vgl ErläutRV 950 BlgNR 27. GP 6 zu § 5 ReO.
[83] § 13 ReO und dazu unten Pkt 4.4.
[84] ErläutRV 950 BlgNR 27. GP 9; *Mohr*, ZIK 2021/93, 82 (87).
[85] Vgl ErläutRV 950 BlgNR 27. GP 9.

3. die *Übernahme der teilweisen Kontrolle* über die Vermögenswerte oder Geschäfte des Schuldners während der Verhandlungen, insb die Erteilung von Zustimmungen zu Rechtshandlungen des Schuldners nach § 16 Abs 2 ReO.

Dazu kommt – wie aus § 9 Abs 3 ReO folgt[86] –

4. die *Unterstützung* des Gerichts durch Erhebung entscheidungsrelevanter Sachverhalte und Erstattung von Berichten.

Das Gericht „kann darüber hinaus *weitere Aufgaben* des Restrukturierungsbeauftragten festlegen."[87] Das Gericht kann also dem Restrukturierungsbeauftragten je nach Notwendigkeit ganz unterschiedliche Aufgaben übertragen. Der damit eröffnete *weite Ermessensspielraum* des Gerichts ist in der ReO nur ansatzweise determiniert. Dies passt zu einem Verfahren, das vom überschuldeten und „planlosen" bis zum perfekt vorbereiteten Schuldner ganz unterschiedliche Anforderungen bewältigen muss.

Im Folgenden werden zunächst die Grenzen des gerichtlichen Ermessens bei der Bestimmung der Aufgaben des Restrukturierungsbeauftragten untersucht, die sich im Wesentlichen aus einer systematischen Auslegung der ReO ergeben. Anschließend wird der Versuch unternommen, typische Aufgaben des Restrukturierungsbeauftragten zu skizzieren.

3.2. Trennung zwischen Bestellungsvoraussetzungen und den Aufgaben des Restrukturierungsbeauftragten

Thole hat zutr darauf hingewiesen, dass bei Umsetzung der RIRL die Fragen systematisch zu trennen sind, ob ein Restrukturierungsbeauftragter zu bestellen ist und welche Aufgaben ein bestellter Restrukturierungsbeauftragter hat.[88] So kann das Gericht mit der Überprüfung der Bestandsfähigkeit (ie der bedingten Fortbestehensprognose) den Restrukturierungsbeauftragten beauftragen (§ 30 Abs 1 letzter S ReO), *„if such a practitioner is appointed"* (Art 8 Abs 1 lit h RIRL).[89]

Das RIRUG regelt die Bestellungsvoraussetzungen in § 8 Abs 2, § 9 ReO und – davon getrennt – die Aufgaben des Restrukturierungsbeauftragten in § 14 ReO, ohne sich dort auf die Bestellungsgründe zu beziehen. *Der konkrete Bestellungsgrund beschränkt damit als solcher nicht den Kreis der möglichen Aufgaben des Restrukturierungsbeauftragten*,[90] auch wenn natürlich einem gem § 9 Abs 2 ReO (Nachteile für die Gläubiger) bestellten Restrukturierungsbeauftragten typischerweise andere Aufgaben, etwa die Überwachung des Schuldners gem § 14 Z 2 ReO, übertragen werden, als einem gem § 9 Abs 3 Z 4 ReO (Prüfung der Forderungen) bestellten Restrukturierungsbeauftragten.

---

[86] Vgl oben Pkt 2.2.3.
[87] ErläutRV 950 BlgNR 27. GP 9.
[88] *Thole*, ZRI 2020, 393 (396).
[89] Der dt Text „falls ein solcher benannt wird" bringt wohl weniger deutlich zum Ausdruck, was die RIRL hier meint.
[90] Auch einem zunächst nur iZm der Genehmigung einer Zwischenfinanzierung (§ 9 Abs 3 Z 1 ReO) bestellten Restrukturierungsbeauftragten kann daher zB in der Folge die Erstattung eines Berichtes gem § 31 Abs 4 ReO aufgetragen werden: vgl schon ÖRAK (Referent *Riel*), Stellungnahme zum ME 37/SN-96/ME 27. GP 8.

3.3. Abgrenzung zur Eigenverwaltung des Schuldners

3.3.1. Problemstellung

Unter der Überschrift „Eigenverwaltung des Schuldners" bestimmt § 16 Abs 1 ReO, dass der Schuldner „die Kontrolle über seine Vermögenswerte und den Betrieb seines Unternehmens (behält), soweit nicht dem Restrukturierungsbeauftragten Aufgaben übertragen wurden". Die ReO *begrenzt also die Eigenverwaltung des Schuldners (nur) mit den Aufgaben des Restrukturierungsbeauftragten*, die das Gericht festzulegen hat. Das Gesetz überlässt es damit auf den ersten Blick ganz dem Gericht, die Grenzen der Eigenverwaltung festzulegen.[91]

Beauftragt das Gericht den Restrukturierungsbeauftragten mit der *„Übernahme der teilweisen Kontrolle über die Vermögenswerte oder Geschäfte des Schuldners"* (§ 9 Abs 3 Z 3 ReO), ordnet also eine *Teilnahme* des Restrukturierungsbeauftragten *an der Verwaltung* des schuldnerischen Vermögens/Unternehmens an, muss das Gericht aber die Grenzen wahren, die sich aus der unionsrechtlich vorgegebenen Eigenverwaltung des Schuldners ergeben.

3.3.2. Keine Gleichstellung mit dem Schuldner im Konkursverfahren

Gem § 16 Abs 2 S 2 ReO darf das Gericht „dem Schuldner (...) *nicht diejenigen Beschränkungen auferlegen, die einen Schuldner kraft Gesetzes im Konkursverfahren treffen*". Eine völlige Entmachtung des Schuldners, wie sie in § 2 Abs 2, § 3 Abs 1 S 1 IO geregelt ist, kann daher nicht angeordnet werden; sie wäre auch mit Art 5 Abs 1 RIRL klar unvereinbar.[92] Aus § 16 Abs 2 S 2 ReO folgt daher – ähnlich wie aus § 3 Abs 2 AO idF IRÄG 1997 – primär, dass „weitreichende Einschränkungen der Verfügungsfähigkeit des Schuldners (nicht) ohne genauere Prüfung des Vorliegens der Voraussetzungen angeordnet"[93] werden sollen.

Hieraus und aus § 16 Abs 2 S 1 ReO, wonach dem Schuldner *„bestimmte* Rechtshandlungen" verboten werden können, folgt weiters, dass Aufgaben des Restrukturierungsbeauftragten, die in die Eigenverwaltung des Schuldners eingreifen, nicht nur im Einzelfall (on a case-per-case basis)[94] angeordnet, sondern auch einzeln geprüft und begründet werden müssen.

3.3.3. Teilweise Kontrolle

Aus Art 5 Abs 1 RIRL, wonach der Schuldner *„zumindest teilweise"* die Kontrolle über seine Vermögenswerte/sein Unternehmen *behält* und aus § 14 Z 3 ReO, Art 2 Abs 1 Z 12 lit a RIRL, die von der *„Übernahme der teilweisen Kontrolle* über die Vermögenswerte oder Geschäfte des Schuldners" sprechen, folgt, dass die Festlegung der Aufgaben des Restrukturierungsbeauftragten nicht dazu führen darf, dass diesem die Verwaltung des schuldnerischen Vermögens/Unternehmens im Wesentlichen zur Gänze übertragen wird. Die *„zumindest teilweise"* Kontrolle

---

[91] Es gibt keine Anordnung in der ReO, die dem Schuldner sonst irgendetwas verbieten würde; selbst vor der Veräußerung, der Schließung oder der Wiedereröffnung seines Unternehmens (vgl § 171 Abs 2, § 172 Abs 1 Z 4 IO) muss der Schuldner ohne gerichtliche Anordnung weder das Gericht noch den Restrukturierungsbeauftragten befassen.
[92] *Trenker/Lutschounig*, Stellungnahme zum ME 42/SN-96/ME 27. GP 44; nach den ErläutRV 950 BlgNR 27. GP 10 ist § 16 Abs 2 S 2 ReO „klarstellend".
[93] So ErläutRV 734 BlgNR 20. GP 52 zu § 3 Abs 2 AO (IRÄG 1997).
[94] ErwGr 30 RIRL.

des Schuldners muss einen relevanten Umfang haben. Die Festlegung der Grenze, über die hinaus der Schuldner im Restrukturierungsverfahren nicht entmachtet werden darf, bereitet allerdings einige Schwierigkeiten.

Klar scheint zu sein, dass dem Restrukturierungsbeauftragten Aufgaben übertragen werden können, die *über die Überwachung des Schuldners hinausgehen* (§ 14 Z 2 und 3 ReO und Art 2 Abs 1 Z 12 lit b und c RIRL unterscheiden die Überwachung von der Übernahme der teilweisen Kontrolle). Umgekehrt bieten § 14 Z 3, § 16 Abs 2 ReO offenbar *keine Grundlage für ein selbstständiges Verwalterhandeln* wie zB das des Sanierungsverwalters bei der Anfechtung (§ 172 Abs 1 Z 1 IO).

Das Instrumentarium der § 14 Z 3, § 16 Abs 2 ReO indiziert daher am ehesten eine Teilhabe des Restrukturierungsbeauftragten an der Eigenverwaltung des Schuldners nur in Form von *Zustimmungsvorbehalten* (arg „insbesondere die Erteilung von Zustimmungen zu Rechtshandlungen des Schuldners" in § 14 Z 3 letzter HS ReO).

Am stimmigsten erscheint es, hieraus und aus § 16 Abs 2 S 1 ReO, wonach Verfügungsbeschränkungen nur anzuordnen sind, soweit „dies zur Wahrung der *Interessen betroffener Gläubiger* erforderlich ist", abzuleiten, dass dem Schuldner im Restrukturierungsverfahren maximal solche Beschränkungen auferlegt werden können, wie sie den *Schuldner im Sanierungsverfahren mit Eigenverwaltung* gem § 171 Abs 1 und 2 IO treffen und damit die Aufgaben des Restrukturierungsbeauftragten an die eines Sanierungsverwalters anzunähern.[95] Denn dem § 171 Abs 1 und 2 IO ist wohl die Wertung zu entnehmen, dass diese Bestimmung Beschränkungen der Eigenverwaltung vorsieht, die typischerweise zur Wahrung der *Interessen betroffener Gläubiger* auch eines insolventen Schuldners *ausreichen*.

Hieraus folgt, dass das Gericht dem Restrukturierungsbeauftragten idR *Verwertungsmaßnahmen* oder Verwaltungsmaßnahmen in Vertretung des Schuldners, wie etwa die Verhandlung über die Auflösung eines Vertrages, *nicht* übertragen kann.

Zweifelhaft ist, ob das Gericht über § 16 Abs 2 ReO die *Übernahme der Kassagebarung* durch den Restrukturierungsbeauftragten anordnen kann. Dafür spricht, dass § 16 Abs 2 ReO weitgehend mit § 172 Abs 2 IO übereinstimmt, der nach hA die Grundlage für eine entsprechende Anordnung im Sanierungsverfahren mit Eigenverwaltung ist.[96] Dagegen spricht, dass die Kontrolle über die liquiden Mittel die zentrale Befugnis der Eigenverwaltung ist[97] und eine Regelung wie § 76 Abs 2 Z 2 lit b StaRUG in der ReO fehlt.

3.3.4. Wahrung der Interessen betroffener Gläubiger

Im Begutachtungsverfahren haben *Trenker/Lutschounig* darauf hingewiesen, dass „die Möglichkeit von Verfügungsbeschränkungen ohne näher determinierte Voraussetzungen hierfür" wegen Art 5 Abs 1 RIRL richtlinienwidrig sein könnte.[98] Ihrem Vorschlag folgend bestimmt § 16

---

[95] Vgl BT-Drucksache 19/24181, 174, zu § 76 Abs 2 Z 2 und 3 StaRUG, wonach das Gericht „das Profil des Beauftragten dem eines Sachwalters im Eigenverwaltungsverfahren" annähern kann; vgl dazu *Flöther*, NZI Beilage 1/2021, 48 (49).
[96] Vgl dazu ErläutRV 612 BlgNR 24. GP 31 (IRÄG 2010); *Riel* in *Konecny*, Insolvenzgesetze §§ 171, 172 IO Rz 66 f.
[97] Vgl *Riel* in *Konecny*, Insolvenzgesetze §§ 171, 172 IO Rz 6 f.
[98] *Trenker/Lutschounig*, Stellungnahme zum ME 42/SN-96/ME 27. GP 44.

Abs 2 S 1 ReO, dass Verfügungsbeschränkungen nur anzuordnen sind, soweit „dies zur Wahrung der *Interessen betroffener Gläubiger erforderlich* ist". Daraus ist abzuleiten, dass Beschränkungen der Eigenverwaltung des Schuldners iSd § 14 Z 3 ReO vor allem dann gerechtfertigt sind, wenn dieser überschuldet, also materiell insolvent ist,[99] oder wenn es um Maßnahmen geht, die in einer „insolvenznahen" Situation weitreichende, irreversible Folgen für die Gläubiger haben können, was etwa typischerweise bei den Geschäften gem § 117 IO der Fall ist.

Daneben kann das Gericht den Restrukturierungsbeauftragten jederzeit mit der *Überwachung* des Schuldners gem § 14 Z 2 ReO beauftragen und in diesem Zusammenhang etwa anordnen, dass der Restrukturierungsbeauftragte die Zahlung der Arbeitnehmer, der Mieten und der Abgaben zu kontrollieren hat.

Die Eigenverwaltung im Restrukturierungsverfahren setzt im Übrigen ein *Mindestmaß an Mitwirkung und verfahrensangemessenem Verhalten* des Schuldners voraus. Ist der Schuldner dazu nicht willens oder in der Lage, ist weniger an eine Beschränkung seiner Verfügungsbefugnis als an eine Einstellung des Restrukturierungsverfahrens gem § 41 Abs 2 Z 4 ReO zu denken.

3.4. Grenzen aus den Pflichten des Restrukturierungsbeauftragten

3.4.1. Problemstellung

Die *Unterstützung des Schuldners oder der Gläubiger bei der Aushandlung und Ausarbeitung des Plans* sind nach RIRL und ReO typische Aufgaben des Restrukturierungsbeauftragten (ErwGr 31 RIRL; Art 2 Abs 1 Z 12 lit a, Art 5 Abs 3 RIRL; § 8 Abs 2, § 9 Abs 1 und § 14 Z 1 ReO). Zugleich muss der Restrukturierungsbeauftragte vom Schuldner und von den Gläubigern *unabhängig* sein (§ 11 Abs 2 S 1 ReO) und die gemeinsamen Interessen der Beteiligten wahren (§ 12 Abs 3 ReO). Insb soll er – wie sich aus § 11 Abs 2 letzter S ReO iVm § 80b Abs 2 Z 1 und 2 IO ergibt – weder den Schuldner noch die Gläubiger *beraten*.[100]

Hieraus ergibt sich offenkundig ein *Spannungsverhältnis*,[101] das das Gericht bei der Bestimmung der Aufgaben des Restrukturierungsbeauftragten zu beachten hat. Dabei ist zwischen der Unterstützung der Ausarbeitung und der Unterstützung der Aushandlung des Plans zu unterscheiden.

3.4.2. Ausarbeitung des Restrukturierungsplans

Der Restrukturierungsrahmen steht auf Antrag des Schuldners zur Verfügung (Art 4 Abs 7 RIRL). Dieser hat einen Restrukturierungsplan vorzulegen (§ 27 Abs 1 ReO). Die ReO kennt kein Recht des Restrukturierungsbeauftragten zur Planinitiative, wie es nach Art 9 Abs 1 UAbs 2 RIRL möglich wäre.

---

99 Vgl dazu *Trenker/Lutschounig*, Stellungnahme zum ME 42/SN-96/ME 27. GP 44, wonach es „bei einem (noch) nicht überschuldeten Rechtsträger die Ausnahme sein dürfte", dass Verfügungsbeschränkungen zur Wahrung der Interessen betroffener Gläubiger erforderlich sind.
100 Zu § 80b IO vgl *Riel*, NZI 2017, 832 (835 f).
101 Vgl ErläutRV 950 BlgNR 27. GP 18 zu § 30 ReO: „Hat der Restrukturierungsbeauftragte den Schuldner bei der Ausarbeitung des Restrukturierungsplans unterstützt, so wird seine Beauftragung mit der Überprüfung idR nicht vereinbar sein."

Das Gericht *kann* aber dem Restrukturierungsbeauftragten die Unterstützung des Schuldners bei der Ausarbeitung des Plans auftragen (§ 14 Z 1 ReO); für den „planlosen" Schuldner des § 8 ReO ist „ein Restrukturierungsbeauftragter zu bestellen, der den Schuldner bei der Ausarbeitung des Restrukturierungsplans (...) *zu unterstützen hat*" (§ 8 Abs 2 aE ReO).

Letzteres ist mE der einzige Fall, in dem der Restrukturierungsbeauftragte überhaupt an der *Ausarbeitung* des Plans beteiligt sein kann. Denn wenn ein Restrukturierungsplan iSd §§ 27, 30 Abs 1 Z 1 ReO, was wohl die Regel sein wird, schon mit dem Antrag auf Einleitung des Verfahrens vorgelegt wird (vgl § 27 Abs 1 ReO), kann ein solcher schon nach dem Wortsinn nicht mehr ausgearbeitet werden. Und auch die Erledigung von Verbesserungsaufträgen iSd § 7 Abs 4, § 30 Abs 2 ReO ist keine „Ausarbeitung".[102] Eine im Verlauf des Restrukturierungsprozesses notwendige Änderung des Restrukturierungsplans (§ 31 Abs 6 ReO) ist wiederum der gleich zu erörternden *Aushandlung* des Plans zuzuordnen.[103]

Wenn demnach der „planlose" Schuldner des § 8 ReO der einzige Fall der Unterstützung bei der Ausarbeitung des Plans ist, sollte das Gericht darauf achten, den Unterstützungsauftrag des § 8 Abs 2 aE ReO nicht auszuweiten. Insb bedeutet *Unterstützung* des Schuldners bei der Ausarbeitung des Plans *nicht*, dass der Restrukturierungsbeauftragte den Plan *selbst erstellt*.[104] Es geht vielmehr darum, dem Schuldner Möglichkeiten und Grenzen der Plangestaltung aufzuzeigen. Schafft der Schuldner selbst keinen Plan, ist nicht die Planerstellung durch den Restrukturierungsbeauftragten, sondern die Einstellung des Restrukturierungsverfahrens gem § 41 Abs 2 Z 1 ReO die (einzig) angemessene Reaktion.

Eine restriktive Haltung des Gerichts bei der Konkretisierung der Unterstützungsaufgabe empfiehlt sich auch deshalb, weil der „planlose" Schuldner des § 8 ReO typischerweise besonders der Überwachung und sein Plan besonders der Überprüfung bedürfen. Wenn sich mit der durchaus zweifelhaften Einschätzung der Materialien die Unterstützung bei der Ausarbeitung des Plans nicht mit dessen Überprüfung verträgt,[105] hat das Gericht, das dem Restrukturierungsbeauftragten weitgehende Unterstützungsaufgaben überträgt, dann seinerseits keine Unterstützung bei der notwendigen „vertiefte(n) materielle(n) Prüfung".[106] Wenn sich umgekehrt die dem Restrukturierungsbeauftragten aufgetragene Unterstützung darauf beschränkt, mangelnde Kenntnisse des Schuldners über Möglichkeiten und Grenzen der Plangestaltung zu substituieren, bestehen mE keine Bedenken, den dafür bestellten Restrukturierungsbeauftragten auch mit Überwachungs- und Prüfungsaufgaben sowie mit der Erstattung eines Berichts gem § 31 Abs 4 ReO zu beauftragen.

3.4.3. Aushandlung des Restrukturierungsplans

Restrukturierungen „sollten auf der Grundlage eines Dialogs mit den Beteiligten (*stakeholder*) erfolgen".[107] Der erste Vorschlag des Schuldners wird daher selten das letzte Wort sein.

---

102 Und wohl auch nicht sinnvolle Tätigkeit eines Restrukturierungsbeauftragten.
103 Die Erwähnung der Ausarbeitung des Restrukturierungsplans in § 14 Z 1 ReO dürfte daher primär darauf zurückzuführen sein, dass das Gesetz Art 2 Abs 1 Z 12 RIRL folgen wollte.
104 Vgl BT-Drucksache 19/24181, 175.
105 Oben FN 103.
106 ErläuRV 950 BlgNR 27. GP 7.
107 ErwGr 10 RIRL.

Das Gericht kann in diesem Zusammenhang dem Restrukturierungsbeauftragten auftragen, „im Interesse aller Beteiligten den Restrukturierungsprozess voranzubringen, Informationsasymmetrien auszugleichen und als Mediator oder Vermittler der verschiedenen Interessen zu fungieren, der mit seinem Know-how in Sanierungsfragen in der Lage ist, zu helfen, diese ‚unter einen Hut zu bringen'".[108]

Es ist mE sehr zweifelhaft, ob eine solche Beauftragung, die entfernt an die Aufgaben des Koordinators gem Art 71 ff EuInsVO 2015 erinnert, oft sinnvoll sein wird. Wie im zuvor erörterten Fall der Unterstützung des Schuldners bei der Ausarbeitung des Plans sollte das Gericht, wenn es einen entsprechenden Auftrag erteilt, jedenfalls die objektive Stellung des Restrukturierungsbeauftragten und damit die Möglichkeit wahren, diesen auch mit anderen Aufgaben zu betrauen.

3.5. Festlegung der Aufgaben

Der Restrukturierungsbeauftragte hat – anders etwa als ein Sanierungsverwalter (vgl § 178 IO) – keine (oder kaum)[109] *gesetzliche(n) Aufgaben.* Vielmehr hat das Gericht die Aufgaben des Restrukturierungsbeauftragten festzulegen (§ 14 ReO). Der Restrukturierungsbeauftragte ist also etwa zur Unterstützung der Aushandlung des Restrukturierungsplans, zur Überwachung des Schuldners und zur Zustimmung zu Rechtshandlungen des Schuldners *nur dann berechtigt und verpflichtet, wenn ihm das Gericht diese Aufgaben übertragen hat.*

Das Gericht muss daher schon *bei der Bestellung zumindest eine* Aufgabe des Restrukturierungsbeauftragten festlegen und kann in der Folge *jederzeit den Umfang der Aufgaben des Restrukturierungsbeauftragten erweitern oder einschränken.*

Die Aufgaben des Restrukturierungsbeauftragten sind mit *Beschluss* festzulegen, der dem Restrukturierungsbeauftragten und (analog § 9 Abs 5 ReO) dem *Schuldner* und den bekannten betroffenen Gläubigern zuzustellen ist, und können durch Weisungen (§ 12 Abs 2 S 2 ReO iVm § 84 IO) konkretisiert werden. Eine Veröffentlichung ist nicht vorgesehen, ein Rekurs nicht ausgeschlossen.

3.6. Typische Aufgaben

Im Folgenden werden als erste Anregung für die Praxis der Restrukturierungsgerichte mögliche und typischerweise naheliegende Anordnungen gem §§ 14, 16 Abs 2 ReO skizziert:

1. Der Restrukturierungsbeauftragte hat den Finanzplan (einschließlich einer geplanten Zwischenfinanzierung) zu prüfen und über das Ergebnis, insb ob Zahlungsunfähigkeit vorliegt oder droht und ob die nicht unter den Restrukturierungsplan fallenden fälligen und feststehenden Forderungen bezahlt werden können, zu berichten;
2. der Restrukturierungsbeauftragte hat den Restrukturierungsplan (einschließlich einer geplanten neuen Finanzierung) iSd § 30 ReO zu prüfen und über das Ergebnis zu berichten;

---

[108] So BT-Drucksache 19/24181, 175.
[109] Konkrete Tätigkeiten des Restrukturierungsbeauftragten erwähnen etwa § 8 Abs 2, § 22 Abs 2, § 23 Abs 1, § 30 Abs 1 letzter S, § 31 Abs 4, § 32 Abs 3 und § 38 Abs 2 ReO, doch ist wohl auch hier in jedem Fall ein gerichtlicher Auftrag gem § 14 ReO Voraussetzung für eine Tätigkeit des Restrukturierungsbeauftragten.

3. der Restrukturierungsbeauftragte hat iSd § 31 Abs 4 ReO zu berichten;
4. der Restrukturierungsbeauftragte hat seine Berichte dem Schuldner und den betroffenen Gläubigern zu übermitteln;
5. der Restrukturierungsbeauftragte hat zur Vorbereitung der Abstimmung und einer allfälligen Stimmrechtsprüfung Einsicht in die Geschäftsbücher und Aufzeichnungen des Schuldners zu nehmen und auf der Basis der Angaben des Restrukturierungsplans über die betroffenen Gläubiger und die Gläubigerklassen ein Abstimmungsverzeichnis je Klasse zu erstellen und dem Gericht sowie den betroffenen Gläubigern spätestens zwei Wochen vor der Abstimmung zu übermitteln;
6. dem Schuldner wird verboten, ohne Zustimmung des Restrukturierungsbeauftragten das Unternehmen, das gesamte Anlage- oder Umlaufvermögen oder eines für den Betrieb notwendigen Teils davon, Anteile an einem Unternehmen oder unbewegliche Sachen zu veräußern;
7. dem Schuldner wird aufgetragen, dem Restrukturierungsbeauftragten alle zur Erfüllung seiner Aufgaben notwendigen Unterlagen und Informationen über dessen Aufforderung unverzüglich zur Verfügung zu stellen.

Mit einer solchen Anordnung schränkt das Gericht die Eigenverwaltung des Schuldners nur hinsichtlich der Geschäfte ein, die typischerweise besonders gefährlich für die Gläubiger sind und daher im Insolvenzverfahren wegen ihrer besonderen Bedeutung stets der Genehmigung durch das Insolvenzgericht bedürfen (§ 117 IO) und überträgt dem Restrukturierungsbeauftragten im Übrigen Aufgaben, die seiner insolvenzverwalternahen Stellung entsprechen und primär die effiziente Abwicklung des Restrukturierungsverfahrens zum Ziel haben.

4. Pflichten und Verantwortlichkeit des Restrukturierungsbeauftragten

4.1. Allgemeines

Die Bestimmungen über Pflichten und Verantwortlichkeit des Restrukturierungsbeauftragten lehnen sich so eng an die korrespondierenden Vorschriften der IO über den Insolvenzverwalter an,[110] dass hier weitgehend auf Judikatur und Lehre zur IO, insb zum Sanierungsverwalter, verwiesen werden kann.

4.2. Wahrnehmung des gemeinsamen Interesses der Beteiligten

Gem § 12 Abs 3 ReO hat der Restrukturierungsbeauftragte gegenüber den Sonderinteressen einzelner Beteiligter die gemeinsamen Interessen zu wahren. Die damit betonte *objektive Stellung* des Restrukturierungsbeauftragten definiert nicht nur dessen Rolle im Restrukturierungsverfahren,[111] sondern hat auch zur Folge, dass er – anders als der Reorganisationsprüfer –

---

110 Vgl ErläutRV 950 BlgNR 27. GP 9.
111 Siehe schon oben Pkt 3.4.

nicht von der *Bestellung zum Insolvenzverwalter* in einem nachfolgenden Insolvenzverfahren ausgeschlossen ist (§ 80b IO idF Art 1 Z 5 RIRUG).[112]

Der Kreis der am Restrukturierungsverfahren Beteiligten ist idR deutlich enger als im Insolvenzverfahren. Daher ist die Wahrung der *Interessen der nicht betroffenen Gläubiger*, wie etwa der Arbeitnehmer, nicht (haftungsbewährte) Aufgabe des Restrukturierungsbeauftragten, obwohl auch die nicht betroffenen Gläubiger „der unfreiwilligen Schicksalsgemeinschaft angehören, die von der Krise der Schuldnerin und vom Ergebnis des Restrukturierungsverfahrens (...) betroffen" sind.[113]

4.3. Haftung des Restrukturierungsbeauftragten

Gem § 12 Abs 4 ReO haftet der Restrukturierungsbeauftragte allen Beteiligten für Vermögensnachteile, die er ihnen durch die pflichtwidrige Führung seines Amtes verursacht. Wie gem § 81 Abs 3 iVm § 177 Abs 2 IO wird damit eine Haftung für die Erfüllung „*restrukturierungsspezifischer" Pflichten* begründet,[114] die durch die Festlegung der Aufgaben des Restrukturierungsbeauftragten (§ 14 Abs 1 ReO) bestimmt werden.

4.4. Überwachung und Enthebung des Restrukturierungsbeauftragten

Art 27 Abs 1 RIRL verlangt Aufsichts- und Regulierungsmechanismen, um sicherzustellen, dass die *Arbeit von Verwaltern wirksam überwacht* wird. Das RIRUG setzt das in § 12 Abs 2 S 2 ReO durch einen Verweis auf § 84 IO um.[115] Wie der Insolvenzverwalter unterliegt der Restrukturierungsbeauftragte der Überwachung durch das Gericht, das ihm Weisungen erteilen kann.

Gem Art 26 Abs 1 lit d RIRL müssen „Schuldner und Gläubiger zur Vermeidung eines Interessenkonflikts die Möglichkeit haben, die Auswahl oder Benennung eines Verwalters abzulehnen oder das Ersetzen des Verwalters zu verlangen". § 13 ReO sieht dazu – wie § 87 Abs 1 IO – eine Enthebung des Restrukturierungsbeauftragten von Amts wegen oder auf Antrag, aber nur *aus wichtigen Gründen* vor. Das Antragsrecht ist nicht befristet und – insofern über die Vorgaben der RIRL hinaus, die nur Interessenkonflikte erwähnt – auch nicht auf fehlende Unabhängigkeit des Restrukturierungsbeauftragten beschränkt. Es kann *jeder wichtige Grund* iSd § 87 IO, also zB auch mangelnde Sachkunde des Restrukturierungsbeauftragten, geltend gemacht werden.

Antragslegitimiert sind neben dem Schuldner (so auch § 87 Abs 2 IO) und dem Restrukturierungsbeauftragten selbst[116] – wie in § 157b Abs 5 IO – auch die (gemeint wohl „betroffenen") Gläubiger.

---

112 ÖRAK (Referent *Riel*), Stellungnahme zum ME 37/SN-96/ME 27. GP 28; auch nach § 56 Abs 1 S 2 InsO ist die Bestellung des Restrukturierungsbeauftragten zum Insolvenzverwalter möglich.
113 VID-Stellungnahme zum RefE SanInsFoG vom 2. 10. 2020, 55.
114 Vgl *Riel* in *Konecny*, Insolvenzgesetze (60. Lfg; 2018) § 177 IO Rz 20 f mwN.
115 ErläutRV 950 BlgNR 27. GP 9.
116 Dieser kann nach *Mohr*, ZIK 2021/93, 82 (87) sein Amt „zurücklegen".

5. Ansprüche des Restrukturierungsbeauftragten

5.1. Allgemeines

Gem § 15 Abs 1 S 1 ReO hat der Restrukturierungsbeauftragte „Anspruch auf eine *angemessene Entlohnung für seine Mühewaltung* zuzüglich Umsatzsteuer und auf Ersatz seiner Barauslagen".

Diese weitgehend mit § 82 KO, § 33 Abs 1 AO idF vor dem IVEG übereinstimmende Regelung wird in § 15 Abs 1 S 2 ReO dahin konkretisiert, dass die Entlohnung „nach dem Umfang, der Schwierigkeit und der Sorgfalt seiner Tätigkeit zu bemessen" ist. Da – so die Materialien – die „Festlegung einer Regelentlohnung (...) im Hinblick auf den sehr unterschiedlichen Aufgabenumfang nicht tunlich" war,[117] hat der Restrukturierungsbeauftragte gem § 10 Abs 2 ReO „unverzüglich nach seiner Bestellung dem Gericht einen *Kostenvoranschlag*, in dem er die voraussichtliche Entlohnung für die ihm aufgetragenen Aufgaben darzulegen hat, vorzulegen und dem Schuldner zu übersenden". Für die Bestimmung der Entlohnung ist § 125 IO anzuwenden (§ 15 Abs 2 letzter S ReO). Ähnlich wie bei der Fortführungsentlohnung gem § 125 Abs 3, § 125a IO wird eine entlohnte Tätigkeit, die von ganz unterschiedlichem Umfang und unterschiedlicher Komplexität sein kann, entlohnungsrechtlich mit einem Kostenvoranschlagssystem und einer Pauschalentlohnung erfasst.

5.2. Berechnung der Entlohnung des Restrukturierungsbeauftragten

Gem § 15 Abs 1 S 2 ReO ist – wie erwähnt – die Entlohnung „nach dem Umfang, der Schwierigkeit und der Sorgfalt seiner Tätigkeit zu bemessen". Für sich betrachtet bietet diese Regelung freilich wenig Orientierung für die Berechnung der Entlohnung des Restrukturierungsbeauftragten, die dieser für seinen Kostenvorschlag und das Gericht für die Kostenbestimmung anzustellen hat. Eine nähere Betrachtung von Gesetz und Materialien bringt folgendes Ergebnis:

Gem § 15 Abs 1 letzter S ReO ist § 125 IO anzuwenden. Hieraus folgt zunächst, dass die Entlohnung des Restrukturierungsbeauftragten *mit einem Pauschalbetrag* festzusetzen ist (§ 125 Abs 2 S 2 IO). Daraus folgt wiederum, dass idR *Stundensätze nicht* Grundlage der Kostenberechnung sein sollten, zumal zu vermeiden ist, dass derjenige Restrukturierungsbeauftragte, der länger für die Erledigung seiner Aufgaben benötigt, besser verdient als derjenige, der rascher und effizienter arbeitet.[118] Weil die Aufgaben eines Restrukturierungsbeauftragten noch viel weniger denen eines Geschäftsführers ähneln, als die eines Insolvenzverwalters, sind auch übliche *Geschäftsführerbezüge* keine taugliche Orientierungshilfe.

Gem § 125 Abs 2 S 2 IO ist „die Entlohnung entsprechend den Bestimmungen der §§ 82, 82a, 82b und 82c" IO festzusetzen. Da gem § 15 Abs 1 letzter S ReO der ganze „§ 125 IO (...) anzuwenden" ist und der Restrukturierungsbeauftragte keine Erlöse iSd § 82 Abs 1 und 2 IO erzielt, legt der Gesetzeswortlaut eine grds *Anwendung des § 82a IO* für die Berechnung der Entlohnung des Restrukturierungsbeauftragten nahe. Dies wird durch die Materialien bestätigt,

---

117 ErläutRV 950 BlgNR 27. GP 8 zu § 10 ReO.
118 Vgl *Konecny/Riel*, Entlohnung im Insolvenzverfahren (1999) Rz 297; *Riel*, Aktuelle Probleme und Judikatur zum IVEG, ZIK 2000/241, 182 (185) zur vergleichbaren Fragestellung bei der Fortführungsentlohnung des Insolvenzverwalters. Gem Art 27 Abs 4 RIRL müssen die Vorschriften über die Vergütung „mit dem Ziel eines effizienten Abschlusses des Verfahrens im Einklang stehen".

die klar die Einschätzung zum Ausdruck bringen, dass die Kostenstruktur eines Sanierungs- und eines Restrukturierungsverfahrens „in etwa gleich sind"[119] und dass „das Gericht *auf die für den Sanierungsverwalter vorgesehene Regelentlohnung zurückgreifen*" kann, wenn „der Restrukturierungsbeauftragte das gesamte Verfahren überwachend begleitet und ihm nicht nur punktuell einzelne Aufgaben übertragen werden".[120]

Als Zwischenergebnis ist festzuhalten, dass *die Berechnung der Entlohnung des Restrukturierungsbeauftragten grds auf der Basis des Modells des § 82a Abs 1 IO zu erfolgen hat*. Wenn und soweit die Aufgaben des Restrukturierungsbeauftragten im Wesentlichen denen eines *Sanierungsverwalters* entsprechen, wobei „fehlende" Aufgaben wie Anfechtung und Forderungsprüfung durch „hinzukommende", wie die Prüfung einer Zwischenfinanzierung oder der Bestandfähigkeit substituiert werden können, steht dem Restrukturierungsbeauftragten daher eine nach dem Tarif des § 82a Abs 1 IO zu berechnende Entlohnung zu.[121]

Die demnach maßgebliche *Bemessungsgrundlage*, der zur Befriedigung der Gläubiger erforderliche Betrag,[122] ist auf der Basis der Angaben zu ermitteln, die der Restrukturierungsplan gem § 28 ReO enthalten muss.

Im Hinblick auf den je nach Ausgestaltung durch das Gericht „sehr unterschiedlichen Aufgabenumfang"[123] kann freilich insofern nicht von einer Regelentlohnung gesprochen werden, die in der Mehrzahl der Fälle zuzusprechen wäre. Vielmehr wird sich geradezu regelmäßig eine abweichende Entlohnung ergeben. Ein Vergleich zum Sanierungsverwalter und dessen (gesetzlichem) Aufgabenumfang wird dazu idR wichtige und nachvollziehbare Anhaltspunkte geben.

Ein Restrukturierungsverfahren sollte – in Übereinstimmung mit der zit Einschätzung der Materialien[124] und zur Vermeidung unsachlicher *incentives* für die Beteiligten – weder deutlich teurer noch deutlich billiger sein als ein Sanierungsverfahren mit Eigenverwaltung.

5.3. Verfahren

5.3.1. Kostenvoranschlag und Kostenvorschuss

Der Restrukturierungsbeauftragte hat *unverzüglich* nach seiner Bestellung einen Kostenvoranschlag über die voraussichtliche Entlohnung für die ihm übertragenen Aufgaben dem Gericht vorzulegen und dem Schuldner zu übersenden (§ 10 Abs 2 S 1 ReO). Will der Restrukturierungsbeauftragte eine höhere Entlohnung ansprechen, muss er einen *weiteren* Kostenvoranschlag legen (§ 10 Abs 2 S 2 ReO). Gleiches gilt, wenn ihm weitere Aufgaben übertragen werden.

Nach Vorlage eines Kostenvoranschlages hat das Gericht dem Schuldner einen Kostenvorschuss aufzutragen, der „die *gesamte Entlohnung* des Restrukturierungsbeauftragten (...) de-

---

[119] Vorblatt 950 BlgNR 27. GP 2.
[120] ErläutRV 950 BlgNR 27. GP 8; bei ErläutRV 950 BlgNR 27. GP 34 heißt es – allerdings im Zusammenhang mit der Pauschalgebühr – gar ausdrücklich, dass der „zur Befriedigung der Gläubiger (erforderliche) Betrag (...) als Bemessungsgrundlage der Entlohnung des Restrukturierungsbeauftragten fungiert (§ 82a IO)".
[121] Vgl *Mohr*, ZIK 2021/93, 82 (87).
[122] Dieser muss für die Bemessung der Gerichtsgebühr gem TP 6 GGG idF Art 3 Z 8 RIRUG ohnehin ermittelt werden.
[123] ErläutRV 950 BlgNR 27. GP 8.
[124] Vorblatt 950 BlgNR 27. GP 2.

cken" soll.¹²⁵ Wird ein weiterer Kostenvoranschlag vorgelegt, ist ein weiterer Kostenvorschuss aufzutragen. Gegen diese Beschlüsse ist ein abgesondertes Rechtsmittel nicht möglich (§ 10 Abs 4 ReO); bei nicht rechtzeitigem Erlag ist das Verfahren *einzustellen* (§ 41 Abs 2 Z 5 ReO).

5.3.2. Kostenbestimmungsantrag und Kostenbestimmung

§ 15 Abs 2 ReO regelt das Kostenbestimmungsverfahren im Wesentlichen durch einen Verweis auf § 125 IO.¹²⁶ Weil es aber im Restrukturierungsverfahren keine Schlussrechnungstagsatzung gibt,¹²⁷ finden sich in § 15 Abs 2 ReO noch zusätzlich Regelungen für den Zeitpunkt, zu dem der Restrukturierungsbeauftragte seinen Entlohnungsantrag „bei sonstigem Verlust" spätestens geltend zu machen hat, nämlich idR in der Restrukturierungstagsatzung für die bis dahin entstandenen Kosten und 14 Tage nach Beendigung seiner Tätigkeit.

Über den Entlohnungsantrag hat das Gericht mit Beschluss zu entscheiden, in dem entweder die Auszahlung aus den bei Gericht erliegenden Kostenvorschüssen anzuordnen oder – soweit diese nicht ausreichen (§ 15 Abs 3 ReO) – dem Schuldner die Zahlung binnen 14 Tagen bei sonstiger Exekution aufzutragen ist. Dieser Beschluss stellt einen Exekutionstitel dar (§ 1 Z 18 EO idF Art 6 Z 1 RIRUG).

5.4. Absicherung der Entlohnung

Der Restrukturierungsbeauftragte ist aufgrund der Insolvenznähe des Schuldners in besonderer Weise darauf angewiesen, dass sein Entlohnungsanspruch nicht zur Insolvenzforderung wird und eine erfolgte Zahlung in einer Folgeinsolvenz nicht angefochten werden kann.¹²⁸

Die ReO trägt dem dadurch Rechnung, dass sie dem Schuldner den Erlag von *Kostenvorschüssen* bei Gericht abverlangt, die die voraussichtliche Entlohnung des Restrukturierungsbeauftragten *zur Gänze* decken sollen (§ 10 Abs 1 und Abs 3 ReO).¹²⁹

Werden die aufgetragenen Kostenvorschüsse *nicht* (vollständig) *erlegt*, ist das Verfahren nach Bestimmung der bisher angefallenen Kosten *einzustellen* (§ 41 Abs 2 Z 5 ReO) und wird dem Schuldner die Zahlung der in den erlegten Vorschüssen nicht gedeckten Kosten binnen 14 Tagen aufgetragen (§ 15 Abs 3 ReO).

Werden die aufgetragenen Kostenvorschüsse *erlegt*, dienen sie der Bezahlung der rechtskräftig bestimmten Entlohnungen des Restrukturierungsbeauftragten (arg „soweit der erlegte Kostenvorschuss nicht ausreicht" in § 15 Abs 3 ReO). Eine darüberhinausgehende Absicherung des Entlohnungsanspruches fehlt in der ReO. Insb setzt die Bestätigung des Restrukturierungsplans – abweichend vom ME¹³⁰ – nur voraus, dass die Entlohnung bestimmt wurde (§ 34

---

125 ErläutRV 950 BlgNR 27. GP 8.
126 Siehe daher sinngemäß *Konecny/Riel*, Entlohnung Rz 335 ff.
127 Vgl *Trenker/Lutschounig*, Stellungnahme zum ME 42/SN-96/ME 27. GP 42 f.
128 VID-Stellungnahme zum RefE SanInsFoG vom 2. 10. 2020, 67.
129 ErläutRV 950 BlgNR 27. GP 8; vgl dazu auch *Mohr*, ZIK 2021/93, 82 (86).
130 § 29 Abs 1 Z 5 ReO idF ME RIRUG 2021, 96/ME 27. GP hatte noch verlangt, dass die Entlohnung „an den Restrukturierungsbeauftragten ausbezahlt wurde". Den ErläutRV 950 BlgNR 27. GP ist keine Begründung für die Änderung zu entnehmen. Im Begutachtungsverfahren haben *Trenker/Lutschounig*, Stellungnahme zum ME 42/SN-96/ME 27. GP 42 f auf das Risiko von Verfahrensverzögerungen hingewiesen.

Abs 1 Z 5 ReO). Auch bei einem erfolgreichen Abschluss des Restrukturierungsverfahrens ist der Restrukturierungsbeauftragte daher uU auf den Titel gem § 15 Abs 3 ReO verwiesen.

In einem nachfolgenden Insolvenzverfahren genießt die bezahlte Entlohnung des Restrukturierungsbeauftragten den (eingeschränkten) *Anfechtungsschutz* des § 36b Abs 1 IO iVm § 18 Abs 3 Z 1 ReO.[131] Die unbezahlte Entlohnung ist freilich eine (titulierte) Insolvenzforderung, es sei denn, man folgt der Judikatur zur Belohnung des Verlassenschaftskurators als Masseforderung[132] und übernimmt sie für den Restrukturierungsbeauftragten.

6. Schluss

Ob sich die Einschätzung *Flöthers*, dass die dt Gerichte regelmäßig einen Restrukturierungsbeauftragten bestellen werden, „um sich nicht dem Vorwurf einer unterlassenen oder unzureichenden Prüfung auszusetzen",[133] in Österreich bewahrheitet, bleibt abzuwarten.

Nach der ReO ist jedenfalls ein „verwalterloses" Verfahren durchaus denkbar; dies einerseits im vereinfachten Restrukturierungsverfahren (§ 45 Abs 5 ReO) und andererseits wenn keiner der Bestellungsgründe gem § 8 Abs 2, § 9 ReO erfüllt ist, die freilich dem Gericht einen erheblichen Entscheidungsspielraum eröffnen, im Einzelfall einen Restrukturierungsbeauftragten zu bestellen, „um eine objektive Überprüfung des Restrukturierungsplans zu ermöglichen".[134]

---

[131] Wenn man den Wortlaut des § 18 Abs 3 Z 1 ReO für nicht erfüllt erachtet, ergibt sich das im Text vertretene Ergebnis aus einem Größenschluss aus § 18 Abs 3 Z 1 und 2 ReO.
[132] RIS-Justiz RS0013042; krit *Widhalm-Budak* in KLS, IO § 46 Rz 13 mwN.
[133] *Flöther*, NZI-Beilage 1/2021, 48 (49).
[134] ErläutRV 950 BlgNR 27. GP 1.

Vollstreckungssperre und Insolvenzschutz

Axel Reckenzaun

Gliederung   **Seite**

1. Überblick 115
2. Antrag 116
   - 2.1. Überlegungen vor Antragstellung 116
   - 2.2. Zahlungs(un)fähigkeit 117
     - 2.2.1. Nichtvorliegen der Zahlungsunfähigkeit 117
     - 2.2.2. Vermutung der Zahlungsunfähigkeit 118
     - 2.2.3. Konsequenzen für die Anfechtung nach § 31 IO 118
3. Besondere Gläubigergruppen 118
   - 3.1. Absonderungsgläubiger und Aussonderungsberechtigte 118
   - 3.2. Gläubiger öffentlicher Abgaben 119
4. Bewilligung der Vollstreckungssperre 120
   - 4.1. Gläubiger – Gläubigerklassen 120
   - 4.2. Dauer der Vollstreckungssperre – Frist 120
   - 4.3. Spruch 121
   - 4.4. Rechtsschutz der betroffenen Gläubiger 121
5. Eintritt der Insolvenz (§ 24 ReO) 122
   - 5.1. Insolvenzantragspflicht – Entscheidungen 122
   - 5.2. Konsequenzen 122
   - 5.3. Konkursantrag wegen Zahlungsunfähigkeit – Feststellung des Gläubigerinteresses 123
6. Ausschluss der Haftung 123
7. Zusammenfassung 124

Die Vollstreckungssperre ist ein wesentlicher Baustein im System der ReO. Abweichend von der IO werden wesentliche Folgen nicht an die Verfahrenseröffnung, sondern an die Bewilligung der Vollstreckungssperre geknüpft. Der Vollstreckungssperre im Allgemeinen und dem darauf basierenden Insolvenzschutz im Besonderen widmet sich der folgende Beitrag.

1. Überblick

Die in den §§ 19 ff ReO verankerte Vollstreckungssperre im Restrukturierungsverfahren erfordert einen gerichtlichen Beschluss, dem ein Antrag des Schuldners auf Aussetzung von Einzelvollstreckungsmaßnahmen vorausgehen muss.[1] Mit dieser Aussetzung von Vollstreckungsmaßnahmen sollen die Verhandlungen über den Restrukturierungsplan erleichtert werden.[2] Dadurch soll auch sichergestellt werden, dass der Schuldner während der Verhandlungen mit

---

[1] Art 6 Abs 1 RIRL.
[2] ErläutRV zum RIRUG 950 BlgNR 27. GP zu § 18 ReO.

seinen Gläubigern das Unternehmen fortführen kann oder – so die Erwägungen zur RIRL – zumindest den Wert seines Vermögens erhalten kann.³

Eine „normale" Vollstreckungssperre bezieht sich auf *konkrete Ansprüche einzelner Gläubiger*, denen der entsprechende Beschluss jeweils zuzustellen ist (§ 21 Abs 2 ReO). Die Vollstreckungssperre kann aber auch hinsichtlich einzelner Gläubigerklassen oder Kategorien von Gläubigern (zB Lieferanten) angeordnet werden. Ist eine Vollstreckungssperre gegen einzelne Gläubiger oder Gläubigergruppen angeordnet, so können diese Gläubiger während der Dauer der Vollstreckungssperre auch außergerichtlich nicht verwerten (§ 20 Abs 2 IO).

Die „allgemeine" Vollstreckungssperre ist hingegen nur im Europäischen Restrukturierungsverfahren möglich; diese allgemeine Vollstreckungssperre ist öffentlich bekannt zu machen (§ 44 Abs 3 ReO). Soll eine solche allgemeine Vollstreckungssperre erwirkt werden, die alle Gläubiger umfasst (§ 39 Abs 3 IO), muss dies bereits bei der Antragstellung auf Eröffnung des Restrukturierungsverfahrens berücksichtigt werden: Es muss ein Europäisches Restrukturierungsverfahren mit entsprechender öffentlicher Bekanntmachung beantragt und eröffnet werden (§ 39 Abs 1 ReO).⁴

Mit dem Antrag auf gerichtliche Anordnung einer Vollstreckungssperre kann gezielt einem Exekutionsantrag oder den Exekutionen mehrerer Gläubiger bzw Gläubigerklassen entgegengewirkt werden. Folge der Vollstreckungssperre ist, dass Anträge auf Bewilligung eines Exekutionsverfahrens auf das Vermögen des Schuldners nicht bewilligt werden dürfen, und kein richterliches Pfand- oder Befriedigungsrecht mehr erworben werden darf (§ 19 Abs 1 ReO). Hingegen können Exekutionsverfahren gegen Dritte, wie Pfandbesteller oder Bürgen, weiter fortgesetzt werden; sie sind nicht von der Vollstreckungssperre betroffen.⁵

Neben den exekutionsrechtlichen Konsequenzen ieS hat aber aus Schuldnersicht die Vollstreckungssperre weitergehende Bedeutung: Der Insolvenzschutz (§ 24 ReO), Haftungserleichterungen für Organe (§ 25 ReO) und der Schutz vor Vertragsauflösungen (§ 26 ReO) sind an die Bewilligung der Vollstreckungssperre, und *nicht an die Einleitung des Restrukturierungsverfahrens*, geknüpft.⁶

Die Bewilligung der Vollstreckungssperre erfolgt mit Beschluss; dieser ist *nicht* anfechtbar (§ 21 Abs 3 ReO). Gläubiger können aber die Aufhebung der Vollstreckungssperre beantragen (§ 23 Abs 1 ReO).

2. Antrag

2.1. Überlegungen vor Antragstellung

§ 19 Abs 1 ReO setzt einen Antrag des Schuldners voraus. Dieser Antrag kann zeitgleich mit dem Antrag auf Eröffnung des Restrukturierungsverfahrens oder aber erst später im Lauf des

---

3   ErwGr 32 RIRL.
4   Österreich muss dazu aber erst Anträge auf Aufnahme des Restrukturierungsverfahrens in den Anh A zur EUInsVO 2015 bzw auf Aufnahme des Restrukturierungsbeauftragten in Anh B stellen.
5   ErläutRV zum RIRUG 950 BlgNR 27. GP zu § 18 ReO.
6   Zum Vertragsschutz ausführlich *Anzenberger*, Vertragsschutz und unwirksame Vereinbarungen nach der ReO, in *Konecny*, RIRUG (2021).

Restrukturierungsverfahrens gestellt werden. Zu berücksichtigen ist, dass die Einleitung des Restrukturierungsverfahrens als solches keine Exekutionssperre wie die Insolvenzordnung in § 10 IO vorsieht.

Bei der Vorbereitung eines Antrags auf Einleitung des Restrukturierungsverfahrens sind folgende Überlegungen bezüglich der Vollstreckungssperre angebracht:

- Sind Exekutionsverfahren anhängig bzw sind Exekutionsanträge zu erwarten und sollen diese sinnvollerweise „gestoppt" werden?
- Drohen außergerichtliche Verwertungsmaßnahmen einzelner Gläubiger, die es mit einer Vollstreckungssperre zu verhindern gilt?
- Genügt es, einzelne Gläubiger abzuwehren oder muss der Kreis weiter in Richtung Kategorien von Gläubigern oder ganze Gläubigerklassen (§ 29 ReO) gezogen werden?
- Oder ist der Kreis der betroffenen Gläubiger noch weiter zu ziehen und ist eine allgemeine Vollstreckungssperre sinnvoll und ein Europäisches Restrukturierungsverfahrens (§ 44 ReO) einzuleiten?
- Sprechen andere Gründe (Stichwort Verträge – § 26 ReO) oder Überlegungen zur Insolvenzantragspflicht oder zur Haftung der Organe (§ 24 ReO, § 25 ReO) für eine Vollstreckungssperre, auch wenn sich bei exekutionsrechtlicher Beurteilung (noch) kein Bedarf ergeben mag?

2.2. Zahlungs(un)fähigkeit

2.2.1. Nichtvorliegen der Zahlungsunfähigkeit

Zahlungsunfähigkeit steht der Einleitung eines Restrukturierungsverfahrens entgegen. Sie wird aber bei Einleitung des Restrukturierungsverfahrens nicht geprüft (Erläut RIRUG Allgemeiner Teil). Nur wenn die Zahlungsunfähigkeit *offenkundig ist,* ist der Antrag als unzulässig zurückzuweisen (§ 7 Abs 3 ReO).

Zahlungsunfähigen Schuldnern kann daher auch keine Vollstreckungssperre gewährt werden (§ 19 Abs 2 Z 3 ReO). Dieses *Nichtvorliegen der Zahlungsunfähigkeit* wird vor Bewilligung geprüft. Wird der Antrag auf Einleitung des Restrukturierungsverfahrens gleichzeitig mit dem Antrag auf Bewilligung einer Vollstreckungssperre gestellt, so wäre, sollte Zahlungsunfähigkeit vorliegen, als Folge der Antrag auf Einleitung des Restrukturierungsverfahrens zurückzuweisen (§ 7 Abs 3 ReO).

Wurde das Restrukturierungsverfahren allerdings bereits eingeleitet, und stellt sich später im Zuge einer Antragstellung auf Bewilligung der Vollstreckungssperre heraus, dass der Schuldner nun zahlungsunfähig ist (oder bei Einleitung des Restrukturierungsverfahrens bereits zahlungsunfähig war), hat dies (leider) für das einmal eingeleitete Restrukturierungsverfahren unmittelbar keine Konsequenzen.[7] Die Vollstreckungssperre kann aber nicht bewilligt werden; der Antrag ist abzuweisen. Der Schuldner bleibt – trotz anhängigen Restrukturierungsverfahrens – zur Insolvenzantragstellung verpflichtet (hiezu unten Pkt 5.1.).

---

7 Krit zum ME RIRUG 2021, 96/ME 27. GP *Riel,* Restrukturierungs- und Insolvenz-Richtlinie-Umsetzungsgesetz, AnwBl 2021, 379 (381).

2.2.2. Vermutung der Zahlungsunfähigkeit

Um diesbezüglich eine rasche Entscheidungsgrundlage zu schaffen, wird in § 19 Abs 4 ReO die Zahlungsunfähigkeit (widerlegbar) vermutet, wenn zur Hereinbringung *von Abgaben und Sozialversicherungsbeiträgen Exekutionsverfahren* gegen den Schuldner geführt werden. Die Abgabenbehörden und die Sozialversicherungsträger sind zur Auskunft darüber verpflichtet.

Diese Regelung entsprechend der Richtlinie[8] bedeutet im Ergebnis doch eine erhebliche Hürde für den Schuldner bzw den Schuldnervertreter, Anträge auf Anordnung einer Vollstreckungssperre, die sich gerade gegen diese Gläubigergruppe richten, „durchzubringen".

Aufgrund ihres besseren Informationsstandes über die Liquidität im schuldnerischen Unternehmen und der Möglichkeit Exekutionstitel zu schaffen (§ 1 Z 13 EO), sind es ja gerade diese Gläubigergruppen, die erste Exekutionsanträge stellen, damit den Schuldner unter Druck setzen und so die (mögliche) Zahlungsunfähigkeit gerade signalisieren. Es bleibt also nur ein sehr schmaler Anwendungsbereich zwischen noch möglicher Abwehr dieser Exekutionen durch Anordnung der Vollstreckungssperre und unzulässigem Antrag wegen bereits vorliegender und gesetzlich vermuteter Zahlungsunfähigkeit *wegen gerade dieser Exekutionen.*

2.2.3. Konsequenzen für die Anfechtung nach § 31 IO

Die neue gesetzliche Vermutung der Zahlungsunfähigkeit gem § 19 Abs 4 ReO hat mE auch für Insolvenzverfahren Folgen: Insolvenzverwalter werden sich bei der Geltendmachung von Anfechtungsansprüchen nach § 30 und § 31 IO künftig auch auf diese gesetzliche Vermutung stützen. Die Norm unterstützt vor allem die Argumentation des anfechtenden Insolvenzverwalters, dass die subjektiven Anfechtungsvoraussetzungen vorliegen.[9]

3. Besondere Gläubigergruppen

3.1. Absonderungsgläubiger und Aussonderungsberechtigte

Der Antrag auf Anordnung einer Vollstreckungssperre kann sich auch gegen den Exekutionsantrag, das laufende Exekutionsverfahren oder erwartete Vollstreckungsmaßnahmen *besicherter Gläubiger* richten (§ 20 Abs 1 ReO).

Während § 10 IO einer Exekutionsführung bereits besicherter Gläubiger nicht entgegensteht, kann die Vollstreckungssperre nach der ReO also auch Gläubiger treffen, *die aus- oder absonderungsberechtigt* sind (§ 20 Abs 1 ReO). Damit kann die Vollstreckungssperre zB auch den Hypothekargläubiger oder den Vermieter (§ 1101 ABGB) treffen.

Jedoch macht das Gesetz eine Einschränkung: Die Forderungsexekution bzw die Einziehung sicherungsweise abgetretener Forderungen soll eine Vollstreckungssperre nicht erfassen (§ 20 Abs 1 und 2 ReO). Diese Wertung überrascht. Sie ist eigentlich unverständlich, drohen doch gerade aus „dieser Ecke" die größten Probleme für das Unternehmen, wenn sicherungsweise abgetretene Forderungen nach Bekanntwerden der Verfahrenseröffnung (auch ohne öf-

---

[8] ErwGr 33 RIRL.
[9] Hiezu *Bollenberger* in *Koller/Lovrek/Spitzer,* IO (2019) § 31 Rz 21 mwN.

fentliche Bekanntmachung) von den Gläubigerbanken eingezogen werden und damit diese Eingänge aus Forderungen des Schuldners der Fortführungsfinanzierung fehlen.

Wenn den Mat[10] dazu entnommen werden kann, dass keine Notwendigkeit besteht, den Einzug zedierter Forderungen in die Vollstreckungssperre einzubeziehen, so ist leider festzuhalten, dass der Gesetzgeber diesen wesentlichen Punkt – *genau entgegen den Intentionen der ReO*, ein bestandsfähiges Unternehmen zu restrukturieren – regelte.

Der Verweis in § 20 Abs 1 ReO auf § 11 Abs 2 und 3 IO muss so verstanden werden, dass die Vollstreckungssperre nur bezüglich jener beweglichen oder unbeweglichen Gegenstände „greift", die für die weitere Unternehmensfortführung benötigt werden. Auch aus diesem Grund ist zu bedauern, dass dem Gläubiger weiter der *Zugriff auf Forderungen* des Schuldners möglich ist.

Gerade Forderungen sind für die Fortführungsfinanzierung unabdingbar, denn sie sichern die künftige Liquidität. Begrüßenswert wäre es daher gewesen, gerade Forderungen auch in die Vollstreckungssperre miteinzubeziehen. Es wird an den befassten Schuldnervertretern liegen, Gläubiger(banken) davon zu überzeugen, dass – wie auch sonst in Insolvenzverfahren – Eingänge aus sicherungsweise abgetretenen Forderungen weiter für die Unternehmensfortführung zur Verfügung stehen, wenn sichergestellt ist, dass sie im Interesse des Restrukturierungsziels verwendet werden.

3.2. Gläubiger öffentlicher Abgaben

Die Anordnung der Vollstreckungssperre richtet sich nicht nur gegen gerichtliche Exekutionsmaßnahmen; auch Vollstreckungsmaßnahmen der Abgabenbehörden können betroffen sein. In diesem Zusammenhang erscheint der Verweis auf § 12 IO nicht zu Ende gedacht: Können Forderungen weiter gerichtlich und außergerichtlich verwertet werden, müsste es konsequent diesbezüglich auch zu keinem „Rückschlag" nach § 12 IO kommen.

Verschärft wird die Unklarheit dadurch, dass § 12 IO an die *Insolvenzeröffnung* anknüpft, die Vollstreckungssperre aber *gerade nicht mit der Verfahrenseröffnung* gekoppelt ist. Die 60-Tage-Frist nach § 12 IO ist *ab Bewilligung der Vollstreckungssperre* rückzurechnen (ErläutRV RIRUG zu § 20 ReO).

Sind Mobilien oder Immobilien von der Exekution durch Gläubiger der öffentlichen Hand betroffen, wirft der Verweis auf § 12 IO die weitere Frage auf, ob die in § 12 Abs 1 IO verankerte Ausnahme für öffentliche Abgaben auch im Restrukturierungsverfahren gilt. Diesbezüglich enthalten die Mat zu § 20 ReO keine Erläuterungen.

Hat nun die Abgabenbehörde innerhalb der letzten 60 Tage vor Anordnung der Vollstreckungssperre Zwangspfandrechte begründet, wären diese vom Pfandrechtserlöschen nach dem Verweis „*§ 12 IO ist anzuwenden*" ausgenommen. Dass dies nicht so gemeint war, erschließt sich daraus, dass eine Pfandrechtsbegründung – im Gegensatz zur IO – auch *nach* Verfahrenseröffnung möglich bleibt und erst eine Anordnung der Vollstreckungssperre dem entgegensteht. Daraus ist mE zu folgern, dass der Verweis einschränkend zu interpretieren ist und die Ausnahme für öffentliche Abgaben im Restrukturierungsverfahren *nicht gilt*.[11] Dafür spricht

---

10 ErläutRV zum RIRUG 950 BlgNR 27. GP zu § 20 ReO.
11 AA *Mohr*, Das Restrukturierungsverfahren nach der ReO, ZIK 2021/93, 82 (89).

auch die Erläuterung,[12] wonach verhindert werden soll, dass Gläubiger nur als Reaktion auf ihnen bekannt gewordene Restrukturierungsmaßnahmen des Schuldners die Pfändung von Vermögenswerten erreichen und sich damit Vorteile verschaffen wollen.

4. Bewilligung der Vollstreckungssperre

4.1. Gläubiger – Gläubigerklassen

Das Gericht hat bei Bewilligung der Vollstreckungssperre einen oder mehrere Gläubiger zu nennen oder Gläubigerklassen festzulegen, deren Forderungen unter die Vollstreckungssperre fallen (§ 21 Abs 1 ReO).

Die erste Möglichkeit für das Gericht liegt also darin, konkret einen oder mehrere Gläubiger im Beschluss, mit dem eine Vollstreckungssperre angeordnet wird, anhand des/der Exekutionsakts/-akten anzuführen. Erfasst die Vollstreckungssperre aber auch Gläubiger, die ein Exekutionsverfahren noch gar nicht eingeleitet haben, müssen die entsprechenden Daten des Gläubigers aus dem Antrag hervorgehen. Insb sind die Adressen der Gläubiger anzugeben. Die Vollstreckungssperre gilt gem § 21 Abs 2 S 2 ReO nämlich für die Gläubiger erst, sobald sie über die Vollstreckungssperre in Kenntnis gesetzt wurden. Die Mat[13] machen deutlich, dass damit die *Zustellung des Beschlusses über die Anordnung der Vollstreckungssperre* gemeint ist.

Die zweite Möglichkeit für das Gericht ist es, im Beschluss, mit dem die Vollstreckungssperre angeordnet wird, Gläubigerklassen festzulegen, deren Forderungen unter die Vollstreckungssperre fallen. ME sind mit dem Begriff Gläubigerklassen *nicht die Klassen gem § 29 ReO gemeint*, sondern Gläubigergruppen mit gleichen bzw ähnlichen Ansprüchen. Es bleibt abzuwarten, wie die Gerichte diese Klassenbildung vornehmen werden; eine Klassifizierung der Ansprüche ähnlich den Vorgaben für die Darlegung des Anspruchsgrundes in einer Mahnklage bietet sich zB an. Zur Herbeiführung der Rechtswirkungen der Vollstreckungssperre sind aber auch bei der Bildung von Gläubigerklassen *individuelle Zustellungen an die betroffenen Gläubiger* nötig (hierzu im Folgenden Pkt 4.2.), was Zustellprobleme erwarten lässt.

4.2. Dauer der Vollstreckungssperre – Frist

Neben der Bezeichnung des Gläubigers muss im Beschluss auch die Dauer der Vollstreckungssperre angeordnet werden.[14] Gem § 22 Abs 1 ReO darf die Dauer 3 Monate nicht übersteigen. Daraus ist abzuleiten, dass die Sperre grundsätzlich auch kürzer angeordnet werden kann. Grundlegend für das Gericht wird das Vorbringen des Antragstellers sein, wie lange aus dessen Sicht die Vollstreckungssperre zumindest dauern sollte.

Später kann eine angeordnete Vollstreckungssperre verlängert werden und können auch neue Vollstreckungssperren (gemeint hinsichtlich weiterer Gläubiger oder Gläubigerklassen) angeordnet werden (§ 22 Abs 2 ReO). Voraussetzungen dafür sind etwa deutliche Fortschritte

---

12 ErläutRV zum RIRUG 950 BlgNR 27. GP zu § 20 ReO.
13 ErläutRV zum RIRUG 950 BlgNR 27. GP zu § 19 ReO.
14 ErläutRV zum RIRUG 950 BlgNR 27. GP zu § 20 ReO.

bei den Verhandlungen über den Restrukturierungsplan (§ 22 Abs 2 Z 1 ReO) oder ein Rekurs gegen die Bestätigung des Restrukturierungsplans (§ 22 Abs 2 Z 2 ReO).

Insgesamt darf die Anordnung der Vollstreckungssperre nicht mehr als 6 Monate überschreiten. Diese Frist reduziert sich auf 4 Monate, wenn der Schuldner seinen Mittelpunkt seiner hauptsächlichen Interessen innerhalb eines Zeitraums von 3 Monaten vor Antragstellung auf Einleitung eines Restrukturierungsverfahrens in einen anderen Mitgliedsstaat verlegt hat (§ 22 Abs 3 ReO).

Gem § 21 Abs 2 ReO treten die Rechtswirkungen der Vollstreckungssperre mit Zustellung ihrer Bewilligung an den jeweiligen Gläubiger ein. Wie lange die Vollstreckungssperre gilt, kann sich mE aber nicht nach dem Zeitpunkt der Zustellung richten, sondern *ausschließlich nach dem Datum der Bewilligung*. Nur so lässt sich ein einheitlicher Zeitraum bemessen, für den die Vollstreckungssperre gilt. Für diese Auslegung spricht auch, dass die Rückwirkungen der Bewilligung einer Vollstreckungssperre gem § 20 Abs 1 ReO (§ 12 IO) ebenfalls auf Grundlage der Bewilligung berechnet werden (oben Pkt 3.1.1.).

4.3. Spruch

Weder dem Gesetz noch den erläuternden Bemerkungen lässt sich entnehmen, wie der Spruch eines Beschlusses, mit dem eine Vollstreckungssperre angeordnet wird, lauten soll.

Einleitend ist im Beschluss mE klarzustellen, in *welchem Restrukturierungsverfahren* die Beschlussfassung erfolgt.

Der Spruch sollte die *Vollstreckungssperre gem § 19 ReO* anordnen und dabei die *Gläubiger/Gläubigergruppen bezeichnen*, für die die angeordnete Vollstreckungssperre gilt. Ergänzend können zu den Gläubigern Geschäftszahlen aus Exekutionsverfahren sowie die Bezeichnung des Anspruchs, so er bekannt ist, angeführt werden. Grundlegend sind die diesbezüglichen Informationen des Schuldners in seinem Antrag bzw entsprechend vorbereitete Beilagen zum Antrag. Letztlich muss aus dem Spruch die Dauer der Vollstreckungssperre hervorgehen.

In der Begründung wird sich das Gericht auf die gesetzlichen Grundlagen und das (nachvollziehbare) Vorbringen des Antragstellers beziehen.

4.4. Rechtsschutz der betroffenen Gläubiger

Die Bewilligung der Vollstreckungssperre ist nicht anfechtbar (§ 21 Abs 3 ReO). Die Mat[15] verweisen auf die Möglichkeit eines Aufhebungsantrags gem § 23 ReO. Der Rechtsmittelausschluss wird damit begründet, dass dies der Beschleunigung des Verfahrens dienen soll.

Die in § 23 ReO genannten Voraussetzungen für einen solchen Aufhebungsantrag stellen einerseits darauf ab, dass die Vollstreckungssperre zum Restrukturierungsplan keinen Beitrag mehr leisten kann, andererseits auf die Beeinträchtigung der Gläubigerinteressen (§ 23 Abs 1 Z 1 und 2 ReO) sowie darauf, dass die betroffen beweglichen oder unbeweglichen Sachen für die Fortführung des Unternehmens nicht notwendig sind (§ 23 Abs 1 Z 4

---

15 ErläutRV zum RIRUG 950 BlgNR 27. GP zu § 18 ReO.

ReO) oder die Weitergeltung der Vollstreckungssperre zur Insolvenz des Gläubigers führt (§ 23 Abs 1 Z 3 ReO).

Die in § 23 Abs 1 ReO vorgesehene Einvernahme des Schuldners und des Restrukturierungsbeauftragten macht deutlich, dass Gläubiger- und Schuldnerinteressen abzuwägen sind und die objektive Stellungnahme des Restrukturierungsbeauftragten zu den Folgen der Weiterführung der Exekutionsführung in die Entscheidung über den Aufhebungsantrag einfließen muss.

Dem Gesetz und den Mat kann nicht entnommen werden, ob *jeder von der Vollstreckungssperre betroffene Gläubiger* die Aufhebung eigens beantragen muss und auch beschlussmäßige Aufhebungen der Vollstreckungssperre konsequent jeweils gesondert erfolgen müssen. Aus verfahrensökonomischen Überlegungen ist dies zu verneinen: Liegen Aufhebungsvoraussetzungen vor, die alle betroffenen Gläubiger betreffen, kann das Gericht mE über Antrag *eines Gläubigers* die Vollstreckungssperre auch für andere Gläubiger oder alle Gläubiger aufheben.

5. Eintritt der Insolvenz (§ 24 ReO)

5.1. Insolvenzantragspflicht – Entscheidungen

Wesentliche Folgewirkung der Vollstreckungssperre ist das Ruhen der Verpflichtung des Schuldners, die Eröffnung eines Insolvenzverfahrens *wegen Überschuldung* zu beantragen (§ 24 Abs 1 ReO).

Diese Regelung setzt Art 7 Abs 1–3 RIRL um. Damit soll nach der Zielsetzung des Gesetzgebers mit der Vollstreckungssperre auch eine *Insolvenzsperre* bewirkt werden.[16]

Auch über einen auf Überschuldung gestützten *Antrag eines Gläubigers* auf Eröffnung eines Insolvenzverfahrens wäre während der Vollstreckungssperre nicht zu entscheiden (§ 24 Abs 2 ReO). Dabei kommt es auf den Zeitpunkt des Eintritts der insolvenzrechtlichen Überschuldung, also, ob *vor* Bewilligung der Vollstreckungssperre oder *danach*, nicht an.[17]

Wirksamkeitsvoraussetzung ist, dass zumindest eine Vollstreckungssperre bewilligt und wirksam geworden ist. Es muss also zumindest einem Gläubiger die Bewilligung zugestellt worden sein.[18]

Soweit die Regelung Gläubigeranträge betrifft, wird sie mE kaum zur Anwendung kommen, denn auf Überschuldung gestützte Insolvenzanträge von Gläubigern sind sehr selten, kann doch ein Gläubiger schwer bescheinigen, dass dem (der) Antragsgegner(in) eine negative Fortführungsprognose zu attestieren ist.

5.2. Konsequenzen

Das Ruhen der Verpflichtung, wegen Überschuldung *einen Eigenantrag* auf Eröffnung des Insolvenzverfahrens bei Überschuldung zu stellen, ist aber praktisch bedeutsam. Damit tritt eine we-

---

[16] ErläutRV zum RIRUG 950 BlgNR 27. GP zu § 24 ReO.
[17] ErläutRV zum RIRUG 950 BlgNR 27. GP zu § 24 ReO.
[18] AA *Mohr*, ZIK 2021/93, 82 (89).

sentliche Konsequenz der Vollstreckungssperre – abseits von den exekutionsrechtlichen Auswirkungen ieS – zu Tage: Die Verpflichtung gem § 69 Abs 2 IO, innerhalb der gesetzlichen Fristen den Insolvenzantrag wegen Überschuldung zu stellen, ruht *nicht* wegen Eröffnung des *Restrukturierungsverfahrens*, sondern *erst nach Bewilligung einer Vollstreckungssperre.*

Hervorzuheben ist in diesem Zusammenhang, dass die Verpflichtung zur Insolvenzantragstellung wegen *Zahlungsunfähigkeit nicht ruht.* Diese Verpflichtung bleibt bestehen; sie bleibt während des Restrukturierungsverfahrens und auch insb während aufrechter Vollstreckungssperre unverändert aufrecht.[19]

5.3. Konkursantrag wegen Zahlungsunfähigkeit – Feststellung des Gläubigerinteresses

Wird ein Antrag auf Konkurseröffnung wegen Zahlungsunfähigkeit seitens eines Gläubigers *nach* Einleitung des Restrukturierungsverfahrens und *während aufrechter* Vollstreckungssperre gestellt, wäre das Insolvenzverfahren wegen Zahlungsunfähigkeit *nur dann nicht zu eröffnen,* wenn die Eröffnung unter Berücksichtigung der Umstände des Falles nicht im allgemeinen Interesse der Gläubiger ist. Über das Vorliegen dieses allgemeinen Interesses hat das Gericht im Restrukturierungsverfahren zu entscheiden und das Insolvenzgericht von der rechtskräftigen Entscheidung zu informieren (§ 24 Abs 3 ReO).

Diese Norm wirft Fragen zur individuellen Zuständigkeit auf: Werden Restrukturierungsverfahren und Insolvenzverfahren nur von einem Insolvenzrichter am Gericht bearbeitet, ist das Ineinandergreifen der Systeme leicht vorstellbar. Wird aber das Restrukturierungsverfahren in der einen, Gläubigeranträge auf Konkurseröffnung in der anderen Gerichtsabteilung bearbeitet, gibt es ein „Gericht im Restrukturierungsverfahren" und ein „Insolvenzgericht" auch tatsächlich in Form unterschiedlicher Entscheidungsträger.

Es wird Vorsorge zu treffen sein, dass „voreilige" Konkurseröffnungen unterbleiben, bevor eine entsprechende Beschlussfassung des mit dem Restrukturierungsverfahren befassten Gerichts über das Vorliegen des allgemeinen Gläubigerinteresses vorliegt. Eine Konkurseröffnung hätte nämlich zur Folge, dass das Restrukturierungsverfahren gem § 41 Abs 2 Z 7 ReO einzustellen wäre.

6. Ausschluss der Haftung

Als Konsequenz des Ruhens der Insolvenzantragspflicht der Organe wegen Überschuldung ordnet § 25 ReO an, dass die an die Überschuldung anknüpfende Haftung gem § 84 Abs 3 Z 6 AktG und § 25 Abs 3 Z 2 GmbHG entfällt.[20]

Auch die Haftung nach § 22 Abs 1 URG entfällt, wenn die Organe unverzüglich nach Erhalt des Berichts des Abschlussprüfers über das Vorliegen der Voraussetzungen für die Vermutung eines Reorganisationsbedarfs nach § 22 Abs 1 Z 1 URG die Einleitung eines Restrukturierungs-

---

19 ErläutRV zum RIRUG 950 BlgNR 27. GP Allgemeiner Teil.
20 Zur Haftung *Schumacher* in KLS, IO § 69 Rz 85 ff mwN; *Dellinger* in *Konecny,* Insolvenzgesetze (19. Lfg; 2005) § 69 KO Rz 163.

verfahrens beantragen und das Restrukturierungsverfahren gehörig fortgesetzt haben (§ 25 Abs 2 ReO).

Nach § 25 Abs 1 S 2 ReO soll die Haftung für *Zahlungen an betroffene Gläubiger* sowie von Forderungen, *für die eine Vollstreckungssperre gilt*, nicht ausgenommen sein. Diese Regelung bedeutet, dass im Fall des Scheiterns des Restrukturierungsverfahrens im Fall nachfolgender Insolvenzeröffnung der Insolvenzverwalter solchermaßen geleistete Zahlungen von den Organen fordern könnte. Gemeint sind Zahlungen, die abweichend vom Restrukturierungsplan („leise") an Gläubiger geleistet werden, die als betroffene Gläubiger gekürzt werden sollten. Gleiches gilt für Gläubiger, die von der *Vollstreckungssperre* offiziell erfasst waren und dessen ungeachtet Zahlung erhalten haben.

Zu beurteilen ist schließlich, ob § 25 ReO die Haftung der Organe für *nach* Einleitung des Restrukturierungsverfahrens oder *nach* Bewilligung der Vollstreckungssperre entstehende neue Forderungen auch in irgendeiner Weise betrifft. Dies ist mE zu verneinen.

Ausgenommene Forderungen, zu denen gem § 3 Abs 1 Z 3 ReO auch die nach Einleitung des Restrukturierungsverfahrens entstehenden Forderungen (entsprechend § 46 Z 1, 2, 4, 5 und 6 IO) zählen, werden von der *Haftungserleichterung gem § 25 ReO nicht erfasst*. Dies ist konsequent, bleibt doch die Verpflichtung der Organe, wegen Zahlungsunfähigkeit bzw des Eintritts der Zahlungsunfähigkeit die Eröffnung des Insolvenzverfahrens zu beantragen, während des Restrukturierungsverfahrens bzw auch während der Vollstreckungssperre aufrecht (s oben Pkt 5.2.). Können diese Forderungen nicht bezahlt werden, muss das verantwortliche Organ IO-konform reagieren; die Zahlungsunfähigkeit fällt in die Augen. Die Abweichung vom Finanzplan bzw der Kapitalflussrechnung ist offensichtlich. Die Geschäftsführer oder Vorstände sind bei sonstiger persönlicher Haftung zur Insolvenzantragstellung (ungeachtet des laufenden Restrukturierungsverfahrens) gem § 69 Abs 2 IO verpflichtet. In diesem Fall entfällt mE auch eine Prüfung des Gläubigerinteresses gem § 24 Abs 3 ReO. Es gilt weitere Nachteile zu vermeiden; bei Vorliegen der sonstigen Eröffnungsvoraussetzungen ist das Insolvenzverfahren zu eröffnen und das Restrukturierungsverfahren gem § 41 Abs 2 Z 7 ReO einzustellen.

7. Zusammenfassung

Die Vollstreckungssperre hat zwei Zielrichtungen, *einerseits* im Exekutionsbereich ieS, *andererseits* im Bereich der Konsequenzen für die Insolvenzantragspflicht, die Haftung der Organe und Verträge.

Diese beiden Folgewirkungen sind bei Antragstellung zu bedenken. Es ist zu entscheiden, ob eine Vollstreckungssperre aus der einen oder anderen Erwägung die Abwicklung des Restrukturierungsverfahrens erleichtern kann. Wird der Antrag auf Einleitung des Restrukturierungsverfahrens mit dem Antrag auf Bewilligung der Vollstreckungssperre verbunden, führt dies zu einer Prüfung, ob Zahlungsunfähigkeit vorliegt. Diese Prüfung kann im Ergebnis auch dazu führen, dass der *Antrag auf Einleitung des Restrukturierungsverfahrens* wegen Zahlungsunfähigkeit zurückgewiesen wird.

Schuldnervertreter sollen vor der Einleitung des Verfahrens ihre Mandanten nachweislich aufklären, dass neben der Abwehr von Exekutionen wesentliche Folgen, wie Insolvenzschutz und Vertragsschutz, von Antrag und Bewilligung (zumindest) einer Vollstreckungssperre abhängen. Auf der anderen Seite muss – insb bei Exekutionen von Abgabengläubigern oder Sozialversicherungsträgern – informiert werden, dass vom Gericht auf die Zahlungsunfähigkeit des Schuldners geschlossen werden kann und die Zurückweisung des Antrags aus diesem Grund denkbar ist.

Die Insolvenzantragspflicht wegen Überschuldung ruht während der Anordnung der (auch nur einer) Vollstreckungssperre; konsequent entfällt auch die Haftung der Organe. Tritt aber Zahlungsunfähigkeit während des Restrukturierungsverfahrens ein, bleibt trotz Vollstreckungssperre die Insolvenzantragspflicht aufrecht; es gibt keine Haftungserleichterungen für Organe, wenn die gebotene Antragstellung unterbleibt.

Vertragsschutz und unwirksame Vereinbarungen nach der ReO

Philipp Anzenberger

Gliederung	Seite
1. Einleitung	127
2. Der Vertragsschutz	128
2.1. Anwendungsvoraussetzungen für den Vertragsschutz	128
2.1.1. Aufrechte Vollstreckungssperre	128
2.1.2. Wesentliche, noch zu erfüllende Verträge	129
2.1.3. Erfasste Vertragstypen	131
2.2. Die Rechtsfolgen des Vertragsschutzes	132
2.2.1. Allgemeines: Sistierung von an den Zahlungsverzug des Schuldners geknüpften Rechten	132
2.2.2. Leistungsverweigerungssperre	134
2.2.3. Sperre vorzeitiger Fälligstellungen	136
2.2.4. Vertragsauflösungssperre	136
2.2.5. Vertragsänderungssperre	137
2.3. Ausnahmen von den Beschränkungen	138
3. Unwirksame Vereinbarungen	138
3.1. Allgemeines	138
3.2. Anwendungsbereich	139
3.2.1. Erfasste Vertragstypen	139
3.2.2. Erfasste Vereinbarungen	140
3.3. Rechtsfolgen eines Verstoßes	141

Um die kurzfristige Unternehmensfortführung abzusichern, enthält die ReO Bestimmungen zum Schutz der Vertragsverhältnisse des Restrukturierungsschuldners. Einerseits werden an die Durchführung des Restrukturierungsverfahrens geknüpfte Vertragsautomatismen unterbunden, andererseits können die Vertragspartner während aufrechter Vollstreckungssperre gewisse (für den Schuldner nachteilige) Rechte nicht mehr ausüben. Der vorliegende Beitrag stellt diese Regeln im Überblick dar.

1. Einleitung

§ 26 ReO enthält zahlreiche Anordnungen über den Schutz der Verträge des Schuldners und damit ein durchaus potentes Instrument zur *Absicherung der Unternehmensfortführung* und *Ermöglichung der Unternehmenssanierung*. Die Bestimmung beinhaltet im Wesentlichen *zwei Mechanismen*: Einerseits werden von der Vollstreckungssperre (§§ 19 ff ReO) erfasste Vertragspartner des Schuldners – sofern es sich dabei um wesentliche, noch zu erfüllende Verträge iSd Abs 2 handelt – in ihren Möglichkeiten zu Vertragsauflösung und -änderung sowie in ihren Rechten auf Leistungsverweigerung und vorzeitige Fälligstellung beschränkt, wenn sich der Schuldner mit seiner Leistung im Verzug befindet (Abs 1). Anderseits untersagt Abs 3 die Vereinbarung von Vertragsklauseln, die eine Auflösung, sofortige Fälligstellung, Leistungsverweigerung oder nachteilige Änderung an gewisse Formalaspekte des Restrukturierungsverfahrens oder eine entsprechende Verschlechterung der wirtschaftlichen Situation knüpfen. Davon sind gem Abs 4 und 5 lediglich gewisse Vertragstypen bzw Vertragsklauseln des Finanz- und Banksektors ausgenommen. Inhaltlich erinnern diese Anordnungen an §§ 25a und 25b Abs 2 IO, weichen in einigen entscheidenden Punkten allerdings (teils erheblich) von ihren insolvenzrechtlichen „Schwesterbestimmungen" ab, sodass eine parallele Auslegung nicht immer angezeigt ist.

§ 26 ReO ist die Umsetzungsbestimmung zu den Abs 4–6 des Art 7 RIRL. Diese sollen sicherstellen, dass „bestandsfähige Unternehmen und Unternehmer, die in finanziellen Schwierigkeiten sind, Zugang zu wirksamen nationalen präventiven Restrukturierungsrahmen haben".[1] Denn die Ausübung gewisser zivilrechtlicher Kündigungs-, Zurückbehaltungs- oder Fälligstellungsrechte könne die Fähigkeit von Unternehmen gefährden, ihren Betrieb während der Restrukturierungsverhandlungen fortzuführen, insb wenn die Kündigung Verträge über wesentliche Lieferungen wie Gas, Strom, Wasser, Telekommunikation und Kartenzahlungsdienste betreffe.[2] Sofern der Schuldner seinen während der Vollstreckungssperre fällig werdenden Verpflichtungen aus diesen Verträgen weiterhin nachkomme, sollen seine Vertragspartner daher nicht berechtigt sein, „während der Aussetzung Leistungen aus wesentlichen noch zu erfüllenden Verträgen zu verweigern oder diese Verträge zu kündigen, vorzeitig fällig zu stellen oder in sonstiger Weise zu ändern".[3] Diese Ausführungen finden sich nahezu wortgleich in den Erläuterungen des österr Gesetzgebers.[4]

2. Der Vertragsschutz

2.1. Anwendungsvoraussetzungen für den Vertragsschutz

2.1.1. Aufrechte Vollstreckungssperre

Die Vertragsschutzbestimmungen des § 26 Abs 1 ReO sind als *Folgewirkung der Vollstreckungssperre* nach §§ 19 ff ReO konstruiert[5] und finden sich konsequenterweise auch in dem mit „Vollstreckungssperre und ihre Wirkungen" betitelten Abschnitt 5 der ReO. Die (nicht auf gerichtliche Exekution beschränkte; vgl § 20 Abs 2 ReO) Vollstreckungssperre gibt insofern einerseits den *persönlichen und sachlichen Rahmen* der Vertragsschutzbestimmungen vor: Nach ausdrücklicher Anordnung in Abs 1 gilt die Bestimmung nur *gegenüber Gläubigern, die der Vollstreckungssperre unterliegen*; welche Gläubiger (besser: Verträge) vom Vertragsschutz erfasst sind, orientiert sich daher am Umfang der Vollstreckungssperre (vgl § 20 ReO). Bei deren Bewilligung ist das Gericht auf den Kreis der vom Schuldner im Antrag bezeichneten Gläubiger beschränkt, es kann die Sperre allerdings auch gegen weniger als die beantragten Gläubiger genehmigen.[6] Andererseits läuft der Vertragsschutz auch in *zeitlicher Hinsicht* parallel zur Voll-

---

1 ErwGr 1 RIRL.
2 ErwGr 41 RIRL.
3 ErwGr 41 RIRL.
4 ErläutRV 950 BlgNR 27. GP 15.
5 *Mohr*, Das Restrukturierungsverfahren nach der ReO, ZIK 2021/93, 82 (82).
6 ErläutRV 950 BlgNR 27. GP 13.

streckungssperre (arg „*Gläubiger, für die die Vollstreckungssperre gilt*"): Er tritt daher mit Zustellung der Bewilligung der Vollstreckungssperre an die jeweiligen Gläubiger ein (vgl § 21 Abs 1 ReO) und fällt nach Zeitablauf (§ 22 ReO), durch vorzeitige Aufhebung durch das Restrukturierungsgericht (§ 23 Abs 1 ReO) oder mit Aufhebung oder Einstellung des Restrukturierungsverfahrens (vgl § 41 ReO) wieder weg (§ 23 Abs 2 ReO).

2.1.2. Wesentliche, noch zu erfüllende Verträge

§ 26 Abs 1 ReO schützt nur *wesentliche, noch zu erfüllende Verträge*. Dieser Ausdruck wird in Abs 2 konkretisiert: Demnach ist ein wesentlicher, noch zu erfüllender Vertrag ein Vertrag zwischen dem Schuldner und einem oder mehreren Gläubigern, nach dem die Parteien bei Bewilligung der Vollstreckungssperre *noch Verpflichtungen zu erfüllen* haben, die für die *Weiterführung des täglichen Betriebs des Unternehmens erforderlich* sind. In Art 7 Abs 4 UAbs 3 RIRL wurde den Mitgliedstaaten die Möglichkeit eingeräumt, den Vertragsschutz auch auf noch zu erfüllende, nichtwesentliche Verträge auszuweiten, davon hat der österr Gesetzgeber aber bewusst abgesehen.[7] Aus der genannten Formulierung kann abgeleitet werden, dass die vertragliche Verpflichtung *unternehmensbezogen* sein muss, damit die Vertragsschutzbestimmungen zur Anwendung kommen.

Fraglich ist in diesem Zusammenhang zunächst, wann von (vertraglichen) Verpflichtungen gesprochen werden kann, die für die *Weiterführung des täglichen Unternehmensbetriebs erforderlich* sind. Ausdrücklich erwähnt der Gesetzgeber in den Erläuterungen (in Anlehnung an Art 7 Abs 5 RIRL) Verträge über Lieferungen, „*deren Aussetzung dazu führen würde, dass die Geschäftstätigkeit des Schuldners zum Erliegen kommt*".[8] Das soll nach den Materialien etwa bei der Lieferung von Gas, Strom und Wasser sowie bei Telekommunikations- oder Kartenzahlungsdiensten der Fall sein.[9] Im Vergleich zu seiner insolvenzrechtlichen „Schwesterbestimmung" (§ 25a Abs 1 IO: „*Wenn die Vertragsauflösung die Fortführung des Unternehmens gefährden könnte, [...]*") ist § 26 Abs 1 ReO hier – abgesehen von einer etwas abweichenden Wortwahl – in einem entscheidenden Punkt enger gehalten: § 26 Abs 1 ReO spricht nämlich von der *Weiterführung des täglichen Unternehmensbetriebs* (und nicht von der Unternehmensfortführung als solcher), was darauf hindeutet, dass die Rechtsfolgen nur zur Anwendung kommen, wenn durch die Ausübung der genannten Rechte die kurzfristige Unternehmensfortführung „akut" gefährdet ist. Auch[10] hier muss der Vertrag mE zwar *unmittelbar mit dem Geschäftskonzept des Unternehmens zusammenhängen* und der (hinreichend) rasche Abschluss eines *Deckungsgeschäfts unmöglich oder untunlich* sein. Zusätzlich ist für den Anwendungsbereich des § 26 Abs 1 ReO aber auch zu überprüfen, ob bei Unterbleiben der Erfüllung der Verpflichtung der *Unternehmensbetrieb kurzfristig zum Erliegen* kommen würde. Das ist freilich im Einzelfall zu beurteilen, wird aber etwa bei zu liefernden Gütern idR dort der Fall sein, wo (entweder aufgrund der Natur der Sache, wie bei Strom oder Wasser, oder aber faktisch, etwa wegen leerer Lager) keine ausreichenden Mengen des Guts im Unternehmen vorhanden sind, um den Betrieb fortzuführen. Bei Dienstleistungen ist insb auf die

---

7   ErläutRV 950 BlgNR 27. GP 15.
8   ErläutRV 950 BlgNR 27. GP 15.
9   ErläutRV 950 BlgNR 27. GP 15.
10 Zu § 25a IO s *Anzenberger*, Die Insolvenzfestigkeit von Bestandverträgen (2014) 85; vgl auch *Hoenig*, Reichweite der Vertragsauflösungssperre der IO, RdW 2013, 515 (516); *Konecny*, Das Insolvenzrechtsänderungsgesetz 2010, ZIK 2010/119, 82 (86).

Dringlichkeit (in Bezug auf die Notwendigkeit für den akuten Fortbetrieb) und die Spezifizität der Dienstleistung (im Hinblick auf die Möglichkeit der Auffindung eines alternativen Dienstleisters) Bedacht zu nehmen. Praktisch unangenehm ist für die Vertragspartner des Schuldners, dass sie in vielen Fällen nur schwer beurteilen können, ob es sich in ihrem Fall um einen wesentlichen Vertrag handelt. Fordert sie daher der Schuldner (oder allenfalls der Restrukturierungsbeauftragte; vgl § 16 Abs 2 ReO) trotz Kündigung oder Leistungsverweigerung unter Verweis auf § 26 Abs 1 ReO zur Leistung auf, so werden sie – angesichts drohender Schadenersatzansprüche – in manchen Fällen gut daran tun, auch bei Zweifeln an der Wesentlichkeit der Verträge weiterhin zu leisten.

Die Anwendbarkeit des Vertragsschutzes erfordert weiters, dass die Parteien *bei Bewilligung der Vollstreckungssperre noch Verpflichtungen zu erfüllen* haben. Die Frage, wann eine *vollständige Erfüllung* vorliegt, ist nach allgemeinem Zivilrecht zu beurteilen; parallel zu § 21 IO[11] führt mE aber auch hier das Ausstehen einer völlig unbedeutenden Nebenpflicht nicht dazu, dass von fehlender Erfüllung auszugehen ist. In diesem Zusammenhang könnte außerdem gefragt werden, ob es notwendig ist, dass *alle Parteien* noch weitere Verpflichtungen zu erfüllen haben, oder ob der Vertragsschutz bereits bei noch ausstehender Erfüllung bloß einer der Vertragsparteien greift. Nun verhindern die Vertragsschutzbestimmungen lediglich die Ausübung von Rechten aufgrund Zahlungsverzugs des Schuldners (s noch in Pkt 2.2.1.), sodass die Nichtleistung durch den Schuldner ohnehin Voraussetzung dafür ist, dass die Norm Wirkungen entfalten kann. Zu klären ist daher im Wesentlichen, ob § 26 Abs 1 ReO auch bei bereits vollständig erfolgter Leistung durch den Vertragspartner zur Anwendung kommt. Jedenfalls der *Wortlaut* der Bestimmung deutet eindeutig dahin, dass noch wechselseitige Verpflichtungen zu erfüllen sein müssen (andernfalls hätte die Formulierung wohl „dass eine der Parteien [...] zu erfüllen hat" zu lauten gehabt). Bei genauerer Betrachtung wäre bei Annahme einer bloß einseitigen Nichterfüllung auch die Formulierung *„[...] nach dem die Parteien bei Bewilligung der Vollstreckungssperre noch Verpflichtungen zu erfüllen haben, [...]"* in Abs 2 entbehrlich, weil die vom Vertragsschutz sistierten Rechte des Vertragspartners ja ohnehin allesamt solche sind, die durch die Nichtzahlung durch den Schuldner ausgelöst werden. Hier ließe sich – insb vor dem Hintergrund des *Sanierungszwecks der Bestimmung* – freilich einwenden, dass ein umfassenderer Vertragsschutz die Unternehmenssanierung erleichtern könnte. Außerdem könnte vorgebracht werden, dass es eigenartig wäre, wenn der *vollständig vorleistende Vertragspartner* im Anwendungsbereich des § 26 Abs 1 ReO plötzlich *besser gestellt* würde (weil er sich bei Nichterfüllung durch den Schuldner weiterhin vom Vertrag lösen könnte) als jener, welcher aus Gründen der Vorsicht eben nicht vollständig geleistet oder sich gewisse Sicherungsinstrumente (wie einen Eigentumsvorbehalt) einräumen hat lassen. Dem ist allerdings zu entgegnen, dass die meisten dieser Fälle (etwa das Begehren der Herausgabe einer noch nicht im Eigentum des Schuldners befindlichen Sache) ohnehin durch die Vollstreckungssperre selbst abgedeckt sind und dass § 26 Abs 1 ReO insb dazu dient, die kurzfristige Unternehmensfortführung während der Restrukturierungsverhandlungen abzusichern. Dort, wo die Leistungen des Vertragspartners noch nicht erfolgt sind, ist zu diesem Zweck tatsächlich ein „Einfrieren" der Verträge erforderlich; nach vollständiger Leistung des Vertragspartners wird die Vollstreckungssperre hingegen in aller Regel ausreichen, um dieses Ziel zu erreichen, zumal er dadurch genügend Zeit haben sollte, sich am freien Markt Ersatz zu

---

[11] Vgl *Perner* in *Koller/Lovrek/Spitzer*, IO (2019) § 21 Rz 14; *Widhalm-Budak* in *Konecny*, Kommentar zu den Insolvenzgesetzen (57. Lfg; 2017) § 21 IO Rz 172.

beschaffen. Die Ungleichbehandlung der einzelnen Vertragspartner lässt sich insofern durch das Anliegen rechtfertigen, nicht härter in die Rechtssphäre der Vertragspartner einzugreifen als notwendig. In einer Gesamtabwägung ist mE daher einer am Wortlaut der Bestimmung orientierten Auslegung der Vorzug zu geben und davon auszugehen, dass die Vertragsschutzbestimmungen nur bei *beidseitiger Nichterfüllung der Verträge* greifen. Sind aus dem Vertragsverhältnis *mehrere Personen zur Leistung an den Schuldner verpflichtet,* so muss es aus teleologischen Gesichtspunkten mE darauf ankommen, ob *zumindest einer dieser Vertragspartner* noch Verpflichtungen an den Schuldner zu erfüllen hat.

2.1.3. Erfasste Vertragstypen

§ 26 Abs 1 ReO normiert nicht, welche konkreten Vertragstypen vom Vertragsschutz erfasst sein sollen. Explizit ausgenommen sind gem § 26 Abs 5 ReO – in Anlehnung an § 25a Abs 2 Z 2 IO[12] – nur *Ansprüche auf Auszahlung von Krediten oder anderen Kreditzusagen.* Der Gesetzgeber wollte mit dieser Ausnahme verhindern, dass der Schuldner offene Kreditlinien noch abrufen kann,[13] weshalb Kreditgeber besondere Kündigungsrechte (vgl § 987 ABGB oder das vertragliche Kündigungsrecht nach Z 23 der allgemeinen Bankbedingungen [Verschlechterung oder Gefährdung der Vermögensverhältnisse des Kunden]) weiterhin in Anspruch nehmen können sollen.[14] Nach den Gesetzesmaterialien soll diese Ausnahme nicht nur für entgeltliche Darlehen in Geld, sondern auch für andere Kreditverhältnisse (insb Avalkredite) gelten. Aus den Ausnahmen in § 3 Abs 1 ReO (und damit verbunden: der Unanwendbarkeit der Vollstreckungssperre) ergibt sich weiters, dass der Vertragsschutz *nicht auf Arbeitsverträge* zur Anwendung gelangen kann.

In den Erläuterungen finden sich (wie schon in ErwGr 41 RIRL) zahlreiche Beispiele für vom Vertragsschutz erfasste Vertragstypen, etwa Verträge über wesentliche Lieferungen wie Gas, Strom, Wasser, Telekommunikation und Kartenzahlungsdienste, aber auch Miet- und Lizenzverträge, langfristige Lieferverträge und Franchiseverträge.[15] Diese Ausführungen lassen erkennen, dass der Gesetzgeber primär den Schutz von *Dauerschuldverhältnissen* vor Augen hatte. Der offene Wortlaut der Bestimmung sowie systematische (das zeigt ein Vergleich mit § 25a IO)[16] und teleologische Erwägungen legen mE aber auch eine Anwendbarkeit auf *Zielschuldverhältnisse* nahe. Der Wortlaut des § 26 Abs 2 ReO (arg *„ein Vertrag zwischen dem Schuldner und einem oder mehreren Gläubigern"*) zeigt weiters, dass der Vertragsschutz grundsätzlich *auch auf mehrseitige Vertragsverhältnisse anwendbar* ist. Eine *Anwendung auf Gesellschaftsverträge* ist mE (wie schon auch zu §§ 25a und 25b Abs 2 IO)[17] allerdings *abzulehnen:*

---

12 ErläutRV 950 BlgNR 27. GP 15.
13 *Mohr,* ZIK 2021/93, 82 (90).
14 ErläutRV 950 BlgNR 27. GP 15 f.
15 ErläutRV 950 BlgNR 27. GP 15.
16 Zu dieser Bestimmung wird ebenfalls ganz herrschend eine Anwendbarkeit auf Zielschuldverhältnisse bejaht; vgl *Anzenberger,* Insolvenzfestigkeit 73; *Bollenberger,* Ausgewählte Rechtsfragen der Vertragsauflösungssperre nach § 25a IO, in *Konecny,* Insolvenz-Forum 2010 (2011) 17 (18); *Hoenig,* RdW 2013, 515; *Mohr,* Das Insolvenzrechtsänderungsgesetz 2010, ecolex 2010, 563 (564); *Mohr,* Neuerungen im Unternehmensinsolvenzrecht, ÖJZ 2010, 887 (893); *Nunner-Krautgasser,* IRÄG 2010: Insolvenzverfahren und Vertragsauflösungssperre, in *Konecny,* Insolvenz-Forum 2009 (2010) 81 (95); *Perner* in KLS, IO § 25a Rz 5; *Reisenhofer,* Die Bestimmungen zur Auflösung von Verträgen nach dem IRÄG 2010, Zak 2010, 287 (287).
17 So jüngst die prominente E OGH 16. 9. 2020, 6 Ob 64/20k, der eine umfassende Diskussion in der Literatur vorausgegangen ist; für eine Anwendbarkeit auf Gesellschaftsverträge etwa *Fichtinger/Foglar-Deinhardstein,*

§ 26 Abs 1 ReO zielt darauf ab, den Unternehmensbetrieb (während der Restrukturierungsverhandlungen) dadurch kurzfristig aufrechtzuerhalten, dass dem Schuldner gegenüber weiterhin Leistungen erbracht werden, die für den täglichen Unternehmensbetrieb notwendig sind. Eine Anwendung auch auf Gesellschaftsverträge (und insb darin enthaltene Aufgriffsrechte) würde insofern weit über die Zielsetzungen der Bestimmung hinausgehen.

2.2. Die Rechtsfolgen des Vertragsschutzes

2.2.1. Allgemeines: Sistierung von an den Zahlungsverzug des Schuldners geknüpften Rechten

Gläubiger, für die die Vollstreckungssperre gilt, dürfen gem § 26 Abs 1 ReO in Bezug auf vor der Vollstreckungssperre entstandene Forderungen und allein aufgrund der Tatsache, dass die Forderungen vom Schuldner noch nicht bezahlt wurden, nicht Leistungen aus wesentlichen, noch zu erfüllenden Verträgen verweigern oder diese Verträge vorzeitig fällig stellen, kündigen oder in sonstiger Weise zum Nachteil des Schuldners ändern. Der aufrechte Vertragsschutz bewirkt also eine *Sistierung gewisser* – nach materiellem Zivilrecht gesetzlich oder vertraglich zustehender – *Rechte der Vertragspartner des Schuldners,* die aus einem *Zahlungsverzug in Bezug auf vor Geltung der Vollstreckungssperre entstandene Forderungen* resultieren. Konkret untersagt § 26 Abs 1 ReO dem Vertragspartner die *Leistungsverweigerung, die vorzeitige Fälligstellung, die Vertragsauflösung* sowie *die Vertragsänderung* zum Nachteil des Schuldners (dazu in den Folgeabschnitten).

Sistiert werden einerseits nur Rechte, die den Vertragspartnern *allein aufgrund der Tatsache* zustehen, *dass Forderungen vom Schuldner nicht gezahlt* wurden. Daraus lässt sich ableiten, dass die genannten Rechte weiterhin ausgeübt werden können, wenn sie den Vertragspartnern (auch) aus *anderen* (wichtigen) *Gründen* zustehen. Auch eine *ordentliche Kündigung* eines Dauerschuldverhältnisses ist (unter Einhaltung von Kündigungsfristen und Kündigungsterminen) weiterhin zulässig. Fraglich ist in diesem Zusammenhang auch, ob die Formulierung „*Forderungen vom Schuldner nicht gezahlt*" nur in Geld bestehende Verbindlichkeiten oder auch Naturalleistungen erfasst. Entsprechend dem weiten Zahlungs- (vgl § 1412 ABGB)[18] und Forderungsbegriff[19] des ABGB spricht mE viel dafür, dass § 26 Abs 1 ReO *sowohl auf Geld- als auch auf Naturalforderungen* der Vertragspartner der Schuldner anzuwenden ist. Dies wird auch durch die *ratio* der Bestimmung nahegelegt: Es kann wohl keinen Unterschied machen, ob der

---

Die Zulässigkeit von Lösungsklauseln für den Insolvenzfall nach dem IRÄG 2010, insbesondere bei Kreditgeschäften, ÖBA 2010, 818 (821); *Konecny,* ZIK 2010/119, 82 (86); *Spitzer,* Gesellschaft bürgerlichen Rechts: Vermögensordnung und Insolvenz – Ein vertikaler Rechtsvergleich vor und nach der GesbR-Reform 2015, in FS Nowotny (2015) 413 (417 f); dagegen *Eckert,* Insolvenz von Gesellschaftern, in *Konecny,* Insolvenz-Forum 2010, 59 (63 ff); *Fellner,* Auswirkungen des Insolvenzrechtsänderungsgesetzes 2010 auf gesellschaftsvertraglich verankerte Aufgriffsrechte, RdW 2010, 259 (261); *Taufner,* Gesellschaftsvertragliche Ausschluss- und Aufgriffsrechte nach dem IRÄG 2010, GesRZ 2011, 157 (158 f); *Trenker,* GmbH-Geschäftsanteile in Exekution und Insolvenz, JBl 2012, 281 (288); *Widhalm-Budak,* Verhinderung der Vertragsauflösung und unwirksame Vereinbarungen, in *Konecny,* IRÄG 2010 (2010) 23 (26 f).

18 Vgl etwa *Nunner-Krautgasser* in *Konecny,* Insolvenz-Forum 2009, 81 (97); *Welser/Zöchling-Jud,* Grundriss des Bürgerlichen Rechts II[14] (2015) 1 ff.

19 *Heidinger* in *Schwimann/Kodek,* ABGB Praxiskommentar VI[4] (2016) § 1412 Rz 1; *Koziol/Spitzer* in *Koziol/Bydlinski/Bollenberger,* Kurzkommentar zum ABGB[6] (2020) § 1412 Rz 1; *Rudolf* in *Fenyves/Kerschner/Vonkilch,* Kommentar zum ABGB – Klang Kommentar[3] (2019) § 1412 Rz 2.

Schuldner mit einer in Geld bestehenden Zahlung in Verzug ist, aber die Naturalleistung seines Vertragspartners für die Weiterführung des täglichen Unternehmensbetriebs benötigt, oder ob er mit einer Naturalleistung in Verzug ist, aber die Zahlung weiterer Geldbeträge für die Unternehmensfortführung unabdinglich ist (die Gegenauffassung würde zudem zu einer – schwer zu rechtfertigenden – Schlechterstellung von Gläubigern von Geldzahlungen führen).

Andererseits berührt der Vertragsschutz gem § 26 Abs 1 ReO nur solche Rechte, die aus der Nichtzahlung *von vor Geltung der Vollstreckungssperre entstandenen Forderungen* resultieren. Diese Formulierung verdient ebenfalls eine genauere Betrachtung: Denn die Sistierung der aus einem Zahlungsverzug resultierenden Rechte setzt die *Fälligkeit der Forderung* (und eben nicht bloß ihre Entstehung) voraus. In den Materialien hält der Gesetzgeber zwar einerseits fest, dass *„danach [gemeint: nach Eintritt der Vollstreckungssperre] entstehende Forderungen aus diesen Verträgen"*[20] nicht vom Vertragsschutz betroffen sind, allerdings sagt er kurz zuvor auch, dass der Vertragsschutz nur gelten soll, *„sofern der Schuldner seinen Verpflichtungen aus diesen Verträgen, die während der Sperre fällig werden, weiterhin nachkommt"*.[21] Es ist daher zu klären, ob vor Eintritt der Vollstreckungssperre entstandene, aber erst danach fällig werdende Forderungen ebenfalls vom Vertragsschutz erfasst sind. Ein Blick auf die insolvenzrechtliche Parallelbestimmung (nämlich § 25a Abs 1 Z 2 IO) zeigt, dass hier vom Verzug mit der Erfüllung von vor Eröffnung des Insolvenzverfahrens *fällig gewordenen* Forderungen die Sprache ist. Dem einhelligen Schrifttum zufolge ist allerdings – entgegen dieser Wortwahl – auf die *Qualifikation als Insolvenzforderung* abzustellen,[22] worüber der Fälligkeitstermin aber eben – insb bei Dauerschuldverhältnissen – keine abschließende Aussagekraft besitzt. Eine (wenn auch erst nach Verfahrenseröffnung fällige) Insolvenzforderung darf nach Eröffnung des Insolvenzverfahrens freilich gar nicht mehr befriedigt werden,[23] weshalb der Insolvenzverwalter gerade bei Dauerschuldverhältnissen einen neuen (außerordentlichen) Kündigungsgrund setzen und die Vertragsauflösungssperre daher erheblich an Wirkung verlieren würde. Daran zeigt sich allerdings, dass die Situation nicht unbedingt mit jener nach § 26 Abs 1 ReO zu vergleichen ist, weil eine Zahlung offener Forderungen bei Eröffnung des Restrukturierungsverfahrens ja weiterhin zulässig ist. Ein systematischer Blick auf § 3 Abs 1 Z 3 ReO – der auf § 46 IO verweist – könnte als systematisches Argument für die *Maßgeblichkeit der Entstehung* der jeweiligen Forderung angeführt werden, zumal auch bei Verfahrenseröffnung nicht fällige Forderungen Gegenstand der Restrukturierung sein können. Dem ließe sich entgegenhalten, dass der hier zu besprechende Referenzzeitpunkt (anders als bei § 3 ReO) nicht die Einleitung des Restrukturierungsverfahrens, sondern die Zustellung der Bewilligung der Vollstreckungssperre ist.[24] Überzeugender ist demgegenüber mE die Überlegung, dass ein Abstellen auf die Fälligkeit der Forderung uU dazu führen würde, dass der Restrukturierungsschuldner mit der Beantragung der Vollstreckungssperre bis zur Fälligkeit der in Frage stehenden Forderung zuwarten müsste, um in den Genuss des Vertragsschutzes zu kommen, was aber weder der Sanierung des Schuldners zuträglich noch den Vertragspartnern zumutbar wäre (die ja letztlich auch von

---

20 ErläutRV 950 BlgNR 27. GP 15 (Hervorhebungen durch den Verfasser).
21 ErläutRV 950 BlgNR 27. GP 15 (Hervorhebungen durch den Verfasser).
22 *Anzenberger*, Insolvenzfestigkeit 67 und 102 f; *Nunner-Krautgasser* in *Konecny*, Insolvenz-Forum 2009, 81 (97); *Pariasek*, IRÄG 2010: Neuerungen im Zusammenhang mit Bestandrechten, wobl 2010, 237 (240); *Perner* in KLS, IO § 25a Rz 21.
23 Statt vieler *Engelhart* in *Konecny*, Insolvenzgesetze (53. Lfg; 2014) § 50 IO Rz 1 ff; § 51 IO Rz 1.
24 Siehe Pkt 2.1.1.

einer früheren Klarheit über einen eintretenden Vertragsschutz profitieren). Die Maßgeblichkeit der Fälligkeit könnte in gewissen Situationen sogar dazu führen, dass die Vollstreckungssperre vor Eintritt der Fälligkeit gar nicht bewilligt werden dürfte (weil sie dann gem § 19 Abs 2 Z 1 ReO zur Erreichung des Restrukturierungsziels nicht erforderlich wäre), was insgesamt als sperrige und mit Rechtsunsicherheiten behaftete Konstruktion (weil der redliche Restrukturierungsschuldner geradezu genötigt würde, in Verzug zu geraten, aber auch, weil gewisse, vom Vertragsschutz eigentlich erfasste Rechte den Vertragspartnern ja sofort ab Verzug zustehen können und auf diese Weise eine problematische zeitliche Lücke bis zur Zustellung der Bewilligung der Vollstreckungssperre entstünde, innerhalb derer die unerwünschten Rechte weiterhin ausgeübt werden könnten) abzulehnen ist. Vorzugswürdig ist es daher vielmehr, all jene Rechte des Vertragspartners zu sistieren, die aus der *Nichtzahlung einer vor Eintritt der Vollstreckungssperre entstandenen Verbindlichkeit des Schuldners* resultieren.[25]

2.2.2. Leistungsverweigerungssperre

Der erste Teilaspekt der Auswirkungen des Vertragsschutzes besteht darin, dass der Vertragspartner *keine Leistungsverweigerungsrechte mehr ausüben* kann, die ihm aufgrund des Zahlungsverzugs des Schuldners zustehen. Dieser Punkt dürfte den wohl heikelsten Aspekt des Vertragsschutzkonzepts nach § 26 Abs 1 ReO darstellen. Bei einer extensiven Auslegung – wenn man also davon ausginge, dass § 1052 S 1 ABGB (und per Größenschluss vermutlich auch die Unsicherheitseinrede nach S 2 *leg cit*) während des aufrechten Vertragsschutzes unanwendbar bliebe – könnten Vertragspartner nämlich rasch in eine prekäre Situation gelangen: War etwa ein vorleistungspflichtiger Restrukturierungsschuldner in Verzug (etwa beim Kauf eines Lieferwagens für das Unternehmen, bei dem der Schuldner zuerst vollständig leisten und im Anschluss daran den Wagen geliefert bekommen sollte), so würde sich die Frage stellen, ob der Vertragspartner aufgrund von § 26 Abs 1 ReO nun tatsächlich nicht mehr von seinem Leistungsverweigerungsrecht nach § 1052 S 1 ABGB Gebrauch machen kann. Verneint man dies (wie sich das aus dem Wortlaut des § 26 Abs 1 ReO ableiten ließe), so müsste der Vertragspartner dem (wirtschaftlich ohnehin angeschlagenen) Restrukturierungsschuldner die vereinbarte Leistung nun trotz Verzugs erbringen, und zwar auch dann, wenn die vereinbarte Vorleistung die einzige „Absicherung" darstellt, die vertraglich vereinbart war. In einem anschließenden Insolvenzverfahren hätte der Vertragspartner aber dennoch keine privilegierte Stellung, sondern könnte seine Forderung bloß als Insolvenzforderung anmelden. Damit würde gewissen Vertragspartnern allerdings ein *erhebliches Sonderopfer* auferlegt, das zudem relativ willkürlich (nämlich je nach Befriedigung durch den Schuldner) auch nur einzelne unter ihnen treffen kann (wofür das Anfechtungsrecht auch nur eingeschränkt Abhilfe schaffen kann, zumal gerade die insolvenzspezifischen Anfechtungstatbestände nur in engem zeitlichen Naheverhältnis zur materiellen Insolvenz greifen; vgl §§ 30 und 31 IO). Die *Effektivität der Vereinbarung von Vorleistungs- oder Zug-um-Zug-Leistungspflichten* würde damit – zumindest sofern sie im Hinblick auf das Insolvenzrisiko getroffen werden – generell *stark an Wirkung einbüßen,* weil sich die Vertragspartner ja (angesichts der Vertragsschutzbestimmungen der ReO) nicht mehr darauf verlassen könnten, dass sie ihre Leistungen bei Verzug des vorleistungspflichtigen oder Zug um Zug leistungspflichtigen Vertragspartners zurückbehalten könnten. Eine derart extensive Auslegung wäre

---

[25] AA *Mohr*, ZIK 2021/93, 82 (90), der davon ausgeht, dass die Auflösung auf einen „*Verzug nach Eintritt der Vollstreckungssperre*" gestützt werden kann.

mE sogar (insb im Hinblick auf das Grundrecht auf Eigentum sowie den Gleichheitssatz) verfassungsrechtlich bedenklich. Auch ein *Blick nach Deutschland* ist in diesem Zusammenhang aufschlussreich: Das Äquivalent zu § 26 ReO ist der dt § 55 StaRUG, der in seinem Abs 3 genau für das hier besprochene Problem eine ausdrückliche Lösung vorsieht. Dort heißt es: *„Ist der Gläubiger vorleistungspflichtig, hat er das Recht, die ihm obliegende Leistung gegen Sicherheitsleistung oder Zug um Zug gegen die dem Schuldner obliegende Leistung zu erbringen."*

Es liegt daher – mangels einer entsprechenden Ausnahmebestimmung in der österr ReO – der Gedanke nahe, § 26 Abs 1 ReO in diesem Punkt *einschränkend zu interpretieren*. Einen ersten Anhaltspunkt dafür liefern die Gesetzesmaterialien zum IRÄG 2010: Anders als bei der Vertragsschutzkonstruktion der ReO muss einer weiteren Vertragserfüllung im Insolvenzverfahren eine Erfüllungswahl durch den Insolvenzverwalter nach § 21 IO vorausgegangen sein, sodass der Anspruch des Vertragspartners zu einer Masseforderung wird (vgl § 46 Z 4 IO).[26] Das hat der Gesetzgeber auch in seinen Erläuterungen bei der Schaffung des § 25a IO hervorgehoben, wo er festhält, dass *„[e]ine derartige Einschränkung"* deshalb *„zumutbar"* ist, weil *„alle ab Eröffnung des Insolvenzverfahrens neu anfallenden Forderungen als Masseforderungen zur Gänze zu befriedigen sind".*[27] Daraus lässt sich schließen, dass zumindest der Gesetzgeber des IRÄG 2010 eine Situation, wie sie bei extensiver Interpretation des § 26 Abs 1 ReO entstehen könnte, wohl als nicht „zumutbar" erachtet hätte. Auch die Gesetzesmaterialien zur ReO lassen durchaus daran zweifeln, dass der Gesetzgeber tatsächlich eine gänzliche Unanwendbarkeit des § 1052 S 1 ABGB während der aufrechten Vollstreckungssperre normieren wollte: Alle vom Gesetzgeber in den Materialien genannten Beispiele für Vertragstypen betreffen (unternehmenswichtige) Dauerschuldverhältnisse,[28] bei denen der Restrukturierungsschuldner vor Eintritt der Vollstreckungssperre in Verzug mit der Bezahlung der empfangenen Leistung war. Nun betrifft das Leistungsverweigerungsrecht nach § 1052 S 1 ABGB Leistungen und Gegenleistungen, die zueinander in einer Austauschbeziehung (funktionelles Synallagma) stehen,[29] wobei bei Sukzessivlieferungsverträgen und Dauerschuldverhältnissen die Einrede nach hA nicht nur im Verhältnis der jeweils unmittelbar gegenüberstehenden Teilleistungen, sondern auch im Verhältnis von später fällig gewordenen zu ausständigen früheren Teilleistungen erhoben werden kann.[30] Letzterer Punkt scheint aber genau jener Aspekt zu sein, welchen der Gesetzgeber mit der Regelung des § 26 Abs 1 ReO erfassen wollte, nämlich (wie die Beispiele in den Materialien nahelegen) die idealtypische Situation, in der ein Schuldner mit der Bezahlung von Wasser-, Strom- oder Gaslieferungen oder von Telekommunikations- oder Kartenzahlungsdienstleistungen im Verzug ist. All das sind Fälle, in denen die Leistungen sukzessive erbracht wurden und sich der Verzug des Schuldners typischerweise auf bereits erbrachte Leis-

---

26 *Anzenberger*, Insolvenzfestigkeit 49; *Dellinger/Oberhammer/Koller*, Insolvenzrecht[4] (2018) Rz 295; *Gamerith* in *Bartsch/Pollak/Buchegger*, Österreichisches Insolvenzrecht I[4] (2000) § 21 KO Rz 20; *Perner* in KLS, IO § 21 Rz 34; *Widhalm-Budak* in *Konecny*, Insolvenzgesetze § 21 IO Rz 348 ff.
27 ErläutRV 612 BlgNR 24. GP 13.
28 ErläutRV 950 BlgNR 27. GP 15.
29 Etwa *Aicher* in *Rummel/Lukas*, Kommentar zum Allgemeinen bürgerlichen Gesetzbuch[4] (2017) § 1052 Rz 15 f; *Apathy/Perner* in KBB, ABGB[6] § 1052 Rz 1; *Binder/Spitzer* in *Schwimann/Kodek*, ABGB IV[4] (2014) § 1052 Rz 7; *Laimer/Schwartze* in *Fenyves/Kerschner/Vonkilch*, Klang-Kommentar[3] § 1052 ABGB Rz 58; *Verschraegen* in *Kletečka/Schauer*, ABGB-ON[1.08] § 1052 Rz 6 (Stand 1. 5. 2020, rdb.at).
30 *Aicher* in *Rummel/Lukas*, ABGB[4] § 1052 Rz 12; *Apathy/Perner* in KBB, ABGB[6] § 1052 Rz 2; *Binder/Spitzer* in *Schwimann/Kodek*, ABGB IV[4] § 1052 Rz 14; *Laimer/Schwartze* in *Fenyves/Kerschner/Vonkilch*, Klang-Kommentar[3] § 1052 ABGB Rz 39; *Verschraegen* in *Kletečka/Schauer*, ABGB-ON[1.08] § 1052 Rz 9.

tungen des Vertragspartners bezieht. Hier bringt die Leistungsverweigerungssperre aber tendenziell deutlich weniger gravierende Einschnitte in die Rechte der Vertragspartner mit sich, weil Vorleistungs- oder Zug-um-Zug-Leistungspflichten des Restrukturierungsschuldners gerade nicht ausgehebelt werden. Umgekehrt scheint es – auch im Licht von nachvollziehbaren Sanierungsbestrebungen – überzogen, durch eine gänzliche Ausschaltung des § 1052 ABGB dem Vertragspartner eine Vorleistung aufzubürden, zu der er sich nie vertraglich verpflichtet hat. Im Rahmen einer subjektiv-teleologischen sowie auch einer verfassungskonformen Interpretation des § 26 Abs 1 ReO ist es daher vorzugswürdig, *Leistungsverweigerungsrechte nur insoweit zu sistieren,* als sie aus vor Eintritt der Vollstreckungssperre fällig gewordenen Verbindlichkeiten *für bereits erbrachte Leistungen* resultieren. § 1052 ABGB ist nach dieser Sichtweise daher insoweit weiterhin anwendbar, als sich das Leistungsverweigerungsrecht auf eine Gegenleistung in direkter Austauschbeziehung zur fälligen Forderung gegenüber dem Schuldner bezieht. Das bedeutet zwar nicht, dass die Bestimmung nicht dennoch gelegentlich Härten für Vertragspartner eines Restrukturierungsschuldners bedeuten kann, allerdings können sich Vertragspartner weiter auf vereinbarte Vor- oder Zug-um-Zug-Leistungspflichten berufen und ihre Leistung bis zu deren Bewirkung zurückbehalten. Auf diese Weise ist die Gesamtkonzeption deutlich harmonischer und die Verfassungskonformität der Bestimmung mE gegeben.

2.2.3. Sperre vorzeitiger Fälligstellungen

Der zweite Aspekt des Vertragsschutzes nach § 26 Abs 1 ReO besteht darin, dass der Vertragspartner Verträge (besser: Verbindlichkeiten aus Verträgen)[31] *nicht mehr vorzeitig fällig stellen kann.* Das kann typischerweise Kreditverträge (für welche die Ausnahme in Abs 5 ja nur für die Auszahlung oder andere Kreditzusagen gilt), aber etwa auch Kauf- oder Leasingverträge mit Ratenzahlungsvereinbarungen betreffen.

2.2.4. Vertragsauflösungssperre

Nach dem Wortlaut des § 26 Abs 1 ReO soll es den der Vollstreckungssperre unterliegenden Gläubigern weiters nicht möglich sein, wesentliche, noch zu erfüllende Verträge zu *„kündigen"* (also eine einseitige, empfangsbedürftige Willenserklärung abzugeben, mit der ein Dauerschuldverhältnis zu einem bestimmten Zeitpunkt enden soll).[32] Nachdem der Gesetzgeber in seinen Erläuterungen aber mehrfach von der durch § 26 ReO angestrebten Verhinderung einer *„Vertragsauflösung"*[33] spricht, ist es aber – auch zur Absicherung des Zwecks der Bestimmung – vorzugswürdig, nicht nur die *Kündigung* ieS, sondern auch den *Vertragsrücktritt* von Zielschuldverhältnissen und noch nicht im Abwicklungsstadium befindlichen Dauerschuldverhältnissen von der Sperre des § 26 Abs 1 ReO erfasst zu sehen.

Nicht anwendbar ist die Vertragsauflösungssperre hingegen auf die *ordentliche Kündigung,* die Kündigung aufgrund *sonstiger wichtiger Gründe,* die Geltendmachung von *Willensmängeln* sowie auf alle sonstigen Beendigungsarten, die nicht durch die Ausübung eines einseitigen Ge-

---

31 Vgl schon *Trenker/Lutschounig*, Stellungnahme zum ME 42/SN-96/ME 27. GP 54.
32 Vgl dazu statt vieler *Anzenberger*, Insolvenzfestigkeit 73; *P. Bydlinski*, Die Übertragung von Gestaltungsrechten (1986) 174; *Lovrek* in *Fasching/Konecny*, Kommentar zu den Zivilprozessgesetzen IV/1³ (2019) § 560 ZPO Rz 30; *Pesek* in *Schwimann/Kodek*, ABGB V⁴ (2014) § 1116 Rz 1.
33 ErläutRV 950 BlgNR 27. GP 15.

staltungsrechts herbeigeführt werden:³⁴ *Einvernehmliche Vertragsauflösungen* sind daher ebenso möglich wie die Vertragsbeendigung durch *Eintritt einer auflösenden Bedingung* oder durch *Fristablauf*.³⁵

Auflösungserklärungen, die dem Schuldner *vor Wirksamkeit der Vollstreckungssperre* zugehen, sind mE weiterhin wirksam; eine Rückwirkung der Vertragsauflösungssperre ist (wie auch schon bei § 25a IO) abzulehnen.³⁶ Während der Vollstreckungssperre abgegebene (und vom Vertragsschutz erfasste) Auflösungserklärungen sind als *schlicht rechtsunwirksam* zu qualifizieren. Die iZm der Vertragsauflösungssperre des § 25a IO von einem Teil der Lehre vertretene Auffassung, dass die Auflösungserklärung mit dem Wegfall der Sperre wirksam werde und daher keine erneute Abgabe der Erklärung notwendig sei,³⁷ verfängt mE auch im Anwendungsbereich des § 26 Abs 1 ReO nicht: Dies wird schon vom Wortlaut nahegelegt („*dürfen [...] nicht [...] kündigen*") und steht zudem im Einklang mit dem Sanierungszweck der Bestimmung. Es ist daher vorzugswürdig, von der *gänzlichen Unwirksamkeit von* § 26 Abs 1 ReO widersprechenden *Auflösungserklärungen* auszugehen (zumal die Abgabe einer neuerlichen Auflösungserklärung nach Wegfall der Vertragsauflösungssperre keine überbordende Last für die Vertragspartner darstellt).

2.2.5. Vertragsänderungssperre

§ 26 Abs 1 ReO erklärt es schließlich auch für unzulässig, während des aufrechten Vertragsschutzes aufgrund des Verzugs des Schuldners den Vertrag *in sonstiger Weise zum Nachteil des Schuldners zu ändern*. Während die Vereinbarung gewisser, an die in § 26 Abs 3 ReO genannten Tatbestände knüpfender Vertragsänderungen bereits nach dieser Bestimmung unwirksam sein kann (dazu Pkt 3.2.2.), untersagt § 26 Abs 1 ReO die Ausübung von (an sich zulässig vereinbarten) Vertragsänderungsrechten zulasten des Schuldners, sofern diese aufgrund des Zahlungsverzugs des Schuldners ausgeübt wurden. Dies umfasst etwa die Übertragung des Vertrags oder der Rechte aus dem Vertrag, die Anhebung der Leistungsverpflichtung (etwa die Anhebung eines Bestandzinses), die Verpflichtung zur Leistung einer Sicherheit oder eine für den Schuldner nachteilige Veränderung der Zahlungsmodalitäten (etwa die Umstellung auf Zug-um-Zug-Leistung, eine Umstellung auf Vorleistung durch den Schuldner oder die Vereinbarung kürzerer Zahlungsintervalle).³⁸

Fraglich ist in diesem Zusammenhang, ob eine Vertragsklausel, die im Fall der Nichtzahlung durch den Schuldner eine *automatische Vertragsänderung* vorsieht, nicht aus teleologischen Erwägungen dennoch von der Vertragsänderungssperre erfasst sein soll. Denn mangels Gleichlaufs der Anwendungsbereiche der Abs 1 und 3 kann (anders als etwa bei §§ 25a und

---

34 Vgl *Anzenberger*, Insolvenzfestigkeit 75; *Perner* in KLS, IO § 25a Rz 13.
35 Vgl zu § 25a IO *Anzenberger*, Insolvenzfestigkeit 75 ff; *Perner* in KLS, IO § 25a Rz 13.
36 Siehe zur parallelen Bestimmung des § 25a IO *Anzenberger*, Insolvenzfestigkeit 78 f; *Hoenig*, RdW 2013, 515 (519); *Nunner-Krautgasser* in Konecny, Insolvenz-Forum 2009, 81 (99 f); *Perner* in KLS, IO § 25a Rz 2.
37 *Rattacher*, Zur Wirkung einer Kündigungserklärung während der Vertragsauflösungssperre des § 25a IO, ÖJZ 2017, 489; *Riedler*, Der Eigentumsvorbehalt in der Insolvenz des Käufers nach dem IRÄG 2010, ÖJZ 2011, 904 (910).
38 Vgl zu § 26 Abs 3 ReO *Mohr*, ZIK 2021/93, 82 (90); s zu § 25b Abs 2 IO etwa *Anzenberger*, Vertragsauflösungssperre und Umgehungsmöglichkeiten, in *Nunner-Krautgasser/Kapp/Clavora*, Jahrbuch Insolvenz- und Sanierungsrecht 2013 (2013) 221 (232 ff).

25b Abs 2 IO) eine solche Klausel zumindest wirksam vereinbart werden, solange diese nicht an die von Abs 3 untersagten Tatbestandsmerkmale anknüpft.[39] Ließe man an den Zahlungsverzug knüpfende Vertragsänderungen zulasten des Schuldners zu, dann wäre § 26 Abs 1 ReO zumindest in diesem Punkt relativ einfach umgehbar, weshalb mE – insb aus teleologischen Erwägungen – viel dafür spricht, auch entsprechende Vertragsautomatismen während des aufrechten Vertragsschutzes auszusetzen.

2.3. Ausnahmen von den Beschränkungen

§ 26 Abs 5 ReO sieht vor, dass die Vertragsschutzbestimmungen des Abs 1 *nicht bei Ansprüchen auf Auszahlung von Krediten oder anderen Kreditzusagen* gelten sollen (s ausführlicher in Pkt 2.1.3.). Andere Ausnahmen, etwa (wie in § 25a Abs 2 Z 1 IO vorgesehen) für den Fall schwerer persönlicher oder wirtschaftlicher Nachteile für den Vertragspartner, finden sich in § 26 ReO nicht.[40] Allerdings können Gläubiger gem § 23 Abs 1 ReO die *Aufhebung der Vollstreckungssperre* beantragen, wenn diese einen oder mehrere Gläubiger in unangemessener Weise beeinträchtigt (Z 2) oder gar zur Insolvenz des Gläubigers führt (Z 3). Nachdem bei Wegfall der Vollstreckungssperre auch der Vertragsschutz entfällt,[41] können damit auch aus dem Vertragsschutz resultierende Härtefälle vermieden werden. Außerdem haben – darin besteht mE ein Vorzug dieses Regelungsmodells – sowohl der Restrukturierungsschuldner als auch der Vertragspartner aufgrund der Notwendigkeit einer gerichtlichen Entscheidung in diesem Punkt *Rechtssicherheit* über das Weiterbestehen des Vertragsschutzes (anders als nach § 25a Abs 2 IO, wo die Rechtmäßigkeit der Verweigerung der Vertragserfüllung durch den Vertragspartner allenfalls im Nachhinein gerichtlich zu klären ist).

3. Unwirksame Vereinbarungen

3.1. Allgemeines

Die Vertragsschutzbestimmungen des § 26 Abs 1 und 2 ReO werden in Abs 3 durch eine (mit § 25b Abs 2 IO vergleichbare) *Vereinbarungsbeschränkung* ergänzt: Demnach sind vertragliche Vereinbarungen über die Verweigerung von Leistungen aus noch zu erfüllenden Verträgen oder deren vorzeitige Fälligstellung, Kündigung oder Abänderung in sonstiger Weise zum Nachteil des Schuldners allein wegen

- eines Antrags auf Einleitung eines Restrukturierungsverfahrens,
- eines Antrags auf Bewilligung einer Vollstreckungssperre,
- der Einleitung eines Restrukturierungsverfahrens,
- der Bewilligung einer Vollstreckungssperre als solcher oder
- einer solchen Verschlechterung der wirtschaftlichen Situation, die die Einleitung eines Restrukturierungsverfahrens ermöglicht,

---

[39] Dazu mehr in Pkt 3.2.
[40] Siehe auch *Mohr*, ZIK 2021/93, 82 (90).
[41] Siehe Pkt 2.1.1.

unzulässig. Damit will der Gesetzgeber *Vertragsklauseln unterbinden,* die den Vertragspartner unabhängig von der aufrechten Verpflichtungserfüllung durch den Restrukturierungsschuldner bei Eintritt gewisser Umstände *(Ipso-facto-*Klauseln) oder bei Verschlechterung der wirtschaftlichen Situation des Schuldners *(Material-Adverse-Change-*Klauseln oder auch „MAC-Klauseln") *zur Vertragsauflösung berechtigen.* § 26 Abs 3 ReO sichert insofern die Vertragsschutzbestimmungen der Abs 1 und 2 ab, indem er verhindert, dass die unerwünschten Beeinträchtigungen der Vertragsbeziehungen des Restrukturierungsschuldners über den Umweg von Vertragsautomatismen dennoch eintreten können. Im Rahmen eines *zweistufigen Prüfschemas* ist insofern in einem ersten Schritt zu überprüfen, ob eine Vertragsklausel mit § 26 Abs 3 ReO vereinbar ist. Ist das der Fall, kann sie uU aufgrund § 26 Abs 1 ReO dennoch für eine gewisse Zeit nicht ausgeübt werden.

Wie schon § 25b Abs 2 IO,[42] ist auch § 26 Abs 3 ReO als *allgemein-zivilrechtliche Bestimmung* zu verstehen, die nicht erst ab Eröffnung des Restrukturierungsverfahrens oder ab Eintritt der Vollstreckungssperre, sondern ganz generell Wirkung entfaltet.[43] Andernfalls wäre es problemlos möglich, durch eine Anknüpfung an einen vor Durchführung des Restrukturierungsverfahrens liegenden Zeitpunkt die unerwünschten Rechtsfolgen dennoch (zumindest zunächst) herbeizuführen und damit die Vertragsschutzbestimmungen zu umgehen oder zumindest zu torpedieren. Eine § 26 Abs 3 ReO widersprechende Vertragsklausel kann daher jederzeit (und nicht nur während eines laufenden Restrukturierungsverfahrens) aufgegriffen werden.

3.2. Anwendungsbereich
3.2.1. Erfasste Vertragstypen

IZm der Ermittlung des Anwendungsbereichs der Vereinbarungsbeschränkung ist zunächst zu klären, auf welche *Vertragstypen* die Vereinbarungsbeschränkung Anwendung finden soll. Der Wortlaut der Bestimmung ist zwar offen gehalten, allerdings legt das systematische Zusammenspiel mit den Vertragsschutzbestimmungen eine Einschränkung auf *jene Vertragstypen* nahe, welche zumindest *abstrakt von den Vertragsschutzbestimmungen erfasst* sein können (also etwa keine Gesellschaftsverträge).[44] Ausdrücklich ausgenommen sind gem § 26 Abs 4 ReO zudem *Netting-Mechanismen,* und zwar auch *Close-out-netting-Mechanismen* (die typischerweise eine automatische Vertragsauflösung mitsamt einer wechselseitigen Verrechnung der Ansprüche vorsehen),[45] sofern sie die in *§ 20 Abs 4 IO genannten Geschäfte auf Finanzmärkten, Energiemärkten und Rohstoffmärkten* betreffen. Für sie ist gem Abs 4 S 4 ausschließlich das auf den Vertrag anwendbare Recht einschlägig. Diese Ausnahme gilt gem Abs 4 S 2 aber nicht für jene dieser Verträge, welche für den Unternehmensbetrieb des Schuldners erforderliche Lieferung von Waren, Erbringung von Dienstleistungen oder Energieversorgung betreffen, es sei denn, dass sie die Gestalt einer am Markt oder der Börse notierten Position einnehmen und jederzeit zum aktuellen Marktwert ersetzt werden können. An der Anwendbarkeit der Vollstreckungssperre auf die Vollstreckung einer aus der Durchführung eines *Netting-Mechanismus* resultierenden Forderung än-

---

42 *Anzenberger,* Insolvenzfestigkeit 133 ff.
43 Ähnlich *Mohr,* ZIK 2021/93, 82 (90), nach dem die *„Ungültigkeit solcher Vertragsklauseln [...] von einer Vollstreckungssperre unabhängig"* ist.
44 Vgl dazu Pkt 2.1.3.
45 Vgl etwa *Mätzler/Hebein,* Neue Möglichkeiten für Verpfändungen – Die Ausweitung des Finanzsicherheitengesetzes, ÖBA 2011, 624 (630); *Perner* in KLS, IO § 20 Rz 17.

dert sich gem Abs 4 S 3 aber nichts. § 26 Abs 3 ReO ist auch auf *Kreditverträge* anwendbar, allerdings können gem Abs 5 gewisse Vereinbarungen entgegen der Grundregel dennoch getroffen werden (dazu in Pkt 2.1.3.).

Eine – mit Abs 1 vergleichbare – *Beschränkung auf „wesentliche Verträge"* enthält Abs 3 nicht. Das liegt primär daran, dass der Gesetzgeber die in § 26 Abs 3 ReO genannten Tatbestände ganz generell nicht als hinreichenden Grund erachtet, um eine Vertragsauflösung, eine Vertragsänderung oder die Ausübung von Leistungsverweigerungsrechten oder Fälligstellungsrechten zum Nachteil des Restrukturierungsschuldners zu rechtfertigen. Zudem kann eine gegen § 26 Abs 3 ReO verstoßende Klausel nicht erst im Restrukturierungsverfahren, sondern bereits ab dem Zeitpunkt des Vertragsabschlusses aufgegriffen werden;[46] dabei würde aber noch nicht notwendigerweise feststehen, ob der Vertrag für das Unternehmen als wesentlich einzustufen ist (zumal sich diese Beurteilung während der Vertragslaufzeit durchaus ändern kann). Die geltende gesetzliche Regelung ist daher aus Rechtssicherheitserwägungen zu befürworten.

3.2.2. Erfasste Vereinbarungen

§ 26 Abs 3 ReO untersagt vertragliche Vereinbarungen, die die Verweigerung von Leistungen aus noch zu erfüllenden Verträgen oder ihre vorzeitige Fälligstellung, Kündigung oder Abänderung an gewisse (im Anschluss näher zu beschreibende) *Umstände im Naheverhältnis zur Durchführung eines Restrukturierungsverfahrens* knüpft. Nachdem die Vereinbarungsbeschränkung insb die Vertragsschutzbestimmungen des Abs 1 vor Umgehungen absichern soll und zudem beide Normen dieselben (unerwünschten) Umstände auflisten, liegt es nahe, *in Bezug auf die* (nunmehr untersagten) *ausübbaren Rechte* eine parallele Auslegung vorzunehmen. Es kann daher auf die vorherigen Ausführungen in Pkt 2.2. verwiesen werden.

§ 26 Abs 3 ReO enthält zudem eine Liste an *unzulässigen Anknüpfungspunkten*, die im Wesentlichen auf formelle Aspekte im Naheverhältnis zur Durchführung eines Restrukturierungsverfahrens (Antrag auf Einleitung [Z 1] oder tatsächliche Einleitung [Z 3] des Restrukturierungsverfahrens sowie Antrag auf Bewilligung [Z 2] oder tatsächliche Bewilligung [Z 4] einer Vollstreckungssperre) sowie auf eine zur Eröffnung eines Restrukturierungsverfahrens führende Verschlechterung der wirtschaftlichen Situation des Schuldners [Z 5] abstellen. Der Gesetzgeber hat damit ausdrücklich einige „Schlupflöcher" in den Katalog der unzulässigen Anknüpfungspunkte aufgenommen, mit denen teilweise versucht wurde (und wird), die Bestimmung des § 25b Abs 2 IO zu umgehen. Eine vollständige (und insofern „wasserdichte") Aufzählung aller unzulässigen Anknüpfungspunkte ist freilich nahezu unmöglich, weshalb eine allzu engherzige Orientierung am Wortlaut des § 26 Abs 3 ReO mE verfehlt wäre. Vielmehr geht aus dieser Bestimmung – noch stärker als aus § 25b Abs 2 IO[47] – hervor, dass der Gesetzgeber an die *Eröffnung oder Durchführung des Restrukturierungsverfahrens geknüpfte Vertragsautomatismen* zulasten des Restrukturierungsschuldners unterbinden wollte. Dies unterstreichen auch die Gesetzesmaterialien, wonach auch *„eine Anknüpfung an Nachteile, die unweigerlich mit der Bewilligung der Vollstreckungssperre verbunden sind, [...] als Um-*

---

46 Vgl Pkt 3.1.
47 Siehe dazu schon *Anzenberger*, Insolvenzfestigkeit 153 f.

gehung dieser Bestimmung unzulässig"[48] ist. Auch andere obligatorische oder fakultative „Stationen" des Restrukturierungsverfahrens (etwa die Vorlage eines Restrukturierungsplans, die Bestellung eines Restrukturierungsbeauftragten, der Erlag eines Kostenvorschusses durch den Schuldner etc) können daher – will man eine komplette Aushöhlung der Bestimmung vermeiden – nicht wirksam als Anknüpfungspunkt vereinbart werden. Dies kann mE (wie auch schon bei § 25b Abs 2 IO)[49] am besten mit der Formel des „notwendigen Kausalzusammenhangs" abgebildet werden: Immer dann, wenn entweder der *Anknüpfungspunkt notwendige Voraussetzung für die Eröffnung des Restrukturierungsverfahrens* oder die *Eröffnung des Restrukturierungsverfahrens notwendige Voraussetzung für den Eintritt des Anknüpfungspunkts* ist (was jeweils abstrakt zu beurteilen ist), dann fällt sie unter die Vereinbarungsbeschränkung des § 26 Abs 3 ReO.

3.3. Rechtsfolgen eines Verstoßes

§ 26 Abs 3 ReO ist eine Verbotsnorm iSd § 879 Abs 1 ABGB. Daher sind gegen diese Bestimmung verstoßende Vereinbarungen *nichtig*, weil dies – wenn auch nicht ausdrücklich angeordnet (arg „*unzulässig*") – vom Verbotszweck der Norm erfordert wird:[50] Denn nur eine Nichtigkeit von Vertragsautomatismen zulasten des Restrukturierungsschuldners kann die Fortführung essenzieller Vertragsverhältnisse garantieren und so die Schuldner- und die Unternehmenssanierung im Restrukturierungsverfahren absichern. Bei genauerer Betrachtung ist hier aber – anders als bei § 25b Abs 2 IO[51] – die Annahme einer *relativen Nichtigkeit* vorzugswürdig: Für eine relative Nichtigkeit spricht einerseits, dass § 26 Abs 3 ReO eindeutig (nur) auf den Schutz des Restrukturierungsschuldners abzielt (was sich insb in der Formulierung „*in sonstiger Weise zum Nachteil des Schuldners*" zeigt), und dass es bei vereinbarten Vertragsauflösungen oder Vertragsänderungen uU dennoch in gewissen Situationen für den Schuldner vorteilhaft sein kann, sich auf die Klausel zu berufen (zumal die ReO ja gerade keine mit §§ 21 ff IO vergleichbaren Vertragsauflösungsmöglichkeiten kennt). Auch scheint es überzeugender, dem Schuldner selbst die Beurteilung darüber zu überlassen, ob eine Vertragsänderungsklausel (auch) aus seiner Sicht für ihn nachteilig ist. Dass die Unternehmens- und allenfalls auch die Schuldnersanierung auch im öffentlichen Interesse steht (was für eine absolute Nichtigkeit sprechen könnte),[52] muss im Licht dieser Erwägungen in den Hintergrund treten.

---

48 ErläutRV 950 BlgNR 27. GP 15.
49 *Anzenberger*, Insolvenzfestigkeit 152 ff.
50 *Bollenberger/Bydlinski* in KBB, ABGB[6] § 879 Rz 3; *Graf* in *Kletečka/Schauer*, ABGB-ON[1.05] § 879 ABGB Rz 2 f (Stand 1. 8. 2019, rdb.at); *Kolmasch* in *Schwimann/Neumayr*, ABGB Taschenkommentar[5] (2020) § 879 Rz 2 f; *Krejci* in *Rummel/Lukas*, ABGB[4] § 879 Rz 1; *Riedler* in *Schwimann/Kodek*, ABGB IV[4] § 879 Rz 2 f.
51 Vgl *Anzenberger*, Insolvenzfestigkeit 162 f.
52 *Anzenberger*, Insolvenzfestigkeit 162.

Restrukturierungsverfahren – Planinhalte, Planwirkungen

Ulla Reisch

Gliederung   Seite

1. Einleitung 143
2. Inhalt des Restrukturierungsplans, (Arbeitnehmer-)Forderungen
   (§§ 27, 28, 43 ReO) 144
3. Gläubigerklassen (§ 29 ReO) 148
4. Gerichtliche Prüfung des Restrukturierungsplans (§ 30 ReO) 149
5. Abstimmung – Annahme (§§ 31–33 ReO) 151
       5.1. Forderungsanmeldung 151
       5.2. Tagsatzung 151
       5.3. Bevorrechtete Gläubigerschutzverbände 152
       5.4. Stimmrecht 152
       5.5. Annahme des Restrukturierungsplans/Gläubigermehrheit 153
6. Bestätigung des Restrukturierungsplans (§ 34 ReO) 153
       6.1. Allgemeine Bestätigungsvoraussetzungen (§ 34 Abs 1 ReO), Versagungsgründe
   (§ 34 Abs 3, 4 und 5 ReO) 153
       6.2. Überprüfung der Einhaltung des Kriteriums des Gläubigerinteresses (§ 34 Abs 2,
   §§ 35, 38 ReO) 154
       6.3. Klassenübergreifender Cram-Down (§§ 36, 38 ReO) 156
7. Wirkungen des Restrukturierungsplans (§ 39) – Anspruch auf Ausfall (§ 42) 158
       7.1. Wirkungen des Restrukturierungsplans 158
       7.2. Anspruch auf Ausfall 160
8. Rekurs (§ 40 ReO) 160
9. Schlussbemerkungen 162

Ein wesentliches Kernstück der Restrukturierungsordnung bilden die Bestimmungen zum Restrukturierungsplan („RP"), dessen Annahme und Wirkungen. Die ReO beschreitet in diesem Zusammenhang insb mit der dem Schuldner obliegenden Auswahl der vom RP betroffenen Gläubiger und deren Einteilung in Gläubigerklassen sowie der Möglichkeit eines „klassenübergreifenden *Cram-Down*", wenn eine Zustimmung aller Gläubigerklassen nicht erreicht werden kann, Neuland. Der Beitrag stellt diesen Themenkomplex dar.

1. Einleitung

Neben der Vollstreckungssperre steht der RP im Fokus des neuen Verfahrens. In Umsetzung der Art 8–11 und 14–16 der RIRL finden sich zum RP und dessen Wirkungen viele Regelungen in der ReO, die für eine Anknüpfung an die bisherige Praxis zum Abschluss von gerichtlichen Sanierungsplänen nicht passen. Daher kann auch nur eingeschränkt auf die bisherige Rechtsprechung und Literatur zum gerichtlichen Sanierungsplan zurückgegriffen werden. Richtigerweise sind die gesetzlichen Anforderungen an einen RP aus finanzieller/betriebswirtschaftlicher Hinsicht – wie betreffend die Restrukturierungsmaßnahmen, dem Vorliegen einer bedingten Fortbestehensprognose[1] und einem Vergleich mit Alternativszenarien nach der IO – höher als im gerichtlichen Sanierungsverfahren mit Eigenverwaltung. Dies ist wohl der Preis für die sonst im Vergleich zu den bisher zur Verfügung stehenden gerichtlichen Entschuldungsmöglichkeiten ungewohnt frei anmutenden Gestaltungsmöglichkeiten hinsichtlich der Auswahl der einzubeziehenden Gläubiger und der Gläubigerklassen. Die gesetzlichen Anforderungen an den Abschluss und die Bestätigung eines RP setzen jedenfalls noch viel mehr als das gerichtliche Sanierungsverfahren ein vorbereitetes Verfahren voraus.

2. Inhalt des Restrukturierungsplans, (Arbeitnehmer-) Forderungen (§§ 27, 28, 43 ReO)

Ausschließlich der Schuldner ist gem § 27 Abs 1 ReO berechtigt, einen RP vorzulegen und dessen Abschluss zu beantragen. Davon umfasst ist mangels ausdrücklichen Verzichts auch ein Antrag auf Bestätigung nach § 36 ReO, dh eine Bestätigung infolge eines klassenübergreifenden *Cram-Down*.[2] Die Vorlage des RP hat entweder mit dem Antrag auf Einleitung des Restrukturierungsverfahrens oder während der ihm zur Vorlage eingeräumten Frist zu erfolgen.

Der Gesetzgeber hat zweckmäßigerweise in Anlehnung an die entsprechende Bestimmung zum Sanierungsplan auch für den RP normiert, dass nur der Schuldner antragsberechtigt ist, dies, obwohl die Richtlinie[3] auch ein Vorschlagsrecht für den Restrukturierungsbeauftragten („RB") und Gläubiger vorsieht. Denn auch für einen RP ist anzunehmen, dass „nur der Schuldner selbst über alle notwendigen Informationen für den Plan verfügt"[4] und „ohne seine Unterstützung die Unternehmenssanierung erheblich erschwert werden würde".[5] Eine Unternehmenssanierung gegen den Willen des Schuldners erscheint insb aufgrund der überwiegenden Art und Größe von Unternehmen (KMU) in Österreich wenig praktikabel.

§ 27 Abs 2 ReO sieht in den Z 1–9 detaillierte Informationen vor, die der RP enthalten muss. Die in § 169 IO geregelten Voraussetzungen für die Beantragung eines Sanierungsverfahrens mit Eigenverwaltung sind wohl legistisches Vorbild gewesen und können daher in diesem Umfang bei der Auslegung und Anwendung dieser neuen Bestimmungen fruchtbar gemacht werden. Die explizite Vorlage von Unterlagen dazu ist aber in § 27 Abs 2 ReO anders als in § 169 Abs 1 Z 1 IO nicht genannt, sondern dass der RP diese Informationen zu enthalten hat. Aber es werden mit dem RP zumindest ein Finanzplan (vgl § 27 Abs 2 Z 7 lit e ReO) und eine bedingt positive Fortbestandsprognose (vgl § 27 Abs 2 Z 8 ReO) vorzulegen sein. Die restlichen Informationen können im RP selbst ausgeführt sein.

---

[1] Gemeint wohl bedingt positive Fortbestehensprognose und daher in weiterer Folge als bedingt positive Fortbestehensprognose bezeichnet.
[2] ErläutRV 950 BlgNR 27. GP 16.
[3] Art 9 Abs 1 RIRL.
[4] *Jurgutyte-Ruez/Urthaler*, Der präventive Restrukturierungsrahmen in der Restrukturierungs-RL, ZIK 2019/116, 91 (97 f); *Mohr*, Der präventive Restrukturierungsrahmen – Titel II der Richtlinie über Restrukturierung und Insolvenz, in *Jaufer/Nunner-Krautgasser/Schummer*, Unternehmenssanierung mit Auslandsbezug (2019) 15 (30).
[5] *Jurgutyte-Ruez/Urthaler*, ZIK 2019/116, 91 (97).

Zunächst hat der RP neben dem Namen und der Anschrift des Schuldners (§ 27 Abs 2 Z 1 ReO) auch den Namen und die Anschrift eines allenfalls bereits bestellten RB (§ 27 Abs 2 Z 2 ReO) zu enthalten. Letzteres kann dann vorliegen, wenn der RP nicht gleichzeitig mit dem Antrag auf Einleitung eines Restrukturierungsverfahrens vorgelegt und dessen Annahme beantragt wird. Weiters hat der Schuldner gem § 27 Abs 2 Z 3 ReO seine wirtschaftliche Situation darzulegen. Dies erfolgt insb durch Auflistung und Bewertung der Vermögenswerte und Verbindlichkeiten inklusive einer Unternehmensbewertung, Letztere sowohl zu Fortführungs- als auch zu Liquidationswerten. In diesem Zusammenhang ist hierzu insb auch die Anzahl der Dienstnehmer samt deren Art der Tätigkeit zu nennen und hat eine Darstellung der Ursachen und des Umfangs der wirtschaftlichen Probleme zu erfolgen.

Die in den Z 4–6 des § 27 Abs 2 ReO geforderten Informationen betreffen die Auswahl der Gläubiger, die vom RP betroffen sein sollen und deren Einteilung in Gläubigerklassen durch den Schuldner, sowie die vom RP nicht betroffenen Gläubiger. Gläubiger, deren Forderungen gem § 3 ReO vom Restrukturierungsverfahren generell ausgenommenen sind, können jedenfalls nicht vom RP betroffene Gläubiger sein.

Die betroffenen Gläubiger und ihre unter den RP fallenden Forderungen sowie die bis zum Tag der Vorlage des RP anfallenden Zinsen und die daraus zu bildende Gesamtsumme (Z 4), die Gläubigerklassen, die Forderungshöhe in jeder Klasse und die Einteilung der betroffenen Gläubiger in die genannte Klasse (Z 5) sowie die vom RP nicht betroffenen Gläubiger, die entweder namentlich oder für den Fall, dass dies wie zB bei Anleihegläubigern nicht möglich ist, nach Forderungskategorien zu beschreiben sind, samt Begründung, warum diese Gläubiger nicht betroffen sein sollen (Z 6), sind zu nennen. Wie die ErläutRV[6] ausführen, sind auch die betroffenen Gläubiger namentlich zu nennen und ist nicht nur die Schuldenkategorie darzulegen. Eine Ausnahme soll nur zB im Falle von Anleihegläubigern oder Schuldscheindarlehensgebern, dh Gläubigern, die namentlich nicht benannt werden können, bestehen. In diesen Fällen ist es nach den ErläutRV[7] ausreichend, „wenn der jeweilige Rechtsgrund der Forderung des betroffenen Gläubigers hinreichend individualisiert und konkretisiert wird (zB durch Nennung der internationalen Wertpapierkennnummer (ISIN) oder durch konkrete Bezeichnung des jeweiligen Schuldscheindarlehens) sowie sichergestellt werden kann, dass der jeweilige betroffene Gläubiger kontaktiert bzw informiert werden kann (zB über die Zahlstelle oder gemäß den vertraglich vereinbarten Bedingungen zur Verständigung oder Information bei Schuldscheindarlehen)". Eine Einteilung in Gläubigerklassen kann gem § 27 Abs 2 Z 5 iVm § 29 Abs 3 ReO bei KMU entfallen. Zu betonen ist, dass es dem Schuldner nach der ReO freisteht, zB in der Klasse der unbesicherten Gläubiger nur einzelne unbesicherte Finanzgläubiger und/oder einzelne Lieferanten aufzunehmen und nicht jeweils alle. Die ErläutRV[8] führen aber ergänzend zum Wortlaut der gesetzlichen Bestimmung diesbezüglich aus, dass „die Auswahl der betroffenen Gläubiger nach sachlich nachvollziehbaren Kriterien zu erfolgen hat" und „es einer sachlich nachvollziehbaren Begründung bedarf, warum Gläubiger nicht betroffen sein sollen".[9] Als sachliche Begründung, warum der Schuldner Gläubiger nicht einbeziehen kann, nennen die

---

6   950 BlgNR 27. GP 16.
7   950 BlgNR 27. GP 16.
8   950 BlgNR 27. GP 16.
9   ErläutRV 950 BlgNR 27. GP 16.

ErläutRV[10] etwa, „dass ein nicht einbezogener Gläubiger auch in einem Insolvenzverfahren vollständig befriedigt würde oder eine Einbeziehung des Gläubigers nicht erforderlich ist, um die Insolvenz abzuwenden und die Bestandfähigkeit sicherzustellen und eine Differenzierung unter Berücksichtigung der Umstände – etwa wenn ausschließlich Finanzgläubiger einbezogen werden oder die Forderungen von Verbrauchern oder KMU unberührt bleiben – sachlich gerechtfertigt ist". Trotzdem verbleibt der Schuldner in gewissem Rahmen in seiner Entscheidung zur Einbeziehung von Gläubigern in den RP im Vergleich zu einem gerichtlichen Sanierungsplan ungewohnt frei.

Weiters hat der RP gem § 27 Abs 2 Z 7 ReO seine Bedingungen, wie insb die vorgeschlagenen Restrukturierungsmaßnahmen und deren Laufzeit, die Art der Benachrichtigung und Anhörung der Belegschaftsorgane und der Arbeitnehmervertreter, die Auswirkungen auf Arbeitsverhältnisse, einen Finanzplan für die Dauer der Restrukturierungsmaßnahmen sowie eine allfällige neue Finanzierung und Gründe für deren Notwendigkeit zu enthalten. Zum Verständnis des Begriffs der Restrukturierungsmaßnahmen kann auf die allgemeine Definition des § 1 Abs 2 ReO und dazu die ErläutRV,[11] die ErläutRV[12] zu § 27 ReO sowie § 28 ReO und die ErläutRV[13] zurückgegriffen werden. Die genannten ErläutRV zu § 1 Abs 2, § 27 ReO führen dazu beispielhaft eine Gesamtveräußerung des Unternehmens, Forderungskürzungen und -stundungen, Laufzeitanpassungen, Umstrukturierungen und den Abbau von Arbeitnehmern an. Die ErläutRV[14] nennen auch „die Einräumung von Informations- und Einsichtsrechten sowie Verwertungs- und Verteilungsregelungen". „Mit einer solchen Maßnahme kann in bestehende (Finanzierungs-)Verträge oder auch in frühere Restrukturierungsvereinbarungen eingegriffen werden."[15] § 28 ReO nimmt Bezug auf die im RP zu nennenden, betroffenen Forderungen und die vorgeschlagenen Zahlungsfristen und normiert die Zulässigkeit von Änderungen der die Zahlung betreffenden Vertragsbedingungen. Klarstellend führen die ErläutRV[16] zu § 28 ReO aus, dass „davon etwa Zinsen und Zahlungsmodalitäten erfasst sind". Forderungskürzungen sind zulässig, im RP ist aber anzuführen, auf welchen Betrag die Kürzung erfolgt. Von der Zulässigkeit der Änderung von Vertragsbedingungen ist eine Verpflichtung zur Aufrechterhaltung von Kreditlinien oder eine Vergabe von Neukrediten nicht umfasst.[17] Wenn der RP nichts anderes vorsieht, kommen § 14 Abs 2, §§ 15, 19–20 und § 21 Abs 4 IO zur Anwendung. Dadurch wird ua sichergestellt, dass auch noch nicht fällige, bedingte oder teilbare Forderungen aus laufenden Verträgen betroffen sein können. Auf § 14 Abs 1 IO, der nicht auf Geldleistungen gerichtete Forderungen regelt, wird nicht verwiesen.

Grundsätzlich kann daher der RP auch eine Kürzung und Stundung der Forderungen besicherter Gläubiger vorsehen. Dies ist ausdrücklich für alle Gläubigerklassen in § 29 Abs 1 ReO geregelt. Den besicherten Gläubigern steht jedoch jedenfalls betreffend eine vorgesehene Forderungskürzung die Möglichkeit offen, nach Ablehnung eines derartigen RP in der Restrukturierungsplantagsatzung über einen Antrag gem § 35 Abs 2 ReO die Verletzung des Kriteriums

---

10 950 BlgNR 27. GP 16.
11 950 BlgNR 27. GP 4.
12 950 BlgNR 27. GP 16.
13 950 BlgNR 27. GP 17.
14 950 BlgNR 27. GP 4.
15 ErläutRV 950 BlgNR 27. GP 4.
16 950 BlgNR 27. GP 17.
17 ErläutRV 950 BlgNR 27. GP 17.

des Gläubigerinteresses geltend zu machen, da sie wohl in jedem Alternativszenario nach der IO im Umfang einer Deckung durch Sicherheiten von keiner Forderungskürzung betroffen wären. Anderes ist für den Fall einer Stundung argumentierbar.

Nach den ErläutRV[18] ist ein *„Debt-Equity-Swap"* als Gestaltungsmaßnahme ausdrücklich ausgeschlossen. Zu den Umsetzungsmöglichkeiten von Kapitalmaßnahmen auf gesellschaftsrechtlicher Ebene wird ebenso wie zu den Schwierigkeiten, Restrukturierungsmaßnahmen gegen den Willen der Anteilseigner im Rahmen des Restrukturierungsverfahrens durchzusetzen, auf den Beitrag von *Wabl/Gassner*[19] verwiesen.

Eine Mindestquote oder eine Dauer für Zahlungsfristen vergleichbar den Regelungen für einen gerichtlichen Sanierungsplan sind nicht vorgesehen.

Der geforderte Finanzplan ist anders als im Sanierungsverfahren mit Eigenverwaltung gem § 169 Abs 2 Z 1d IO nicht nur im Wesentlichen für die Dauer des Verfahrens, sondern für die Laufzeit der Restrukturierungsmaßnahmen zu erstellen und hat auch die Mittelherkunft und -verwendung für die Umsetzung der Restrukturierungsmaßnahmen und damit des RP darzulegen.[20]

Als wesentliches Kernstück der im RP enthaltenen Informationen ist weiters die Vorlage einer bedingt positiven Fortbestehensprognose gem § 27 Abs 2 Z 8 ReO und gem § 27 Abs 2 Z 9 ReO ein Vergleich mit den Szenarien nach § 35 Abs 1 ReO zu nennen. Dem Erfordernis der Vorlage einer bedingt positiven Fortbestehensprognose liegt die gesetzliche Anforderung zugrunde, dass der RP die Insolvenz des Schuldners verhindert und die Bestandfähigkeit sicherstellt.[21] Unter einer bedingt positiven Fortbestandsprognose ist eine solche zu verstehen, die „von der Annahme und Bestätigung des Restrukturierungsplans abhängig sein kann".[22] Die Analyse der Verlustursachen und der beabsichtigten Restrukturierungsmaßnahmen muss bis zur Vorlage des RP soweit erfolgt und in Form einer Erfolgs- und Finanzplanung in einer Primär- und Sekundärprognose abgebildet sein, dass unter der Voraussetzung der Annahme und Bestätigung des RP eine positive Fortbestandsprognose vorliegt. Diese hat eine begründete Aussage darüber zu treffen, dass die künftige Zahlungs- und Lebensfähigkeit eines schuldnerischen Unternehmens mit überwiegender Wahrscheinlichkeit gegeben ist.[23] ME muss sich die überwiegende Wahrscheinlichkeit auch auf die Chancen der Annahme und der Bestätigung des RP beziehen und dies auch begründet dargelegt werden. Denn nur durch eine derartige Fortbestehensprognose ist sichergestellt, dass ein bestandgefährdetes Unternehmen wieder Bestandfähigkeit erlangt. Durch das Abstellen auf eine überwiegende Wahrscheinlichkeit der Annahme und Bestätigung des RP wird auch gegen Missbrauchsmöglichkeiten Vorsorge getroffen.

---

18   950 BlgNR 27. GP 4.
19   Geschäftsleitung und Anteilsinhaber, in *Konecny*, RIRUG (2021).
20   *Riel*, Die Eigenverwaltung gem §§ 169 ff IO, in *Konecny*, IRÄG 2010 (2010) 131 (137 ff); *Zeitler*, Der Finanzplan in der Insolvenzordnung, in *Konecny*, IRÄG 2010, 155 (155 ff).
21   ErläutRV 950 BlgNR 27. GP 17.
22   ErläutRV 950 BlgNR 27. GP 1.
23   *Kammer der Wirtschaftstreuhänder/Wirtschaftskammer Österreich/KMU Forschung Austria GmbH*, Leitfaden Fortbestehensprognose (2016; abrufbar unter news.wko.at/news/oesterreich/Fortbestehensprognose2016.pdf [abgefragt 13. 8. 2021]); *Karollus/Huemer*, Die Fortbestehensprognose im Rahmen der Überschuldungsprüfung² (2006) 79 ff; *Schumacher* in *Koller/Lovrek/Spitzer*, IO (2019) § 69 Rz 7 ff.

Jedenfalls wird durch das Erfordernis einer bedingt (positiven) Fortbestehensprognose den in Z 8 genannten Anforderungen, dass der RP die Gründe, die dazu führen, dass die Insolvenz des Schuldners verhindert und dessen Bestandfähigkeit sichergestellt wird, entsprochen. Dieser im Vergleich zu einem gerichtlichen Sanierungsplan[24] erhöhte Maßstab ist zu begrüßen.

Zur in § 27 Abs 2 Z 9 ReO geregelten Notwendigkeit der Darlegung der alternativen Szenarien der IO nach § 35 Abs 1 ReO wird auf die Ausführungen zu Pkt 6.2. verwiesen.

Zusätzlich zum RP ist gem § 27 Abs 3 ReO gesondert eine Liste der betroffenen Gläubiger mit Namen, Adressen und E-Mail-Adressen oder falls diese nicht bekannt sind, mit sonstigen individualisierenden Bezeichnungen und Kontaktinformationen vorzulegen. Dadurch wird sichergestellt, dass die Daten der betroffenen Gläubiger untereinander nicht ersichtlich sind. Das Gericht benötigt diese Daten der betroffenen Gläubiger für in Restrukturierungsverfahren vorgesehene individuelle Zustellungen.

Sowohl die kollektiven als auch die individuellen Rechte der Arbeitnehmer dürfen gem § 43 ReO durch das Restrukturierungsverfahren nicht berührt werden und Forderungen von Arbeitnehmern dürfen nicht in einen RP einbezogen werden. In diesem Zusammenhang wird aber gesetzlich geregelt, dass die Arbeitnehmervertreter insb über die aktuelle wirtschaftliche Situation des Schuldners, über ein sich auf die Dienstnehmer auswirkendes Restrukturierungsverfahren und über den RP zu informieren sind. Letzteres hat samt Anhörung der Arbeitnehmervertreter zum RP vor Annahme des RP durch die Gläubiger oder vor gerichtlicher Bestätigung des RP zu erfolgen. Eine Vorlage eines Nachweises an das Gericht bzw eine Kontrolle dieses Vorgangs durch das Gericht vor Bestätigung des RP ist nicht vorgesehen. Daher bleibt eine nicht erfolgte Information und Anhörung schließlich sanktionslos. Für den Abbau von Dienstnehmern sieht die ReO keine Begünstigungen vor und gibt es keine Sicherung durch den Insolvenz-Ausfallgeld-Fonds.

3. Gläubigerklassen (§ 29 ReO)

Die entsprechend der RIRL[25] gem § 29 ReO vorgesehene Bildung von Gläubigerklassen stellt einen Systemwandel gegenüber dem Sanierungsplan nach der IO dar. Der Grundgedanke liegt in „der Gruppierung von betroffenen Parteien mit ähnlichen Interessen und Rechten für das Abstimmungsverfahren".[26] Die Klassenbildung ist zwingend, sofern die Ausnahmeregelung für KMU gem § 29 Abs 3 ReO nicht zur Anwendung kommt. Die Klassenbildung ist vom Schuldner vorzunehmen. Obwohl gem § 30 Abs 1 Z 3 ReO die sachgemäße Bildung der Gläubigerklassen vom Gericht zu prüfen ist und gem § 27 Abs 2 Z 6 ReO der Schuldner im RP sachlich nachvollziehbar begründen muss, warum die nicht betroffenen Gläubiger in den RP nicht einbezogen werden, ermöglicht die Klassenbildung dem Schuldner eine strategische Gruppengestaltung, insb um die Voraussetzungen für einen erfolgreichen klassenübergreifenden *Cram-Down* zu schaffen.[27] Gegen die grundsätzlich mögliche unterschiedliche Be-

---

[24] Auch ein gerichtlicher Sanierungsplan sollte nach Annahme und Bestätigung dazu führen, dass das schuldnerische Unternehmen eine positive Fortbestandsprognose hat. Eine formale Vorlage wird aber im Verfahren nicht verlangt.
[25] Dient der Umsetzung von Art 9 Abs 4 RIRL.
[26] ErläutRV 950 BlgNR 27. GP 17; *Jurgutyte-Ruez/Urthaler*, ZIK 2019/116, 91 (98).
[27] *Jurgutyte-Ruez/Urthaler*, ZIK 2019/116, 91 (98).

handlung von Gläubigerklassen wird nur für den Fall der Notwendigkeit eines klassenübergreifenden *Cram-Down* gem § 36 ReO vorgekehrt, wenn die Ungleichbehandlung der der einzelnen Klasse zugeordneten Gläubiger auch eine solche nach der Befriedigungsrangfolge des Insolvenzrechts ist (vgl § 36 Abs 1 Z 2 ReO). Von einem solchen RP betroffen, diesen aber ablehnenden, Gläubigern steht ein Antrag auf Überprüfung einer Verletzung des Kriteriums des Gläubigerinteresses gem § 35 ReO zu, wenn die Ungleichbehandlung der Klasse, der dieser Gläubiger zugeordnet ist, auch zu seiner Schlechterstellung im Vergleich zum nächstbesten verwirklichbaren Alternativszenario nach der IO führt. Die Gläubigergleichbehandlung zwischen allen betroffenen Gläubigern einer Klasse wird durch § 34 Abs 1 Z 2 ReO sichergestellt.

Betreffend die Definition von Klassen sieht die RIRL eine große Flexibilität vor. Der Gesetzgeber hat diesen weiten Spielraum aber nicht ausgeschöpft, sondern sich auf fünf Klassen an betroffenen Gläubigern, deren Forderungen gekürzt oder gestundet werden, beschränkt und diese taxativ geregelt. § 29 Abs 1 Z 1 ReO erfasst Gläubiger mit aus dem schuldnerischen Vermögen besicherten Forderungen, Z 2 Gläubiger mit unbesicherten Forderungen, Z 3 Anleihegläubiger, Z 4 schutzbedürftige Gläubiger, insb Kleingläubiger mit Forderungen unter 10.000 € und Z 5 Gläubiger nachrangiger Forderungen. Unter den Begriff Anleihe fallen „alle Formen von schuld(forderungs)rechtlichen Papieren, die ein obligatorisches Recht verbriefen"[28] und „auch Teilschuldverschreibungen im Sinne des KurG".[29, 30] Da Aussonderungsgut nicht zum Vermögen des Schuldners gehört, liegt keine Besicherung iSd § 29 Abs 1 Z 1 ReO vor und fällt eine durch Aussonderungsgut gedeckte Forderung nicht in die Gläubigerklasse der besicherten Forderungen. Für den Fall der Vertragsauflösung ist Aussonderungsgut zurückzustellen und ist der nicht durch Aussonderungsgut gedeckte Anspruch wegen Nichterfüllung eine unbesicherte Forderung und würde der Gläubiger dieser Forderung unter die Gläubigerklasse für unbesicherte Forderungen gem § 29 Abs 1 Z 2 ReO fallen.

Für nicht betroffene Gläubiger ist keine Klasse zu bilden. Einzelne Gläubiger können je nach der Art ihrer Forderung unterschiedlichen Gläubigerklassen zugeordnet werden. Daher nehmen auch besicherte Gläubiger gem § 29 Abs 2 ReO nur mit dem durch die Sicherheit gedeckten Forderungsteil in der Klasse für besicherte Forderungen teil. Innerhalb einer Gläubigerklasse sind die Gläubiger gleich und im Verhältnis zu ihren Forderungen zu behandeln.[31]

4. Gerichtliche Prüfung des Restrukturierungsplans (§ 30 ReO)

Das Gericht hat nach Vorlage des RP eine formelle Prüfung gem § 30 Abs 1 ReO durchzuführen. Diese bezieht sich gem § 30 Abs 1 Z 1 ReO auf die Vollständigkeit und Gesetzmäßigkeit

---

[28] ErläutRV 950 BlgNR 27. GP 17.
[29] Gesetz vom 24. April 1874, betreffend die gemeinsame Vertretung der Rechte der Besitzer von auf Inhaber lautenden oder durch Indossament übertragbaren Theilschuldverschreibungen und die bücherliche Behandlung der für solche Theilschuldverschreibungen eingeräumten Hypothekarrechte RGBl 1874/49.
[30] Vgl ErläutRV 950 BlgNR 27. GP 17; *Weber* in *Kalss/Moser*, KurG: Kuratorengesetz – Kuratorenergänzungsgesetz (2018) § 1 KurG Rz 104 ff.
[31] *Jurgutyte-Ruez/Urthaler*, ZIK 2019/116, 91 (98).

der Angaben des RP nach § 27 Abs 2 ReO. Die ErläutRV[32] halten dazu fest, dass „gesetzwidrige Planinhalte – etwa die Einbeziehung von Forderungen nach § 3 ReO oder ein Verstoß gegen das Gebot der Gläubigergleichbehandlung nach § 34 Abs. 1 Z 2 ReO – wahrzunehmen" sind. Weitere Gesetzwidrigkeiten wären zB, dass der RP Verpflichtungen zur Abgabe von Vertragserklärungen (vgl § 39 Abs 3 ReO), oder mehr oder andere als die in § 29 Abs 1 ReO taxativ genannten Gläubigerklassen vorsieht.

Weiters sind gem § 30 Abs 1 Z 2–4 ReO die Plausibilität der Begründung nach § 27 Abs 2 Z 8 ReO, die sachgemäße Bildung der Gläubigerklassen nach § 27 Abs 2 Z 5 iVm § 29 ReO und die sachgemäße Auswahl der betroffenen Gläubiger nach § 27 Abs 2 Z 4 und 6 ReO zu prüfen. Im Rahmen der Prüfung der Plausibilität der Begründung nach § 27 Abs 2 Z 8 ReO wird das Gericht mE auch die Plausibilität der vorgelegten bedingt positiven Fortbestehensprognose und damit deren Annahmen zur überwiegenden Wahrscheinlichkeit der Annahme und Bestätigung des RP im Verfahren zu prüfen haben.

Einzig für die Plausibilisierung der Begründung nach § 27 Abs 2 Z 8 ReO kann das Gericht den RB oder einen Sachverständigen beauftragen.

Hat der Schuldner dem Gericht die zu den in § 30 Abs 1 ReO vorgesehenen Prüfungen notwendigen Informationen und Unterlagen nicht vorgelegt, ist ihm vom Gericht unter Fristsetzung Gelegenheit zur Verbesserung zu geben, widrigenfalls das Restrukturierungsverfahren gem § 41 Abs 2 Z 2 ReO einzustellen ist.[33]

Fraglich ist, wie das Gericht damit umzugehen hat, wenn sich nach der Prüfung gem § 30 ReO und nach der Anberaumung der Restrukturierungsplantagsatzung, aber vor der Abstimmung Umstände ergeben oder es Informationen erhält, die dazu führen, dass das Gericht erkennt, dass entweder die Anforderungen nach § 30 Abs 1 ReO nicht erfüllt waren oder seine Prüfungsergebnisse falsch waren. Zu berücksichtigen ist, dass ein betroffener Gläubiger bis spätestens in der Restrukturierungsplantagsatzung begründet einwenden kann, dass der RP nicht den nach § 30 Abs 1 ReO zu prüfenden Anforderungen entspricht und in der Folge dem RP gem § 34 Abs 3 Z 4 ReO die Bestätigung zu versagen ist, wenn die neuerliche Prüfung durch das Gericht im Rahmen des Bestätigungsverfahrens gem § 34 ReO dies ebenso ergibt. Eine Verbesserung durch den Schuldner ist im Bestätigungsverfahren nicht mehr möglich. Ein betroffener Gläubiger kann dadurch mE aber sowohl formelle als auch materielle Fehler aufgreifen. Um dem verfahrensökonomisch vorzugreifen, den Intentionen des Richtliniengesetzgebers zur Förderung der Restrukturierung von bestandgefährdeten Unternehmen zu entsprechen und generell im Hinblick auf den gem § 5 ReO iVm § 254 Abs 5 IO geltenden Untersuchungsgrundsatz,[34] wird mE unabhängig davon, wie (durch den RB, von Amts wegen oder durch einen Gläubiger) das Gericht von einer nach § 30 Abs 1 ReO doch nicht erfüllten Anforderung erfährt, bis zur Abstimmung[35] über den RP ein Verbesserungsauftrag nicht nur wegen formaler sondern auch materieller Fehler durch das Gericht zulässig sein; dies auch in diesem Verfahrensabschnitt bei sonstiger Einstellung des Verfahrens gem § 41 Abs 2 Z 2 ReO.

---

32 950 BlgNR 27. GP 18.
33 Vgl zu Unzulässigkeitsgründen nach der IO *Mohr*, Der Sanierungsplan, in *Konecny*, IRÄG 2010, 117 (120 f).
34 *Pesendorfer* in KLS, IO § 254 Rz 16 ff.
35 *Nunner-Krautgasser/Anzenberger* in KLS, IO § 141 Rz 33.

5. Abstimmung – Annahme (§§ 31–33 ReO)

5.1. Forderungsanmeldung

Für das Regelverfahren sind keine Forderungsanmeldung und keine Erfassung der angemeldeten Forderungen in einem gerichtlichen Anmeldeverzeichnis vergleichbar wie in der IO vorgesehen. Anderes kann im Europäischen Restrukturierungsverfahren gem § 44 Abs 4 ReO für die Anmeldung von Forderungen über Antrag des Schuldners gelten. Diesbezüglich wird auf den Beitrag von *Weber-Wilfert*[36] verwiesen. Eine Forderungsprüfung vergleichbar § 105 IO ist in der ReO ebenfalls nicht vorgesehen.

5.2. Tagsatzung

Gem § 31 Abs 1 ReO ist über jeden RP – ausgenommen jene in Form einer Restrukturierungsvereinbarung im vereinfachten Restrukturierungsverfahren gem § 45 ReO – in einer Tagsatzung abzustimmen. Da Reorganisationsverfahren zügig abgewickelt werden sollen,[37] ist die Tagsatzung zur Abstimmung über den RP grundsätzlich auf 30–60 Tage nach Planvorlage anzuberaumen. Zur Ladung ist § 145 Abs 2 S 2 und Abs 3 IO sinngemäß anzuwenden. Nach den ErläutRV[38] sind der Schuldner, Personen, die sich zur Übernahme einer Haftung für seine Verbindlichkeiten bereit erklären, die betroffenen Gläubiger und ein allenfalls bestellter RB zu laden. Der Schuldner hat aber den RP an die betroffenen Gläubiger längstens bis zwei Wochen vor der Abstimmungstagsatzung zu übersenden. ME ist im Hinblick auf eine den betroffenen Gläubigern zuzugestehende ausreichende Vorbereitungszeit darauf abzustellen, dass der Zugang an die betroffenen Gläubiger längstens bis zwei Wochen vor der Abstimmungstagsatzung erfolgt ist und daher nicht das Datum der Postaufgabe maßgeblich ist. In welcher Form die Übermittlung zu erfolgen hat, damit von einer ausreichenden Bescheinigung iSd § 34 Abs 1 Z 3 ReO auszugehen ist, lassen die ErläutRV offen. Ein E-Mail mit Empfangsbestätigung oder eine Zustellung im Postweg mit Übernahmeschein werden jedenfalls ein geeignetes Bescheinigungsmittel sein.

Der Schuldner hat persönlich an der Tagsatzung teilzunehmen.[39] Eine rein virtuelle Abhaltung der Tagsatzung ist gem § 31 Abs 3 ReO zulässig. Der Ablauf der Tagsatzung orientiert sich an den entsprechenden Bestimmungen zur Sanierungsplantagsatzung nach der IO.[40] Die §§ 145a, 146, 147 Abs 2 und 3, § 148a IO kommen daher sinngemäß zur Anwendung. Zu den Voraussetzungen der Bestellung eines RB und dessen Tätigkeitsumfang im Rahmen der Restrukturierungstagsatzung wird auf den Beitrag von *Riel* verwiesen.[41] Das Gericht hat sich in seiner eigenen Verantwortung zur Vorbereitung und Durchführung der Abstimmung selbst zu organisieren.

---

36 Das Europäische Restrukturierungsverfahren, in *Konecny*, RIRUG Pkt 2.5.
37 ErläutRV 950 BlgNR 27. GP 18.
38 950 BlgNR 27. GP 18.
39 ErläutRV 950 BlgNR 27. GP 18.
40 ErläutRV 950 BlgNR 27. GP 18.
41 *Riel*, Der Restrukturierungsbeauftragte, in *Konecny*, RIRUG Pkt 2. und 3.

5.3. Bevorrechtete Gläubigerschutzverbände

Im Restrukturierungsverfahren ist die Mitwirkung der bevorrechteten Gläubigerschutzverbände im Vergleich zum Insolvenzverfahren stark eingeschränkt. Gem § 5 ReO haben die Gläubigerschutzverbände in einem nicht öffentlichen Restrukturierungsverfahren kein Akteneinsichtsrecht. Gem § 31 Abs 2 ReO sind sie nur auf Antrag des Schuldners beizuziehen. In diesem Fall hat der Schuldner ihre angemessene Belohnung zu bezahlen.

Wird ein Restrukturierungsverfahren aber über Antrag des Schuldners als ein Europäisches Restrukturierungsverfahren gem § 44 ReO und damit als öffentliches Verfahren geführt, haben die Gläubigerschutzverbände gem § 44 Abs 6 ReO ein Recht auf Akteneinsicht iSd § 253 Abs 3 S 5 IO.

Aber auch im Restrukturierungsverfahren besteht für Gläubiger die Möglichkeit, sich selbst auf ihre eigenen Kosten von einem Gläubigerschutzverband gem § 253 Abs 3 IO vertreten zu lassen.

5.4. Stimmrecht

Nur vom RP betroffene Gläubiger haben gem § 32 Abs 1 ReO ein Stimmrecht und sind daher berechtigt, über den RP abzustimmen. Bereits in den Informationen im RP hat der Schuldner gem § 27 Abs 2 Z 4 ReO die unter den RP fallenden Forderungen sowie als Gesamtbetrag die Summe dieser Forderungen und die bis zum Tag der Planvorlage an das Gericht anfallenden Zinsen anzugeben. Das Stimmrecht bemisst sich genau an diesem Gesamtbetrag. Sieht der RP auch die Einbeziehung von danach anfallenden Zinsen vor, ist dies zulässig, aber nicht bei der Bemessung des Stimmrechts zu berücksichtigen.[42] Da betroffene besicherte Gläubiger in einer eigenen Gläubigerklasse abstimmen, ist eine § 93 Abs 2 IO vergleichbare Bestimmung nicht vorgesehen. Betroffene und damit stimmberechtigte Gläubiger haben gem § 32 Abs 2 ReO das Recht, Einwendungen gegen andere betroffene Forderungen vorzubringen. In diesem Fall kann das Gericht gem § 9 Abs 3 Z 4 ReO einen RB zur Prüfung der Forderungen, gegen die Einwendungen erhoben worden sind, bestellen. Der RB hat zur Prüfung einer solchen Forderung dem Grunde und der Höhe nach Einsicht in die Geschäftsunterlagen des Schuldners zu nehmen. Diesbezüglich wird auf den Beitrag von *Riel*[43] verwiesen. „*Zur Berücksichtigung der Stimmrechte bestrittener Forderungen wird auf die IO verwiesen*",[44] deren Bestimmungen sinngemäß anzuwenden sind. Der entsprechende Verweis auf § 93 Abs 3 und 4 IO findet sich in § 32 Abs 4 ReO. An dieser Stelle wird weiters betreffend das Stimmrecht für nach Eröffnung des Restrukturierungsverfahrens rechtsgeschäftlich erworbene betroffene Forderungen auf § 94 IO, betreffend das Stimmrecht gemeinschaftlicher Forderungen auf § 144 IO sowie betreffend die Behandlung von Forderungen naher Angehöriger auf § 148 IO verwiesen.

ME hat das Gericht die betroffenen Gläubiger in der Abstimmungstagsatzung über die Möglichkeiten der Erhebung von Einwendungen gem § 32 Abs 2 ReO und dass ein RP den nach § 30 Abs 1 ReO zu überprüfenden Anwendungen nicht entspricht (vgl § 34 Abs 3 Z 4 ReO), sowie über das Antragsrecht eines betroffenen Gläubigers nach § 35 Abs 2 ReO samt

---

42 ErläutRV 950 BlgNR 27. GP 16.
43 In *Konecny*, RIRUG Pkt 4.
44 ErläutRV 950 BlgNR 27. GP 19.

den damit verbundenen Konsequenzen, zu belehren. Zweckmäßigerweise wird das Gericht in der Abstimmungstagsatzung zum geeigneten Zeitpunkt auch über die Alternative eines klassenübergreifenden *Cram-Down* gem § 36 ReO für den Fall, dass der RP nicht in jeder Gläubigerklasse von den betroffenen Gläubigern angenommen wird, informieren.

5.5. Annahme des Restrukturierungsplans/Gläubigermehrheit

Zur Annahme des RP sind nach § 33 Abs 1 ReO zwei Mehrheiten erforderlich, eine Kopf- und eine Summenmehrheit, und diese Mehrheiten müssen in jeder Gläubigerklasse gesondert erzielt werden. Neben der Kopfmehrheit muss eine Summenmehrheit von 75 % gegeben sein. Die Erfordernisse für die Mehrheiten in den Klassen beziehen sich immer auf die in jeder Klasse bei der Abstimmung anwesenden betroffenen Gläubiger. Zur Annahme eines RP sieht die ReO daher im Vergleich zu einem gerichtlichen Sanierungsplan eine höhere Summenmehrheit vor.

Für KMU ist gem § 29 Abs 3 ReO eine Bildung von Gläubigerklassen nicht verpflichtend. In diesem Fall ist die Mehrheit auf Basis der anwesenden betroffenen Gläubiger insgesamt zu berechnen. Bei der Berechnung gibt es auch keine Differenzierung nach besicherten und unbesicherten betroffenen Gläubigern. Damit ist für KMU betreffend die Summenmehrheit das Erfordernis zur Annahme eines RP höher im Vergleich zum Erfordernis für die Annahme eines Sanierungsplans, bei dem das Erfordernis für die Annahme gem § 147 Abs 1 IO nur mehr als die Hälfte der Gesamtsumme der Forderungen der bei der Tagsatzung anwesenden stimmberechtigten Gläubiger beträgt.[45]

Für eingetragene Personengesellschaften und Verlassenschaften kommt § 164 Abs 1 IO zur Anwendung.

Da eine Restrukturierungsplantagsatzung gem § 31 Abs 3 ReO auch virtuell ohne persönliche Anwesenheit durchgeführt werden kann, normiert § 33 Abs 2 ReO, dass ein betroffener Gläubiger, der an einer vom Gericht auch als virtuell abgehaltenen Tagsatzung teilnimmt, als anwesender Gläubiger gilt.

6. Bestätigung des Restrukturierungsplans (§ 34 ReO)

Jeder RP bedarf der gerichtlichen Bestätigung.[46] Diese ist im nicht öffentlichen Verfahren den betroffenen Gläubigern, dem Schuldner und dem allenfalls bestellten RB zuzustellen. Im Europäischen Restrukturierungsverfahren ist die Bestätigung des RP gem § 44 Abs 2 Z 3 ReO in der Ediktsdatei öffentlich bekanntzumachen.

6.1. Allgemeine Bestätigungsvoraussetzungen (§ 34 Abs 1 ReO), Versagungsgründe (§ 34 Abs 3, 4 und 5 ReO)

Die Bestätigung setzt jedenfalls zwingend voraus, dass der RP in Übereinstimmung mit den §§ 31–33 ReO angenommen wurde, Gläubiger in derselben Klasse ihren Forderungen entspre-

---

45 *Nunner-Krautgasser/Anzenberger* in KLS, IO § 146 Rz 3 ff.
46 ErläutRV 950 BlgNR 27. GP 19.

chend gleich behandelt werden (bei einer nicht zwingenden Klassenbildung sind die Forderungen aller betroffenen Gläubiger verhältnismäßig gleich zu behandeln), der Schuldner dem Gericht die Übermittlung des RP an die betroffenen Gläubiger entsprechend § 31 Abs 1 ReO bescheinigt hat, eine allenfalls vereinbarte neue Finanzierung zur Planumsetzung notwendig ist und die Interessen der Gläubiger (wohl „aller" Gläubiger gemeint) nicht in unangemessener Weise beeinträchtigt sowie die vom RB bis zur Restrukturierungsplantagsatzung geltend gemachte Entlohnung gerichtlich bestimmt wurden.

Im Rahmen des Bestätigungsverfahrens darf das Gericht – ausgenommen die Prüfung der Begründung nach § 27 Abs 2 Z 8 ReO im Hinblick auf § 34 Abs 4 ReO – jedenfalls nicht mehr von Amts wegen oder auf Anregung des RB aufgreifen, dass die nach Vorlage des RP gem § 30 ReO zu prüfenden Anforderungen sich als unrichtig oder unvollständig herausgestellt haben, weil diese nicht auch als Bestätigungsvoraussetzungen normiert sind. Deswegen ist aber die Bestätigung gem § 34 Abs 3 Z 4 ReO zu versagen, wenn eine nunmehrige Prüfung aufgrund der von einem betroffenen Gläubiger spätestens in der Restrukturierungsplantagsatzung erhobenen begründeten Einwendungen ergibt, dass der RP den nach § 30 Abs 1 ReO zu prüfenden Anforderungen nicht entspricht.

Die nach Vorlage des RP gem § 30 Abs 1 Z 2 ReO geforderte Plausibilisierung der Begründung nach § 27 Abs 2 Z 8 ReO durch das Gericht kann nochmals im Rahmen des Bestätigungsverfahrens auch ohne Einwendung eines Gläubigers aufgegriffen werden und zur Versagung der Bestätigung des RP gem § 34 Abs 4 ReO führen, wenn es offensichtlich ist, dass der RP die Zahlungsunfähigkeit des Schuldners oder den Eintritt der Überschuldung nicht verhindert, eine bereits eingetretene Überschuldung nicht beseitigt oder die Bestandfähigkeit nicht gewährleistet wird. In diesem Zusammenhang hat auch eine Versagung gegen den Mehrheitswillen der Gläubiger zu erfolgen, weil die wesentlichen Grundsätze des Verfahrens, nämlich die Abwendung der Insolvenz und die Sicherstellung der Bestandfähigkeit und damit die Restrukturierung des schuldnerischen Unternehmens nicht erfüllt werden können und Missbrauch verhindert werden soll.

Weiters ist gem § 34 Abs 3 ReO die Bestätigung zu versagen, wenn ein Grund nach § 7 Abs 3 ReO vorliegt, wonach der Antrag auf Verfahrenseinleitung unzulässig ist, eine gegen § 150a IO verstoßende Begünstigung vorliegt, der Schuldner bei seinen Angaben nach § 27 Abs 2 Z 6 ReO wissentlich Gläubiger verschwiegen hat, oder der Schuldner die nicht unter den RP fallenden fälligen und feststehenden Forderungen nicht bezahlt hat.

6.2. Überprüfung der Einhaltung des Kriteriums des Gläubigerinteresses (§ 34 Abs 2, §§ 35, 38 ReO)

Eine weitere Bestätigungsvoraussetzung ist gem § 34 Abs 2 ReO die Erfüllung des in § 35 ReO geregelten Kriteriums des Gläubigerinteresses. Dies jedoch nur, wenn ein ablehnender betroffener Gläubiger die Überprüfung der Einhaltung dieses Kriteriums beantragt hat. In diesem Fall setzt die Bestätigung voraus, dass der RP dieses Kriterium erfüllt. Der Antrag des Gläubigers ist gem § 35 Abs 2 ReO in der Restrukturierungstagsatzung oder binnen sieben Tagen nach dieser an das Gericht zu stellen.

Gem § 35 Abs 1 ReO ist das Kriterium des Gläubigerinteresses eingehalten, wenn kein ablehnender betroffener Gläubiger durch den RP schlechter als im nächstbesten Alternativszenario nach der IO gestellt ist.⁴⁷ Von den in einem Insolvenzverfahren möglichen Varianten wie Sanierungsverfahren mit oder ohne Eigenverwaltung bzw Konkursverfahren mit Sanierungsplan sowie Konkursverfahren mit Gesamtverwertung oder liquidationsmäßiger Verwertung ist daher das am ehesten umsetzbare und deshalb naheliegendste Alternativszenario heranzuziehen.⁴⁸

In diesem Zusammenhang sind gem § 38 Abs 1 Z 1 ReO auch das Unternehmen und die Vermögenswerte des Schuldners zu bewerten. Aus der Bewertung von Unternehmen und Vermögenswerten können daher die Werte für Alternativszenarien nach der IO errechnet werden.

Zur Bewertung von Unternehmen wird grundsätzlich mangels gesonderter Regelung in der ReO auf das Fachgutachten KFS/BW1 der Kammer der Wirtschaftstreuhänder zur Unternehmensbewertung samt der darin empfohlenen Methoden verwiesen.⁴⁹ Die Besonderheiten der Fortführung eines Unternehmens in einem Insolvenzverfahren sind aber durch entsprechende Anpassungen der Prämissen bzw durch Risikoabschläge zu berücksichtigen, andernfalls sich zu hohe und am Markt nicht realisierbare Werte ergeben. Dem wird die Heranziehung der vereinfachten Bewertung nach der Multiplikatormethode, die auch gem KFS/BW1 als Plausibilitätsprüfung zulässig ist, mE gerecht. Diese Methode empfiehlt sich auch zur Evaluierung der Alternativszenarien nach der IO. Der Vorteil der Multiplikatormethode ist auch, dass bei den zugrundeliegenden Werten auf Vergangenheitswerte abgestellt werden kann und daher Unsicherheiten über Planungsrechnungen ausgespart werden können. Schon bisher wird diese Methode in der Insolvenzpraxis häufig angewendet,⁵⁰ da diese Bewertung nicht nur markt- und realitätskonformer, sondern auch schneller und kostengünstiger ist. Eine Bewertung im Wege der Discounted-Cash-Flow-Methode anhand einer Planung eines Fortbetriebs in einem Insolvenzverfahren kann ausnahmsweise zweckmäßig sein.⁵¹ Bei der Wahl der Bewertungsmethode wird man sinnvollerweise auch auf die Größe des Unternehmens abstellen.

Wird ein Sanierungsverfahren als nächstbestes Alternativszenario herangezogen, so sind zur Beurteilung der Verwirklichbarkeit mE auch die Finanzierung und sonstige Umstände der Unternehmensfortführung sowie die Mittelaufbringung der Sanierungsplanquote zu berücksichtigen.

Bei Evaluierung der Alternativszenarien muss auch der Fall berücksichtigt werden, dass nicht betriebsnotwendiges Vermögen vorhanden ist. Derartige Vermögenswerte sind nicht in einer Unternehmensbewertung berücksichtigt, sondern sind als eigener Vermögenswert zusätzlich zu berücksichtigen.⁵² Nicht betriebsnotwendiges Vermögen kann neben körperlichen auch unkörperliche Sachen wie Forderungen umfassen.

---

47 ErläutRV 950 BlgNR 27. GP 20.
48 ErläutRV 950 BlgNR 27. GP 20.
49 Fachgutachten KFS/BW 1 des Fachsenats für Betriebswirtschaft und Organisation der Kammer der Wirtschaftstreuhänder zur Unternehmensbewertung (2014; abrufbar unter ksw.or.at/PortalData/1/Resources/ fachgutachten/KFSBW1_15052014_RF.pdf [abgefragt 13. 8. 2021]); *Beste/Lentsch*, Rechtliche und betriebswirtschaftliche Grundlagen von Unternehmensbewertungen im Insolvenzverfahren, in *Konecny*, Insolvenz-Forum 2013 (2014) 15 (15 ff).
50 *Beste/Lentsch* in *Konecny*, Insolvenz-Forum 2013, 15 (15 ff).
51 *Beste/Lentsch* in *Konecny*, Insolvenz-Forum 2013, 15 (30).
52 Fachgutachten KFS/BW 1 Rz 27 f.

Da auch das Unternehmen zu bewerten ist, erübrigt sich eine gesonderte Bewertung von Goodwill und Kundenstock im Rahmen der Bewertung der Vermögenswerte. Entsprechend der Bewertung des Inventars im Insolvenzverfahren ist für den Fall der Einzelverwertung auf Zerschlagungswerte und für den Fall einer Gesamtverwertung der Vermögenswerte (ohne Kundenstock und Goodwill) allenfalls auf markt- und realitätskonforme Verkehrswerte abzustellen.

Das Gericht kann zur Bewertung entweder einen Sachverständigen bestellen oder den RB beauftragen. Der Kostenersatz ist in § 38 Abs 3 ReO für diesen Fall geregelt. Schon der RP hat gem § 27 Abs 2 Z 9 ReO einen Vergleich dieser verschiedenen Szenarien der IO zu enthalten. Es entspricht auch der bisherigen Praxis von außergerichtlichen Restrukturierungen, dass als Basis für die Verhandlungen und Entscheidungen der involvierten – zumeist – Finanzgläubiger von einem von der Schuldnerin beauftragten und den Finanzgläubigern genehmen wirtschaftlichen Berater zum außergerichtlichen Restrukturierungsvorschlag die insolvenzrechtlichen Alternativen geprüft und transparent dargelegt werden. Manchmal erfolgt dies auch in Form einer durch die Finanzgläubiger veranlassten gutachterlichen *fairness opinion*, wenn das Unternehmen durch seinen wirtschaftlichen Berater die Alternativszenarien berechnet hat.

Auf die Regelung des § 31 Abs 4 ReO, wonach der RB in der Restrukturierungstagsatzung nach § 146 IO – ua auch über die „voraussichtlichen Ergebnisse einer Durchführung des Insolvenzverfahrens"[53] – zu berichten hat, wird verwiesen. In der Praxis[54] wurde bereits angeregt, dass das Gericht im Falle der Feststellung einer Verletzung des Kriteriums des Gläubigerinteresses durch den RB in seinem Bericht die Gläubiger über ihr Antragsrecht gem § 35 ReO ausdrücklich belehrt. ME hat dies im Hinblick auf die Geltung der in § 432 ZPO geregelten Rechtsbelehrungspflichten im Wege des § 5 ReO iVm § 252 IO und im Hinblick auf § 254 Abs 5 IO unabhängig davon zu erfolgen, ob der RB eine Verletzung feststellt.

Zweckmäßigerweise wird das Gericht für den Fall, dass nicht alle betroffenen Gläubiger dem RP zugestimmt haben, den Akt vor der Bestätigung auf sieben Tage samt Postlauf nach der Restrukturierungsplantagsatzung kalendieren.

6.3. Klassenübergreifender Cram-Down (§§ 36, 38 ReO)

Ein Novum im österr Insolvenzrecht ist der in § 36 ReO für den Fall der Nichtannahme des RP in jeder Gläubigerklasse durch die betroffenen Gläubiger geregelte klassenübergreifende *Cram-Down*. Ein nicht gem § 33 ReO angenommener RP ist auf Antrag des Schuldners vom Gericht zu bestätigen, wenn gem § 36 Abs 2 Z 1 ReO die sonstigen Voraussetzungen gem § 34 ReO für eine Bestätigung vorliegen, gem § 36 Abs 1 Z 2 ReO sichergestellt ist, dass ablehnende Gläubigerklassen gleichgestellt werden wie gleichrangige und bessergestellt werden als nachrangige Gläubigerklassen und keine Gläubigerklasse gem § 36 Abs 1 Z 3 ReO mehr erhält als ihre Forderung. Zur Beurteilung des Rangs der Gläubigerklassen untereinander gem § 36 Abs 1 Z 2 ReO verweist das Gesetz auf die Befriedigungsreihenfolge des Insolvenzrechts. Klarstellend wird dazu in den ErläutRV[55] ausgeführt: *„Die Klassen nach § 29 Abs. 1 Z 2 bis 4 ReO sind demnach gleichrangig. Jene nach Z 1 ist vorrangig und jene nach Z 5 nachrangig."*

---

53 *Nunner-Krautgasser/Anzenberger* in KLS, IO § 146 Rz 5.
54 ÖRAK (Referent *Riel*), Stellungnahme zum ME 37/SN-96/ME 27. GP 20.
55 950 BlgNR 27. GP 20.

Als weitere Voraussetzung für eine gerichtliche Bestätigung eines RP im Wege eines klassenübergreifenden *Cram-Down* ist gem § 36 Abs 2 ReO vorgesehen, dass der RP von einer Mehrheit der Gläubigerklassen angenommen worden sein muss. Teil dieser Mehrheit muss entweder die Klasse der besicherten Gläubiger sein oder die Mehrheit der annehmenden Gläubigerklassen muss jene umfassen, die bei Bewertung des schuldnerischen Unternehmens als fortgeführtes Unternehmen in einem allfälligen Insolvenzverfahren eine Verteilungsquote („in the money" Gläubigerklasse)[56] erhalten würde. Werden nur zwei Gläubigerklassen gebildet, muss zumindest die Annahme durch die Klasse der besicherten Gläubiger oder durch eine „in the money" Gläubigerklasse erfolgt sein, damit der RP gem § 36 ReO trotz Nichtvorliegens der Voraussetzungen gem § 33 ReO bestätigt werden kann.[57] Dh aber auch, dass im Fall von nur zwei Gläubigerklassen die Annahme durch eine „in the money" Gläubigerklasse ausreicht, auch wenn die Klasse der besicherten Gläubiger als zweite Klasse den RP nicht angenommen hat. Auch eine Gläubigerklasse für nachrangige Gläubiger[58] kann unter Berücksichtigung der Verteilungsreihenfolge nach § 57a Abs 1 IO, dh nachdem die Insolvenzforderungen eine 100%ige Verteilungsquote erhalten haben, eine „in the money" Gläubigerklasse sein. Wenn nur eine Gläubigerklasse gebildet wurde, ist ein klassenübergreifender *Cram-Down* ausgeschlossen.

Wenn ein ablehnender betroffener Gläubiger in der Restrukturierungsplantagsatzung oder binnen sieben Tagen danach einen Verstoß gegen die Bedingungen für einen klassenübergreifenden *Cram-Down* gem § 36 Abs 2 ReO geltend macht, sind das Unternehmen und die Vermögenswerte des Schuldners gem § 38 Abs 1 Z 2 ReO zu bewerten. Da § 36 Abs 2 ReO von einer Bewertung des Schuldners als „fortgeführtes Unternehmen" im Insolvenzverfahren und einer Verteilungsquote ausgeht, ist anders als bei der Bewertung im Rahmen der Überprüfung des Kriteriums des Gläubigerinteresses gem § 35 Abs 1 ReO nicht auf das nächstbeste realisierbare Alternativszenario in einem Insolvenzverfahren abzustellen. Anders als gem § 35 Abs 1 ReO wird in § 36 Abs 2 ReO ausschließlich auf das in einem Insolvenzverfahren meistens bestmögliche Verwertungsergebnis, nämlich jenes eines fortgeführten Unternehmens (Gesamtverwertung im Wege einer „übertragenden Sanierung"), abgestellt. Aber es geht bei der Prüfung nur darum, ob Gläubiger einer Klasse in diesem Fall überhaupt eine Insolvenzquote erhalten würden, auf deren Höhe kommt es nicht an. Zur Vermeidung von Wiederholungen wird zu den grundsätzlichen Ausführungen zur Unternehmensbewertung im Insolvenzverfahren zu Pkt 6.2. – ausgenommen betreffend Alternativszenarien und Sanierungsverfahren – verwiesen. Da nur auf ein „fortgeführtes Unternehmen" abgestellt wird, könnte man meinen, der Verweis auf die Bewertung der Vermögenswerte in § 38 Abs 1 ReO geht für den Fall eines klassenübergreifenden *Cram-Down* ins Leere. Da nur auf ein fortgeführtes Unternehmen abgestellt wird, kann auch nicht beim Verweis auf die Bewertung von Vermögenswerten „nicht betriebsnotwendiges" und damit von einer Unternehmensbewertung daher nicht umfasstes Vermögen gemeint sein. Unbeantwortet lassen der Gesetzestext und die Materialien den Fall, dass eine Verwertung im Insolvenzverfahren in Form eines „fortgeführten Unternehmens" (Gesamtverwertung im Wege einer „übertragenden Sanierung") entweder rechtlich und/oder wirtschaftlich nicht möglich ist bzw zu keiner Verteilungsquote führt, aber im Wege einer Einzelverwertung und/oder durch Betreibung offener Forderungen bzw Geltendmachung von Ansprüchen welcher Art auch immer durch den

---

56 *Jurgutyte-Ruez/Urthaler*, ZIK 2019/116, 91 (100 f).
57 ErläutRV 950 BlgNR 27. GP 21.
58 *Katzmayr* in KLS, IO § 57a Rz 3.

Insolvenzverwalter eine Verteilungsquote erzielbar ist. Auch offene Forderungen und sonstige Ansprüche eines schuldnerischen Unternehmens sind Vermögenswerte. Da § 36 Abs 2 ReO auf eine Bewertung nach Maßgabe des vom Gesetzgeber als bestmöglich angenommenen Verwertungsszenarios („fortgeführtes Unternehmen") abstellt, ist diese Regelung in der zuletzt genannten Fallkonstellation mE teleologisch dahingehend zu verstehen, dass auch eine solcherart erzielbare Verteilungsquote als das damit bestmögliche Ergebnis der Vermögensverwertung für Gläubiger, die dadurch eine Verteilungsquote erhalten, dazu führt, dass sie iSd § 36 Abs 2 ReO als „in the money" gelten.

Gem § 38 Abs 2 ReO kann vom Gericht ein Sachverständiger bestellt werden oder es wird der RB beauftragt. Zum Kostenersatz wird auf § 38 Abs 3 ReO verwiesen.

Wie die ErläutRV[59] richtig festhalten, ist aufgrund „[...] der für ablehnende Gläubiger bestehenden Möglichkeit, nach § 35 die Überprüfung der Einhaltung des Kriteriums des Gläubigerinteresses zu beantragen, [ist] auch beim klassenübergreifenden Cram-down sichergestellt, dass kein ablehnender Gläubiger weniger als im Fall des nächstbesten Alternativszenarios erhält".

Die RIRL, deren erklärtes Ziel es ist, durch frühzeitige Restrukturierungsmöglichkeiten unnötige Unternehmensliquidationen zu verhindern und dadurch auch zur Werterhaltung für Gläubiger beizutragen,[60] erachtet idS auch einen Eingriff in Gläubigerrechte trotz einer Ablehnung eines RP durch Gläubigerklassen als gerechtfertigt, wenn ein RP zumindest von einer wesentlichen Gruppe von Gläubigern befürwortet wird und ausreichender Gläubigerschutz durch Sicherstellung, dass die betroffenen ablehnenden Gläubiger im Vergleich zum nächstbesten Alternativszenario in einem Insolvenzverfahren nicht schlechter gestellt sind, gewährleistet ist.[61] Dementsprechend erfolgte die Umsetzung in § 36 iVm § 38 Abs 1 Z 2 ReO und in Hinblick auf § 35 ReO richtlinienkonform.

7. Wirkungen des Restrukturierungsplans (§ 39) – Anspruch auf Ausfall (§ 42)

7.1. Wirkungen des Restrukturierungsplans

Von den Wirkungen eines gerichtlich bestätigten RP sind alle im RP genannten betroffenen Gläubiger, sofern ihnen der Schuldner gem § 31 Abs 1 ReO den zur Abstimmung gelangenden RP spätestens zwei Wochen vor der Abstimmung übermittelt hat, und der Schuldner umfasst. Dies unabhängig davon, ob sie nach rechtzeitiger Information gem § 31 Abs 1 ReO oder nach Ladung gem § 44 Abs 4 ReO an der Abstimmungstagsatzung teilgenommen haben oder auch dagegen gestimmt haben. Gem § 44 Abs 4 ReO erstreckt sich die Wirksamkeit im Europäischen Restrukturierungsverfahren eben auch auf betroffene Gläubiger, die ihre Forderungen trotz Aufforderung nicht bei Gericht rechtzeitig angemeldet haben. Anders als bei einem Sanierungsplan wird nur auf die Bestätigung des RP und nicht auf dessen Rechtskraft abgestellt. Dahinter steht die umgesetzte Intention des Richtliniengesetzgebers, dass iSd Verfahrenseffi-

---

59 950 BlgNR 27. GP 21.
60 *Reisch*, EU-Richtlinie zur Unternehmensrestrukturierung, RdW 2019/283, 369.
61 ErwGr 54 f und Art 11 RIRL; *Jurgutyte-Ruez/Urthaler*, ZIK 2019/116, 91 (99).

zienz Restrukturierungspläne grundsätzlich gleich wirksam sein sollen und für Gläubiger bei Obsiegen im Rechtsmittelverfahren eine Ersatzleistung für den finanziellen Verlust dann vorgesehen sein soll.

Wenn der RP nichts anderes vorsieht, werden auch Forderungsgestaltungen nach § 28 ReO bereits mit der Bestätigung des RP gem § 39 Abs 1 ReO wirksam. Betreffend Forderungskürzungen sieht § 39 Abs 1 ReO eine § 156 Abs 1 IO vergleichbare Regelung vor.

Zur Wirksamkeit für den Schuldner führen die ErläutRV[62] ergänzend aus, dass er an die im Plan eingegangenen Verpflichtungen gebunden ist. „Welche Konsequenzen die Nichtbefolgung hat, ergibt sich aus dem Plan."[63] Offen bleibt, wie damit umzugehen ist, wenn der Plan keine Folgen hierfür vorsieht. Eine derartige fehlende Konsequenz ist kein Versagungsgrund gem § 34 Abs 3 und 4 ReO, weil mE nicht argumentiert werden kann, dass dadurch offensichtlich materielle Insolvenz eintritt oder die Bestandfähigkeit des Unternehmens nicht gewährleistet ist. Es empfiehlt sich daher für die Gläubiger, diese in den RP vor Zustimmung hinein zu verhandeln, für einen bestellten RB bzw das Gericht die Gläubiger darauf hinzuweisen bzw entsprechend anzuleiten. Allenfalls wird die Nichteinhaltung in der Folge zum Eintritt der materiellen Insolvenz führen, sodass für den Schuldner im Ergebnis auch nichts gewonnen ist.

In Ergänzung zu den in § 39 Abs 1 ReO geregelten Wirkungen eines bestätigten RP auf „Forderungsgestaltungen nach § 28 Abs 1 ReO" wird in § 39 Abs 3 ReO normiert, dass die Bestätigung des RP aber weder die Umsetzung sonstiger Restrukturierungsmaßnahmen noch notwendige gesetzliche und vertragliche Voraussetzungen ersetzt. Konsequenterweise wurde in § 39 Abs 3 ReO daher auch gesetzlich geregelt, dass betroffene Gläubiger „[...] durch den Restrukturierungsplan nicht zur Abgabe von erforderlichen Vertragserklärungen verpflichtet werden [...]" können. Bei einer nach Bestätigung eines RP nicht erfolgenden vertraglichen Umsetzung einer im RP vorgesehenen Restrukturierungsmaßnahme wird allenfalls materielle Insolvenz mit den daran anknüpfenden Rechtsfolgen wieder rasch eintreten.

Gem § 39 Abs 4 ReO kommen die §§ 150a, 151, 156 Abs 2, § 164 Abs 2 sowie § 164a IO und gem § 39 Abs 5 ReO § 156a Abs 1–3 IO, Letztere aber nur soweit der RP nichts anderes bestimmt, zur Anwendung.

In diesem Zusammenhang stellt sich die Frage, welche Auswirkungen ein RP auf allfällige Drittsicherheiten (zB auf eine von einem Dritten zur Besicherung einer Forderung gegen den Schuldner bestellte Hypothek) hat. Dazu wurde einerseits in § 39 Abs 4 ReO ein Verweis auf § 151 IO aufgenommen. Damit wurde klargestellt, dass durch den RP die Rechte von besicherten Gläubigern gegen Drittsicherheitenbesteller[64] ohne Zustimmung des besicherten Gläubigers nicht beschränkt werden können. Andererseits wurde in § 39 Abs 1 ReO eine § 156 Abs 1 IO entsprechende Formulierung aufgenommen, wodurch sichergestellt ist, dass der RP lediglich einen teilweisen Wegfall der Haftung des Schuldners bewirkt, dass jedoch der die Quote übersteigende Forderungsteil als Naturalobligation bestehen bleibt.[65] Zur Besicherung der Forderung bestellte Sicherheiten gehen daher nicht mangels Akzessorietät unter. Die Wirkungen des RP auf Drittsicherheiten entsprechen damit grundsätzlich denjenigen eines Sanierungsplans.

---

62 950 BlgNR 27. GP 22.
63 ErläutRV 950 BlgNR 27. GP 22.
64 Zum Kreis der Mitverpflichteten iSd § 151 IO s *Nunner-Krautgasser/Anzenberger* in KLS, IO § 151 Rz 2 ff.
65 *Nunner-Krautgasser/Anzenberger* in KLS, IO § 156 Rz 14 ff.

Fraglich ist jedoch, ob die Tatsachen der Einleitung eines Restrukturierungsverfahrens, der Durchführung eines Restrukturierungsverfahrens oder der Bestätigung eines RP nach der ReO den durch eine Drittsicherheit besicherten Gläubiger zu einer Fälligstellung der Forderung im Verhältnis zum Drittsicherheitengeber und damit zu einer Verwertung der bestellten Drittsicherheit berechtigen. In diesem Zusammenhang ist mE davon auszugehen, dass die Tatsachen der Einleitung eines Restrukturierungsverfahrens, der Durchführung eines Restrukturierungsverfahrens oder der Bestätigung eines RP nach der ReO im Hinblick auf den damit verbundenen (oder zumindest zu erwartenden) teilweisen Forderungsausfall im Verhältnis zum Schuldner – jedenfalls, wenn der besicherte Gläubiger vom RP betroffen ist – als *„wesentliche Vermögensverschlechterung"*[66] zu werten sind, die den Gläubiger zumindest auf diesem Weg zu einer Fälligstellung seiner Forderung im Verhältnis zum Drittsicherheitenbesteller berechtigen. Die Regelungen des § 26 Abs 3 ReO stehen dem nicht entgegen, weil diese das Verhältnis zum Schuldner betreffen und keine Beschränkungen im Verhältnis zu Drittsicherheitengebern bedeuten. In dem Fall, dass eine Forderungskürzung durch Bestätigung eines Restrukturierungsplans wirksam wird, muss jedenfalls eine Inanspruchnahme eines Bürgen oder Drittsicherheitengebers hinsichtlich des gekürzten Teils der Forderung möglich sein. Die Möglichkeit zur Inanspruchnahme muss insb unabhängig davon bestehen, ob gegenüber dem Schuldner Fälligkeit eingetreten ist. Ansonsten wäre die Immunität von Drittsicherheiten, die sich aus dem Verweis auf § 151 IO ergibt, nicht gewährleistet.

7.2. Anspruch auf Ausfall

§ 42 ReO dient der Absicherung der Einhaltung der in § 27 Abs 2 Z 6 ReO verankerten Pflicht des Schuldners, alle nicht betroffenen Gläubiger zu nennen. Hat der Schuldner nicht betroffene Gläubiger wissentlich verschwiegen, wird dies zur Missbrauchsverhinderung vergleichbar § 161 IO zugunsten betroffener Gläubiger sanktioniert.[67] Anders als in § 161 IO[68] wird nur die Geltendmachung des Anspruchs auf Ausfall gewährt, dies jedoch unter Aufrechterhaltung der im RP eingeräumten Rechte.

8. Rekurs (§ 40 ReO)

Gem § 5 ReO gelten die allgemeinen Verfahrensvorschriften der IO, sofern in der ReO nichts anderes geregelt ist. Zum Rekurs trifft die ReO in § 40 eine eigene Regelung. Ein Rekursrecht steht nur dem Schuldner und betroffenen Gläubigern zur Verfügung. Jeder ablehnende betroffene Gläubiger kann gegen die Bestätigung des RP Rekurs erheben und der Schuldner sowie zustimmende betroffene Gläubiger können gegen die Versagung der Bestätigung Rekurs erheben.

Vor dem Hintergrund der Vermeidung von Verzögerungen bei der Umsetzung des RP zur Unterstützung einer raschen Restrukturierung des Schuldners kommt einem Rekurs grundsätz-

---

[66] Vgl dazu beispielhaft Z 24 Abs 2 AGB Banken der UniCredit Bank Austria AG (2019; abrufbar unter https://www.bankaustria.at/files/AGB_deutsch.pdf [abgefragt 24. 9. 2021]).
[67] ErläutRV 950 BlgNR 27. GP 23.
[68] *Mohr* in KLS, IO § 161 Rz 17 ff; *Mohr* in *Konecny/Schubert*, Kommentar zu den Insolvenzgesetzen (37. Lfg; 2009) § 161 KO Rz 19 f.

lich keine aufschiebende Wirkung zu.[69] Ausnahmsweise gewährt § 40 Abs 3 ReO im Fall eines für den Antragsteller schwerwiegenden, unwiederbringlichen Schadens durch die Umsetzung des RP einem Rekurs aufschiebende Wirkung. Gleichzeitig mit Zuerkennung der aufschiebenden Wirkung hat das Erstgericht nach freier Überzeugung gem § 273 ZPO zur Sicherstellung eines allfälligen Ausgleichs gem § 40 Abs 5 ReO eine Sicherheit zu bestimmen. Durch den Erlag dieser Sicherheit kann der Schuldner die Aberkennung der aufschiebenden Wirkung erwirken. Beide Beschlüsse sind unanfechtbar. Das Gesetz normiert keinen Zeitpunkt, bis zu dem der Schuldner die Sicherheit erlegen muss, um die Aberkennung noch zu bewirken. Dies wird wohl bis zur Entscheidung des Rekursgerichts zulässig sein.

Die Zielsetzung der ReO, die präventive Restrukturierung leicht zugänglich durch eine rasche Entschuldung bestandsgefährdeter Unternehmen zu stärken, spiegelt sich auch in den dem Rekursgericht gem § 40 Abs 4 ReO für den Fall der Stattgebung eines Rekurses gegen die Bestätigung eingeräumten Entscheidungsalternativen wider. Das Rekursgericht kann in diesem Fall entweder die Bestätigung des RP aufheben, oder, wenn es dem gemeinsamen Interesse der Gläubiger (wohl aller Gläubiger und nicht nur der betroffenen Gläubiger) entspricht, die Bestätigung des RP aufrechterhalten. Im letzten Fall hat das Erstgericht über Antrag des Gläubigers, dessen Rekurs stattgegeben wurde und wenn ihm dadurch finanzielle Verluste entstanden sind, einen vom Schuldner zu zahlenden Ausgleich gem § 40 Abs 5 ReO zuzusprechen.

Im Hinblick auf die gem § 5 ReO geltenden allgemeinen Verfahrensvorschriften der IO und dem Verweis des § 252 IO auf die Prozessgesetze ist mangels Sonderregelung in der ReO ein Rekurs gegen die Bestätigung des RP bzw dessen Versagung beim Erstgericht einzubringen. Die speziellere Bestimmung des § 40 ReO im Vergleich zu § 5 ReO iVm § 260 IO und der Wortlaut des § 40 ReO, der an § 155 IO „angelehnt" ist, lassen mE eine Heranziehung der zu § 155 IO entwickelten Lehre[70] zu, sodass von der Mehrseitigkeit des Rekurses auszugehen ist. Gem § 5 ReO iVm § 260 Abs 2 IO gilt das Neuerungsverbot im Rekursverfahren nicht. Der hL[71] und Rechtsprechung[72] zum Sanierungsplan folgend, können aber im Hinblick auf die Bestimmung des § 5 ReO iVm § 259 Abs 2 IO auch im Rechtsmittelverfahren gegen eine Bestätigung eines RP oder dessen Versagung nur bereits in der Restrukturierungsplantagsatzung vorgebrachte Tatsachen, wenn deren Anbringung in dieser Tagsatzung vorgesehen ist, oder aktenkundige Tatsachen vorgebracht werden. Betreffend die Zulässigkeit für Revisionsrekurse ist im Wege des § 5 ReO iVm § 252 IO auf § 528 ZPO zu verweisen.[73]

Das Restrukturierungsverfahren ist gem § 41 Abs 1 ReO mit Eintritt der Rechtskraft der Bestätigung des RP aufgehoben. Ein rechtskräftiger Beschluss ist ein Exekutionstitel gem § 1 Z 18 EO.[74]

---

69 ErläutRV 950 BlgNR 27. GP 23.
70 *Kodek*, Ausgewählte Fragen des Zwangsausgleichs, in *Konecny*, Insolvenz-Forum 2004 (2005) 95 (114 f); *Konecny*, Die Zulässigkeit des Rekurses gegen Beschlüsse der Insolvenzgerichte, ÖJZ 2012/118, 1036; *Mohr* in *Konecny/Schubert*, Insolvenzgesetze (36. Lfg; 2009) § 155 KO Rz 5; *Nunner-Krautgasser/Anzenberger* in KLS, IO § 155 Rz 2.
71 *Nunner-Krautgasser/Anzenberger* in KLS, IO § 155 Rz 3.
72 OGH 29. 4. 2004, 8 Ob 36/04h.
73 *Erler* in KLS, IO § 260 Rz 36 ff; *Pesendorfer* in KLS, IO § 252 Rz 39.
74 ErläutRV 950 BlgNR 27. GP 23.

9. Schlussbemerkungen

Mit Spannung bleibt abzuwarten, wie die Praxis die neue vorinsolvenzliche Restrukturierungsmöglichkeit annehmen wird, insb aber auch, wie praxistauglich die va für KMU anspruchsvollen Anforderungen wahrgenommen werden. Ob durch den niederschwelligen Zugang zum neuen Restrukturierungsverfahren und die neuen Gestaltungsmöglichkeiten für Schuldner in finanziellen Schwierigkeiten in diesem Verfahren eine frühere Entschuldung als bisher im Rahmen von Sanierungsverfahren erfolgen wird und es dadurch verstärkt zum Erhalt von Unternehmen kommen wird, wird sich, insb im Hinblick auf die Komplexität des neuen Verfahrens und dessen Nachteile wie zB der fehlenden Vertragsauflösungsgründe im Vergleich zu einem gerichtlichen Sanierungsverfahren, erst herausstellen.

Restrukturierungsverfahren: (Neu-) Finanzierungen und Transaktionen

Clemens Jaufer/Alexander Painsi

Gliederung	Seite
1. Überblick	163
2. Der Schutz für Finanzierungen	164
2.1. Erfasste Finanzierungen	164
2.1.1. Zwischenfinanzierungen (§ 18 Abs 1 ReO)	164
2.1.2. Neue Finanzierungen (§ 36a Abs 3 IO)	166
2.2. Reichweite des Anfechtungsschutzes	167
2.2.1. Tatbestand	167
2.2.2. Anfechtbarkeit bei Kenntnis der Überschuldung?	167
2.2.3. Finanzierungen durch „nahe Angehörige" iSd § 32 IO	168
3. Der Schutz für sonstige Transaktionen (§ 18 Abs 2, 3 IO)	169
3.1. Erfasste Transaktionen	169
3.2. Gerichtliche Genehmigung	170
3.3. Reichweite des Anfechtungsschutzes	170
4. Verfahrensrechtliches	170
5. Conclusio	171

Die ReO sieht in § 18 – ergänzt durch die neu geschaffenen §§ 36a und 36b IO – einen eingeschränkten Anfechtungsschutz für (Neu-)Finanzierungen vor, die im Rahmen des Restrukturierungsverfahrens gewährt werden. Zudem werden auch gewisse Rechtsgeschäfte („Transaktionen"), die bspw im Zuge der Aushandlung des Restrukturierungsplans anfallen, begünstigt. In diesem Beitrag soll das vom Gesetzgeber geschaffene Regelungsgefüge dargestellt und für die Praxis relevante Abgrenzungsfragen (Anwendungsbereich, Reichweite des Anfechtungsschutzes etc) diskutiert werden.

1. Überblick

In der Restrukturierungspraxis zeigt sich, dass die Gewährung neuer bzw zusätzlicher finanzieller Mittel für das Gelingen der Restrukturierung eine wesentliche Rolle spielt. Ist die für den laufenden Unternehmensbetrieb erforderliche Liquidität nicht sichergestellt, fehlt zum einen die Zeit, die relevanten Stakeholder einzubeziehen und über die Restrukturierung zu verhandeln. Zum anderen können operative Restrukturierungsmaßnahmen ohne finanziellen Handlungsspielraum häufig nicht entsprechend umgesetzt werden. Aus Sicht der Finanzierungsgeber ist die Gewährung einer solchen Zwischen- oder Überbrückungsfinanzierung allerdings häufig problematisch: Scheitert die Restrukturierung und wird ein Insolvenzverfahren über das Vermögen des Schuldners eröffnet, ist nicht nur der potenzielle Ausfall hoch, sondern auch das Anfechtungsrisiko (insb nach § 31 Fall 2 IO).

Auch der Erfolg des Restrukturierungsverfahrens – wie bereits die RIRL festhält – wird also häufig davon abhängen, ob dem Schuldner finanzielle Hilfe zur Verfügung gestellt wird, die den Fortbetrieb des Unternehmens während der Restrukturierungsverhandlungen sicherstellt und die Umsetzung des Restrukturierungsplans nach dessen Bestätigung unterstützt.[1] Dementsprechend sieht die RIRL in Art 17 und 18 einen besonderen Schutz für derartige Finanzierungen (und für gewisse „Transaktionen") vor. In Österreich wurden diese Bestimmungen durch die neu eingefügten §§ 36a, 36b IO umgesetzt und ein (eingeschränkter) Anfechtungsschutz normiert. Voraussetzung für diesen besonderen Schutz ist – vereinfacht gesagt – dass das Gericht die Finanzierung abgesegnet hat, und zwar entweder im Zuge der Bestätigung des Restrukturierungsplans (vgl zB § 36a Abs 2 IO) oder durch Genehmigung gem § 18 ReO. Ergänzend erhielt § 57a IO durch das RIRUG einen neuen Abs 3, wonach Forderungen aufgrund von (Zwischen-)Finanzierungen und Transaktionen nach den §§ 36a, 36b IO nur mehr dann nachrangig sind, wenn dies vereinbart wurde.

Auch wenn die ReO von der „gerichtlichen Genehmigung" von Finanzierungen und gewissen Transaktionen spricht, sind diese im Rahmen der dem Schuldner zustehenden Eigenverwaltung (vorbehaltlich allfälliger Beschränkungen gem § 16 ReO) selbstverständlich auch ohne Genehmigung iSd § 18 ReO zulässig und wirksam. Einzige „Rechtsfolge" der unterlassenen gerichtlichen Genehmigung ist somit der fehlende Anfechtungsschutz nach §§ 36a, 36b IO.

Art 17 Abs 4 RIRL, der eine vorrangige Befriedigung neuer finanzieller Unterstützung in einem nachfolgenden Insolvenzverfahren ermöglichen würde, wurde in Österreich nicht umgesetzt.[2] Materiellrechtlich kann eine solche vorrangige Befriedigung freilich durch Bestellung entsprechender Sicherheiten schon bisher umgesetzt werden (ungeachtet der – durch die §§ 36a, 36b IO nicht beseitigten – möglichen Anfechtbarkeit einer solchen Sicherheitenbestellung).

2. Der Schutz für Finanzierungen

2.1. Erfasste Finanzierungen

2.1.1. Zwischenfinanzierungen (§ 18 Abs 1 ReO)

§ 18 Abs 1 ReO versteht unter dem Begriff Zwischenfinanzierung eine neue finanzielle Unterstützung, die von einem bestehenden oder einem neuen Gläubiger bereitgestellt wird, die (i) angemessen und (ii) unverzüglich notwendig ist, damit das Unternehmen des Schuldners seinen Betrieb fortsetzen kann oder der Wert dieses Unternehmens erhalten oder gesteigert wird (vgl auch Art 2 Abs 1 Z 8 RIRL).

Als finanzielle Unterstützung kommt nach der RL[3] die Bereitstellung von finanziellen Mitteln oder Bürgschaften Dritter sowie auch die Bereitstellung von Waren, Vorräten, Rohstoffen und Versorgungsdienstleistungen, insb unter Gewährung eines längeren (Rück-)Zahlungszeitraums, infrage. Der Anwendungsbereich des § 18 ReO geht damit deutlich über reine Gelddarlehen hinaus.

---

1 ErwGr 66 RIRL.
2 ErläutRV 950 BlgNR 27. GP 26.
3 ErwGr 66 RIRL; vgl auch ErläutRV 950 BlgNR 27. GP 11.

In der Praxis spielt in der Phase der vorinsolvenzlichen Restrukturierung insb das Offenhalten von Kontokorrentrahmen eine wichtige Rolle. Die hM[4] versteht im Kontokorrentverhältnis sowohl die Hereinnahme von Einzahlungen als auch die korrespondierende Gestattung von Ausnutzungen als gem § 31 Fall 2 IO potenziell anfechtbares Rechtsgeschäft. Auch wenn der Wortlaut des § 18 Abs 1 ReO offenkundig nicht (direkt) auf diese Konstellation abstellt (arg: „neue" finanzielle Unterstützung), spricht der Zweck der Regelung uE sehr wohl dafür, auch das Offenhalten eines Kontokorrentrahmens als „genehmigungsfähige" Zwischenfinanzierung iSd ReO zu begreifen: Die Ausnutzung der bestehenden Finanzierungslinien ist für die meisten Unternehmen überlebensnotwendig, umgekehrt ist deren Sperre häufig der sprichwörtliche Funken im Pulverfass und würde zum (endgültigen) Scheitern auch aussichtsreicher Sanierungsbemühungen führen. Es erscheint nicht angebracht, die Neugewährung eines Kontokorrentrahmens durch einen (bestehenden oder neuen) Gläubiger anders zu behandeln als das Zulassen einer Wiederausnutzung trotz (idR) vorliegender vertraglicher Kündigungs- bzw Fälligstellungsgründe. UE spricht im Ergebnis jedoch vieles dafür, die Entscheidung des Finanzierungsgebers, die (wiederholte) Wiederausnutzung eines Kontokorrentrahmens zuzulassen, als genehmigungsfähige Finanzierung iSd § 18 ReO zu behandeln.[5]

§ 18 Abs 1 ReO nennt *zwei materielle Genehmigungsvoraussetzungen*:

Die finanzielle Unterstützung muss *unverzüglich notwendig* sein, und zwar entweder für den Unternehmensfortbetrieb oder zum Erhalt (bzw zur Steigerung) des Werts des Unternehmens. Zu denken ist bspw an einen Überbrückungskredit zur Überwindung einer Zahlungsstockung, aber auch an die Zurverfügungstellung von im Fortbetrieb notwendigen Rohstoffen oder Waren. Die im Ministerialentwurf[6] noch vorgesehene Beschränkung auf jene Zwischenfinanzierungen, die während des Bestehens einer Vollstreckungssperre gewährt werden, ist entfallen.

Darüber hinaus muss die finanzielle Unterstützung *angemessen* sein. Anhand welcher Kriterien das Gericht diese Angemessenheit zu beurteilen hat, ist in Bezug auf Zwischenfinanzierungen weder im Gesetz noch in der RL definiert. Zu denken ist etwa daran, grobe Äquivalenzstörungen („wucherischer" Zinssatz oÄ) bei Gewährung der Zwischenfinanzierung auszuschließen. Auch Art und Umfang der Besicherung können in diesem Zusammenhang eine Rolle spielen – auch wenn die ReO in § 18 an sich nicht zwischen besicherten oder unbesicherten Krediten differenziert.

Offen ist, ob die Finanzierung vom Gericht im Vorhinein genehmigt werden muss, oder ob auch eine „nachträgliche" Genehmigung einer bereits gewährten Zwischenfinanzierung möglich ist. Eine ausdrückliche Regelung, wie sie § 36b Abs 1 IO für gewisse Transaktionen enthält,[7] gibt

---

4   Vgl nur *König/Trenker*, Die Anfechtung nach der Insolvenzordnung[6] (2020) Rz 11.103; *Bollenberger* in *Koller/Lovrek/Spitzer*, IO (2019) § 31 Rz 14.

5   Wenngleich klar sein muss, dass die Genehmigung den Finanzierungsgeber nicht „in alle Ewigkeit" immunisieren kann – im Hinblick auf den im Rahmen einer späteren Anfechtung anzustellenden „Quotenvergleich" (vgl *König/Trenker*, Anfechtung[6] Rz 11.110 mwN) könnte hier uU eine zeitliche Beschränkung zB auf die Dauer des laufenden Verfahrens angedacht werden.

6   Vgl den vorgeschlagenen § 36a Abs 2 IO des Ministerialentwurfs (ME RIRUG 2021, 96/ME 27. GP).

7   Gem § 36b Abs 1 IO sind Transaktionen nach § 18 Abs 3 Z 1 und 2 ReO auch dann nicht nach § 31 IO anfechtbar, wenn sie innerhalb von 14 Tagen vor dem Antrag auf Einleitung des Restrukturierungsverfahrens geleistet wurden – vgl unten Pkt 3.

es nicht. Sowohl die RIRL[8] als auch die Gesetzesmaterialien[9] sprechen in diesem Zusammenhang von einer „Ex-ante-Kontrolle". UE muss es hierfür genügen, wenn die Gewährung der Zwischenfinanzierung anlässlich (der Einleitung) des Restrukturierungsverfahrens erfolgt – die tatsächliche Auszahlung könnte dann bereits vor der (Rechtskraft der) Genehmigung erfolgt sein. In anfechtungsrechtlicher Hinsicht liegt das Risiko diesbezüglich allerdings beim Finanzierungsgeber.

2.1.2. Neue Finanzierungen (§ 36a Abs 3 IO)

Eine „neue Finanzierung" ist eine neue finanzielle Unterstützung, die von einem bestehenden oder einem neuen Gläubiger zur Umsetzung eines Restrukturierungsplans bereitgestellt wird und die in diesem Restrukturierungsplan enthalten ist (§ 36a Abs 3 IO). Diese Definition findet sich bereits in Art 2 Abs 1 Nr 7 RIRL und wurde vom österr Gesetzgeber übernommen.[10]

Im Unterschied zur Zwischenfinanzierung bedarf die „neue Finanzierung" iSd § 36a Abs 3 IO keiner (gesonderten) gerichtlichen Genehmigung im Verfahren, um vom Anfechtungsschutz erfasst zu sein. Voraussetzung ist zunächst, dass die neue Finanzierung im Restrukturierungsplan „enthalten" (§ 36a Abs 2 IO) ist. Gem § 27 Abs 2 Z 7 lit f ReO sind dabei auch die Gründe anzuführen, aus denen die Finanzierung für die Umsetzung des Plans „erforderlich" ist. Wann eine neue Finanzierung tatsächlich erforderlich ist, wird – zumal *ex ante* – oftmals schwierig zu beurteilen sein.[11] An dieses Kriterium der Erforderlichkeit sind daher uE sinnvollerweise keine strengen Anforderungen zu stellen.

Unklar ist, wie detailliert die Finanzierung bereits im Restrukturierungsplan umschrieben sein muss, um von § 36a IO erfasst zu sein. Zum Anfechtungsschutz des § 20 URG wird vertreten, dass nicht nur der Kreditbetrag, sondern auch Sicherheiten (ebenso der Zeitpunkt der Sicherstellung) und die geplante Rückführung bereits im Plan anzuführen sind.[12] Zu bedenken ist dabei, dass der (weitergehende) Anfechtungsschutz im URG die Anfechtbarkeit nach §§ 28, 30 und 31 IO im Gesamten betrifft, während § 36a Abs 1 IO ausdrücklich nur die Anfechtbarkeit als nachteiliges Rechtsgeschäft gem § 31 Abs 1 Z 3 IO betrifft. Die in weiterer Folge geleisteten Rückzahlungen sind nach § 36a IO ohnedies nicht geschützt (vgl unten Pkt 2.2.1.). Unabhängig davon wird es wohl bereits zur Darlegung der geforderten – vom Gericht bzw dem Restrukturierungsbeauftragten zu prüfenden (vgl § 30 ReO) – Umsetzbarkeit des Restrukturierungsplans notwendig sein, dass auch die Rückführung der neuen Finanzierung zumindest in Grundzügen im Plan dargestellt ist.

In weiterer Folge muss der Restrukturierungsplan auch bereits gerichtlich bestätigt (und damit – zumindest nach einem allfälligen *Cram-Down* – auch von den Gläubigern angenommen) sein, um dem Anfechtungsschutz des § 36a IO zu unterliegen. Im Zuge der Bestätigung des Restrukturierungsplans hat das Gericht neben dem Kriterium der Erforderlichkeit insb

---

8 ErwGr 68 RIRL.
9 ErläutRV 950 BlgNR 27. GP 26.
10 ErläutRV 950 BlgNR 27. GP 26.
11 Ist bspw ein Abstattungskredit, der teilweise zur Finanzierung notwendiger Investitionen und teilweise („umschuldend") zur Abdeckung von Altgläubigern verwendet werden soll, „erforderlich" iSd ReO – oder hätte der Restrukturierungsplan auch eine entsprechend längere Stundung der Verbindlichkeiten der Altgläubiger vorsehen können?
12 *Widhalm*, Die Anfechtungsbeschränkungen nach § 20 URG, ZIK 1997, 127.

auch zu überprüfen, ob die Interessen der Gläubiger in unangemessener Weise beeinträchtigt werden (§ 34 Abs 1 Z 4 ReO).

2.2. Reichweite des Anfechtungsschutzes
2.2.1. Tatbestand

Für erfasste Finanzierungen ist die Anfechtbarkeit gem § 31 Abs 1 Z 3 IO ausgeschlossen, sofern dem Anfechtungsgegner die Zahlungsunfähigkeit nicht bekannt war. Damit ist zwar die Anfechtbarkeit wegen „Kennenmüssen" der Zahlungsunfähigkeit ausgeschlossen, nicht jedoch bei positiver Kenntnis der Zahlungsunfähigkeit.[13]

Gegenstand des Anfechtungsschutzes ist die Anfechtbarkeit der Gewährung der Finanzierung selbst (als mittelbar nachteiliges Rechtsgeschäft iSd § 31 Abs 1 Z 3 IO). Demgegenüber sind (nachträgliche) Sicherheitenbestellungen, allfällige spätere Stundungen sowie Zahlungen zur Rückführung der Finanzierung weiterhin nach den allgemeinen Regeln anfechtbar. Generell bleiben die übrigen Anfechtungstatbestände der IO weiterhin anwendbar, ebenso bleibt die Einzelanfechtung gem (nunmehr) § 438 EO grundsätzlich möglich.

Die noch im Ministerialentwurf[14] vorgeschlagene Verlängerung der Anfechtungsfristen für die Dauer des Restrukturierungsverfahrens wurde nicht übernommen.[15]

2.2.2. Anfechtbarkeit bei Kenntnis der Überschuldung?

Grundsätzlich umfasst der Begriff „Zahlungsunfähigkeit" im Anwendungsbereich des § 31 IO nach ganz hA[16] auch die insolvenzrechtliche Überschuldung. Fraglich ist, ob dies auch für die neuen §§ 36a, 36b IO uneingeschränkt gilt. Damit würde auch die positive Kenntnis des Finanzierungsgebers (als späterem Anfechtungsgegner) der insolvenzrechtlichen Überschuldung den Anfechtungsschutz ausschließen. Dies scheint im Anwendungsbereich der ReO jedoch nicht zielführend – immerhin akzeptiert der Gesetzgeber ausdrücklich, dass der Schuldner bei Einleitung des Restrukturierungsverfahrens insolvenzrechtlich überschuldet sein kann.[17] Eine zumindest „bedingt positive" (= ohne Bedingungseintritt negative) Fortbestehensprognose ist gem § 27 Abs 2 Z 8 ReO Teil des Restrukturierungsplans. Dass der Finanzierungsgeber von dieser Überschuldung positive Kenntnis hat, lässt sich in der Praxis kaum vermeiden. Dem Finanzierungsgeber deshalb den ohnehin eingeschränkten Anfechtungsschutz gänzlich zu versagen, erscheint nicht sachgerecht.

Aus den Gesetzesmaterialien lässt sich zu dieser Frage wenig gewinnen: Die – wohl undifferenzierte – Formulierung, wonach die „Anfechtung wegen Kenntnis der Zahlungsunfähigkeit

---

13 ErläutRV 950 BlgNR 27. GP 26.
14 Vgl der vorgeschlagene § 36c IO des Ministerialentwurfs (ME RIRUG 2021, 96/ME 27. GP).
15 Vgl dazu die (kritischen) Stellungnahmen im Begutachtungsverfahren, zB Stellungnahme der ÖRAK zum ME 37/SN-96/ME 27. GP 24; *Trenker/Lutschounig*, Stellungnahme zum ME 42/SN-96/ME 27. GP.
16 Vgl nur *Rebernig* in *Konecny/Schubert*, Kommentar zu den Insolvenzgesetzen (23. Lfg; 2006) § 31 KO Rz 7; *Dellinger* in *Konecny/Schubert*, Insolvenzgesetze (7. Lfg; 1999) § 67 KO Rz 126; *König/Trenker*, Anfechtung[6] Rz 11.5.
17 Vgl ErläutRV 950 BlgNR 27. GP 1.

beibehalten und nur wegen Kennenmüssen der Zahlungsunfähigkeit ausgeschlossen"[18] werde, trifft uE noch keine Aussage zur Überschuldung. Dass – hätte der Gesetzgeber für die Kenntnis der Überschuldung andere Rechtsfolgen vorsehen wollen – eine Differenzierung ein Leichtes[19] gewesen wäre, ließe sich uU als Argument gegen eine Ausnahme für die Überschuldung ins Treffen führen. Der Ministerialentwurf[20] sah einen Anfechtungsschutz ursprünglich nur für die Überschuldung vor (und erwähnte wiederum die Zahlungsunfähigkeit nicht). Im Begutachtungsverfahren wurde eine Ausdehnung des Anfechtungsschutzes auf die erkennbare Zahlungsunfähigkeit befürwortet.[21] Darüber hinaus äußert der Gesetzgeber in den Materialien seine Absicht, der Anfechtungsschutz solle „nicht auf Fälle beschränkt werden, in denen der Plan von den Gläubigern angenommen wird"[22] – wenn nun aber die (dem Finanzierungsgeber wie ausgeführt nahezu zwangsläufig bekannte) Überschuldung bei Verfahrenseinleitung akzeptiert wird, aber bei Scheitern des Restrukturierungsplans zur Anfechtbarkeit der (Zwischen-)Finanzierung führen würde, wäre dem Finanzierungsschutz wohl ein Großteil seines Anwendungsbereichs faktisch genommen.

Im Ergebnis spricht sohin vieles dafür, dem Anfechtungsgegner die Kenntnis von der Überschuldung im Anwendungsbereich des § 36a IO nicht anzulasten. *De lege ferenda* wäre eine Klarstellung durch den Gesetzgeber wünschenswert.

2.2.3. Finanzierungen durch „nahe Angehörige" iSd § 32 IO

Eine mögliche Anfechtbarkeit der aus dem näheren Umfeld des Schuldners gewährten (Zwischen-)Finanzierungen richtet sich nicht nach § 31 Abs 1 Z 3 IO, auf den § 36a Abs 1 ReO verweist, sondern nach § 31 Abs 1 Z 1 Fall 2 IO.

Diese sogenannte *familia suspecta* umfasst zum einen nahe Angehörige natürlicher Personen (§ 32 Abs 1 IO), zudem (ua) bei Kapital- und Personengesellschaften die Mitglieder des Leitungs- oder Aufsichtsorgans und sämtliche unbeschränkt haftende Gesellschafter sowie Gesellschafter iSd EKEG.[23] Gerade Letztere spielen iZm Restrukturierungen auch als Finanzierungsgeber eine bedeutende Rolle.

Der Anfechtungsschutz steht somit nach dem Gesetzeswortlaut für gesellschafterseitig gewährte Finanzierungen nicht zur Verfügung. Dies erscheint – wie auch im Begutachtungsverfahren angemerkt wurde[24] – systemwidrig und nicht notwendig. An anderer Stelle (§ 57a Abs 3 IO) werden (eigenkapitalersetzende) Gesellschafterfinanzierungen im Rahmen eines Restrukturierungsverfahrens bessergestellt, indem deren Nachrangigkeit im Insolvenzverfahren (ausnahmsweise) gesondert vereinbart werden muss. Da eine Finanzierung iSd § 36a IO zudem je-

---

18 ErläutRV 950 BlgNR 27. GP 26.
19 Sei es durch eine Klarstellung im Gesetzestext oder zumindest durch einen Hinweis in den Erläuterungen – die diesbezüglich unklare Terminologie wurde auch im Begutachtungsverfahren thematisiert, vgl zB Stellungnahme des OGH zum ME 13/SN-96/ME 27. GP 3.
20 § 36a IO idF ME ReO 2021, 96/ME 27. GP.
21 Vgl *Trenker/Lutschounig*, Stellungnahme zum ME 42/SN-96/ME 27. GP 76.
22 ErläutRV 950 BlgNR 27. GP 26.
23 Durch die ebenfalls mit dem RIRUG erfolgte Streichung der Wendung „§ 5" in § 32 Abs 2 Z 3 IO ist nunmehr klargestellt, dass auch nach anderen Tatbeständen vom EKEG erfasste Gesellschafter zur *familia suspecta* zählen, vgl ErläutRV 950 BlgNR 27. GP 26 sowie *König/Trenker*, Anfechtung[6] Rz 4.59/1.
24 Vgl *Trenker/Lutschounig*, Stellungnahme zum ME 42/SN-96/ME 27. GP 78 f.

denfalls einer gerichtlichen Kontrolle unterliegt, scheint die automatische Schlechterstellung der *familia suspecta* in diesem Fall nicht erforderlich.

Insofern könnte eine „planwidrige Lücke" vorliegen, die eine analoge Erweiterung des § 36a Abs 1 IO auf Finanzierungen durch die *familia suspecta* gebietet. Damit würden (als uE sachgerechtes Ergebnis) auch Gesellschafterfinanzierungen vom Anfechtungsschutz profitieren.

3. Der Schutz für sonstige Transaktionen (§ 18 Abs 2, 3 IO)

3.1. Erfasste Transaktionen

Mit „Transaktionen" meint der (Richtlinien-)Gesetzgeber vorrangig jene Rechtsgeschäfte, die für die Aushandlung des Restrukturierungsplans unmittelbar notwendig sind. Art 18 Abs 4 RIRL gibt einen „Mindestkatalog" an zu erfassenden Transaktionen vor, der vom österr Gesetzgeber explizit[25] nicht erweitert wurde. Die in § 18 Abs 3 ReO enthaltene Aufzählung ist daher wohl als taxativ zu verstehen und umfasst (nur):

- die Zahlung von Gebühren und Kosten für die Aushandlung, Annahme oder Bestätigung eines Restrukturierungsplans (Z 1);
- die Zahlung von Gebühren und Kosten für die Inanspruchnahme professioneller Beratung in einem Zusammenhang mit der Restrukturierung (Z 2);
- die Zahlung von Arbeitnehmerlöhnen für bereits geleistete Arbeit, unbeschadet eines anderen vorgesehenen Schutzes (Z 3), und
- darüber hinaus sonstige Zahlungen im gewöhnlichen Geschäftsbetrieb (Z 4).

Andere Rechtsgeschäfte bzw „Restrukturierungsmaßnahmen" (vgl § 1 Abs 2 ReO) – wie der Begriff „Transaktionen" suggeriert – wie etwa der Verkauf von Vermögenswerten oder gar gesellschaftsrechtliche Maßnahmen sind nicht erfasst.

Während Z 1 und Z 2 die Durchführung des Restrukturierungsverfahrens selbst betreffen, zielen Z 3 und Z 4 (Letztere als eine Art „Generalklausel") auf den Unternehmensfortbetrieb ab. Die Zahlung von Arbeitnehmerlöhnen (und -gehältern) sollte uE auch damit zusammenhängende Abgaben oder Lohnnebenkosten erfassen.[26] Für die Abgrenzung des „gewöhnlichen Geschäftsbetriebs" bietet sich ein Rückgriff auf die Auslegung in der IO an (etwa zum Umfang der Eigenverwaltung im Sanierungsverfahren gem § 171 Abs 1 IO).[27] Offen ist, inwiefern die zu genehmigenden „Zahlungen im gewöhnlichen Geschäftsbetrieb" bereits konkretisiert sein müssen. Allein aus Praktikabilitätsgründen spricht vieles dafür, eine abstrakte Umschreibung anhand gewisser Kriterien genügen zu lassen.

Transaktionen während des (bzw kurz vor dem) Restrukturierungsverfahren(s) bedürfen einer gerichtlichen Genehmigung, um dem Anfechtungsschutz zu unterliegen. Auch hier ist die

---

25 Vgl ErläutRV 950 BlgNR 27. GP 11.
26 Wenngleich der diesbezüglich kürzlich geschaffene gesetzliche Anfechtungsschutz in § 323e Abs 2 Z 5 BAO bzw § 733 Abs 11 ASVG wesentlich umfassender ist.
27 Auch § 73 IO (Einstweilige Maßnahmen) und die §§ 157a f IO (Treuhänderüberwachung beim Sanierungsplan) knüpfen an den „gewöhnlichen Unternehmensbetrieb" an.

Genehmigung jedoch – im Rahmen der Eigenverwaltung – nicht Voraussetzung für die zivilrechtliche Zulässigkeit oder Wirksamkeit der Zahlung an sich.

Darüber hinaus sind – ohne das Erfordernis einer gerichtlichen Genehmigung – Transaktionen geschützt, die innerhalb von drei Monaten nach Rechtskraft der Bestätigung des Restrukturierungsplans durchgeführt werden, sofern diese „im Einklang mit dem Restrukturierungsplan" stehen. Nach dem Gesetz ist es also (anders als für „neue Finanzierungen") hier nicht erforderlich, dass die Zahlungen bereits ausdrücklich im Restrukturierungsplan enthalten sind.

3.2. Gerichtliche Genehmigung

Transaktionen sind vom Gericht zu genehmigen, wenn sie angemessen und für die Aushandlung des Restrukturierungsplans unmittelbar notwendig sind (§ 18 Abs 2 ReO). Auch hier schweigt das Gesetz zum Umfang der (materiellen) Prüfpflicht des Gerichts (vgl Pkt 4.). Im Rahmen des § 18 Abs 3 Z 2 ReO werden allerdings zumindest marktübliche Beraterhonorare für rechtliche und betriebswirtschaftliche Beratung wohl jedenfalls „angemessen" sein.

Der Anfechtungsschutz des § 36b IO erfasst grundsätzlich Zahlungen während des Restrukturierungsverfahrens. Dabei kommt es auf den Zeitpunkt an, in dem die Zahlung geleistet wird. Sofern Zahlungen gem § 18 Abs 3 Z 1 und 2 ReO (somit Kosten iZm dem Restrukturierungsplan sowie Beraterhonorare) betroffen sind, können diese auch innerhalb von 14 Tagen vor dem Antrag auf Einleitung eines Restrukturierungsverfahren geleistet worden sein. Eine (in diesem Fall nachträgliche) gerichtliche Genehmigung ist allerdings – trotz des uE missverständlichen Wortlauts des § 36b Abs 1 IO – zur Gewährung des Anfechtungsschutzes auch hier notwendig.[28] In systematischer Hinsicht scheint dies logisch, da die Kriterien der unmittelbaren Notwendigkeit und der Angemessenheit nicht als materielle Voraussetzungen für den Anfechtungsschutz, sondern als Genehmigungsvoraussetzungen in § 18 Abs 2 ReO normiert sind.

3.3. Reichweite des Anfechtungsschutzes

Der Anfechtungsschutz des § 36b IO für Transaktionen ist weiter als jener für Finanzierungen und umfasst alle Anfechtungstatbestände des § 31 IO. Der Natur der erfassten Transaktionen (Zahlungen) nach spielt hier insb die Deckungsanfechtung eine wichtige Rolle. Auch hier greift der Anfechtungsschutz jedoch nicht, wenn dem Anfechtungsgegner die Zahlungsunfähigkeit bekannt war (zur Anfechtbarkeit wegen Überschuldung vgl Pkt 2.2.2. oben).

Eine Beschränkung für die *familia suspecta* – wie in § 36a Abs 1 IO – gibt es hier aufgrund des weitergehenden Verweises in § 36b IO nicht.

4. Verfahrensrechtliches

Die gerichtliche Genehmigung nach § 18 ReO erfordert einen Antrag des Schuldners, der gem § 18 Abs 4 ReO mit dem Antrag auf Einleitung des Restrukturierungsverfahrens verbunden

---

28 Vgl auch ErläutRV 950 BlgNR 27. GP 26.

werden kann. Darüber hinaus ist der Antrag auch während des laufenden Restrukturierungsverfahrens möglich. Ein „isolierter" Genehmigungsantrag außerhalb eines Restrukturierungsverfahrens ist ebenso wenig vorgesehen wie eine Antragstellung durch den Finanzierungsgeber (bzw andere potenzielle spätere Anfechtungsgegner) oder etwa durch den Restrukturierungsbeauftragten. Die Möglichkeit zur Genehmigung nach § 18 ReO besteht auch im vereinfachten Verfahren.[29]

Das Gericht hat – nach dem Wortlaut des § 18 Abs 1 und 2 ReO – wohl jedenfalls die Angemessenheit und die „unverzügliche" (Abs 1) bzw „unmittelbare" (Abs 2) Notwendigkeit des zu genehmigenden Rechtsgeschäfts auch materiell zu prüfen. Für diese Prüfung kann das Gericht auch einen Restrukturierungsbeauftragten bestellen (§ 9 Abs 3 Z 1 ReO). Sinnvollerweise wird das Gericht eine Genehmigung nach § 18 ReO mit der Erteilung einer allenfalls notwendigen gerichtlichen Zustimmung bei Beschränkung der Eigenverwaltung (§ 16 Abs 2 ReO) verbinden.

Weitere verfahrensrechtliche Regelungen enthält das Gesetz nicht. Insb ist etwa keine „Entscheidungsfrist" oÄ vorgesehen – eine rasche Entscheidung durch das Gericht wird regelmäßig erforderlich sein: Die „unverzügliche" Notwendigkeit der Gewährung der Zwischenfinanzierung ist Tatbestandsvoraussetzung für die Genehmigung – umgekehrt ist zu erwarten, dass der Finanzierungsgeber die von ihm zu gewährende Zwischenfinanzierung wiederum von der gerichtlichen Genehmigung (wenn diese beantragt wird) abhängig machen wird. Dass die Zwischenfinanzierung erst nach (Rechtskraft der) Genehmigung durch das Gericht ausbezahlt werden darf, ergibt sich uE aus dem Gesetz jedoch nicht (vgl Pkt 2.1.1.).

5. Conclusio

Die RIRL gibt in Art 17 und 18 vor, dass eine Finanzierung oder Zahlung im Falle einer späteren Insolvenz nicht (allein) deshalb anfechtbar sein soll, weil diese die Gesamtheit der Gläubiger benachteiligt, sofern nicht zusätzliche, im nationalen Recht geregelte Gründe vorliegen. Angesichts der im österr Recht bestehenden Anfechtungstatbestände (die die Anfechtung jeweils noch an weitere Voraussetzungen knüpfen) bestand daher eigentlich kein unmittelbarer Umsetzungsbedarf.[30] Dennoch ist uE das Anliegen des Gesetzgebers, gewissen Finanzierungen iZm einer Restrukturierung einen weitergehenden Schutz zu verschaffen, durchaus zweckmäßig. Im Vergleich zum Ministerialentwurf wurde durch Einführung der Ex-ante-Genehmigung durch das Gericht auch die Rechtssicherheit für den Finanzierungsgeber erhöht. Da die zugehörigen verfahrensrechtlichen Regelungen einiges offenlassen, wird sich die Praktikabilität des Finanzierungsschutzes erst in der Praxis erweisen.

Im Vergleich zur nunmehr im Restrukturierungsverfahren geschaffenen Regelung ist der Anfechtungsschutz gem § 20 URG wesentlich umfassender: Dort können sämtliche Überbrückungs- bzw Reorganisationsmaßnahmen inkl Befriedigung und Sicherstellung von Forderungen (zB auch Rückführungen an Altgläubiger als Teil des Reorganisationsplans)[31] anfechtungs-

---

29 Auf das vereinfachte Restrukturierungsverfahren sind subsidiär die Bestimmungen des Restrukturierungsverfahrens anzuwenden, ErläutRV 950 BlgNR 27. GP 25.
30 Wie der Gesetzgeber (indirekt) auch in den Materialien anerkennt, vgl ErläutRV 950 BlgNR 27. GP 26.
31 Vgl *König/Trenker*, Anfechtung[6] Rz 13.40.

rechtlich privilegiert werden. Demgegenüber ist der Anfechtungsschutz der ReO sehr (zu?) eingeschränkt ausgestaltet: Insb hätte der Gesetzgeber uE den Katalog der genehmigungsfähigen Transaktionen in § 18 Abs 3 ReO durchaus weiter fassen können, um bspw die Neuordnung der Sicherheitenstruktur (Sicherheitenpool) als Teil des Restrukturierungsplans zu erleichtern.

Insb die Genehmigung von Zwischenfinanzierungen (und, folgt man der hier vertretenen Ansicht, auch die Genehmigung des Offenhaltens von Finanzierungslinien) und der damit verbundene Anfechtungsschutz könnte im Restrukturierungsverfahren unserer Einschätzung nach aber trotz allem eine wichtige Rolle einnehmen.

Das Europäische Restrukturierungsverfahren

Romana Weber-Wilfert

Gliederung   **Seite**

1. Allgemeines – Anwendungsbereich 173
2. Verfahrensrechtliche Besonderheiten 174
    2.1. Keine selbstständige Verfahrensart 174
    2.2. Antrag 175
    2.3. Veröffentlichung 175
    2.4. Vollstreckungssperre 176
    2.5. Aufforderung zur Forderungsanmeldung 176
        2.5.1. Antrag 176
        2.5.2. Aufforderung 177
        2.5.3. Forderungsanmeldung 177
            2.5.3.1. Form und Inhalt 177
            2.5.3.2. Rolle des Gerichts 177
        2.5.4. Gläubigerstellung 178
    2.6. Akteneinsicht 178
    2.7. Zusammenfassung 179
3. Internationale Zuständigkeit und Anerkennung 179
    3.1. EuInsVO 2015 179
    3.2. Verfahren, die nicht der EuInsVO 2015 unterliegen 181
        3.2.1. Internationale Zuständigkeit 181
            3.2.1.1. § 63 IO iVm § 27a JN 181
            3.2.1.2. EuGVVO 2012 181
            3.2.1.3. Zwischenergebnis 183
        3.2.2. Anerkennung 184
4. Zusammenfassende Würdigung 184

Die Erwägungen zur RL betonen, dass das Restrukturierungsverfahren in den Anwendungsbereich der EuInsVO 2015 fallen soll. Voraussetzung ist jedoch, dass es sich um ein öffentliches Verfahren iSd Art 1 EuInsVO 2015 handelt. Diese Möglichkeit der Veröffentlichung des Einleitungsbeschlusses wurde in § 44 ReO umgesetzt. Der folgende Beitrag beschäftigt sich mit den besonderen Verfahrensbestimmungen des Europäischen Restrukturierungsverfahrens sowie mit den Rechtsfolgen der Veröffentlichung.

1. Allgemeines – Anwendungsbereich

In § 44 ReO finden sich besondere Regelungen, die ausdrücklich als Europäisches Restrukturierungsverfahren bezeichnet werden. Diese Bezeichnung ist irreführend,[1] da das Verfahren

---

[1] So schon in zahlreichen Stellungnahmen zum ME; vgl ua *Trenker/Lutschounig*, Stellungnahme zum ME 42/SN-96/ME 27. GP 18.

keinen spezifischen europäischen Aspekt aufweisen muss. Das Gesetz stellt nicht auf grenzüberschreitende Sachverhalte ab. Aus dem Gesetzeswortlaut ergibt sich keine Einschränkung, sodass § 44 ReO gleichermaßen auf grenzüberschreitende sowie auf reine Binnensachverhalte anzuwenden ist.

Der europäische Aspekt ist eine Folge der in § 44 ReO vorgesehenen Veröffentlichung der Verfahrenseinleitung. Diese Veröffentlichung führt offenbar nach dem Willen des Gesetzgebers zur Anwendbarkeit der EuInsVO 2015 – daraus resultiert die Benennung als Europäisches Restrukturierungsverfahren. Auch die Gesetzesmaterialien betonen zwar die sich aus der Veröffentlichung ergebenden Konsequenzen iS der Anwendbarkeit der EuInsVO 2015 durch die Möglichkeit der Aufnahme in Anh A, eine Nichtanwendbarkeit der Bestimmung des § 44 ReO auf Binnensachverhalte ist aber auch den Mat nicht zu entnehmen.[2]

Wesentliches Merkmal dieses Verfahrens ist die Öffentlichkeit. Hat sich der Schuldner für die Öffentlichkeit entschieden, bietet ihm dieses Verfahren weitere verfahrensrechtliche Möglichkeiten – insb im Hinblick auf Forderungsanmeldung und Vollstreckungssperre – im Vergleich zum nicht öffentlichen Verfahren. Ein weiterer mit der Veröffentlichung verbundener Aspekt betrifft die Frage der internationalen Anerkennung des Verfahrens. Diese beiden Bereiche sollen im Folgenden einer genauen Analyse unterzogen werden.

2. Verfahrensrechtliche Besonderheiten

2.1. Keine selbstständige Verfahrensart

Auch wenn sich das Europäische Restrukturierungsverfahren im 7. Abschnitt, „Besondere Verfahrensarten" findet, handelt es sich um das allgemeine Restrukturierungsverfahren gem §§ 1 ff ReO mit den verfahrensrechtlichen Besonderheiten gem § 44 ReO. § 44 Abs 1 ReO regelt, dass das Gericht auf einen vor Einleitung des Restrukturierungsverfahrens zu stellenden Antrag des Schuldners die Einleitung mit Edikt öffentlich bekannt zu machen hat. § 44 ReO sieht daher nur eine mit der Veröffentlichung verbundene zusätzliche verfahrensrechtliche Möglichkeit vor. Es handelt sich nicht um eine andere Verfahrensart, auf welche die Bestimmungen zum allgemeinen Restrukturierungsverfahren nur subsidiär anzuwenden wären. Vielmehr sieht § 44 ReO eine ergänzende Möglichkeit – und somit Regelung – vor, die nur auf Antrag des Schuldners zur Anwendung gelangt. Daher musste auch nicht ausdrücklich in § 44 ReO vorgesehen werden, dass die Bestimmungen des Restrukturierungsverfahrens anzuwenden sind. Eine solche Regelung findet sich hingegen zum vereinfachten Verfahren gem § 45 ReO. Da es sich beim vereinfachten Verfahren um eine sehr spezielle eigene Verfahrensart handelt, sieht § 45 Abs 2 ReO ausdrücklich vor, dass auf das vereinfachte Restrukturierungsverfahren die Bestimmungen des Restrukturierungsverfahrens anzuwenden sind, soweit nichts anderes bestimmt ist.

In diesem Zusammenhang stellt sich auch die Frage, ob die Bestimmungen des § 44 ReO auf das vereinfachte Verfahren anwendbar sind. Dies könnte inhaltlich nur im Hinblick auf § 44 Abs 1 ReO, der die öffentliche Bekanntmachung vorsieht, möglich sein. Grundsätzlich widerspricht eine öffentliche Bekanntmachung dem Grundgedanken des vereinfachten Verfahrens, weil gerade ein geheimes Verfahren in der Praxis angestrebt wird. Eine öffentliche Be-

---

2 ErläutRV 734 BlgNR 20. GP 25.

kanntmachung könnte daher nur dann interessant sein, wenn eine Rechtssicherheit im Hinblick auf Anerkennung und Wirkungen bei internationalen Gläubigern beabsichtigt ist. Da § 45 Abs 2 ReO die Anwendbarkeit der Bestimmungen des Restrukturierungsverfahrens vorsieht, sofern diese nicht § 45 ReO widersprechen, ist somit auch ein öffentliches vereinfachtes Restrukturierungsverfahren möglich, welches nach Aufnahme in Anh A auch der EuInsVO 2015 unterliegt. Da es sich aber um eine eigene Verfahrensart handelt, reicht hier nicht die bloße Aufnahme des Europäischen Restrukturierungsverfahrens, vielmehr ist auch das öffentliche vereinfachte Verfahrens explizit aufzunehmen.

2.2. Antrag

Die öffentliche Bekanntmachung der Einleitung eines Restrukturierungsverfahrens erfolgt nur auf Antrag des Schuldners. Dieser Antrag muss vor Einleitung des Restrukturierungsverfahrens gestellt werden und kann nur bis zu dieser Entscheidung zurückgenommen werden. Eine spätere Beantragung ist nicht mehr möglich. Ist die öffentliche Bekanntmachung gewünscht, so wird idR der Antrag auf Einleitung des Restrukturierungsverfahrens mit jenem auf öffentliche Bekanntmachung zu verbinden sein.

Möchte man ein nicht öffentliches Verfahren in ein öffentliches "umwandeln", so bliebe nur die Zurückziehung des ursprünglichen Antrages. Ein Einleitungshindernis ergibt sich nicht, da § 6 Abs 3 Z 2 ReO ein solches nur nach einer Bestätigung eines Restrukturierungsplans, jedoch nicht nach einer bloßen Einleitung vorsieht.[3]

2.3. Veröffentlichung

Die öffentliche Bekanntmachung erfolgt mit Edikt. Dieses hat im Wesentlichen die Angaben entsprechend dem Insolvenzverfahren zu enthalten. Um jedoch die Unterscheidung zu Insolvenzverfahren zu verdeutlichen, erfolgt die Veröffentlichung in der Ediktsdatei unter der Rubrik "Europäisches Restrukturierungsverfahren", jedoch nicht in der Insolvenzdatei. Zusätzlich erfolgt die Veröffentlichung jedoch auch im Insolvenzregister gem Art 24 EuInsVO 2015.

Abgesehen von der Verfahrenseinleitung sind gem § 44 Abs 2 ReO noch folgende Bekanntmachungen zu veröffentlichen:

- Abstimmungstagsatzung samt wesentlichem Inhalt des Restrukturierungsplans,
- Beschränkungen der Eigenverwaltung,
- Bestätigung des Restrukturierungsplans,
- Aufhebung bzw Einstellung des Verfahrens sowie Eintritt der Rechtskraft des Einstellungsbeschlusses.

Da allgemein gem § 5 ReO auf die Verfahrensbestimmungen der IO verwiesen wird, ist die öffentliche Bekanntmachung hinsichtlich Wirkungsbeginn und Fristenlauf auch entsprechend der IO zu beurteilen. Hinsichtlich der Folgen der Zustellung stellt § 257 IO auf die öffentliche

---

[3] Vgl auch *Konecny*, Die neuen Verfahrensgebäude im Restrukturierungs- und Insolvenzrecht, in *Konecny*, RIRUG (2021) Pkt 2.2.2.

Bekanntmachung ab. Diesbezüglich kommt es nicht erst auf den folgenden Tag, wie in § 2 IO vorgesehen, an. Der Tag nach der Bekanntmachung ist der erste Tag der Rechtsmittelfrist.[4]

Hier ist das Verhältnis zu § 7 ReO abzuklären, wonach der Beschluss über die Einleitung dem Schuldner zuzustellen ist. Die Erläuterungen[5] ergänzen dazu, dass ein Rechtsmittel nur dem Schuldner zusteht. An der Rechtsmittellegitimation gem § 7 ReO erfolgt durch die öffentliche Bekanntmachung keine Änderung. Auch beim öffentlichen Verfahren hat nur der Schuldner die Möglichkeit, gegen den Einleitungsbeschluss ein Rechtsmittel zu erheben. Auch wenn der Beschluss zugestellt wird, richtet sich der Fristenlauf – wie auch der Konkurseröffnungsbeschluss – nach der öffentlichen Bekanntmachung. Dieser besondere Fristenlauf ist eine Konsequenz der öffentlichen Bekanntmachung des Einleitungsbeschlusses. Nach Art 5 EuInsVO 2015 kann jedoch auch jeder Gläubiger die Entscheidung zur Eröffnung des Hauptinsolvenzverfahrens aus Gründen der internationalen Zuständigkeit anfechten. Diese eingeschränkte Anfechtungsmöglichkeit wird daher auch für das öffentliche Restrukturierungsverfahren zu bejahen sein.

Die Einsicht in die Eintragungen gem dieser Bestimmung ist gem § 44 Abs 9 ReO ein Jahr nach Aufhebung oder Einstellung des Restrukturierungsverfahrens nicht mehr zu gewähren.

2.4. Vollstreckungssperre

Gem § 19 ReO hat der Schuldner Gläubiger bzw Gläubigerklassen zu benennen, hinsichtlich deren Forderungen er die Vollstreckungssperre beantragt. Hier sieht § 44 Abs 3 ReO eine Erleichterung vor, da diese Bestimmung die Möglichkeit zur Verhängung einer allgemeinen Vollstreckungssperre enthält, die für alle Gläubiger gilt.

Auch in diesem Punkt zeigt das Europäische Verfahren damit eine Annäherung an die IO. Hinsichtlich der Zustellung enthält § 44 Abs 3 ReO eine Sonderregelung. Demnach ist der Beschluss über die Bewilligung und über die gänzliche oder teilweise Aufhebung der allgemeinen Vollstreckungssperre öffentlich bekannt zu machen; die gesonderte Zustellung gem § 21 Abs 2 ReO kann unterbleiben. Im Übrigen gelten die allgemeinen Bestimmungen gem §§ 19 ff ReO.

2.5. Aufforderung zur Forderungsanmeldung

2.5.1. Antrag

Eine Forderungsanmeldung ist in der RIRL nicht vorgesehen. Das Europäische Verfahren bietet dem Schuldner jedoch gem § 44 Abs 4 ReO diese Möglichkeit. Die Aufforderung zur Forderungsanmeldung ist nicht zwingend mit der Entscheidung, ein öffentliches Verfahren zu beantragen, verbunden. Es handelt sich hier um eine Option des Schuldners. Nur auf seinen gesonderten Antrag sind die Gläubiger zur Anmeldung ihrer Forderungen aufzufordern. Dieser Antrag kann auch erst während des Restrukturierungsverfahrens gestellt werden; Voraussetzung ist jedoch jedenfalls, dass es sich um ein öffentliches Verfahren handelt.

---

[4] OGH 29. 10. 1998, 8 Ob 231/98y; 24. 10. 2018, 8 Ob 135/18p.
[5] ErläutRV 734 BlgNR 20. GP 8.

2.5.2. Aufforderung

Die Aufforderung zur Forderungsanmeldung ist öffentlich bekannt zu machen und hat die Frist für die Anmeldung der Forderungen zu enthalten. Die Aufforderung kann sämtliche Gläubiger betreffen, sie kann sich aber auch an einen eingeschränkten Gläubigerkreis wenden.

2.5.3. Forderungsanmeldung

2.5.3.1. Form und Inhalt

Die Forderungsanmeldung ist vom Gläubiger an das Gericht und an den Schuldner zu senden.[6] Für die Anmeldung wesentlich ist die Übermittlung an das Gericht. Damit erhält das Gericht im Europäischen Verfahren wieder eine zusätzliche Rolle, die an das Insolvenzverfahren angelehnt ist. Im allgemeinen Restrukturierungsverfahren fällt das Verhältnis Schuldner – Gläubiger grundsätzlich nicht in die Gerichtskompetenz; so ist es Sache des Schuldners, die Gläubiger zu verständigen. Hintergrund für diese Ausweitung der Rolle des Gerichts im Europäischen Verfahren ist die Unterstützung von Schuldnern, die nicht den Überblick über ihre Gläubiger haben.[7]

§ 5 ReO sieht vor, dass die allgemeinen Verfahrensbestimmungen (§§ 252–263 IO) der IO anzuwenden sind. Die Erläuterungen[8] halten dazu ausdrücklich fest, dass dieser Verweis eine analoge Anwendung von besonderen Verfahrensbestimmungen der IO nicht ausschließt. Hinsichtlich der Forderungsanmeldung kann daher auf die entsprechenden Bestimmungen der IO (§§ 102 ff IO) zurückgegriffen werden, sofern § 44 ReO keine Sonderregelung enthält.

Zur Form und zum Inhalt der Forderungsanmeldung enthält § 44 ReO lediglich die Anordnung, dass die Forderungsanmeldung bei Gericht zu erfolgen hat und eine Ausfertigung dem Schuldner zu übersenden ist. Die Inhaltserfordernisse des § 103 IO kommen mE jedoch nur eingeschränkt zum Tragen. An die Anmeldung der Forderung knüpft sich keine Feststellung oder Bestreitung der Forderung iSd § 105 IO. Die Forderungsanmeldung ist auch nicht die Basis für einen späteren Prüfungsprozess, sodass die Erfüllung der Inhaltserfordernisse des § 103 Abs 1 IO jedenfalls ausreichend sein wird.[9]

§ 44 ReO regelt nicht ausdrücklich, ob die Forderung iSd § 104 IO schriftlich oder auch mündlich zu Protokoll bei Gericht angemeldet werden kann. Da § 44 Abs 4 ReO jedoch auch vorsieht, dass der Gläubiger eine „Ausfertigung" der Anmeldung dem Schuldner zu übersenden hat, weist dies auf eine lediglich schriftliche Anmeldung hin.

2.5.3.2. Rolle des Gerichts

§ 44 ReO lässt offen, welche Maßnahmen das Gericht nach Erhalt der Forderungsanmeldung zu setzen hat. Eine Prüfungspflicht wie es die Judikatur[10] für das Insolvenzgericht vorsieht, ist jedoch im Hinblick auf die Forderungsanmeldung im Restrukturierungsverfahren zu verneinen.

---

6 Auch die Forderungsanmeldung im Restrukturierungsverfahren unterliegt TP 5 GGG – nunmehr 25 € Eingabegebühr.
7 So ErläutRV 734 BlgNR 20. GP 25.
8 ErläutRV 734 BlgNR 20. GP 6.
9 Die Erstellung eines Formblatts entsprechend jenem für die Forderungsanmeldung wäre diesbezüglich sicherlich hilfreich.
10 Vgl ua OGH 14. 3. 1996, 8 Ob 40/95.

Die Forderungsanmeldung soll im Wesentlichen dem Schuldner helfen, die Konkretisierung der betroffenen Gläubiger iSd § 27 Abs 2 Z 4 ReO vorzunehmen. Hier ist jedoch festzuhalten, dass der Gesetzgeber sehr deutlich die Rolle des Gerichts anders definiert hat als im nicht öffentlichen Restrukturierungsverfahren. Die Forderungsanmeldung ist eben nach dem Vorbild der IO bei Gericht vorzunehmen. Da damit auch das Stimmrecht verbunden ist und letztlich das Gericht bei Bestätigung des Restrukturierungsplans gem § 34 Abs 1 Z 1 ReO zu prüfen hat, ob der Plan im Einklang mit §§ 31–33 iVm § 44 Abs 4 ReO angenommen wurde, ist wohl davon auszugehen, dass das Gericht – sofern kein Restrukturierungsbeauftragter bestellt wurde – ein entsprechendes Verzeichnis (Vorbild Anmeldungsverzeichnis) zu erstellen hat.

2.5.4. Gläubigerstellung

Nur den Gläubigern, die ihre Forderung angemeldet haben, stehen die Rechte zur Beteiligung am Verfahren zu; so etwa die Berechtigung zur Abstimmung, zur Antragstellung zur Prüfung der Einhaltung des Kriteriums des Gläubigerinteresses und zur Erhebung des Rekurses gegen die Bestätigung. Eine verspätete Forderungsanmeldung verschafft dem Gläubiger keine Teilnahmerechte.

Hingegen erstrecken sich die Wirkungen des bestätigten Restrukturierungsplans auf alle betroffenen Gläubiger, auch wenn sie trotz Aufforderung keine rechtzeitige Forderungsanmeldung erstattet haben. Betroffen sind aber letztlich nur Gläubiger, die gem § 27 Abs 2 Z 4 ReO angeführt werden.

Im Europäischen Verfahren muss die konkrete Nennung der Gläubiger erst nach Ablauf der Anmeldefrist erfolgen. Im Hinblick auf die Aufforderung zur Anmeldung reicht vorläufig noch eine Beschreibung der Gläubiger nach Forderungskategorien. Für die Stellung als betroffener Gläubiger ist letztlich jedoch eine konkrete Anführung der betroffenen Gläubiger im Restrukturierungsplan notwendig. Eine Beschreibung der Schuldenkategorien reicht grundsätzlich nicht aus.[11] Sofern betroffene Gläubiger nicht namentlich benannt werden können (zB Anleihegläubiger), muss zumindest der Rechtsgrund der Forderung hinreichend individualisiert werden.

Die Aufforderung zur Forderungsanmeldung hilft daher dem Schuldner, der „keinen entsprechenden Überblick"[12] über die Forderungen hat, nur wenn die Gläubiger auch wirklich anmelden. Meldet ein Gläubiger nicht an und kann der Schuldner daher den Gläubiger nicht gem § 27 Abs 2 Z 4 ReO benennen, so zählt dieser Gläubiger grundsätzlich nicht zu den betroffenen Gläubigern. Anderes gilt nur, wenn ein Fall des § 27 Abs 3 ReO vorliegt, wonach es auch reicht, wenn Gläubiger mit sonstigen individualisierenden Bezeichnungen und Kontaktinformationen angeführt werden.

Die Forderungsprüfung erfolgt gem § 32 ReO.

2.6. Akteneinsicht

Gem § 253 Abs 3 S 5 IO besteht für bevorrechtete Gläubigerschutzverbände die Möglichkeit zur Einsichtnahme in die Insolvenzakten auch dann, wenn die Bevollmächtigung nicht durch einen

---

11 Vgl ErläutRV 734 BlgNR 20. GP 17.
12 Vgl ErläutRV 734 BlgNR 20. GP 25.

Gläubiger ausgewiesen ist; ein rechtliches Interesse muss nicht glaubhaft gemacht werden. Dieses Recht zur Akteneinsicht der bevorrechteten Gläubigerschutzverbände besteht im öffentlichen Restrukturierungsverfahren gem § 44 ReO. Darüber hinaus gewährt aber auch § 44 ReO den bevorrechteten Gläubigerschutzverbänden keine mit der IO vergleichbare Stellung.

2.7. Zusammenfassung

Insgesamt zeigt das Europäische Verfahren eine Annäherung zum Insolvenzverfahren hinsichtlich einiger wichtiger Elemente. Ob das Restrukturierungsverfahren gerade für weniger gut organisierte Schuldner ein taugliches Sanierungsinstrument ist, bleibt abzuwarten, da sehr sanierungsfreundliche materiell-rechtliche Regelungen der IO hier nicht zur Anwendung gelangen. Letztlich kann es für einen Gläubiger auch vorteilhaft sein, wenn er die Forderung nicht anmeldet und der Schuldner keinen Überblick über seine Gläubiger hat. Die Benennung des Gläubigers im Restrukturierungsplan hat wohl erst nach Ablauf der Anmeldefrist zu erfolgen – erfolgt sie aber auch dann nicht, so zählen die nicht genannten Gläubiger nicht zur Gruppe der betroffenen Gläubiger.

3. Internationale Zuständigkeit und Anerkennung

Abgesehen von den zuvor dargestellten zusätzlichen verfahrensrechtlichen Möglichkeiten ist die Frage der öffentlichen Bekanntmachung vor allem bei grenzüberschreitenden Sachverhalten für die internationale Anerkennung relevant. Hier ist zu prüfen, inwiefern ein Restrukturierungsverfahren der EuInsVO 2015 bzw der EuGVVO 2012 unterliegt bzw ob darüber hinaus Regelungen angewendet werden können.

3.1. EuInsVO 2015

Ein Insolvenzverfahren iSd EuInsVO 2015 liegt vor, wenn die Voraussetzungen gem Art 1 EuInsVO 2015 erfüllt sind und das Verfahren im Anh A angeführt ist. Die EuInsVO 2015 regelt insb die Zuständigkeit, die Anerkennung und Vollstreckung sowie Fragen des anwendbaren Rechts.

In den Erwägungsgründen zur RIRL[13] wird deutlich, dass die RIRL vollständig mit der EuInsVO 2015 vereinbar sein und diese ergänzen soll. Sofern sich der Schuldner für die Veröffentlichung gem § 44 ReO entscheidet, unterliegt das Verfahren der EuInsVO 2015 und es wird daher in der EU (Ausnahme Dänemark) anerkannt.[14] Dies betrifft vor allem die Anerkennung der Eröffnungsentscheidung, die nach Art 19 EuInsVO 2015 automatisch in allen anderen Mitgliedstaaten erfolgt. Die Einleitung des Verfahrens entfaltet demnach gem Art 20 EuInsVO 2015 ihre Wirkungen in allen Mitgliedstaaten. Eine solche Anerkennung der Wirkungen wäre insb bei Anordnung einer Vollstreckungssperre und ausländischem Vermögen von Bedeutung. Auch hinsichtlich der internationalen Zuständigkeit (Art 3 EuInsVO 2015) und

---

13 ErwGr 13 RIRL.
14 Vgl ErläutRV 734 BlgNR 20. GP 25.

des anwendbaren Rechts (Art 7 EuInsVO 2015) würde dies mit einer erheblichen Vereinfachung der Restrukturierungsabwicklung einhergehen.

Die in den Erwägungsgründen[15] zum Ausdruck gebrachte beabsichtigte Unterwerfung der öffentlichen Restrukturierungsverfahren unter die EuInsVO 2015 hält auch aufgrund der weiten Auslegung der Voraussetzungen gem Art 1 EuInsVO 2015 einer Zulässigkeitsüberprüfung stand.[16]

- Öffentliches Gesamtverfahren: Art 2 Nr 1 EuInsVO 2015 definiert Gesamtverfahren als ein Verfahren, an dem alle oder ein wesentlicher Teil der Gläubiger beteiligt sind, vorausgesetzt, dass im letzteren Fall das Verfahren nicht die Forderungen der Gläubiger berührt, die nicht daran beteiligt sind. Die Erwägungsgründe lassen ausdrücklich den Ausschluss einiger Gläubigergruppen (so in § 3 ReO) zu. Weiters wird festgehalten, dass auch ein Verfahren, das nur Finanzgläubiger betrifft, unter die EuInsVO 2015 fallen soll.[17] Dieses Kriterium wird daher beim Restrukturierungsverfahren sowie beim vereinfachten Verfahren erfüllt, sofern diese Verfahren als öffentliche Verfahren eröffnet werden.

- Das Verfahren muss weiters auf der Grundlage einer gesetzlichen Regelung zur Insolvenz stattfinden. Art 1 Abs 1 UAbs 2 EuInsVO 2015 stellt diesbezüglich klar, dass auch die Wahrscheinlichkeit einer Insolvenz ausreicht. Auch dieses Kriterium wird durch die Vorgaben der RIRL erfüllt.

- Weiters muss eines der Kriterien gem Art 1 Abs 1 lit a–c EuInsVO 2015 zutreffen. Lit a, wonach dem Schuldner die Verfügungsgewalt über sein Vermögen ganz oder teilweise entzogen und ein Verwalter bestellt wird, entspricht nicht dem Restrukturierungsverfahren der ReO. Selbst wenn ein Restrukturierungsbeauftragter bestellt wird, ist damit noch nicht der Entzug der Verfügungsgewalt verbunden. Dass im Einzelfall auch eine weitergehende Beschränkung gem § 16 ReO möglich ist, reicht ebenso nicht aus, da diese Voraussetzungen jedenfalls erfüllt werden müssen, um in den Anwendungsbereich der EuInsVO 2015 zu fallen. Lit b sieht vor, dass das Vermögen und die Geschäfte des Schuldners der Kontrolle oder Aufsicht durch ein Gericht unterstellt werden. Die Auslegung dieser Bestimmung wird sehr weit vorgenommen. ErwGr 10 EuInsVO 2015 hält dazu fest, dass es auch ausreicht, wenn ein Gericht in einem Verfahren nur aufgrund des Rechtsbehelfes eines Gläubigers oder anderer Verfahrensbeteiligter tätig wird. Eine laufende Überwachung ist nicht notwendig.[18] Im Restrukturierungsverfahren ist wohl keine Überwachung iS des Wortlauts der lit b vorgesehen, jedoch jedenfalls notwendig ist der Bestätigungsbeschluss des Gerichts. Die Gläubiger haben bspw ein Antragsrecht bezüglich der Bestellung eines Restrukturierungsbeauftragten und der Überprüfung der Einhaltung des Kriteriums des Gläubigerinteresses sowie eine Rekursmöglichkeit.

- Lit c bezieht sich wohl auf die vorübergehende Aussetzung von Einzelvollstreckungsverfahren; dies würde durch die Vollstreckungssperre grundsätzlich erfüllt, aber auch diese stellt im Restrukturierungsverfahren nur eine Wahlmöglichkeit für den Schuldner dar und

---

15 Vgl ErwGr 13 RIRL.
16 Vgl *Schmidt*, Präventiver Restrukturierungsrahmen: Internationale Zuständigkeit, Anerkennung und anwendbares Recht, ZInsO 2021, 654 (654 ff).
17 Vgl ErwGr 14 RIRL.
18 Vgl *Vallender* in *Vallender*, EuInsVO² (2020) Art 1 Rz 40.

keine mit der Eröffnung automatische Konsequenz wie etwa nach der IO. In jedem Fall erfüllt das Restrukturierungsverfahren daher lediglich das Kriterium gem lit b.

Somit handelt es sich beim Restrukturierungsverfahren sowie beim vereinfachten Verfahren, sofern diese öffentlich bekannt gemacht werden, um Verfahren iSd EuInsVO 2015. Voraussetzung dafür ist aber noch die Aufnahme in Anh A, da diese konstitutive Wirkung hat.[19] Solange die Aufnahme noch nicht erfolgt ist, unterliegt daher auch das öffentliche Restrukturierungsverfahren bzw das vereinfachte Verfahren nicht der EuInsVO 2015. Keinesfalls in Anh A aufgenommen werden Verfahren, die nicht öffentlich sind.

3.2. Verfahren, die nicht der EuInsVO 2015 unterliegen

Bei nicht öffentlichen Verfahren, jedoch auch bei öffentlichen Verfahren, solange eine Aufnahme in Anh A noch nicht erfolgte, stellt sich die Frage, welche Normen insb für die Fragen der Zuständigkeit, Anerkennung und Wirkung anwendbar sind.

3.2.1. Internationale Zuständigkeit

3.2.1.1. § 63 IO iVm § 27a JN

§ 4 ReO verweist hinsichtlich der Zuständigkeit auf § 63 IO. Nach hM richtet sich auch die internationale Zuständigkeit nach § 63 IO iVm § 27a JN.[20] Liegt daher eine Zuständigkeit gem § 63 IO vor, so ist damit auch die internationale Zuständigkeit gegeben. Gerichtsstandvereinbarungen sind gem § 253 Abs 2 IO nicht möglich.

Diese Zuständigkeitsregelung kommt jedoch nur zum Tragen, sofern keine andere Norm vorgeht. Es ist daher zu prüfen, ob das Restrukturierungsverfahren – sofern es als nicht öffentliches Verfahren nicht in den Anwendungsbereich der EuInsVO 2015 fällt – der EuGVVO 2012 unterliegt und demnach die diesbezüglichen Zuständigkeitsnormen zur Anwendung gelangen.

3.2.1.2. EuGVVO 2012

Art 1 Abs 2 lit b EuGVVO 2012 sieht vor, dass die EuGVVO 2012 nicht anzuwenden ist auf Konkurs, Vergleich und ähnliche Verfahren. Dazu wird allgemein vertreten, dass EuInsVO 2015 und EuGVVO 2012 in einem komplementären Verhältnis stehen, dh soweit ein Verfahren nicht der EuInsVO 2015 unterliegt, fällt es in den Anwendungsbereich der EuGVVO 2012.[21] Darauf deuten auch die ErwGr zur EuInsVO 2015 hin, wonach die EuInsVO 2015 so auszulegen sei, dass Rechtslücken zwischen den beiden vorgenannten Rechtsinstrumenten (gemeint: EuInsVO 2015 und EuGVVO 2012) so weit wie möglich vermieden werden. Allerdings halten die Erwägungsgründe auch ausdrücklich fest, dass der alleinige Umstand, dass ein nationales Verfahren nicht in Anh A aufgeführt ist, nicht bedeuten soll, dass es unter die EuGVVO 2012

---

[19] Vgl *Walter* in *Koller/Lovrek/Spitzer*, IO (2019) Art 1 EuInsVO Rz 12 mwN.
[20] Vgl *Schneider* in *Konecny*, Kommentar zu den Insolvenzgesetzen (49. Lfg; 2012) § 63 IO Rz 13 ff; *Schumacher* in KLS, IO § 63 Rz 4.
[21] Vgl *Czernich* in *Czernich/Kodek/Mayr*, Europäisches Gerichtsstands- und Vollstreckungsrecht[4] (2015) Art 1 EuGVVO Rz 49 mwN. So auch die Judikatur des EuGH, die jedoch im Wesentlichen zur Abgrenzung der Annexverfahren iSv Art 6 Abs 1 EuInsVO 2015 ergangen ist; vgl EuGH 4. 9. 2014, C 157/13, *Nickel & Goeldner Spedition*.

fällt.[22] Damit ist bereits in den ErwGr festgehalten, dass es keine Automatik idS gibt, dass ein Verfahren, sofern es nicht im Anh A angeführt ist, jedenfalls der EuGVVO 2012 unterliegt. Allein der Umstand, dass ein nicht öffentliches Verfahren nicht unter die EuInsVO 2015 fällt, bedeutet daher nicht, dass die EuGVVO 2012 anwendbar ist.[23]

Diesbezüglich ist auch zu beachten, dass die Ausnahme gem Art 1 Abs 2 lit b EuGVVO aus einer Zeit stammt, als es die EuInsVO noch nicht gab. Obwohl nicht feststand, welche Verfahren konkret der EuInsVO unterliegen würden, wurde diese generelle Ausnahme in Art 1 Abs 2 lit b EuGVVO festgelegt. So hatte sich schon damals abgezeichnet, dass Versicherungsunternehmen nicht der EuInsVO unterliegen sollten, jedoch von der Ausnahme in Art 1 Abs 2 lit b EuGVVO umfasst waren.[24] Möglichst wenige Lücken zwischen EuInsVO (2015) und EuGVVO (2012) waren von Anfang an beabsichtigt.[25] Das ist auch den späteren Erwägungsgründen zur EuInsVO 2015 zu entnehmen. Wie bereits ausgeführt, soll es aber keine Automatik geben, dass ein Verfahren, das nicht der EuInsVO (2015) unterliegt, automatisch in den Anwendungsbereich der EuGVVO (2012) fällt.

Relevant für die gegenständliche Prüfung ist daher der Verordnungstext, dh ob ein „ähnliches Verfahren" vorliegt und somit die Ausnahme zum Tragen kommt. Hier ist Folgendes zu beachten: Sofern die Einleitung des Restrukturierungsverfahrens veröffentlicht wird, unterliegt es – nach der Aufnahme in Anh A – der EuInsVO 2015. Ein solches Verfahren ist daher als „ähnliches Verfahren" iSd Art 1 Abs 2 lit b EuGVVO 2012 zu qualifizieren. ME kann die Frage der öffentlichen Bekanntmachung an dieser grundsätzlichen Qualifikation des Verfahrens keine Änderung bewirken.[26] Macht der Schuldner von der Möglichkeit der Forderungsanmeldung nicht Gebrauch, sondern möchte er eben nur die Veröffentlichung gem § 44 ReO, so gibt es verfahrensrechtlich überhaupt keinen Unterschied zum nicht öffentlichen Verfahren. Ein öffentliches Restrukturierungsverfahren fällt (nach Aufnahme in Anh A) grundsätzlich unter die EuInsVO 2015. Damit ist evident, dass ein „ähnliches Verfahren" vorliegt. Da es mit Ausnahme der Veröffentlichung keinerlei Unterschied gibt, kann die Auslegung bei nicht öffentlichen Verfahren zu keinem anderen Ergebnis führen.

Die Grundsätze der EuGVVO 2012 zur Zuständigkeit geben aber auch inhaltlich keine für Restrukturierungsverfahren anwendbaren Kriterien. Es gibt im Restrukturierungsverfahren keinen Beklagten, eine Zuständigkeitsvereinbarung mit einzelnen Gläubigern würde wohl auch zu keinem angemessenen Ergebnis führen; zumal darüber hinaus im Insolvenz- und Sanierungs-

---

22 Vgl ErwGr 7 RIRL.
23 AA zur dt Umsetzung der RIRL durch das StaRUG ua: *Schmidt*, ZInsO 2021, 654.
24 Vgl *Schlosser*, Bericht zu dem Übereinkommen vom 9. Oktober 1978 über den Beitritt des Königreichs Dänemark, Irlands und des Vereinigten Königreichs Großbritannien und Nordirland zum Übereinkommen über die gerichtliche Zuständigkeit und die Vollstreckung gerichtlicher Entscheidungen in Zivil- und Handelssachen sowie zum Protokoll betreffend die Auslegung dieses Übereinkommens durch den Gerichtshof, ABl C 1979/59, 71 Rz 3.
25 Vgl *Schlosser*-Bericht Rz 53: „Um möglichst wenig Lücken zwischen den Anwendungsbereichen beider Übereinkommen auftreten zu lassen, bemüht man sich in den Verhandlungen über das geplante Konkursübereinkommen, die in Frage kommenden Haupt- und Nebenverfahren in einem vollständigen Katalog zusammenzufassen und dadurch Qualifikationsprobleme auszuschalten".
26 Vgl *Riel*, der in der Stellungnahme der ÖRAK (Referent *Riel*) zum ME 37/SN-96/ME 27. GP 22 Zweifel an der Anwendbarkeit der EuGVVO 2012 zum Ausdruck bringt. Eindeutig hingegen die Anwendbarkeit der EuGVVO 2012 ausschließend: *Trenker/Lutschounig*, Stellungnahme zum ME 42/SN-96/ME 27. GP 29 ff.

bereich Zuständigkeitsvereinbarungen allgemein nicht zulässig sind. Aufgrund der besonderen Komplexität und Struktur von Konkursen und ähnlichen Verfahren wurden diese aus der EuGVVO ausgenommen – dies schon zu einem Zeitpunkt, als es keine mit der EuInsVO vergleichbaren europarechtlichen Regelungen für Konkurse und ähnliche Verfahren gab. Da die EuGVVO (2012) historisch nie Konkurse und ähnliche Verfahren umfasste, enthält sie auch keine passenden inhaltlichen Regelungen für diese eben nicht kontradiktorischen Verfahren bereit. Dies zeigt sich schon bei den Versuchen, einen Gerichtsstand für Restrukturierungsverfahren in der EuGVVO (2012) zu finden.

In der literarischen Diskussion zur Anwendung der EuGVVO 2012 auf Restrukturierungsverfahren wird zugestanden, dass die Gerichtsstände der EuGVVO 2012 einen erheblichen Spielraum zum *Forum-Shopping* bieten.[27] Die Lösung würde in Art 24 Nr 2 EuGVVO 2012 zu finden sein. Gem Art 24 Nr 2 EuGVVO 2012 sind für Verfahren, welche die Gültigkeit, die Nichtigkeit oder die Auflösung einer Gesellschaft oder juristischen Person oder die Gültigkeit der Beschlüsse ihrer Organe zu Gegenstand haben, die Gerichte des Mitgliedstaats, in dessen Hoheitsgebiet die Gesellschaft oder juristische Peron ihren Sitz hat, zuständig. Auch der Restrukturierungsplan betreffe wohl nicht diese Verfahrensgegenstände; der gesellschaftsrechtliche Bezug und die enge Verbindung zu den Gerichten des Sitzstaates würden jedoch für die Anwendung des Art 24 Nr 2 EuGVVO 2012 sprechen. Hier ist schon anzumerken, dass dieser Anknüpfungspunkt für Einzelunternehmer keinesfalls tauglich ist. Zu dieser These wird jedoch auch von den Vertretern zugestanden, dass Art 24 Nr 2 EuGVVO 2012 „*weit ausgedehnt*" werde; die für englische *Schemes of Arrangements* vorgeschlagene Lösung gem Art 4, Art 8 Nr 1 EuGVVO 2012 würde die EuGVVO 2012 „indes letztlich noch viel mehr verbiegen".[28] Die Frage der Anwendbarkeit der EuGVVO 2012 auf das englische *Scheme of Arrangement* wurde in Deutschland bereits intensiv und sehr kontrovers diskutiert.[29]

Schon diese Ausführungen („weit ausgedehnt", „verbiegen") zeigen deutlich, dass die EuGVVO 2012 auf Insolvenzverfahren und ähnliche Verfahren inhaltlich nicht abstellt und nicht anwendbar ist.

Es bleibt daher abzuwarten, ob der EuGH auch hinsichtlich der nicht öffentlichen Restrukturierungsverfahren seine (für Annexverfahren entwickelte) „Nahtlosigkeitsdoktrin" verfolgt oder die Ausnahme des Art 1 Abs 2 lit b EuGVVO 2012 entsprechend ihrem Wortlaut auslegt. Eine entsprechende Rechtsunsicherheit ist für internationale Sachverhalte daher derzeit jedenfalls gegeben.

3.2.1.3. Zwischenergebnis

Das Restrukturierungsverfahren unterliegt mE nicht der EuGVVO 2012, da es unter die Ausnahme gem Art 1 Abs 2 lit b EuGVVO 2012 fällt. Sofern – mangels Öffentlichkeit und Aufnahme in Anh A der EuInsVO 2015 – auch diese nicht zur Anwendung gelangt, ist die internationale Zuständigkeit gem § 63 IO iVm § 27a JN zu bestimmen. Lässt sich daher gem § 63 IO eine Gerichtszuständigkeit in Österreich bestimmen, so ist damit auch die internationale Zustän-

---

27 Vgl *Schmidt*, ZInsO 2021, 654 (658).
28 Vgl *Schmidt*, ZInsO 2021, 654 (661 mwN).
29 Mit ausführlicher Begründung die Anwendbarkeit der EuGVVO 2012 ablehnend ua *Lüke/Scherz*, Zu den Wirkungen eines Solvent Scheme of Arrangement in Deutschland, ZIP 2012, 1101 (1105 ff). Den Meinungsstand wiedergebend: *Abel/Herbst* in *Morgen*, Präventive Restrukturierung (2019) 586 ff.

digkeit für die Einleitung des Restrukturierungsverfahrens gegeben. Damit ist auch die Problematik von Zuständigkeitsvereinbarungen gelöst, da diese gem § 253 Abs 2 IO nicht zulässig sind. Auch in Bezug auf Drittstaaten richtet sich die Zuständigkeit nach § 63 IO iVm § 27a JN.

3.2.2. Anerkennung

Von der Frage der Zuständigkeit gesondert zu beurteilen ist die internationale Anerkennung der Entscheidung bzw der Restrukturierungsmaßnahmen nach der ReO.

Wie bereits dargelegt, unterliegt das Restrukturierungsverfahren nicht der EuGVVO 2012. Auch im Hinblick auf die Anerkennung zeigt sich, dass die EuGVVO 2012 dogmatisch nicht auf Restrukturierungsverfahren abzielt. Gem Art 36 EuGVVO 2012 werden die in einem Mitgliedstaat ergangenen Entscheidungen in den anderen Mitgliedstaaten anerkannt, ohne dass es hierfür eines besonderen Verfahrens bedarf. Nach hA[30] umfasst diese Bestimmung nur Entscheidungen, denen ein kontradiktorisches Verfahren vorangegangen ist. Damit ist der Beschluss über die Einleitung des Verfahrens oder die Anordnung der Vollstreckungssperre keinesfalls unter diese Bestimmung subsumierbar. Aber auch letztlich bei der Beschlussfassung über die Bestätigung des Restrukturierungsplans wäre eine entsprechende kontradiktorische Entscheidung infrage zu stellen. Wie *Lücke/Scherz*[31] ausführlich zum *Scheme of Arrangement* darlegen, bestimmen sich der Inhalt und die Geltung des Restrukturierungsplans nach dem Willen der zustimmenden Vertragsparteien. Das Gericht entscheidet nicht über die Streitpunkte, vielmehr wird gem § 34 ReO nur die Einhaltung der Bestimmungen und Grundsätze der ReO überprüft. Auch Art 58 EuGVVO 2012 würde jedoch auf den Restrukturierungsplan nicht anwendbar sein. Art 58 EuGVVO 2012 sieht vor, dass öffentliche Urkunden, die im Ursprungsmitgliedstaat vollstreckbar sind, in den anderen Mitgliedstaaten vollstreckbar sind, ohne dass es einer Vollstreckbarerklärung bedarf. Eine Zwangsvollstreckung kann nur versagt werden, wenn sie der öffentlichen Ordnung des ersuchten Mitgliedstaates offensichtlich widerspricht. Art 59 EuGVVO 2012 verweist hinsichtlich gerichtlicher Vergleiche auf Art 58 EuGVVO 2012. Auch diese Bestimmung ist schon inhaltlich nicht für den Restrukturierungsplan passend, da ihm schon der vollstreckungsfähige Inhalt fehlt. Auch dem Wesen eines gerichtlichen Vergleichs ist es fremd, dass eine Partei überstimmt wird.[32]

Da wie dargelegt das Restrukturierungsverfahren nicht der EuGVVO 2012 unterliegt, kann die Wirkung nur anhand der jeweiligen nationalen Bestimmungen zur Anerkennung von Verfahren (insb im Hinblick auf die Vollstreckungssperre) bzw zum internationalen Privatrecht (insb im Hinblick auf Restrukturierungsmaßnahmen, zB die Forderungskürzung) geprüft werden. Damit zeigt sich aber, dass ein nicht öffentliches Verfahren bei ausländischen Gläubigern enorme Rechtsunsicherheiten mit sich bringt.

4. Zusammenfassende Würdigung

Das öffentliche Restrukturierungsverfahren gem § 44 ReO bietet dem Schuldner die Möglichkeit, dass die Gläubiger zur Forderungsanmeldung aufgefordert werden. Nach den Materialien

---

30 Vgl *Kodek* in *Czernich/Kodek/Mayr*, Gerichtsstands- und Vollstreckungsrecht[4] Art 36 EuGVVO Rz 13.
31 ZIP 2012, 1101 (1109).
32 Vgl *Lüke/Scherz*, ZIP 2012, 1101 (1109).

soll damit insb dem Schuldner, der keinen ausreichenden Überblick über die Verbindlichkeiten hat, geholfen werden, ein Restrukturierungsverfahren abzuschließen. Zugleich wird damit die Funktion des Gerichts erweitert, das wohl nach dieser Bestimmung in die Situation versetzt wird, ein „Anmeldungsverzeichnis" zu erstellen. Damit wird das Verfahren sehr in die Nähe eines Insolvenzverfahrens versetzt. Auch wenn § 44 ReO eine Ausweitung der Vollstreckungssperre vorsieht, stehen dem Schuldner aber dennoch wichtige Schutzmöglichkeiten (Prozesssperre, Vertragsauflösung, ...) des Insolvenzverfahrens nicht zur Verfügung.

Die viel bedeutendere Bestimmung des Europäischen Restrukturierungsverfahrens findet sich in § 44 Abs 1 ReO. Auf Antrag des Schuldners ist die Einleitung des Restrukturierungsverfahrens in der Ediktsdatei zu veröffentlichen. Damit wird eine Voraussetzung der EuInsVO 2015 erfüllt und kann eine Aufnahme in Anh A erfolgen. Wie aufgezeigt, bestehen bei Verfahren, die nicht der EuInsVO 2015 unterliegen, erhebliche Rechtsunsicherheiten. Die Frage der Zuständigkeit lässt sich gem § 63 IO iVm § 27a JN noch sehr gut lösen. Viel größer und individuell zu beurteilen sind Probleme der Anerkennung und der materiellen Wirkung dieser Verfahren. Erstrebenswert wäre hier eine legistische Lösung. Diese wäre etwa in der Form anzudenken, dass auch nicht öffentliche Reststrukturierungsverfahren, die der RIRL entsprechen, zumindest in den wichtigsten Bestimmungen der EuInsVO 2015 unterworfen werden.

Das vereinfachte Restrukturierungsverfahren

Wolfgang Höller/Miriam Simsa/Philipp Wetter

Gliederung Seite

1. Einleitung 187
   1.1. Problemlöser für die außergerichtliche Restrukturierungspraxis? 188
   1.2. Verhältnis zum ordentlichen Restrukturierungsverfahren 189
2. Anwendungsbereich des vereinfachten Verfahrens 190
   2.1. Finanzgläubiger als betroffene Gläubiger 190
   2.2. Vorgelagertes außergerichtliches Restrukturierungsverfahren 191
      2.2.1. Restrukturierungsvereinbarung 192
      2.2.2. Gläubigerklassen 192
      2.2.3. 75%-Kapitalmehrheit 193
      2.2.4. Sachverständigenprüfung 194
         2.2.4.1. Auswahl des Sachverständigen 194
         2.2.4.2. Prüfungsmaßstab und -umfang 195
            2.2.4.2.1. Gläubigergleichbehandlung 195
            2.2.4.2.2. Neue Finanzierungen 195
            2.2.4.2.3. Bewertung der Sicherheiten bei Einteilung der Gläubigerklassen 196
            2.2.4.2.4. Kriterium des Gläubigerinteresses 196
            2.2.4.2.5. Eignung der Restrukturierungsvereinbarung 197
   2.3. Ablauf des vereinfachten Restrukturierungsverfahrens 197
      2.3.1. Antragstellung 197
      2.3.2. Ausmaß der gerichtlichen Prüfung 198
      2.3.3. Einvernahme betroffener Gläubiger 199
      2.3.4. Gerichtliche Bestätigung der Restrukturierungsvereinbarung 199
3. Zusammenfassung/Conclusio 200

Während in der ReO weitgehend nur sehr zurückhaltend Gebrauch von den in der RIRL eingeräumten Spielräumen gemacht wurde, hat der Gesetzgeber mit dem vereinfachten Restrukturierungsverfahren eine weit über unionsrechtliche Vorgaben hinausgehende besondere Verfahrensart geschaffen. Damit soll im Wesentlichen unter bestimmten Voraussetzungen ermöglicht werden, die Zustimmung einer Minderheit an ablehnenden Finanzgläubigern (sog „Akkordstörer") zu einer bereits außergerichtlich verhandelten Restrukturierungsvereinbarung durch gerichtlichen Beschluss zu ersetzen. Damit könnte das vereinfachte Restrukturierungsverfahren erhebliche Relevanz für die zukünftige (außergerichtliche) Restrukturierungspraxis erfahren. Im Folgenden werden der Anwendungsbereich, die Bestätigungsvoraussetzungen und verfahrensrechtliche Besonderheiten des vereinfachten Restrukturierungsverfahrens im Detail erläutert.

1. Einleitung

Im vorletzten Abschnitt der Restrukturierungsordnung wird in § 45 ReO die Möglichkeit geschaffen, neben dem „ordentlichen" Restrukturierungsverfahren unter bestimmten Voraussetzungen auch ein vereinfachtes Restrukturierungsverfahren durchzuführen. So unspektakulär diese besondere Verfahrensart auf den ersten Blick auch wirken mag, so hat schon allein das Vorhandensein dieses Instruments das Potenzial, erhebliche Bedeutung für die österr Restrukturierungspraxis zu bekommen. Bemerkenswert ist diese besondere Verfahrensart innerhalb der ReO vor allem deshalb, weil damit nicht nur eine im Gesetzgebungsprozess dargelegte Problemstellung der außergerichtlichen Restrukturierungspraxis adressiert wird, sondern mit dem vereinfachten Verfahren auch (weit) über die Anforderungen der RIRL hinausgegangen wird.

1.1. Problemlöser für die außergerichtliche Restrukturierungspraxis?

Die österr Restrukturierungspraxis hat sich trotz Fehlens eines einheitlichen verbindlichen Rechtsrahmens für außergerichtliche Restrukturierungen in der Vergangenheit vielfach bewährt. Meist abseits des medialen Rampenlichts gelang es, Unternehmen und Unternehmensgruppen unterschiedlichster Größe vor einer Insolvenzantragstellung zu bewahren und im Rahmen einer außergerichtlichen Restrukturierung den Grundstein für einen wirtschaftlichen Turnaround zu legen. Funktioniert hat dies durch die Bereitschaft der (Finanz-)Gläubiger in einem gemeinsamen Kraftakt mit dem Schuldner, diesen einvernehmlich finanziell und operativ zu restrukturieren. Das gemeinsame Verständnis, dass dies nur durch Kooperation zum Vorteil aller Beteiligten möglich ist, mündete in den, in der Praxis anerkannten – wenngleich rechtlich unverbindlichen und somit „nur" als operative Handlungsempfehlung zu verstehenden – Grundsätzen für Restrukturierungen.[1]

Die Grenzen und Möglichkeiten einer außergerichtlichen Restrukturierung sind allerdings dann erreicht, wenn einzelne (wesentliche) Finanzgläubiger einen Beitrag zur Restrukturierung des in finanzielle Schieflage geratenen Unternehmers verweigern und somit den Abschluss einer Restrukturierungsvereinbarung verhindern. Letztlich ist es egal, ob dahinter das fehlende (von der Mehrheit der anderen Gläubiger abweichende) Vertrauen in die Sanierbarkeit des Unternehmens steht, der Gläubiger für sich in einem Insolvenzverfahren ein besseres Ergebnis erwartet oder er sein Veto auch in einer sachlich sinnvollen außergerichtlichen Sanierung schlichtweg dafür verwendet, um seine Abschichtung durch vulnerable Stakeholder zu erzwingen (sogenannter „Akkordstörer"). Bislang gab es keine taugliche rechtliche Handhabe, die fehlende Zustimmung einzelner Gläubiger zu erzwingen. So konnten auch gut vorbereitete und bereits kurz vor dem Abschluss stehende Restrukturierungsverhandlungen in der Zielgeraden an der fehlenden Zustimmung eines einzelnen Finanzgläubigers scheitern.

Genau dieses Szenario versucht das nunmehr in § 45 ReO geschaffene vereinfachte Restrukturierungsverfahren zu adressieren: Sofern eine außergerichtliche Restrukturierung und der Abschluss einer Restrukturierungsvereinbarung mit Finanzgläubigern an der fehlenden Zustimmung einer Minderheit von betroffenen Finanzgläubigern scheitern würde, kann deren Zustimmung unter bestimmten Voraussetzungen durch eine gerichtliche Bestätigung ersetzt werden.[2] Das neu geschaffene vereinfachte Verfahren ist somit in seiner Zielsetzung vergleich-

---

[1] *Schönherr Rechtsanwälte/Raiffeisen Bank International/Erste Group/UniCredit Bank Austria*, Grundsätze für Restrukturierungen in Österreich (2013).
[2] *Mohr*, Das Restrukturierungsverfahren nach der ReO, ZIK 2021/93, 82 (93).

bar mit der aus dem anglo-amerikanischen Raum bekannten „*pre-packaged insolvency*"[3] (kurz: *pre-pack*). Anders als bei den sonstigen Bestimmungen der ReO gibt es in der RIRL für das vereinfachte Restrukturierungsverfahren keine spezifischen unionsrechtlichen Vorgaben. Der Gesetzgeber nutzt vielmehr den europarechtlichen Spielraum, um innerhalb des in der RIRL detailliert geregelten Restrukturierungsverfahrens eine vereinfachte Variante dieses Verfahrens zu implementieren. Es wird damit in Zukunft in der außergerichtlichen Restrukturierungspraxis möglich sein, unsachlich ablehnende Gläubiger durch den Verweis auf das vereinfachte Verfahren zur Aufgabe ihrer Obstruktion zu bewegen. Gläubigern, die aus sachlichen Gründen nicht an einer außergerichtlichen Sanierung teilnehmen wollen, wird diese auch aus haftungsrechtlicher Sicht kritische Entscheidung durch gerichtlichen Beschluss abgenommen.

1.2. Verhältnis zum ordentlichen Restrukturierungsverfahren

Das vereinfachte Restrukturierungsverfahren wird im 7. Abschnitt der ReO neben dem Europäischen Restrukturierungsverfahren als zweite „besondere Verfahrensart" geregelt. Sofern im Einzelnen nichts Abweichendes geregelt wird, gelten auch für das vereinfachte Restrukturierungsverfahren sämtliche für das ordentliche Restrukturierungsverfahren maßgeblichen Bestimmungen der ReO (§ 45 Abs 2 ReO). Einerseits werden bestimmte Abschnitte und Bestimmungen der ReO ausdrücklich als nicht auf das vereinfachte Restrukturierungsverfahren anwendbar erklärt. So etwa die Unzulässigkeit der Beschränkung der Eigenverwaltung bzw der Bestellung eines Restrukturierungsbeauftragten (§ 45 Abs 5; §§ 9–17 ReO), der Anordnung einer Vollstreckungssperre (§ 45 Abs 6 iVm §§ 19–23 ReO) sowie daran anknüpfende Bestimmungen (§§ 20–26 Abs 1 ReO)[4] und der Entfall einer Abstimmungstagsatzung (§ 45 Abs 1 iVm § 31 ReO). Hinsichtlich anderer Verfahrensbestimmungen erfolgen zusätzlich punktuelle Modifikationen: bspw wenn anstelle des in einem ordentlichen Verfahren in aller Regel erst zu verhandelnden Restrukturierungs*plans* die bereits vor Einleitung des vereinfachten Verfahrens von der erforderlichen Gläubigermehrheit abgeschlossene Restrukturierungs*vereinbarung* tritt. Im Detail wäre zur Vermeidung von Unklarheiten eine präzisere und abschließende Benennung sämtlicher auch auf das vereinfachte Restrukturierungsverfahren anwendbarer Bestimmungen wünschenswert gewesen. So muss nunmehr teilweise aus dem Zweck und der Ausgestaltung des vereinfachten Verfahrens abgeleitet werden, ob bzw welche nicht ausdrücklich in § 45 ReO genannten Bestimmungen der ReO Anwendung auf das vereinfachte Restrukturierungsverfahren finden.

In grenzüberschreitenden Sachverhalten, bei denen eine Anerkennung der Wirkungen einer rechtskräftig bestätigten Restrukturierungsvereinbarung nach der EuInsVO 2015 gewünscht ist, kann die Einleitung des vereinfachten Restrukturierungsverfahrens auch in Form eines europäischen (vereinfachten) Restrukturierungsverfahrens nach § 44 ReO beantragt werden.[5] Alternativ bliebe uE immer noch eine Anerkennung der gerichtlichen Entscheidung im verein-

---

[3] Stellungnahme der ÖRAK (Referent *Riel*) zum ME 37/SN-96/ME 27. GP 22.
[4] Die Bestimmung betreffend das Verbot von Ipso-facto-Klauseln gem § 26 Abs 3–5 ReO gilt jedoch auch in Hinblick auf ein vereinfachtes Restrukturierungsverfahren.
[5] Siehe dazu im Detail *Weber-Wilfert*, Das Europäische Restrukturierungsverfahren, in *Konecny*, RIRUG (2021) Pkt 2.1., wonach die öffentliche Bekanntmachung eines vereinfachten Verfahrens zulässig ist und die Anerkennung über die EuInsVO 2015 erfolgt, sofern die Aufnahme in deren Anh A erfolgt; aA *Konecny*, Das neue Verfahrensgebäude im Restrukturierungs- und Insolvenzrecht in *Konecny*, RIRUG

fachten Verfahren nach der EuGVVO 2012.[6] Das ist vor allem bei grenzüberschreitenden Sanierungen wesentlich, um abweichende Gläubiger aus anderen EU-Mitgliedstaaten einzubinden. Sofern einzelne für ordentliche Restrukturierungsverfahren maßgebliche Bestimmungen im vereinfachten Verfahren nicht zur Anwendung kommen, entfällt eine diesbezügliche Veröffentlichung in der Ediktsdatei.[7]

2. Anwendungsbereich des vereinfachten Verfahrens

Das vereinfachte Restrukturierungsverfahren ist eine auf den typischen Problemfall bisheriger außergerichtlicher Restrukturierungen maßgeschneiderte beschleunigte Verfahrensart. Sie steht somit auch nur für sehr gut vorbereitete und professionell durchgeführte, außergerichtliche Restrukturierungen zur Verfügung, bei denen es nur mehr für den Schritt der Unterzeichnung einer Restrukturierungsvereinbarung erforderlich ist, fehlende Zustimmungen durch gerichtlichen Beschluss zu ersetzen.

2.1. Finanzgläubiger als betroffene Gläubiger

Die Eröffnung eines vereinfachten Verfahrens setzt voraus, dass von der Restrukturierungsvereinbarung ausschließlich Finanzgläubiger betroffen sind. Wenngleich die ReO keine Legaldefinition der „Finanzgläubiger" zur Verfügung stellt, helfen hier die Gesetzesmaterialien weiter: Der Begriff „Finanzgläubiger" ist extensiv zu interpretieren und erfasst nicht nur „klassische" Finanzgläubiger wie Kredit- oder Leasinginstitute, sondern auch sämtliche Inhaber von *„Forderungen mit Finanzierungscharakter, also typischerweise zinstragende Forderungen, Forderungen aus Anleihen und anderen vergleichbaren Instrumenten, ebenso zB Darlehen von institutionellen Fonds, Privatpersonen oder Forderungen von Lieferanten mit untypisch langen Laufzeiten (mehr als 180 Tage), welche eindeutig Finanzierungscharakter aufweisen".*[8] Die Auflistung in den Gesetzesmaterialien ist nicht abschließend. Maßgebliches Kriterium ist der Finanzierungscharakter einer Forderung. So fallen etwa auch Forderungen aus Schuldscheindarlehen, Genussscheinen, Avalkrediten oder aber auch aus Warenkrediten mit einem Zahlungsziel von mehr als 180 Tagen darunter. Erfasst sind auch Gläubiger von mehr als 180 Tage kreditierten Forderungen für Gebrauchsüberlassungen (zB Miete, Pacht, Lizenzen) und erbrachte Dienstleistungen, die durch die langen Laufzeiten Finanzierungscharakter erhalten.

Bei Warenkrediten mit einer untypisch langen Laufzeit von mehr als 180 Tagen hat sich der Gesetzgeber an der Definition von *„Waren- oder sonstiger Kredit"* gem § 3 Abs 1 Z 2 EKEG orientiert. Diese Waren- oder sonstige Kredite (zB Kreditierung von Entgelt für Gebrauchsüberlassung oder Dienstleistungserbringungen) werden daher nur dann nicht als Finanzverbindlichkeiten zu verstehen sein, wenn die Laufzeit weniger als 180 Tage beträgt und eine

---

Pkt 2.2.2., der von der Unanwendbarkeit des § 44 ReO auf das vereinfachte Verfahren ausgeht und bezweifelt, dass das vereinfachte Verfahren in den Anh A der EuInsVO 2015 aufgenommen werden kann.

6   Siehe dazu ausführlich *Skauradszun/Nijnens*, Brussels Ia or EIR Recast? The Allocation of Preventive Restructuring Frameworks, International Corporate Rescue 2019, 193.
7   Das betrifft etwa die Bestellung eines Restrukturierungsbeauftragten (§ 44 Abs 1 Z 5 ReO), die Abstimmungstagsatzung (§ 44 Abs 2 Z 1 ReO), die Beschränkung der Eigenverwaltung (§ 44 Abs 2 Z 2 ReO) oder die Anordnung einer Vollstreckungssperre (§ 44 Abs 3 ReO).
8   ErläutRV 950 BlgNR 27. GP 25.

fristgerechte Rückzahlung ernstlich gewollt und realistisch ist. Werden bei Nichtzahlung keine Eintreibungsschritte gesetzt oder eine Stundung über 180 Tage hinaus gewährt, handelt es sich auch bei diesen um Forderungen mit Finanzierungscharakter.[9] Da auch in den Gesetzesmaterialien auf *„untypisch lange Laufzeiten"* abgestellt wird, sind wohl in Ausnahmefällen auch Verbindlichkeiten mit Laufzeiten von mehr als 180 Tagen nicht erfasst, wenn in der konkreten Branche längere Laufzeiten tatsächlich typisch sind (vgl § 3 Abs 2 EKEG).

Auch sonstige Forderungen können durch eine (faktische oder vereinbarte) Stundung einen Finanzierungscharakter bekommen; diese ermöglichen eine Innenfinanzierung durch Belassung von Liquidität in den Unternehmen. Auch solche gestundeten Verbindlichkeiten sind daher als Finanzverbindlichkeiten zu verstehen, wenn die Stundungsperiode länger als 180 Tage beträgt.

Auf die Person des Finanzgläubigers (zB Banken, institutionelle Kreditgeber, Privatpersonen, Gesellschafter, Geschäftspartner etc) kommt es nicht an. Auch der Forderungsrang ist irrelevant, sodass auch vertraglich nachrangig gestellte oder (zB nach dem Eigenkapitalersatz-Gesetz [EKEG]) gesetzlich nachrangige Finanzverbindlichkeiten erfasst sein können.[10] Nicht erfasst sind jedenfalls die generell vom Anwendungsbereich der ReO ausgeschlossenen Forderungen.[11]

Das vereinfachte Restrukturierungsverfahren sieht nicht vor, dass zwingend sämtliche Finanzgläubiger des Schuldners miteinbezogen werden müssen. In der Restrukturierungsvereinbarung ist darzulegen, welche Finanzgläubiger (nicht) betroffen sind.[12] Es bedarf aber einer sachlich nachvollziehbaren Begründung für die Nichteinbeziehung bestimmter Finanzgläubiger, bspw wenn ein Gläubiger auch in einem Insolvenzverfahren vollständig befriedigt würde oder eine Einbeziehung des Gläubigers nicht erforderlich ist, um die Insolvenz abzuwenden und die Bestandfähigkeit sicherzustellen.[13] Der Anwendungsbereich dieser auch für das vereinfachte Verfahren geltenden Bestimmung bleibt abzuwarten. Vorstellbar wäre etwa, dass ein vollständig besicherter Finanzgläubiger ohne jedwedes Blankoobligo nicht in das vereinfachte Verfahren miteinbezogen wird.

2.2. Vorgelagertes außergerichtliches Restrukturierungsverfahren

Mit dem vereinfachten Restrukturierungsverfahren soll eine *„rasche und straffe"* Verfahrensführung ermöglicht werden.[14] Der wesentliche Teil der Restrukturierung erfolgt somit bereits außergerichtlich und ist der Verfahrenseinleitung vorgelagert. Ziel und Zweck des vereinfachten Restrukturierungsverfahrens ist anschließend „nur" mehr die Erwirkung einer gerichtlichen Bestätigung der Restrukturierungsvereinbarung, mit der die Zustimmung ablehnender Finanzgläubiger ersetzt wird.

---

9   *Schopper/Vogt* in *Koller/Lovrek/Spitzer*, IO (2019) § 3 EKEG Rz 13.
10 ErläutRV 950 BlgNR 27. GP 25.
11 Vgl § 2 ReO: zB gestundete Arbeitnehmerforderungen.
12 § 45 Abs 4 Z 1 iVm § 27 Abs 2 Z 5, 6 ReO.
13 ErläutRV 950 BlgNR 27. GP 16.
14 ErläutRV 950 BlgNR 27. GP 24.

2.2.1. Restrukturierungsvereinbarung

Im vereinfachten Restrukturierungsverfahren tritt an die Stelle des Restrukturierungsplans eine Restrukturierungsvereinbarung. Diese wird zwischen Schuldner und den betroffenen Finanzgläubigern bereits vor Einleitung des Verfahrens außergerichtlich final verhandelt. Die Unterschriften der zustimmenden Finanzgläubiger dürfen bei Antragstellung nicht älter als 14 Tage sein und können mit der rechtskräftigen gerichtlichen Bestätigung der Restrukturierungsvereinbarung aufschiebend bedingt sein (§ 45 Abs 3 Z 4 ReO).

Die Restrukturierungsvereinbarung muss denselben inhaltlichen Anforderungen wie ein Restrukturierungsplan entsprechen. Der gesamthafte Verweis auf die in § 27 Abs 2 ReO aufgelisteten Anforderungen darf aber nicht so verstanden werden, dass diese zwingend in der Restrukturierungsvereinbarung selbst enthalten sein müssen.[15] Bestimmte inhaltliche Anforderungen werden etwa in der bei Antragstellung vorzulegenden Sachverständigenbestätigung adressiert, die eine Beilage zur Restrukturierungsvereinbarung bilden wird. Dies betrifft die Eignung der Restrukturierungsvereinbarung, die Bestandsfähigkeit des Unternehmens zu gewährleisten sowie eine materielle Insolvenz zu verhindern (§ 27 Abs 2 Z 8 ReO) und die Erfüllung des Kriteriums des Gläubigerinteresses (§ 27 Abs 2 Z 9 ReO). Da das Gericht zu überprüfen hat, ob die Restrukturierungsvereinbarung den genannten Anforderungen entspricht, wird es sich in der Praxis anbieten, dem Gericht bei der Antragstellung eine Übersicht vorzulegen, aus der eindeutig hervorgeht, dass und an welcher Stelle in der Restrukturierungsvereinbarung bzw deren Beilagen die jeweiligen inhaltlichen Anforderungen adressiert sind.

Inhaltlich kann die Restrukturierungsvereinbarung sämtliche Restrukturierungsmaßnahmen (§ 1 Abs 2 ReO) vorsehen, die auch in einem Restrukturierungsplan in einem ordentlichen Verfahren zulässig wären. So sind etwa Forderungskürzungen (*Haircut*), Laufzeitanpassungen, die Einräumung von Informations- und Einsichtsrechten sowie Verwertungs- und Verteilungsregelungen möglich.[16] Es können insb sämtliche die Rückzahlung betreffende Vertragsbedingungen (zB Zinshöhe, Zahlungsmodalitäten) geändert werden. Keinesfalls können (ablehnende) Gläubiger ohne ihre Zustimmung zur Offenhaltung von Kreditlinien oder zur Gewährung neuer Kredite verpflichtet werden.[17]

2.2.2. Gläubigerklassen

Mangels abweichender gesetzlicher Regelung (§ 45 Abs 2 ReO) sind auch im vereinfachten Verfahren die Gläubigerklassen nach § 29 ReO zu bilden. Neben der Bildung eigener Gläubigerklassen für besicherte und unbesicherte Gläubiger (oftmals ist das derselbe Gläubiger mit einem besicherten und einem unbesicherten Teil seines Obligos) kann in der Praxis insb die Bildung einer eigenen Gläubigerklasse für Anleihegläubiger und nachrangige Gläubiger relevant sein. Bei Ersterem gilt es zu beachten, dass im vereinfachten Verfahren ihre Einvernahme (§ 45 Abs 1 und Abs 7 ReO) sicherzustellen ist, sodass es praktische Grenzen der Einbeziehung von Anleihegläubigern in das vereinfachte Verfahren geben wird, wenn diese aufgrund der Platzierung der Anleihe am Kapitalmarkt nicht namentlich bekannt sind und auch nicht durch einen gemeinsamen

---

15 Die in § 27 Abs 2 Z 2 ReO geforderten Informationen zum bestellten Restrukturierungsbeauftragten sind beim vereinfachten Verfahren ohne Belang (vgl § 45 Abs 5 ReO).
16 ErläutRV 950 BlgNR 27. GP 4.
17 ErläutRV 950 BlgNR 27. GP 17.

Vertreter repräsentiert werden. Nachrangige Gläubiger (zB Gesellschafterdarlehen) werden idR bereits vertraglich hinreichend eingebunden sein, sodass ihre Einbeziehung in das Verfahren nur selten erforderlich sein sollte. Ihre Einbeziehung in das vereinfachte Verfahren (dann aber wohl in die allgemeine Klasse der unbesicherten Forderungen) kann sinnvoll sein, wenn die Nachrangigkeit strittig ist und das vereinfachte Verfahren dahingehend Rechtssicherheit schaffen soll, dass zB nach dem EKEG eigenkapitalersetzende Forderungen nicht vorzeitig fällig werden.

2.2.3. 75%-Kapitalmehrheit

Anders als im ordentlichen Restrukturierungsverfahren bedarf es keiner doppelten Mehrheit gerechnet nach Köpfen und Kapital. Im vereinfachten Restrukturierungsverfahren reicht vielmehr eine Kapitalmehrheit von mindestens 75 % der Gesamtsumme der Forderungen in jeder Gläubigerklasse aus (§ 45 Abs 3 Z 3 ReO). Für einen klassenübergreifenden *Cram-Down* bleibt aufgrund dieser abschließenden Zustimmungsregelung uE kein Raum. Die Idee des vereinfachten Restrukturierungsverfahrens ist es, die fehlende Zustimmung einer Minderheit von Finanzgläubigern zu ersetzen und nicht durch einen klassenübergreifenden *Cram-Down* die Mehrheit in einer Gläubigerklasse in eine Restrukturierungsvereinbarung zu zwingen. Für einen klassenübergreifenden *Cram-Down* bleibt das ordentliche Restrukturierungsverfahren. Insofern sind die Mehrheitserfordernisse gem § 45 Abs 3 Z 3 ReO für das vereinfachte Verfahren abschließend und gelten für jede Gläubigerklasse.

Offen bleibt, auf welchen konkreten Zeitpunkt für die Berechnung der Kapitalmehrheiten abzustellen ist. Hier kommen einerseits der Tag des Abschlusses der Restrukturierungsvereinbarung (dh maximal 14 Tage vor Antragstellung) oder der Tag der Antragstellung infrage. Im ordentlichen Restrukturierungsverfahren wird diesbezüglich auf den Tag der Vorlage des Restrukturierungsplans abgestellt.[18] Im vereinfachten Verfahren sprechen die besseren Gründe dafür, den Abschluss der Restrukturierungsvereinbarung als maßgeblichen Zeitpunkt heranzuziehen. Dieser ist am ehesten mit der Vorlage des Restrukturierungsplans im ordentlichen Verfahren vergleichbar, da zu diesem Zeitpunkt die Gläubiger der final verhandelten Restrukturierungsvereinbarung zustimmen oder diese ablehnen und in der Restrukturierungsvereinbarung für die Forderungen idR ein Stichtag nahe zum Abschluss der Restrukturierungsvereinbarung gewählt wird. Es ist zudem davon auszugehen, dass in der Praxis so rasch wie möglich nach Unterfertigung der Restrukturierungsvereinbarung eine Antragstellung erfolgen und die Maximalfrist von 14 Tagen nur in Ausnahmefällen ausgenutzt wird.

Da das Gericht zu prüfen hat, ob die erforderliche Kapitalmehrheit von 75 % je Gläubigerklasse erfüllt ist, hat der Schuldner in seinem Antrag schlüssig darzulegen und nachzuweisen, wie sich diese Mehrheit errechnet. Dafür wird er tagesaktuelle Nachweise über die Höhe der jeweils aushaftenden Forderungen betroffener Finanzgläubiger vorlegen müssen. Dies ist vor allem dann relevant, wenn ablehnende betroffene Finanzgläubiger im Rahmen ihrer Einvernahme Einwendungen gegen die von der Restrukturierungsvereinbarung betroffenen Forderungen oder die Berechnung der 75%-Kapitalmehrheit erheben[19] und das Gericht sich mit diesen aus-

---

18 § 27 Abs 2 Z 4, § 32 Abs 1 ReO.
19 Denkbar ist bspw der Einwand, dass die Einteilung der Gläubigerklassen falsch ist, da nach Ansicht des ablehnenden Gläubigers eigenkapitalersetzende (und somit nachrangige) Finanzforderungen nicht der Klasse nachrangiger Forderungen zugeordnet wurden.

einandersetzen muss (s dazu unten Pkt 2.3.2.). Das Ergebnis einer allenfalls notwendigen Stimmrechts- bzw Forderungsprüfung (die ohne Abhaltung einer Tagsatzung und somit nur im schriftlichen Weg erfolgt) hat das Gericht letztlich bei seiner Entscheidung, ob die Voraussetzungen für die gerichtliche Bestätigung der Restrukturierungsvereinbarung vorliegen, einfließen zu lassen.

Schließlich gibt es anders als im ordentlichen Verfahren keinen Restrukturierungsbeauftragten, der die Forderungsprüfung übernehmen könnte (vgl § 9 Abs 3 Z 4, § 32 Abs 3 ReO) und liegt die Prüfungskompetenz allein beim Gericht. Bei Unklarheiten hat das Gericht einen Verbesserungsauftrag zu erteilen. Bei strittigen oder bedingten Forderungen kann es zu einer gerichtlichen Stimmrechtsentscheidung nach § 93 Abs 3 und 4 IO kommen.[20]

2.2.4. Sachverständigenprüfung

Der Umfang der gerichtlichen Prüfung bei Bestätigung der Restrukturierungsvereinbarung wird erheblich reduziert, um eine rasche und straffe Verfahrensführung zu ermöglichen. Die inhaltliche Prüfung betreffend die Wahrung der Interessen (ablehnender) Gläubiger und die Eignung der Restrukturierungsvereinbarung zur Sicherstellung der Bestandfähigkeit des Unternehmens wird im Wesentlichen an einen vom Schuldner vor Verfahrenseinleitung zu beauftragenden Gerichtssachverständigen ausgelagert.

2.2.4.1. Auswahl des Sachverständigen

Die ReO gibt vor, dass es sich um einen allgemein beeideten und gerichtlichen Sachverständigen für das Gebiet Unternehmensführung, Unternehmensreorganisation, Unternehmenssanierung und Unternehmensliquidation handeln muss.[21] Da sich das Gericht bei der Entscheidung über die Bestätigung der Restrukturierungsvereinbarung grundsätzlich auf die Aussage des Sachverständigen verlassen darf (s dazu unten Pkt 2.3.2.), soll durch die Beschränkung auf Gerichtssachverständige ein bestimmtes Qualitätsniveau sichergestellt werden. Die Auswahl der konkreten Person obliegt grundsätzlich dem Schuldner. In der Praxis wird die Auswahl letztlich im Einvernehmen mit dem Großteil bzw den für die Erreichung der 75 %-Kapitalmehrheit erforderlichen Gläubigern erfolgen.

Da dem Gerichtssachverständigen im vereinfachten Verfahren bei der Prüfung der inhaltlichen Zulässigkeit der Restrukturierungsvereinbarung bzw des Schutzes der Gläubigerinteressen sogar eine wesentlich bedeutendere Rolle als dem Restrukturierungsbeauftragten im ordentlichen Verfahren zukommt, muss dieser jedenfalls unbefangen sein. Wie auch der Restrukturierungsbeauftragte (§ 11 Abs 2 ReO) muss er vom Schuldner und von den Gläubigern unabhängig sein, dh er darf insb kein naher Angehöriger (§ 32 IO) und kein Konkurrent des Schuldners sein (§ 11 Abs 2 ReO).

---

20 § 45 Abs 2 iVm § 32 Abs 4 ReO: Für die ebenfalls in § 32 Abs 4 ReO verwiesenen § 94 IO (da Zustimmung bzw „Abstimmung" zur Restrukturierungsvereinbarung bereits vor Verfahrenseinleitung erfolgt) und § 144 IO (da keine Kopfmehrheit) verbleibt im vereinfachten Restrukturierungsverfahren kein Anwendungsraum.

21 Im Begutachtungsprozess wurde teilweise mit guten Gründen vorgeschlagen, dass auch in die Liste der Restrukturierungsbeauftragten eingetragene Personen diese Prüfung übernehmen können. Dieser Vorschlag wurde letztlich nicht aufgegriffen; vgl *Graf & Pitkowitz Rechtsanwälte GmbH*, Stellungnahme zum ME 11/SN-96/ME 27. GP 6f.

Das Auftragsverhältnis wird zwischen dem Sachverständigen und dem Schuldner begründet, der auch die Kosten dafür trägt. Es kommt zu keiner Bestellung des Sachverständigen durch das Gericht. Für den Sachverständigen gilt der Sorgfaltsmaßstab nach § 1299 ABGB, bei einer fehlerhaften Bestätigung ist bei rechtskräftiger Bestätigung der Restrukturierungsvereinbarung grundsätzlich eine Dritthaftung gegenüber ablehnenden Gläubigern denkbar. Mögliche Anspruchsgrundlagen wären etwa die Verletzung objektiv-rechtlicher Schutzpflichten oder ein Vertrag mit Schutzwirkung zugunsten Dritter.[22] Eine Haftung gegenüber ohnehin zustimmenden Finanzgläubigern wird in den meisten Fällen an der fehlenden Kausalität scheitern bzw ist der Schutz zustimmender Gläubiger nicht vom Schutzzweck der Sachverständigenprüfung erfasst: Diese Finanzgläubiger haben ohnehin bereits vor Verfahrenseinleitung der Restrukturierungsvereinbarung zugestimmt. Die Sachverständigenprüfung dient daher dem Schutz der ablehnenden betroffenen Finanzgläubiger.

2.2.4.2. Prüfungsmaßstab und -umfang

Im vereinfachten Restrukturierungsverfahren wird ein wesentlicher Teil der inhaltlichen Prüfung der Restrukturierungsvereinbarung an den Sachverständigen ausgelagert. Anders als etwa im ordentlichen Verfahren obliegt nicht dem Gericht die Prüfung der Einhaltung des Gläubigerinteresses (vgl § 35 Abs 1 ReO), sondern ist dies im vereinfachten Verfahren durch die Bestätigung des Sachverständigen zu bescheinigen. Gleiches gilt für die Prüfung der Bewertung der Sicherheiten bei der Bildung der Gläubigerklassen für besicherte und unbesicherte Gläubiger oder der Zulässigkeit neuer Finanzierungen (vgl § 34 Abs 1 ReO).

2.2.4.2.1. Gläubigergleichbehandlung

Der Sachverständige hat zu bestätigen, dass die Gläubiger in derselben Klasse oder – wenn keine Klassen gebildet werden mussten – alle betroffenen Finanzgläubiger im Verhältnis zu ihren Forderungen gleich behandelt wurden (§ 45 Abs 8 Z 3 lit a iVm § 34 Abs 1 Z 2 ReO). Es muss in jeder Gläubigerklasse der Grundsatz der Gläubigergleichbehandlung gewahrt sein. Unzulässig wären daher bspw unterschiedlich hohe Forderungskürzungen oder unterschiedlich lange Stundungsperioden innerhalb derselben Gläubigerklasse. Damit soll einerseits das „Erkaufen" der Zustimmung einzelner (stimmgewichtiger) Gläubiger durch Sondervorteile verhindert[23] und andererseits sichergestellt werden, dass ablehnende Gläubiger – deren Zustimmung durch die gerichtliche Bestätigung ersetzt werden soll – nicht schlechter als andere Gläubiger in derselben Gläubigerklasse gestellt werden.

2.2.4.2.2. Neue Finanzierungen

Im Rahmen der Restrukturierungsvereinbarung neu gewährte Finanzierungen (die den partiellen Anfechtungsschutz nach § 36a IO genießen)[24] müssen für die Umsetzung der Restrukturierungs-

---

22 Vgl *Schacherreiter* in *Kletečka/Schauer*, ABGB-ON[1.07] § 1300 Rz 12 ff (Stand 1. 5. 2020, rdb.at) mwN.
23 Dies wäre in sinngemäßer Anwendung von § 150a IO (§ 39 Abs 4 ReO) jedenfalls unzulässig.
24 § 36a IO bezieht sich dem Wortlaut nach nur auf den „Restrukturierungsplan", nach dem Zweck dieser Bestimmung sind aber wohl auch im Rahmen einer Restrukturierungsvereinbarung gewährte neue Finanzierungen umfasst. Dies ist dem Umstand geschuldet, dass auch noch im Ministerialentwurf von einem „Restrukturierungsplan" im vereinfachten Verfahren die Rede war. Erst in der finalen Regierungsvorlage

vereinbarung erforderlich sein und dürfen die Interessen der Gläubiger nicht „*in unangemessener Weise beeinträchtigen*".[25] Eine neue Finanzierung wird regelmäßig immer dann notwendig sein, wenn diese der Sicherstellung der Zahlungsfähigkeit dient oder damit für die operative Restrukturierung zwingend erforderliche Investitionen oder Anlaufkaufkosten (*ramp-up costs*) finanziert werden. Bei der Beurteilung der „Angemessenheit" werden die Konditionen der neuen Finanzierung (Zinsen, Gebühren, Besicherung aus Vermögen des Schuldners), auch unter Berücksichtigung der jeweiligen wirtschaftlichen Situation des Schuldners (zB höheres Zins- und Besicherungsniveau bei größerem Finanzierungsrisiko), zu beurteilen sein. Anders als im ordentlichen Verfahren verbleibt aufgrund der raschen Durchführung eines vereinfachten Verfahrens kein Raum für Zwischenfinanzierung (§ 18 Abs 1 ReO). Wenn daher im vereinfachten Verfahren „Fresh Money" von Finanzgläubigern zur Verfügung gestellt wird, handelt es sich immer um „neue Finanzierungen" iSd § 36a Abs 3 IO.

2.2.4.2.3. Bewertung der Sicherheiten bei Einteilung der Gläubigerklassen

Die Einteilung der Gläubigerklassen in besicherte und unbesicherte Forderungen hat unter Berücksichtigung des Verkehrswerts der bestellten Sicherheiten zu erfolgen (§ 45 Abs 8 Z 3 lit b ReO). Wie oben ausgeführt bedeutet dies nicht, dass es im vereinfachten Verfahren nur die Gläubigerklassen der besicherten und unbesicherten Gläubiger gibt. § 45 Abs 8 Z 3 lit b ReO verlangt nur, dass bei der Zuordnung der Forderungen in die Gläubigerklasse der besicherten und unbesicherten Forderungen die Sicherheiten zu bewerten sind. Soweit Gläubiger nicht vollständig besichert sind, sind sie im Ausmaß des nicht durch die Sicherheit gedeckten Teils ihrer Forderung in der Gläubigerklasse der unbesicherten Forderung zu erfassen.[26] Maßgeblich ist dabei der Verkehrswert der jeweiligen Sicherheit, der durch ein (zusätzlich einzuholendes) Bewertungsgutachten zu ermitteln sein wird (zB bei Hypotheken). Dies wird nicht immer zwingend notwendig sein, zB bei zugunsten eines Gläubigers sicherungsweise abgetretenen werthaltigen Forderungen oder Pfandrechten an Finanzwerten mit Marktwerten, die sich durch Einsichtnahme in die Bücher des Schuldners betragsmäßig bestimmen lassen. Bei Zweifeln an der Richtigkeit der Bewertung ist auch die Einholung mehrerer Bewertungsgutachten und Heranziehung des Durchschnittswerts denkbar. Der für die Ermittlung des Verkehrswerts maßgebliche Zeitpunkt ist der Abschluss der Restrukturierungsvereinbarung (s dazu bereits oben Pkt 2.2.3.).

2.2.4.2.4. Kriterium des Gläubigerinteresses

Das Kriterium des Gläubigerinteresses ist erfüllt, wenn kein ablehnender betroffener Gläubiger schlechter gestellt wird als im Insolvenzverfahren nach der IO (§ 35 Abs 1 S 1 ReO). Während die RIRL vermeintlich alternativ zur Insolvenz (Liquidation) auf das „*nächstbeste Alternativszenario*" abstellt, „*wenn der Restrukturierungsplan nicht bestätigt würde*" (arg „oder") und damit wohl auch Alternativen außerhalb einer Insolvenz (Liquidation) als Vergleichsmaßstab zulässt, versteht der österr Gesetzgeber das in § 35 Abs 1 S 2 ReO erwähnte „*nächstbeste Alternativszenario*" – wie sich aus den ErläutRV ergibt – einschränkend als nächstbestes Alternativszenario im

---

wurde auf Anregung im Begutachtungsverfahren richtigerweise der Terminus „Restrukturierungsvereinbarung" eingeführt.
25 § 45 Abs 8 Z 3 lit a iVm § 34 Abs 1 Z 4 ReO.
26 § 29 Abs 2 ReO.

Insolvenzverfahren.[27] Das schafft – auch wenn der anzustellende Vergleich noch immer herausfordernd ist – rechtliche Klarheit hinsichtlich des anzusetzenden Vergleichsmaßstabs. Der Insolvenzvergleich ist auch schon bisher in außergerichtlichen Restrukturierungen das wesentliche Leitmotiv für Gläubiger bei ihrer Entscheidung, ob sie einer Restrukturierungsvereinbarung zustimmen. Besteht das Risiko, in einem Insolvenzszenario nur eine niedrigere Insolvenzquote zu erhalten, sind Finanzgläubiger typischerweise bereit, Zugeständnisse zu machen. Der Sachverständige wird daher zu prüfen haben (i) welches Szenario in einem Insolvenzverfahren am wahrscheinlichsten ist (zB Zerschlagung oder Unternehmensverkauf, *„Fire Sale"* oder geordnetes Bieterverfahren), (ii) welche Ansprüche in einer Insolvenz geltend gemacht werden können (zB Anfechtung) und (iii) welche Quote die (unbesicherten) Gläubiger erhalten würden. Das nächstbeste voraussichtlich verwirklichbare Alternativszenario in einem Insolvenzverfahren kann auch ein Sanierungsplan sein.[28]

2.2.4.2.5. Eignung der Restrukturierungsvereinbarung

Zuletzt hat der Sachverständige zu bestätigen, dass die Restrukturierungsvereinbarung geeignet ist, die Zahlungsunfähigkeit des Schuldners und den Eintritt der (insolvenzrechtlichen) Überschuldung zu verhindern, eine allenfalls bereits eingetretene Überschuldung dadurch beseitigt wird und die Bestandfähigkeit des Unternehmens gewährleistet wird. Diese Aussagen sind in Form der Primär- und Sekundärprognose einer Fortbestehensprognose abgedeckt (vgl § 27 Abs 2 Z 8 ReO). Der Sachverständige kann daher auf die ohnehin bei Antragstellung vom Schuldner vorzulegende (mit der rechtskräftigen Bestätigung der Restrukturierungsvereinbarung allenfalls bedingte) Fortbestehensprognose Bezug nehmen. Die Tätigkeit des Sachverständigen wird sich daher im Regelfall auf die Prüfung beschränken, ob die vorgelegte Fortbestehensprognose *lege artis* er- und aufgestellt wurde, dh insb dem Leitfaden Fortbestehensprognose[29] entspricht.

2.3. Ablauf des vereinfachten Restrukturierungsverfahrens

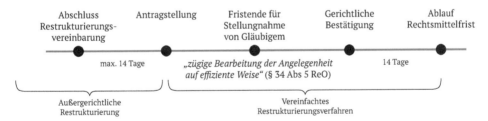

Abbildung 1

2.3.1. Antragstellung

Das vereinfachte Verfahren kann nur auf Antrag des Schuldners eingeleitet werden, ein Gläubigerantrag ist nicht möglich. Die Einleitung des vereinfachten Verfahrens setzt das Vorliegen

---

27 ErläutRV 950 BlgNR 27. GP 20.
28 Siehe dazu *Reisch*, Restrukturierungsverfahren – Planinhalte, Planwirkungen, in *Konecny*, RIRUG.
29 Leitfaden Fortbestehensprognose – Gemeinsame Stellungnahme von Kammer der Wirtschaftstreuhänder, Wirtschaftskammer Österreich, KMU Forschung Austria (2016).

einer „*wahrscheinlichen Insolvenz*" (§ 6 Abs 2 ReO) voraus; die Einleitungshindernisse gem § 6 Abs 3 ReO sind auch für das vereinfachte Verfahren maßgeblich. In dem Eröffnungsantrag hat der Schuldner darzulegen, dass nur Finanzgläubiger betroffen sind, eine Mehrheit von mindestens 75 % der Gesamtsumme der Forderungen in jeder Gläubigerklasse zugestimmt hat und die Restrukturierungsvereinbarung vom Schuldner und den zustimmenden Gläubigern unter Angabe des Datums der Unterfertigung unterschrieben wurde (§ 45 Abs 3 ReO). Das zuständige Gericht ergibt sich aus § 4 ReO iVm § 63 IO. Dem Antrag ist als Beilage die vor nicht mehr als 14 Tagen vor Antragstellung unterschriebene Restrukturierungsvereinbarung, eine Liste der betroffenen Gläubiger (§ 27 Abs 3 ReO) und die bereits erwähnte Bestätigung des Sachverständigen anzuschließen.

2.3.2. Ausmaß der gerichtlichen Prüfung

Vom Gericht ist zu prüfen, ob die Voraussetzungen für die Einleitung eines vereinfachten Restrukturierungsverfahrens erfüllt sind, die Restrukturierungsvereinbarung allen inhaltlichen Anforderungen entspricht und die notwendigen Dokumente, insb die Bestätigung des Sachverständigen, vorgelegt wurden (§ 45 Abs 8 ReO). Der gerichtliche Prüfungsumfang der Restrukturierungsvereinbarung ist im Vergleich zur Prüfung eines Restrukturierungsplans im ordentlichen Verfahren erheblich eingeschränkt: So hat das Gericht nur die Vollständigkeit und Gesetzmäßigkeit der in der Restrukturierungsvereinbarung anzuführenden Informationen nach § 27 Abs 2 ReO und die Sachgemäßheit der Auswahl der betroffenen Gläubiger nach § 27 Abs 2 Z 4 und 6 ReO zu prüfen. Dennoch wird es sinnvoll sein, wenn in der Sachverständigenbestätigung auch bereits eine Aussage zum Vorliegen dieser Voraussetzungen enthalten ist. Die Prüfung der Fortbestehensprognose (§ 27 Abs 2 Z 8 ReO) sowie die Sachgemäßheit der Bildung der Gläubigerklassen wird bereits durch die vom Sachverständigen durchzuführende Prüfung abgedeckt (§ 45 Abs 8 Z 3 ReO).

Mit der bei Antragstellung vorzulegenden Bestätigung des Sachverständigen ist zu bescheinigen, dass bestimmte Voraussetzungen zum Schutz ablehnender betroffener Finanzgläubiger erfüllt sind. Unter einer Bescheinigung ist eine Glaubhaftmachung iSd § 274 ZPO, dh ein herabgesetztes Beweismaß, zu verstehen:[30] Es ist somit ausreichend, wenn durch die Sachverständigenbestätigung belegt ist, dass die in § 45 Abs 8 Z 3 ReO genannten Voraussetzungen mit überwiegender Wahrscheinlichkeit (dh Wahrscheinlichkeit von mehr als 50 %) erfüllt sind; eine hohe oder mit an Sicherheit grenzende Wahrscheinlichkeit ist nicht erforderlich.[31] Damit wird es dem Gericht ermöglicht, auf Grundlage der Sachverständigenbestätigung als parates Bescheinigungsmittel ohne Anberaumung einer Tagsatzung rasch über die Bestätigung der Restrukturierungsvereinbarung zu entscheiden.

Das Gericht wird daher die vom Schuldner vorgelegte Sachverständigenbestätigung primär unter den Gesichtspunkten der Vollständigkeit, Schlüssigkeit und Plausibilität prüfen. Wenn sich dabei keine Zweifel ergeben, hat sich das Gericht auf die Sachverständigenbestätigung zu verlassen und gelten die in § 45 Abs 8 Z 3 ReO angeführten Voraussetzungen als bescheinigt. Da auch die betroffenen ablehnenden Finanzgläubiger einvernommen werden müssen, könnten

---

30 § 5 ReO iVm § 252 IO iVm § 274 ZPO.
31 *Rechberger* in *Fasching/Konecny*, Kommentar zu den Zivilprozessgesetzen III/1³ (2017) § 274 ZPO Rz 1; *Ziehensack* in *Höllwerth/Ziehensack*, ZPO Taschenkommentar (2019) § 274 Rz 2.

diese die Richtigkeit bzw Vollständigkeit der Sachverständigenbestätigung anzweifeln oder sogar ein Gegengutachten vorlegen. Mit solchen (berechtigten) Einwendungen muss sich das Gericht auseinandersetzen und beurteilen, ob sich dadurch an seiner Überzeugung, dass die Voraussetzungen mit überwiegender Wahrscheinlichkeit vorliegen, etwas ändert. Im Zweifel muss es dem Schuldner einen Verbesserungsauftrag erteilen[32] und die Vorlage einer ergänzenden Stellungnahme des Sachverständigen zu den nicht offenkundig unberechtigten Kritikpunkten einvernommener Gläubiger auftragen. Gesetzlich nicht vorgesehen ist, dass das Gericht von sich aus einen zusätzlichen Sachverständigen bestellt und eine neue Prüfung beauftragt.[33] Kommt das Gericht somit letztlich nach Wahrung des rechtlichen Gehörs des Schuldners und der betroffenen Gläubiger und eines allenfalls notwendigen Verbesserungsverfahrens zu dem Ergebnis, dass die Voraussetzungen nicht mit überwiegender Wahrscheinlichkeit von mehr als 50 % vorliegen, hat es den Antrag auf gerichtliche Bestätigung der Restrukturierungsvereinbarung abzuweisen.

2.3.3. Einvernahme betroffener Gläubiger

Da alle betroffenen Finanzgläubiger bereits vor Verfahrenseinleitung in die Verhandlungen um die Restrukturierungsvereinbarung eingebunden sind und ihnen deren Inhalt bekannt ist, findet im vereinfachten Verfahren keine (Abstimmungs-)Tagsatzung statt (§ 45 Abs 1 ReO). Damit werden eine besonders straffe Verfahrensführung und rasche gerichtliche Entscheidung ermöglicht. Zur Wahrung des rechtlichen Gehörs sind die betroffenen Finanzgläubiger vor der Entscheidung des Gerichts über die Bestätigung der Restrukturierungsvereinbarung einzuvernehmen. Für zustimmende Gläubiger wird es sich zur Vermeidung von Verzögerungen (zB Zustellprobleme in grenzüberschreitenden Restrukturierungen) anbieten, dass diese proaktiv bei bzw kurz nach Antragstellung gegenüber dem Gericht auf ihre Einvernahme verzichten. Ablehnende Gläubiger könnten zB das Vorliegen der Voraussetzungen für die Verfahrenseinleitung, das Vorliegen des Gläubigerinteresses oder den Inhalt der Sachverständigenbestätigung bekämpfen, wobei es hier aufgrund des herabgesetzten Beweismaßes der Bescheinigung plausibel begründeter Kritik (zB in Form eines Gegengutachtens) bedürfte (s dazu oben Pkt 2.3.2.).

2.3.4. Gerichtliche Bestätigung der Restrukturierungsvereinbarung

Wenn schließlich sämtliche Voraussetzungen gem § 45 Abs 8 ReO erfüllt sind, hat das Gericht die Restrukturierungsvereinbarung zu bestätigen. Mit rechtskräftiger Bestätigung ist die Restrukturierungsvereinbarung für alle davon betroffenen (auch ablehnenden) Finanzgläubiger, die vom Gericht einvernommen wurden bzw dazu Gelegenheit hatten, und den Schuldner verbindlich. Die gerichtlich bestätigte Restrukturierungsvereinbarung hat somit dieselben Wirkungen wie ein im ordentlichen Verfahren bestätigter Restrukturierungsplan (§ 45 Abs 7 iVm

---

32 § 7 Abs 4 ReO.
33 Zwar gilt auch im vereinfachten Verfahren grundsätzlich der Untersuchungsgrundsatz (§ 45 Abs 2 iVm § 5 ReO iVm § 254 Abs 5 IO; vgl *Konecny* in *Konecny*, RIRUG Pkt 2.6.). Da jedoch gem § 45 Abs 8 Z 3 ReO ausdrücklich nur die Bescheinigung der genannten Voraussetzungen durch Vorlage einer Sachverständigenbestätigung eine Bestätigungsvoraussetzung ist, bleibt uE diesbezüglich kein Raum für eine amtswegige gerichtliche Sachverständigenbestellung zur Feststellung, ob die Voraussetzungen nach § 45 Abs 8 Z 3 ReO erfüllt sind. Im Hinblick auf das im Rekursverfahren nicht geltende Neuerungsverbot (§ 5 ReO iVm § 260 Abs 2 IO) und den auch vom Rekursgericht anzuwendenden Untersuchungsgrundsatz genügt eine Überprüfung im Rechtsmittelverfahren.

§ 39 ReO). Gegen die gerichtliche Bestätigung der Restrukturierungsvereinbarung können ablehnende betroffene Finanzgläubiger, gegen die Versagung der Bestätigung der Schuldner und jeder zustimmende betroffene Finanzgläubiger Rekurs erheben. Auch hier gelten die für das ordentliche Restrukturierungsverfahren maßgeblichen Bestimmungen (§ 40 ReO), auf die an dieser Stelle nur verwiesen und nicht weiter im Detail eingegangen wird.

3. Zusammenfassung/Conclusio

Es wird sich zeigen, ob der mit der ReO geschaffene präventive Restrukturierungsrahmen in der Praxis erfolgreich sein wird. Jedenfalls das vereinfachte Verfahren könnte einen wesentlichen Einfluss auf die zukünftige außergerichtliche Restrukturierungspraxis haben. Wenngleich sich die gesetzliche Idealvorstellung eines beschleunigten Verfahrens wohl nicht immer umsetzen lassen wird, hat der Gesetzgeber eine überzeugende Balance zwischen dem Schutzbedürfnis betroffener (ablehnender) Finanzgläubiger und dem Praxisbedürfnis nach einer möglichst unbürokratischen, raschen Verfahrensart gefunden. In vielen Fällen wird schon allein die Existenz bzw die Androhung der Durchführung eines vereinfachten Restrukturierungsverfahrens ausreichen, um einzelne „Akkordstörer" wieder an den Verhandlungstisch zu bringen und ihre Zustimmung zu einer außergerichtlichen Sanierung zu erwirken.

Geschäftsleitung und Anteilsinhaber

Georg Wabl/Gottfried Gassner

Gliederung   Seite

1. Einleitung 202
2. Geschäftsleitung 202
   2.1. Allgemeines 202
   2.2. Pflichten bei wahrscheinlicher Insolvenz (§ 1 Abs 3 ReO) 203
      2.2.1. Wahrscheinliche Insolvenz 203
      2.2.2. Pflicht zur Insolvenzabwendung 203
         2.2.2.1. Gesellschaftsrechtliche Verantwortung (vor Konkretisierung durch die ReO) 203
         2.2.2.2. Konkretisierung durch die ReO 204
         2.2.2.3. Keine „Restrukturierungsantragspflicht" 206
      2.2.3. Schritte zur Sicherung der Bestandfähigkeit 206
         2.2.3.1. Gesellschaftsrechtliche Verantwortung (vor Konkretisierung durch die ReO) 206
         2.2.3.2. Konkretisierung durch die ReO 207
      2.2.4. Angemessene Interessenberücksichtigung 208
         2.2.4.1. Interessenabwägung im Rahmen des Unternehmenswohls 208
         2.2.4.2. Konkretisierung durch die ReO 209
      2.2.5. Verhältnis zu § 22 URG 209
      2.2.6. Alles beim Alten? 210
   2.3. Pflichten im Restrukturierungsverfahren 210
      2.3.1. Allgemein 210
      2.3.2. Ruhen der Insolvenzantragspflicht 211
      2.3.3. Zahlungsverbot 212
3. Anteilsinhaber 212
   3.1. Anteilsinhaber nicht Teil des Verfahrens 212
   3.2. Obstruktionsverbot 213
      3.2.1. Allgemeines 213
      3.2.2. (Wenige) Vorgaben und Rechtsfolgen nach der ReO 214
      3.2.3. Vorgaben und Rechtsfolgen nach dem Gesellschaftsrecht 215
   3.3. Ersetzung von Beschlüssen der Anteilsinhaber durch das Gericht 215
   3.4. Erleichterung bei der Einberufung der Gesellschafterversammlung ... 218
4. Fazit 219

Ohne die Mitwirkung der Geschäftsleitung und der Anteilsinhaber ist eine erfolgreiche Unternehmensrestrukturierung idR nicht möglich. Die RIRL hat den EU-Mitgliedstaaten in beiden Bereichen Vorgaben gemacht, deren Umsetzung durch die ReO im Folgenden kompakt dargestellt wird.

1. Einleitung

Fragen zur Rolle und den Pflichten von Leitungsorganen und Anteilsinhabern bewegen sich an der Schnittstelle zwischen dem Insolvenz-, Restrukturierungs- und Sanierungsrecht auf der einen und dem Gesellschaftsrecht auf der anderen Seite. Der europäische Gesetzgeber hat die Bedeutung dieser Schnittstelle erkannt und in der RIRL sowohl einen eigenen, an die wahrscheinliche Insolvenz geknüpften Pflichtenkatalog für Unternehmensleiter als auch ein sog „Obstruktionsverbot" für Anteilsinhaber vorgesehen. Anteilsinhaber könnten nach der Idee der RIRL sogar – wie Gläubiger – auch *gegen* ihren Willen in das Verfahren und einen Restrukturierungsplan einbezogen werden.

Die ReO setzt die Vorgaben der RIRL mit einem Pflichtenkatalog für die Unternehmensleitung in § 1 Abs 3 (s dazu unten Pkt 2.2.) und einer Art „Obstruktionsverbot" für Anteilsinhaber in § 37 (s dazu unten Pkt 3.) um. Im gegenständlichen Kontext ebenso relevant sind die Regelungen zu einem Ruhen der Insolvenzantragspflicht nach § 24 Abs 1 ReO (s unten Pkt 2.3.2.) sowie der Haftungsausschluss nach § 25 ReO (s dazu unten Pkt 2.2.5. und 2.3.3.).

Im Folgenden geben wir einen Überblick über die angeführten Bestimmungen und deren Relevanz für die Praxis. Aus Platzgründen konzentrieren wir uns dabei auf GmbH und AG und gehen nicht bei allen Fragen in die Tiefe.[1]

2. Geschäftsleitung

2.1. Allgemeines

Gem § 1 Abs 3 ReO hat die Unternehmensleitung bei Eintritt einer wahrscheinlichen Insolvenz Schritte einzuleiten, um

- die Insolvenz abzuwenden und
- die Bestandfähigkeit sicherzustellen;
- *dabei* sind die Interessen der Gläubiger, der Anteilsinhaber und der sonstigen Interessenträger angemessen zu berücksichtigen.

Die Bestimmung dient der Umsetzung des Art 19 RIRL,[2] der sich im Zuge der europäischen Gesetzgebung teils heftiger Kritik ausgesetzt sah[3] und daher (ebenso wie die dazugehörigen ErwGr 70 und 71 RIRL) bis zur Verabschiedung stark „entschärft" wurde.[4] Für die Mitgliedstaaten ist insofern wohl von einem erheblichen Umsetzungsspielraum auszugehen.[5]

---

[1] Viele der relevanten Fragestellungen wie etwa die Diskussion zum sog *shift of fiduciary duties* (s dazu unten Pkt 2.2.4.2.) oder gesellschaftsrechtliche Weisungs- und Zustimmungspflichten stellen sich auch zuallererst bei haftungsbeschränkten Rechtsträgern wie GmbH und AG.
[2] ErläutRV 950 BlgNR 27. GP 4.
[3] Insb wurden Eingriffe in andere Rechtsmaterien wie insb dem Gesellschafts- und Unternehmensrecht befürchtet (s bereits *Wabl*, Pflichten der Unternehmensleitung nach der neuen EU-Richtlinie über Restrukturierung und Insolvenz, ZIK 2019/210, 178 [184 mwN]).
[4] *Demisch* in *Morgen*, Präventive Restrukturierung (2019) Art 19 RL (EU) 2019/1023 Rz 9 mwN.
[5] Ähnlich *Thole*, Die Geschäftsleiterhaftung im StaRUG und nach § 15b InsO n.F., BB 2021, 1347 (1350).

Nach den ErläutRV werden durch § 1 Abs 3 ReO bereits bestehende gesellschaftsrechtliche Sorgfaltspflichten *konkretisiert, ohne* aber ein neues Haftungsregime einzuführen.[6] Es solle *keine* (neue) Außenhaftung gegenüber den Gläubigern begründet werden[7] und die Vorschriften über die Entscheidungsprozesse im Unternehmen bleiben durch die Regelung unberührt.[8]

§ 1 Abs 3 ReO spricht wie Art 19 RIRL von der *Unternehmens*leitung, beide definieren den Begriff aber nicht. Nach den ErläutRV fallen aber *jedenfalls* Geschäftsführer von GmbHs und Vorstände von AGs darunter.[9] Auf diese (in diesem Beitrag jeweils „Geschäftsleitung" bzw „Geschäftsleiter") konzentriert sich dieser Beitrag, verkennt aber nicht, dass der Anwendungsbereich weiter ist.[10]

2.2. Pflichten bei wahrscheinlicher Insolvenz (§ 1 Abs 3 ReO)

2.2.1. Wahrscheinliche Insolvenz

§ 1 Abs 3 ReO knüpft gleich wie Art 19 RIRL an das Vorliegen einer wahrscheinlichen Insolvenz[11] und *nicht* an die Inanspruchnahme eines Restrukturierungsverfahrens an. Der Pflichtenkatalog ist daher sowohl außer- als auch innerhalb eines Restrukturierungsverfahrens zu beachten, und somit auch dann, wenn ein solches Verfahren gar nicht in Anspruch genommen wird. Dies ist nur konsequent, denn der Gesetzgeber wollte, wie schon erwähnt, „lediglich" bereits bestehende gesellschaftsrechtliche Sorgfaltspflichten *konkretisieren.*

Pflichtenauslösend ist uE nicht der objektive Eintritt der wahrscheinlichen Insolvenz, sondern die objektive Erkennbarkeit aus Sicht eines sorgfältigen Geschäftsleiters.[12]

2.2.2. Pflicht zur Insolvenzabwendung

2.2.2.1. Gesellschaftsrechtliche Verantwortung (vor Konkretisierung durch die ReO)

Bis zur ReO kannte das österr Recht keine ausdrückliche gesetzliche Pflicht zur Insolvenz*abwendung.* Neben ausdrücklichen Insolvenzprophylaxe-Bestimmungen wie etwa den Berichts- und Einberufungspflichten der §§ 28a, 36 Abs 2 GmbHG bzw §§ 81, 83 AktG und der Haftungsbestimmung des § 22 URG (s dazu noch unten Pkt 2.2.5.) ist von der hA aber anerkannt, dass Geschäftsleiter als Teil ihrer gesellschaftsrechtlichen Sorgfaltspflicht zur Förderung des Unternehmenswohls (s dazu noch unten Pkt 2.2.4.1.) nicht nur zur Krisen*früherkennung,* sondern

---

6   ErläutRV 950 BlgNR 27. GP 4.
7   ErläutRV 950 BlgNR 27. GP 4. Der Begriff „neue" wurde hier wohl verwendet, weil bereits das bestehende Recht in gewissen Fällen eine Außenhaftung vorsieht (s etwa OGH 8 Ob 62/16z RWZ 2016, 350 [*Wenger*]).
8   ErläutRV 950 BlgNR 27. GP 4 (wortgleich übernommen von ErwGr 71 RIRL).
9   ErläutRV 950 BlgNR 27. GP 4.
10 Dies ergibt sich bereits daraus, dass die ReO, mit Ausnahme der in § 2 genannten, allen Unternehmen und Unternehmern offensteht.
11 Siehe zu diesem Begriff die Ausführungen in *Trenker,* Was will und kann die ReO? – Anwendungsbereich, Zweck und Mittel von Restrukturierungsverfahren, in *Konecny,* RIRUG (2021) Pkt 3.1.
12 Hier kann uE auf die Rechtsprechung und hA zum Auslöser der Insolvenzantragspflicht des § 69 Abs 2 IO zurückgegriffen werden, s dazu nur OGH 8 Ob 117/15m ZIK 2016/197; *Schumacher* in *Koller/Lovrek/Spitzer,* IO (2019) § 69 Rz 66 mwN.

auch zur Krisen*abwehr* verpflichtet sind.[13] Laut OGH haben Geschäftsleiter im Rahmen ihres Verantwortungsbereichs die wirtschaftliche Lage der Gesellschaft *stets* zu berücksichtigen.[14] Ist die Lage der Gesellschaft angespannt oder bestehen sonstige risikoträchtige Besonderheiten, *intensivieren* sich die Pflichten entsprechend.[15] Auch wenn von keiner expliziten „Insolvenzabwendungspflicht" gesprochen wird, setzt der OGH selbige schließlich als Teil der Geschäftsleitungsverantwortung implizit voraus.[16]

Anders als bei der Insolvenz*antrags*pflicht des § 69 Abs 2 IO hat es die Geschäftsleitung hier aber oft nicht allein in der Hand, sorgfaltsgemäß zu handeln. Daraus schließt die Lit uE zutreffend, dass die Geschäftsleitung zuallererst „nur" (aber immerhin) dafür verantwortlich ist, entsprechende Abwehr- und Sanierungsmaßnahmen *vor-* und für andere einzubindende Organe *auf*zubereiten.[17] Werden gesellschaftsrechtlich erforderliche Zustimmungen nicht erteilt oder keine notwendigen Sanierungsbeiträge geleistet, bedeutet dies als solches noch *keine* Pflichtverletzung, jedoch muss die Geschäftsleitung selbstverständlich die Konsequenzen daraus ziehen und etwa im Falle einer eingetretenen Insolvenzantragspflicht einen solchen Insolvenzantrag auch stellen.[18]

Es gibt *keinen* Automatismus für eine bestimmte Sanierungs- bzw Restrukturierungsroute. Die Geschäftsleitung hat vielmehr in ihrem pflichtgemäßen Ermessen das „richtige Mittel zur Erhaltung der Solvenz" zu wählen.[19] Dabei kann es wie bei jeder Ermessensentscheidung auch mehrere *ex ante* zulässige Handlungsoptionen geben.[20]

Das Gesetz sieht schließlich keinen *einzelnen* pflichtenauslösenden Zeitpunkt vor, sondern die Geschäftsleitung hat vielmehr auf Krisenindizien wie den Verlust des halben Stamm- bzw Grundkapitals (§ 36 Abs 2 GmbHG, § 83 AktG), das Vorliegen eines negativen Eigenkapitals (§ 225 Abs 1 UGB), Reorganisationsbedarf bzw das Erfüllen der URG-Kennzahlen, drohende Zahlungsunfähigkeit gem § 167 Abs 2 IO oder auch sonstige (handfeste) Krisensymptome zu reagieren.[21]

2.2.2.2. Konkretisierung durch die ReO

Mit Blick auf das bestehende gesellschaftsrechtliche Regime kann man die in § 1 Abs 3 ReO genannten Pflichten wohl tatsächlich als Konkretisierung desselben verstehen. Welche Schritte im Rahmen der Insolvenzabwendung konkret zu setzen sind, verraten die ErläutRV in einem

---

13 Für viele: *Jaufer*, Das Unternehmen in der Krise³ (2014) 155; *Karollus* in *Feldbauer-Durstmüller/Schlager*, Handbuch Krisenmanagement – Sanierung – Insolvenz² (2002) 1154; dazu auch *Wabl*, ZIK 2019/210, 178 (185 mwN).
14 StRsp RIS-Justiz RS0116174 (T2), jüngst OGH 15. 9. 2020, 6 Ob 58/20b Pkt 1.1.; so auch die stRsp des BGH, s jüngst etwa BGH II ZR 248/17 ZIP 2020, 1239 Rz 21.
15 OGH 15. 9. 2020, 6 Ob 58/20b Pkt 1.3.
16 OGH 3 Ob 521/84 EvBl 1986, 308 (Pflicht zur Vermeidung eines Ungleichgewichts zwischen Kapitalausstattung und unternehmerischer Tätigkeit); OGH 9 Ob 33/04z RdW 2005, 98 (Pflichtwidrigkeit einer verfrühten Insolvenzantragstellung); OGH 6 Ob 269/05k GesRZ 2006, 92 (Wahl zwischen gerichtlichem und außergerichtlichem Sanierungsversuch im pflichtgemäßen Ermessen des Organs); so auch OLG Wien 26. 5. 2003, 3 R 49/03b (Pflicht zu Sanierungsmaßnahmen); so schon *Wabl*, ZIK 2019/210, 178 (185).
17 Für viele: *Karollus* in *Feldbauer-Durstmüller/Schlager*, HB Krisenmanagement² 1145 f.
18 Für viele: *Karollus* in *Feldbauer-Durstmüller/Schlager*, HB Krisenmanagement² 1156 f.
19 OGH 6 Ob 269/05k GesRZ 2006, 92 (zur GmbH); dies gilt trotz § 22 URG (s dazu noch unten Pkt 2.2.5.).
20 OGH 6 Ob 160/15w ZfS 2016, 58 (*Karollus*) Pkt 2.; jüngst bestätigt in OGH 25. 11. 2020, 6 Ob 218/20g.
21 Eine Auflistung möglicher Pflichtenauslöser bietet etwa *Dobner* in *Eberhardt/Gurmann*, Managementhaftung in der Praxis (2016) 100 f.

wortgleich aus ErwGr 70 RIRL übernommenen „Handlungsleitfaden".[22] Wenn ein Unternehmen in finanzielle Schwierigkeiten gerät, sollte die Unternehmensleitung demnach Schritte einleiten, um Verluste möglichst gering zu halten und eine Insolvenz abzuwenden, wobei beispielhaft die nachfolgenden Punkte genannt werden:

- Inanspruchnahme professioneller Beratung ua zu Restrukturierung und Insolvenz,[23] etwa durch Nutzung von Frühwarnsystemen,[24] soweit vorhanden;
- Schutz der Vermögenswerte des Unternehmens, um einen möglichst hohen Wert zu sichern und den Verlust wesentlicher Vermögenswerte zu verhindern;[25]
- Analyse der Struktur und der Funktionen des Unternehmens, um die Bestandfähigkeit zu prüfen und die Ausgaben zu senken;[26]
- keine Vornahme der Arten von Transaktionen für das Unternehmen, die Gegenstand einer Insolvenzanfechtungsklage werden könnten, es sei denn, es gibt einen triftigen wirtschaftlichen Grund dafür;[27]
- Fortsetzung der Geschäftstätigkeit, wenn dies unter den gegebenen Umständen sinnvoll ist, um einen möglichst hohen Wert als fortgeführtes Unternehmen zu sichern;[28]
- Führung von Verhandlungen mit den Gläubigern und Einleitung präventiver Restrukturierungsverfahren.[29]

Was konkret zu tun ist, unterliegt wie auch bisher naturgemäß immer der Betrachtung im Einzelfall.

Der Pflichtenkatalog knüpft an den Begriff der „finanziellen Schwierigkeiten", nicht aber an die wahrscheinliche Insolvenz an.[30] Im Ergebnis macht dies aber für das österr Recht uE keinen Unterschied.[31]

---

22 ErläutRV 950 BlgNR 27. GP 4.
23 Vor Konkretisierung durch die ReO etwa: OGH 6 Ob 198/15h NZ 2016, 413 (*Brugger*) – Sorgfalt eines ordentlichen Geschäftsleiters gebietet im Einzelfall die Beiziehung externer Berater (beispielhaft bei „größeren Umstrukturierungen").
24 Vor Konkretisierung etwa: Pflicht zur Einführung eines internen Kontrollsystems nach § 22 GmbHG bzw § 82 AktG; Insolvenzprophylaxe-Bestimmungen wie etwa §§ 28a, 36 Abs 2 GmbH bzw §§ 81, 83 AktG; Redepflicht des Abschlussprüfers nach § 273 Abs 2 UGB; RIS-Justiz RS0116174 (T2).
25 Vor Konkretisierung etwa: Unternehmenswohl als Ausgangspunkt des Leitungsermessens und der *Business Judgement Rule* (§ 84 Abs 1a AktG; § 25 Abs 1a GmbHG) (s dazu noch unten Pkt 2.2.4.1.); Anfechtungstatbestände wie etwa Vermögensverschleuderung (§ 28 Z 4 IO), unentgeltliche Verfügungen (§ 29 IO) etc.
26 Vor Konkretisierung etwa: Pflichten iZm Finanzplanung (OGH 20. 10. 1987, 11 Os 51/87 [„wirtschaftliches Konzept"]); Finanzgebarung (OGH 1 Ob 545/80 GesRZ 1982, 243 [*Kutschera*]; OGH 3 Ob 287/02f SZ 2003/133]; Pflicht zur Insolvenzprüfung (RIS-Justiz RS0059774).
27 Vor Konkretisierung etwa: Pflicht zur Förderung des Unternehmenswohls (s dazu noch unten Pkt 2.2.4.1.); Insolvenzanfechtungstatbestände der §§ 28 ff IO inkl Rechtsprechung zur Haftungsbefreiung für zur Unternehmensfortführung notwendige Zahlungen (OGH 6 Ob 164/16k GES 2017, 367 = ecolex 2018, 908 [*Gassner/Wabl*] = JBl 2018, 354 [*Trenker*]).
28 Siehe Krisenverantwortung zuvor Pkt 2.2.2.1.
29 Siehe Krisenverantwortung zuvor Pkt 2.2.2.1.
30 Dieser Begriff wird auch in ErwGr 70 RIRL verwendet und scheint einer wahrscheinlichen Insolvenz zeitlich vorgelagert zu sein (s ErwGr 24 RIRL).
31 Einerseits ist dieser Leitfaden in logischer Konsequenz bei wahrscheinlicher Insolvenz erst recht zu berücksichtigen. Andererseits ist der Eintritt der wahrscheinlichen Insolvenz nicht der einzige für die Geschäftsleitung relevante Zeitpunkt (s bereits oben Pkt 2.2.2.1. aE).

2.2.2.3. Keine „Restrukturierungsantragspflicht"

Durch das Restrukturierungsverfahren nach der ReO sollen die rechtlichen Möglichkeiten der Geschäftsleitung zur Sanierung vergrößert werden. Es gibt aber *keinen* Vorrang für Restrukturierungsverfahren nach der ReO.[32] Auch eine außergerichtliche Sanierung, ein Verfahren nach dem URG oder der IO bleiben daher möglich. Welcher Weg dem Unternehmenswohl am besten entspricht, obliegt in einem ersten Schritt dem Ermessen der Geschäftsleitung.[33]

Aus praktischer Sicht ist wichtig, dass die Geschäftsleitung ihre Abwägungen und Überlegungen nach den Leitlinien der *Business Judgement Rule*[34] entsprechend dokumentiert, um die getroffene Entscheidung und die zu selbiger führenden Abwägungen später auch verteidigen zu können.[35]

Bei Eintritt materieller Insolvenz sind selbstverständlich die zwingenden Vorgaben der Insolvenzantragspflicht und des Zahlungsverbots zu beachten (s dazu noch unten Pkt 2.3.2. und 2.3.3.).

2.2.3. Schritte zur Sicherung der Bestandfähigkeit

2.2.3.1. Gesellschaftsrechtliche Verantwortung (vor Konkretisierung durch die ReO)

Hier gilt im Wesentlichen das in Pkt 2.2.2.1. Gesagte. Auch wenn nicht ausdrücklich im GmbHG oder AktG vorgesehen, gehört zur gesellschaftsrechtlichen Pflicht zur Förderung des Unternehmenswohls auch die Sicherung der Bestandfähigkeit des Unternehmens.[36] Gleichzeitig gehört aber auch das Eingehen bestand*gefährdender* Risiken in einer auf Wettbewerb basierten Wirtschaft dazu und kann im Einzelfall auch unausweichlich sein.[37] Die Grundsätze der OGH-Rechtsprechung zur Intensivierung gesellschaftsrechtlicher Sorgfaltspflichten in der Unternehmenskrise[38] sind aber auch hier zu berücksichtigen und führen zu erhöhten Sorgfaltsanforderungen.[39]

---

[32] Dies entspricht auch dem Telos der RIRL, welche den Restrukturierungsrahmen ausdrücklich *unbeschadet* anderer Lösungen zur Abwendung einer Insolvenz einführen wollte (s nur Art 4 Abs 1 RIRL).
[33] Siehe dazu oben Pkt 2.2.2.1.; so bereits *Wabl*, ZIK 2019/210, 178 (185) (noch zur RIRL selbst); ähnlich die dt Lit zum StaRUG-Verfahren, für viele: *Thole*, BB 2021, 1347 (1348 mwN).
[34] Siehe dazu nur OGH 23. 2. 2016, 6 Ob 160/15w; OGH 15. 9. 2020, 6 Ob 58/20b.
[35] Zu möglichen Abwägungsfaktoren aus Sicht der Geschäftsleitung s *Isola/Weileder/Seidl*, Strategische Sanierungsplanung – Kriterien für die Verfahrenswahl, in *Konecny*, RIRUG Pkt 4.
[36] Das Unternehmenswohl wird von der Rechtsprechung auch mit dem Bestand und der dauerhaften Rentabilität des Unternehmens (OGH 22. 5. 2003, 8 Ob 262/02s [zum AR einer Bank-AG]) bzw dem Gewinn- und Bestandinteresse (OGH 1 Ob 144/01k, *Intercontinentale*, RdW 2002, 342) gleichgesetzt.
[37] *J. Reich-Rohrwig/K. Grossmayer* in Artmann/Karollus, AktG II[6] (2018) § 84 Rz 134 ff sowie *J. Reich-Rohrwig/Zimmermann* in Artmann/Karollus, AktG II[6] § 84 Rz 207 f mit umfassendem Verweis auf den dt Meinungsstand; s auch die stRsp zu „gewagten Geschäften" RIS-Justiz RS0049458, jüngst OGH 15. 9. 2020, 6 Ob 58/20b Pkt 1.4.
[38] OGH 15. 9. 2020, 6 Ob 58/20b Pkt 1.3.; s dazu bereits oben Pkt 2.2.2.1.
[39] RIS-Justiz RS0116174 (T2), jüngst OGH 15. 9. 2020, 6 Ob 58/20b Pkt 1.1.

2.2.3.2. Konkretisierung durch die ReO

Auch bei dieser Bestimmung sind die ErläutRV aufschlussreicher als der Gesetzestext des § 1 Abs 3 ReO selbst.[40] Der ReO-Gesetzgeber hat sich auch bei der Sicherung der Bestandfähigkeit am Wortlaut der RIRL (ErwGr 71) orientiert und diesen wortgleich in die ErläutRV übernommen.[41]

Demnach kommt es bei wahrscheinlicher Insolvenz[42] *auch* darauf an, die berechtigten Interessen der Gläubiger vor Managemententscheidungen zu schützen, die sich auf die Zusammensetzung des Schuldnervermögens auswirken können, insb wenn diese Entscheidungen eine weitere Wertminderung des Vermögens bewirken könnten, das für Restrukturierungsmaßnahmen oder für die Verteilung an die Gläubiger zur Verfügung steht.[43] Es ist *daher* notwendig, sicherzustellen, dass die Unternehmensleitung es unter diesen Umständen vermeidet, vorsätzliche oder grob fahrlässige[44] Handlungen vorzunehmen, die auf Kosten der Interessenträger[45] zu persönlichen Vorteilen führen und Transaktionen unter Marktwert zuzustimmen oder Maßnahmen zu treffen, die eine unfaire Bevorzugung eines oder mehrerer Interessenträger zur Folge haben.[46]

Diese Festlegungen und insb die Einschränkung auf Vorsatz bzw grobe Fahrlässigkeit verwundern aus Sicht des österr Rechts.[47] Sie sind aber uE durch die in Pkt 2.2.2.1. und 2.2.3.1. dargestellten gesellschaftsrechtlichen Grundsätze bereits abgedeckt.[48] Die ErläutRV betonen dementsprechend auch ausdrücklich, dass pflichtwidriges (also fahrlässiges oder vorsätzliches) Verhalten, das die Bestandfähigkeit des Unternehmens gefährdet, nach allgemeinen gesellschaftsrechtlichen Regelungen (insb § 84 AktG und § 25 GmbHG) zu einer Haftung führen kann.[49]

Die situationsadäquat geschuldete und in der Krise intensivierte gesellschaftsrechtliche Sorgfaltspflicht wird dabei durchgehend und daher auch im *vor*insolvenzlichen Bereich durch die aufgrund der treuhändigen Wahrnehmung fremder Vermögensinteressen geschul-

---

40 Dies gilt auch für den Begriff der Bestandfähigkeit selbst, der in der ReO nicht definiert wird. Nach den Materialien (ErläutRV 950 BlgNR 27. GP 6.) empfehle sich, dabei an die im Rechnungslegungsrecht in § 273 Abs 2 UGB vorgesehene Gefährdung des Bestands eines Unternehmens und die diesbezügliche Lit anzuknüpfen (s dazu auch *Trenker* in *Konecny*, RIRUG Pkt 3.1.).
41 ErläutRV 950 BlgNR 27. GP 4.
42 Die Materialien sprechen hier von „Insolvenz droht" und haben hier wohl ungefiltert den Wortlaut des ErwGr 71 RIRL übernommen. Gemeint ist uE aber dasselbe, wird doch in der gesamten restlichen RIRL inkl Art 19 der Begriff der „wahrscheinlichen Insolvenz" verwendet.
43 ErläutRV 950 BlgNR 27. GP 4.
44 Auch Art 19 lit c RIRL schränkt die Pflichtenvorgaben auf vorsätzliches oder grob fahrlässiges Verhalten ein. Dieser wurde in § 1 Abs 3 ReO aber nicht wörtlich übernommen.
45 In den ErläutRV heißt es hier stattdessen „Anteilsinhaber", was ebenso ungefiltert von ErwGr 71 RIRL übernommen wurde. Ein Blick auf andere Sprachfassungen (im Englischen etwa „*stakeholder*") zeigt, dass eigentlich Interessenträger gemeint sind.
46 ErläutRV 950 BlgNR 27. GP 4.
47 Nach stRsp können bereits leicht fahrlässige Pflichtverletzungen (*schlichte* Sorgfaltswidrigkeit) zur Haftung gegenüber der Gesellschaft führen (RIS-Justiz RS0049459, jüngst OGH 25. 11. 2020, 6 Ob 218/20g).
48 So bereits *Wabl*, ZIK 2019/210, 178 (185) (noch zur RIRL selbst).
49 ErläutRV 950 BlgNR 27. GP 4.

dete Treuepflicht,[50] die Legalitätspflicht,[51] zwingende Gläubigerschutzvorschriften wie insb Kapitalerhaltungsvorschriften[52] oder das EKEG flankiert, die unzulässige Vermögensabflüsse zugunsten der Geschäftsleitung und insb der Anteilsinhaber verhindern. Auch wenn im *vor*insolvenzlichen Bereich noch keine zwingende Pflicht zur Gleichbehandlung von Interessenträgern und insb Gläubigern gilt, kann das gesellschaftsrechtliche Leitungsermessen eine solche bereits bei wahrscheinlicher Insolvenz gebieten (s dazu sogleich Pkt 2.2.4.1.).

Insgesamt sind die Schritte zur Sicherung der Bestandfähigkeit uE eng mit den Schritten zur Insolvenzabwendung verknüpft, das eine bedingt das andere.

2.2.4. Angemessene Interessenberücksichtigung
2.2.4.1. Interessenabwägung im Rahmen des Unternehmenswohls

Geschäftsleiter müssen im Rahmen des Unternehmenswohls auch mit diesem verknüpfte Interessen (mit-)berücksichtigen (etwa Anteilsinhaber, Öffentlichkeit oder Arbeitnehmer).[53] Vorrang hat aber *immer* das Unternehmenswohl.[54]

Gläubigerinteressen werden in § 70 Abs 1 AktG zwar nicht ausdrücklich genannt.[55] Gläubiger sind dennoch durch die ohnehin stets zu beachtenden zwingenden Gläubigerschutzvorschriften und mittelbar durch das mit den Gläubigerinteressen im Regelfall gleichlaufende Unternehmenswohl geschützt.[56] Dies gilt grundsätzlich auch in der Unternehmenskrise und im Vorfeld der materiellen Insolvenz. Faktisch kommt Gläubigerinteressen aber idR bereits in dieser Phase (und nicht erst bei materieller Insolvenz) ein erhöhtes Gewicht zu, weil eine erfolgreiche Sanierung regelmäßig *nur* mit deren Unterstützung möglich ist.[57] Die verstärkte Berücksichtigung von Gläubigerinteressen in der Unternehmenskrise liegt daher idR im Unternehmenswohl. Der Gläubigerschutz verdichtet sich schließlich bei Eintritt materieller Insolvenz durch die daran geknüpfte *par condicio creditorum*,[58] das dadurch mitdeterminierte Insolvenzanfechtungsrecht[59] und selbstverständlich die Insolvenzantragspflicht (s dazu noch Pkt 2.3.2.).

---

50 StRsp RIS-Justiz RS0059449, jüngst OGH 15. 9. 2020, 6 Ob 58/20b Pkt 1.1.; sowie im Vorsatzfall der Untreuetatbestand des § 153 StGB.

51 StRsp RIS-Justiz RS0059774; OGH 3 Ob 521/84 GesRZ 1986, 97; 6 Ob 160/15w ZfS 2016, 58 (*Karollus*).

52 Siehe nur stRsp des OGH zu § 52 AktG sowie § 82 GmbHG, ua in RIS-Justiz RS0105532.

53 § 70 Abs 1 AktG regelt dies für AG-Vorstände ausdrücklich, jedoch ist dies im Grundsatz auch für GmbH-Geschäftsführer von Rechtsprechung (OGH 3 Ob 521/84 EvBl 1986, 308) und Lit (für viele: *J. Reich-Rohrwig* in *Straube/Ratka/Rauter*, Wiener Kommentar zum GmbHG § 25 Rz 64 [Stand 1. 6. 2015, rdb.at]; aA *Feltl/Told* in *Gruber/Harrer*, GmbHG² [2018] § 25 Rz 42) anerkannt.

54 OGH 7 Ob 58/08t RWZ 2008, 284 (*Wenger*) und OGH 15. 9. 2020, 6 Ob 58/20b Pkt 1.2. (beide zum AR einer AG); *Kalss* in *Goette/Habersack/Kalss*, Münchener Kommentar zum Aktiengesetz I⁵ (2019) § 76 Rz 161.

55 Siehe aber OGH 1 Ob 144/01k, *Intercontinentale*, RdW 2002, 342 (zum AR einer GmbH) („Allerdings sind in Anlehnung an § 70 AktG auch die Interessen der Öffentlichkeit, der Arbeitnehmer und der Gläubiger in die Entscheidung, was dem Unternehmenswohl dient, einzubeziehen.").

56 Für viele *Kalss* in *Goette/Habersack/Kalss*, MünchKommAktG I⁵ § 76 Rz 165; aA *Strasser* in *Jabornegg/Strasser*, AktG II⁵ (2010) § 70 Rz 19.

57 Zutr *Seibt*, Pflichten der Geschäftsleitung bei Eingehung von Finanzierungsgeschäften – in Normal- und Krisenzeiten des Unternehmens, ZIP 2013, 1597 (1599).

58 *Kodek* in KLS, IO § 1 Rz 3; im Ergebnis auch OGH 26. 4. 2001, 6 Ob 37/01m.

59 Für viele *König/Trenker*, Die Anfechtung nach der IO⁶ (2020) Rz 1.2 mwN.

2.2.4.2. Konkretisierung durch die ReO

§ 1 Abs 3 ReO hält die Unternehmensleitung dazu an, bei wahrscheinlicher Insolvenz die Interessen der Gläubiger, der Anteilsinhaber und der sonstigen Interessenträger angemessen[60] zu berücksichtigen. Die Regelung wird durch die Verwendung des Begriffs „dabei" ausdrücklich an den ersten Halbsatz (Schritte zur Abwendung der Insolvenz und Sicherstellung der Bestandfähigkeit) geknüpft.

Hinter dieser Regelung steht die dem angloamerikanischem Rechtskreis entstammende Diskussion zum sog *shift of fiduciary duties*, nach welchem *directors* haftungsbeschränkter Rechtsträger im Rahmen ihrer Treuepflicht ab einem gewissen Krisenstadium die Interessen der Gläubiger besonders und vorrangig zu Gesellschafterinteressen berücksichtigen sollen; ansonsten drohe, dass „aus dem Geld befindliche" Anteilsinhaber versuchen, die Gesellschaft auf Kosten der Gläubiger aus der Krise zu *gamblen*.[61] Die Rechtfertigung eines solchen *shifts* wird auch in der dt Lit diskutiert.[62]

Die ErläutRV stellen wortgleich zu ErwGr 71 RIRL klar, dass *keine* Rangfolge zwischen den genannten Parteien festgelegt werden soll,[63] was den Mitgliedstaaten bei der Umsetzung erhebliche Flexibilität bringt. Die RIRL erfordert es daher nicht zwingend, einen solchen *shift of fiduciary duties* vorzusehen. Für das österr Recht ist dies uE auch nicht geboten, weil – zusammengefasst – die Berücksichtigung von Gläubigerinteressen bereits bisher umfassend vorgesehen ist.[64] Man denke nur an die bereits in den Pkt 2.2.3.2. und 2.2.4.1. angesprochenen zwingenden und von der Rechtsprechung weit ausgelegten Kapitalerhaltungsvorschriften (insb das Verbot der Einlagenrückgewähr), die Bestimmungen des EKEG und die bei materieller Insolvenz eingreifenden Pflichten zur rechtzeitigen Insolvenzantragstellung und Gläubigergleichbehandlung (s dazu sogleich Pkt 2.3.). Der Geschäftsleitung drohen bei Verstößen zivil- und teilweise auch strafrechtliche Konsequenzen.

2.2.5. Verhältnis zu § 22 URG

Nach § 25 Abs 2 ReO soll die Haftung nach § 22 Abs 1 URG entfallen, wenn die Mitglieder des vertretungsbefugten Organs unverzüglich nach Erhalt des Berichts des Abschlussprüfers über das Vorliegen der Voraussetzungen für die Vermutung eines Reorganisationsbedarfs (§ 22

---

[60] Hier weicht die Bestimmung geringfügig – aber wohl ohne den Gehalt der Regelung zu ändern – von Art 19 lit a RIRL ab, wo der Begriff „gebührend" statt „angemessen" verwendet wird (in den ErläutRV wird auch „gebührend" verwendet [ErläutRV 950 BlgNR 27. GP 4]).

[61] Sog „*gambling for ressurection*"; zum englischen Recht s nur *Wabl*, To File, or Not to File: That Is the Question. Directors' Duties in the Company Crisis, BULA 2019, 49 (49, 54 mwN); zum amerikanischen Recht s nur *Scholz*, Die Krisenpflichten von Geschäftsleitern nach Inkrafttreten des StaRUG, ZIP 2021, 219 (219 f).

[62] Für viele *Klöhn*, Interessenkonflikte zwischen Aktionären und Gläubigern der Aktiengesellschaft im Spiegel der Vorstandspflichten, ZGR 2008, 110 (110 ff); *Thole*, BB 2021, 1347 (1347 ff); *Scholz*, ZIP 2021, 219 (219 ff).

[63] ErläutRV 950 BlgNR 27. GP 4.

[64] Dafür sprechen etwa auch die Ergebnisse einer empirischen Befragung 107 österr Insolvenzverwalter, bei der 88 % der Befragten angaben, die bestehenden Regelungen reichen (absolut oder eher) zur Interessenwahrung aus (s dazu ausf *Wabl*, ZIK 2019/210, 178 [182], insb die dortige Grafik 4).

Abs 1 Z 1 URG) die Einleitung eines Restrukturierungsverfahrens beantragen und das Restrukturierungsverfahren gehörig fortgesetzt haben.[65]

Nach den ErläutRV soll damit die Möglichkeit eröffnet werden, statt eines Reorganisationsverfahrens (nach dem URG) ein Restrukturierungsverfahren (nach der ReO) verfolgen zu können.[66] Mit Blick auf die Rechtsprechung[67] gäbe es an sich keinen Grund für diese Klarstellung, der Rechtssicherheit mag sie dennoch dienlich sein. Besser wäre gewesen, § 22 URG zu streichen.[68]

2.2.6. Alles beim Alten?

Im Ergebnis bringt § 1 Abs 3 ReO wie vom Gesetzgeber intendiert wohl tatsächlich keine echten Neuerungen für das österr gesellschaftsrechtliche Haftungsregime. Dass die in Art 19 sowie den ErwGr 70 und 71 RIRL enthaltenen Formulierungen weitgehend ungefiltert in Gesetz und die dazugehörigen Erläuterungen übernommen wurden, ist für die Auslegung allerdings wenig hilfreich.[69]

Für die Praxis können die mit der ReO erfolgten *Konkretisierungen* zur Folge haben, dass Geschäftsleiter bei der Beurteilung von (Sanierungs-)Maßnahmen und Handlungsalternativen im Rahmen der *Business Judgement Rule gerade* auch die vom Gesetzgeber in der ReO und den ErläutRV skizzierten Schritte berücksichtigen und in der dazugehörigen Entscheidungsfindung und Dokumentation „abarbeiten" werden müssen.

2.3. Pflichten im Restrukturierungsverfahren

2.3.1. Allgemein

§ 1 Abs 3 ReO knüpft an die wahrscheinliche Insolvenz (s bereits oben Pkt 2.2.1.) und gilt daher sowohl außer- als auch innerhalb eines Restrukturierungsverfahrens. Innerhalb des Verfahrens sind aber zusätzlich verfahrensrechtliche Vorgaben wie etwa Auskunfts- und Mitwirkungspflichten (§ 17 ReO) oder gerichtliche Beschränkungen der Eigenverwaltung (§ 16 Abs 2 ReO) zu beachten. Nachdem abgesehen von solchen Beschränkungen im Restrukturierungsverfahren der Grundsatz der Eigenverwaltung gilt (§ 16 Abs 1 ReO), kommt dem Pflichtenkatalog des § 1 Abs 3 ReO auch im Verfahren erhebliche Bedeutung zu. Hält sich die Geschäftsleitung nicht an diese oder ähnliche Vorgaben, kann dies nicht nur zu verfahrensrechtlichen Konsequenzen (insb § 9 ReO) führen, sondern im Schadensfall auch zu einer Haftung gegenüber der Gesellschaft.[70]

---

[65] Die Regelung ist somit *nicht* an die Erteilung einer Vollstreckungssperre geknüpft (wie deren Verortung in § 25 ReO vermuten lassen könnte), sondern an das Erfüllen der URG-Kennzahlen. Sie hätte daher besser zu § 1 Abs 3 ReO gepasst.
[66] ErläutRV 950 BlgNR 27. GP 15.
[67] OGH 6 Ob 269/05k GesRZ 2006, 92.
[68] So auch *Arnold*, Die Umsetzung der Richtlinie über Restrukturierung und Insolvenz, GesRZ 2021, 113 (114).
[69] Krit dazu auch *Arnold*, GesRZ 2021, 113 (113).
[70] Für eine uU im Sanierungsverfahren mit Eigenverwaltung argumentierbare Außenhaftung (dafür *Wabl*, Haften Geschäftsleiter im Sanierungsverfahren mit Eigenverwaltung wie Masseverwalter? ZIK 2018/164, 134 [134 ff]; aA *Riel* in *Konecny*, Kommentar zu den Insolvenzgesetzen [59. Lfg; 2018] § 169 IO Rz 22) be-

2.3.2. Ruhen der Insolvenzantragspflicht

Höchst relevant ist das in § 24 Abs 1 ReO vorgesehene Ruhen der Insolvenzantragspflicht wegen Überschuldung (nicht aber wegen Zahlungsunfähigkeit) während aufrechter Vollstreckungssperre.[71] Das Ruhen gilt unabhängig davon, wann – also ob vor oder nach Einleitung des Restrukturierungsverfahrens oder Bewilligung der Vollstreckungssperre – die Überschuldung eingetreten ist.[72] Außerdem kommt es nicht darauf an, ob die Sperre gegenüber einzelnen oder allen Gläubigern gewährt wurde.[73] Die Vorgaben der Art 7 Abs 1–3 RIRL wurden damit kurz und pragmatisch umgesetzt.[74]

Für die Geschäftsleitung bedeutet dies aber nicht, dass das Vorliegen einer Überschuldung und der Insolvenzgründe generell nicht (mehr) überwacht werden muss. Diese Verpflichtung bleibt unverändert aufrecht. Überdies ist dem Restrukturierungsplan gem § 27 Abs 2 Z 8 ReO zwingend eine (bedingte) Fortbestehensprognose beizulegen, deren Grundlagen, Annahmen und Parameter im Auge behalten werden müssen.

Das Ruhen der Insolvenzantragspflicht wirkt uE *ex nunc*, eine bereits vor Gewährung der Vollstreckungssperre getätigte Insolvenzverschleppung wird nicht geheilt.[75] Fraglich ist, ob nach einer Aufhebung der Vollstreckungssperre und (weiterhin) Vorliegen einer Überschuldung neuerlich eine Insolvenzantragsfrist in Gang gesetzt wird, eine vor dem Ruhen bereits begonnene Antragsfrist weiterläuft oder gar keine Frist mehr zur Verfügung steht.[76] UE sollte danach differenziert werden, aus welchem Grund die Vollstreckungssperre aufgehoben wurde. Erfolgt die Aufhebung etwa aufgrund eines Wegfalls der Unterstützung durch die Gläubiger (§ 23 Abs 1 Z 1 ReO), ist wohl idR mangels realistischer Sanierungsaussichten ohne Verzug eine Insolvenzantragstellung geboten. Erfolgt die Aufhebung etwa auf Antrag des Schuldners (§ 23 Abs 2 ReO), muss dies nicht immer der Fall sein.

Nachdem im vereinfachten Restrukturierungsverfahren ausdrücklich *keine* Vollstreckungssperre angeordnet werden darf (§ 45 Abs 6 ReO), kommt es bei diesem Verfahren nicht zum Ruhen der Insolvenzantragspflicht. Bei solchen Verfahren unterliegen Geschäftsleiter diesbezüglich daher denselben Haftungsrisiken wie bei einer außergerichtlichen Restrukturierung.[77]

---

steht aufgrund der Klarstellung in den ErläutRV 950 BlgNR 27. GP 4, aber auch mangels Massebildung uE kein Raum.

[71] Zur Vollstreckungssperre s *Reckenzaun*, Vollstreckungssperre und Entfall der Insolvenzantragspflicht, in *Konecny*, RIRUG, insb Pkt 4 ff.

[72] ErläutRV 950 BlgNR 27. GP 14.

[73] ErläutRV 950 BlgNR 27. GP 14.

[74] Eine andere Lösung hat das StaRUG gewählt: Die Insolvenzantragspflicht ruht dort während *gesamter* Rechtshängigkeit (und daher nicht nur bei genehmigter Vollstreckungssperre) und sowohl bei Zahlungsunfähigkeit als auch Überschuldung; § 42 StaRUG legt aber eine strafbewehrte Insolvenz*anzeige*pflicht gegenüber dem Restrukturierungsgericht fest; s dazu etwa *Brünkmans*, Geschäftsleiterpflichten und Geschäftsleiterhaftung nach dem StaRUG und SanInsFoG, ZInsO 2021, 1 (10 ff).

[75] Zutr uE für das dt Recht *Thole*, Der Entwurf des Unternehmensstabilisierungs- und restrukturierungsgesetzes (StaRuG-RefE), ZIP 2020, 1985 (1991).

[76] In der dt Lit wird Letzteres vertreten, s *Thole*, ZIP 2020, 1985 (1991); diesem folgend *Brünkmans*, ZInsO 2021, 1 (14).

[77] Nachdem das vereinfachte Restrukturierungsverfahren zusätzlich zum „regulären" Verfahren besteht, sollte dies zu keinen Spannungen mit den Vorgaben der RIRL führen. Anderes könnte uE für das „reguläre" Verfahren in solchen Fällen gelten, in denen aus welchen Gründen auch immer keine Vollstreckungssperre zur Verfügung steht (zB weil kein Gläubiger eine solche durch entsprechendes Verhalten rechtfertigt

2.3.3. Zahlungsverbot

Nach § 25 Abs 1 ReO entfällt *während* der Vollstreckungssperre die an eine Überschuldung geknüpfte Haftung gem § 84 Abs 3 Z 6 AktG und § 25 Abs 3 Z 2 GmbHG.[78] Mangels Pflichtverletzung kommt es bei diesen zulässigen Zahlungen zu keiner Haftung im Innenverhältnis gegenüber der Gesellschaft.[79] Das gilt aber nicht für Zahlungen an vom Restrukturierungsplan betroffene Gläubiger sowie von Forderungen, für die eine Vollstreckungssperre gilt.[80] Zahlungen an Gläubiger, die ihre Ansprüche zwangsweise durchsetzen könnten, sollen hingegen möglich sein, da dem Schuldner ansonsten ohnehin nur ein zusätzlicher Schaden in Höhe der angelaufenen Prozess- und Exekutionskosten entstehen würde.[81]

Es können daher generell solche Zahlungen weiterhin geleistet werden, die mit der Sorgfalt eines ordentlichen und gewissenhaften Geschäftsleiters vereinbar sind; auch nach Einleitung eines Restrukturierungsverfahrens ist – dem Zweck der ReO inhärent – eine Unternehmensfortführung möglich.[82] In dem so abgesteckten Rahmen sind – wie auch derzeit bei einer außergerichtlichen Restrukturierung innerhalb der Sanierungsfrist – zumindest jene neuen Geschäfte zulässig, die zur Unternehmensfortführung notwendig sind, eine Gläubigerbevorzugung ist jedoch unzulässig.[83] Vor diesem Hintergrund dient der in § 25 Abs 1 ReO vorgesehene Haftungsentfall wohl insb der Klarstellung, ist aber dennoch jedenfalls zu begrüßen und sollte Erleichterungen für die Geschäftsleitung bringen. Die RIRL trifft keine Regelungen zum Zahlungsverbot und steht der vom ReO-Gesetzgeber gewählten Lösung daher nicht entgegen.

3. Anteilsinhaber

3.1. Anteilsinhaber nicht Teil des Verfahrens

§ 37 ReO regelt die Behandlung der Anteilsinhaber des schuldnerischen Unternehmens. Auch wenn diese Bestimmung dies selbst so nicht zum Ausdruck bringt, ist sie in dem Kontext zu lesen, dass die Anteilsinhaber *nicht* in das Verfahren nach der ReO oder den Restrukturie-

---

und diese daher auch iSd § 19 Abs 2 Z 2 ReO „zur Erreichung des Restrukturierungsziels nicht erforderlich ist"). In solchen Fällen wäre die Geschäftsleitung entweder zur Beantragung eines öffentlichen (Europäischen) Restrukturierungsverfahrens gem § 44 ReO gezwungen, um ein Ruhen der Insolvenzantragspflicht wegen Überschuldung zu erwirken oder müsste die Restrukturierung auf eigenes (Haftungs-)Risiko weiterbetreiben. In der Praxis werden solche Fälle aber wohl nur selten vorkommen.

78 Wahrscheinliche Insolvenz, und damit der Eintritt in das ReO-Verfahren, kann (und soll nach der Idee der präventiven Restrukturierung auch) durchaus *vor* der materiellen Insolvenz und daher auch der Überschuldung liegen. Der Eintritt in das Verfahren löst das Zahlungsverbot daher nicht *per se* aus.
79 ErläutRV 950 BlgNR 27. GP 14 f.
80 Eine Vollstreckungssperre soll auch durch freiwillige Zahlungen nicht ausgehebelt werden können (ErläutRV 950 BlgNR 27. GP 15).
81 ErläutRV 950 BlgNR 27. GP 15.
82 ErläutRV 950 BlgNR 27. GP 14.
83 ErläutRV 950 BlgNR 27. GP 14, wonach zum Beurteilungsspielraum des Geschäftsführers auf die bestehende Judikatur zurückgegriffen werden kann (s etwa OGH 6 Ob 164/16k GES 2017, 367 = ecolex 2018, 908 [*Gassner/Wabl*] = JBl 2018, 354, 434 [*Trenker*]).

rungsplan einbezogen werden.[84] Die Umsetzung orientiert sich dementsprechend insb an den Vorgaben des Art 12 und ErwGr 57 RIRL.

Diese Nichteinbeziehung bedeutet ua, dass Maßnahmen, welche die Anteilsinhaber betreffen, nicht *qua* Restrukturierungsplan mit den nach der ReO erforderlichen Mehrheiten oder gar einem klassenübergreifenden *Cram-Down* umgesetzt werden können. Es gelten für solche Maßnahmen (zu denken ist etwa an Kapitalmaßnahmen, *Debt-Equity-Swaps* etc) daher *nicht* die Mechanismen der ReO, sondern gesellschaftsrechtliche Vorgaben (so auch ausdrücklich § 37 Abs 1 S 2 ReO).[85] Eine Abstimmung über den Restrukturierungsplan durch die Anteilsinhaber ist folgerichtig nicht vorgesehen und dementsprechend auch keine Voraussetzung für die Bestätigung des Restrukturierungsplans durch das Gericht (§ 34 Abs 1 ReO).

Die Nichteinbeziehung der Anteilsinhaber wurde im Begutachtungsverfahren durchaus kritisiert,[86] als rechtspolitische Entscheidung des Gesetzgebers ist sie derzeit aber so hinzunehmen.

Weil die Anteilsinhaber in das Verfahren nach der ReO nicht einbezogen werden, sind ihre Geschäftsanteile, Aktien bzw allgemeinen Beteiligungsrechte vom „Beschlag" des Verfahrens oder des Restrukturierungsplans – wie auch bei den Verfahren nach der IO – schon dem Grunde nach nicht betroffen. Mit Ausnahme der ausdrücklichen Anordnung in § 37 Abs 1 letzter S ReO (s dazu nachstehend Pkt 3.3.) kann daher durch die ReO uE auch nicht weitergehend in die Rechte der Anteilsinhaber eingriffen werden, als dies im Sanierungsverfahren (insb mit Eigenverwaltung) nach der IO möglich wäre; eine darüberhinausgehende Aushöhlung der Rechte der Anteilsinhaber durch das ReO-Verfahren ist nicht vorgesehen.[87, 88]

3.2. Obstruktionsverbot

3.2.1. Allgemeines

§ 37 Abs 1 S 1 ReO sieht ein allgemeines Obstruktionsverbot der Anteilsinhaber betreffend Restrukturierungen nach der ReO vor, wonach diese die Annahme, Bestätigung und Umsetzung

---

[84] ErläutRV 950 BlgNR 27. GP 21 (zu § 36 ReO): „... und Anteilsinhaber in den Restrukturierungsplan ohnedies nicht einbezogen ..."; (zu § 37 ReO): „Werden die Anteilsinhaber – wie im Entwurf vorgesehen – nicht in das Verfahren einbezogen ...". Sind Anteilsinhaber gleichzeitig Gläubiger, können sie als solche natürlich dennoch in das Verfahren und den Restrukturierungsplan einbezogen werden.

[85] Siehe auch ErläutRV 950 BlgNR 27. GP 21: „Keine vom Entwurf erfasste Maßnahme wäre jedoch ein sog. ‚debt-equity-swap'; im Restrukturierungsplan vorgesehene Kapitalmaßnahmen können durch gesellschaftsrechtliche Maßnahmen umgesetzt werden."

[86] Siehe diverse Stellungnahmen im Begutachtungsverfahren zu 96/ME 27. GP etwa von *Isola/Weileder/Seidl/Schnur*; *Wabl/Gassner*; *Trenker/Lutschounig*.

[87] Zu Insolvenzverfahren nach der IO s *Haglmüller*, Gesellschafterpflichten in der Krise der GmbH (2018) 107 f; *U. Torggler/Trenker*, Kompetenzverteilung bei der Kapitalgesellschaft im Insolvenzverfahren, in *Konecny*, Insolvenz-Forum 2014 (2015) 73 (79 f) mwN.

[88] Relevante Fragen der Kompetenzverteilung im ReO-Verfahren werden hier nicht näher beleuchtet; zur wohl in vielen Punkten vergleichbaren Kompetenzverteilung im Sanierungsverfahren mit Eigenverwaltung s ausf *Jaufer*, Eigenverwaltung im Sanierungsverfahren – Kompetenzen des Sanierungsverwalters, in *Nunner-Krautgasser/Kapp/Clavora*, Jahrbuch Insolvenz- und Sanierungsrecht 2013 (2013) 283 (283 ff) und *U. Torggler/Trenker* in *Konecny*, Insolvenz-Forum 2014, 73 (73 ff).

eines Restrukturierungsplans nicht grundlos verhindern oder erschweren dürfen. Die Bestimmung folgt nahezu wortgleich Art 12 Abs 1 und 2 RIRL.

Ein mögliches „Obstruieren" der Anteilsinhaber setzt aber voraus, dass diese von der Restrukturierung überhaupt betroffen sind oder daran mitwirken können/müssen. Dazu gibt es grob zwei Stoßrichtungen:

- Es kann erforderlich sein, dass die Anteilsinhaber selbst „Sanierungsbeiträge" leisten und/oder für die Restrukturierung erforderliche gesellschaftsrechtliche Maßnahmen beschließen müssen (zu denken ist etwa an Kapitalmaßnahmen, *Debt-Equity-Swaps*, aber uU auch Umgründungen wie Verschmelzungen oder Spaltungen, Übertragungen vinkulierter Anteile, die Übertragung des ganzen Gesellschaftsvermögens [§ 237 AktG][89] und Ähnliches). Häufig werden dies sog „Strukturmaßnahmen" sein.[90] Bei solchen Maßnahmen ist die entsprechende Mitwirkung bzw Beschlussfassung durch die Anteilsinhaber zwingende Voraussetzung dafür, dass die Maßnahmen *überhaupt* wirksam werden können.

- Zum anderen können die Einleitung des ReO-Verfahrens selbst, aber auch im Restrukturierungsplan vorgesehene Maßnahmen nach den internen Regelungen des Schuldners der Zustimmung der Anteilsinhaber unterliegen; dies betrifft va den in der Praxis sehr wichtigen Fall der GmbH.[91] Die Rechtsgrundlage kann unterschiedlicher Natur sein (Gesetz, Gesellschaftsvertrag/Satzung, Geschäftsordnungen/Gesellschafterbeschluss).[92] Liegt eine erforderliche interne Zustimmung nicht vor, sind die Maßnahmen zwar in aller Regel dennoch im Außenverhältnis wirksam,[93] die Geschäftsleiter handeln aber im Innenverhältnis pflichtwidrig, was zu einer Haftung gegenüber der Gesellschaft (Innenhaftung) führen kann.

3.2.2. (Wenige) Vorgaben und Rechtsfolgen nach der ReO

Wie schon ausgeführt, anerkennt die ReO die gesellschaftsrechtlichen Kompetenzen und Rechte der Anteilsinhaber ausdrücklich[94] und greift in selbige im Grundsatz (ausgenommen Pkt 3.3.) auch nicht ein.

Werden erforderliche Beschlüsse der Anteilsinhaber nicht rechtzeitig gefasst, ist die von der ReO angeordnete Rechtsfolge „nur", dass die Restrukturierung scheitert und das Restruk-

---

89 Dies gilt analog auch für die GmbH (OGH 6 Ob 38/18h GesRZ 2018, 303 [*Zimmermann*]).
90 Zum Begriff für viele *U. Torggler/Trenker* in *Konecny*, Insolvenz-Forum 2014, 73 (80).
91 Den Geschäftsführern der GmbH können von der Generalversammlung bindende Weisungen erteilt werden, und zwar auch auf Initiative der Gesellschafter (anders bei der AG); zudem können Geschäftsführungsmaßnahmen an die Zustimmung der Gesellschafter gebunden werden (völlig hM, für viele *Nowotny* in *Kalss/Nowotny/Schauer*, Österreichisches Gesellschaftsrecht² [2017] Rz 4/178 f).
92 Die ErläutRV sprechen nur den Gesellschaftsvertrag an (ErläutRV 950 BlgNR 27. GP 21), das greift aber zu kurz.
93 Das gilt auch für den Antrag auf Einleitung eines Verfahrens nach der ReO (ErläutRV 950 BlgNR 27. GP 21). Es spricht in diesem Zusammenhang uE einiges dafür, dass im Regelfall ein Antrag auf Einleitung eines ReO-Verfahrens ein außergewöhnliches Geschäft ist, welches bei der GmbH *per se* von der Generalversammlung zu genehmigen wäre (zur Genehmigungspflicht außergewöhnlicher Geschäfte bei der GmbH allgemein für viele *Nowotny* in *Kalss/Nowotny/Schauer*, Gesellschaftsrecht² Rz 4/178 und 4/282, der auch darauf hinweist, dass die Zustimmung einzuholen ist, wenn die Geschäftsführer mit einem Widerspruch rechnen).
94 § 37 Abs 1 S 2 ReO: „Umfasst der Plan Maßnahmen, die einer Zustimmung der Anteilsinhaber bedürfen, so sind die Bestimmungen des Gesellschaftsrechts zu beachten."

turierungsverfahren einzustellen ist.[95] Die Gläubiger sollen erst über einen vorgelegten Restrukturierungsplan abstimmen, wenn die gebotenen Beschlüsse der Gesellschafterversammlung wirksam sind (§ 37 Abs 3 ReO). In anderen Worten: Stimmen die Eigentümer den ihnen im Restrukturierungsplan abverlangten Sanierungsbeiträgen oder sonstigen sie betreffenden Maßnahmen nicht zu, brauchen die Gläubiger erst gar nicht mit diesem Plan befasst werden.

3.2.3. Vorgaben und Rechtsfolgen nach dem Gesellschaftsrecht

Ein Eingriff in Anteils- oder Mitgliedschaftsrechte ist weder in der IO noch im URG oder in der ReO vorgesehen.[96] Beteiligungsrechte der Anteilsinhaber sind vom „Beschlag" durch das Verfahren nach der ReO nicht betroffen (s schon Pkt 3.1.). Die strikte Trennung zwischen Gesellschafts- und Insolvenzrecht bleibt aufrecht.[97] Weder dem Gesetz noch den Materialien ist anderes zu entnehmen.

Ob bzw unter welchen Voraussetzungen Anteilsinhaber verpflichtet sind, Maßnahmen (wie etwa einer Kapitalerhöhung oder einem *Debt-Equity-Swap*) zuzustimmen (oder diese zumindest nicht zu erschweren) ist daher im Ergebnis weiterhin allein am Gesellschaftsrecht (insb der Treuepflicht und dem Rechtsmissbrauch) zu messen und hängt im Einzelfall va von der Rechtsform des Schuldners und der konkreten Maßnahme ab.[98] So gesehen liegt auch die inhaltliche Ausgestaltung des in der ReO vorgesehenen Obstruktionsverbots im Gesellschaftsrecht. Ein gesellschaftsrechtlich zulässiges (Abstimmungs-)Verhalten oder Vorgehen eines Anteilsinhabers bedeutet demzufolge uE auch nach der ReO *keinen* Verstoß gegen das Obstruktionsverbot. Auch die Rechtsfolgen eines Verstoßes gegen das Obstruktionsverbot richten sich daher nach dem Gesellschaftsrecht und liegen insb in der gesellschaftsrechtlichen Beschlussanfechtung. Für die ReO bedeutet das Ganze „nur", dass das Verfahren allenfalls scheitert (s schon zuvor Pkt 3.2.2.).

Insofern gilt im Verfahren nach der ReO uE nichts anderes als schon bisher und es gilt auch nichts anderes als bei einer außergerichtlichen Sanierung oder im Ergebnis einem Verfahren nach der IO.

3.3. Ersetzung von Beschlüssen der Anteilsinhaber durch das Gericht

Die Zurückhaltung der ReO betreffend die Anteilsinhaber wird in § 37 Abs 1 letzter S ReO auf bemerkenswerte Weise durchbrochen. Demnach kann eine gesellschaftsrechtlich erforderliche

---

[95] Das Restrukturierungsverfahren ist einzustellen, wenn ein gebotener Beschluss der Gesellschafterversammlung (§ 37 ReO) nicht binnen sechs Monaten ab Beschlussfassung wirksam wird (§ 41 Abs 2 Z 10 ReO).

[96] Anders ist dies in Deutschland: s § 225a InsO, der dazu führt, dass im Insolvenzverfahren das Gesellschaftsrecht weitgehend durch das Insolvenzrecht verdrängt wird (*Haas* in *Kayser/Thole*, Heidelberger Kommentar zur Insolvenzordnung[10] [2020] § 225a Rz 6; s auch *Madaus*, Zwangseingriffe in Gesellschafterrechte nach dem deutschen Insolvenzrecht, in *Artmann/Rüffler/U. Torggler*, Gesellschafterpflichten in der Krise [2015] 79).

[97] Siehe zu diesem Themenkreis etwa *Haglmüller*, Gesellschafterpflichten 107 (zur Rechtslage vor der ReO).

[98] Ausf zur Thematik s *Artmann/Rüffler/U. Torggler*, Gesellschafterpflichten; dort insb der Beitrag von *U. Torggler*, Sanieren oder Ausscheiden 1; ausf auch *Haglmüller*, Gesellschafterpflichten 79 ff.

Zustimmung der Anteilsinhaber durch Beschluss des Gerichts ersetzt werden, wenn ein Restrukturierungsplan nicht in deren „rechtliche oder wirtschaftliche Stellung" eingreift.

Die Auslegung bereitet Schwierigkeiten, nachstehend der Versuch einer Einordnung und Annäherung:

- Zufolge der ErläutRV geht es bei der Ersetzungsbefugnis gem § 37 Abs 1 letzter S ReO (nur) um das Innenverhältnis,[99] also (nur) um Geschäftsführungsmaßnahmen, bei denen die Geschäftsleiter im Außenverhältnis die Gesellschaft (Schuldnerin) wirksam vertreten können, im Innenverhältnis aber allenfalls (auch) die Zustimmung der Anteilsinhaber benötigen würden. Es geht demnach *nicht* um Maßnahmen, bei denen der Beschluss der Anteilsinhaber selbst Voraussetzung für das Wirksamwerden ist (s zur Unterscheidung schon zuvor bei Pkt 3.2.1.).[100]

- Dies erhellt den Regelungsbereich der Bestimmung: Geschäftsleiter sollen nicht dadurch von der Einleitung oder Verfolgung eines Verfahrens nach der ReO abgehalten werden, dass ohne Vorliegen einer allenfalls erforderlichen Zustimmung der Anteilsinhaber eine Haftung im Innenverhältnis droht (insb § 25 GmbHG, § 84 AktG).[101]

- Die Ersetzungsbefugnis des Gerichts sollte sich uE nicht nur auf die Einleitung des Verfahrens beziehen – wie man die ErläutRV uU verstehen könnte – sondern auch im Restrukturierungsplan vorgesehene Maßnahmen umfassen. Ansonsten droht den Geschäftsleitern spätestens mit der Umsetzung des Plans die Haftung, die die Bestimmung gerade verhindern will. Nicht klar ist, ob die Ersetzungsbefugnis dabei nur solche Geschäftsführungsmaßnahmen umfassen kann, die im Restrukturierungsplan für von selbigem betroffene Gläubiger vorgesehen sind (bzw nur diese betreffen) und über die selbige abstimmen,[102] oder ob es auch um sonstige im Restrukturierungsplan allenfalls vorgesehenen Maßnahmen (iSd § 1 Abs 2 ReO)[103] gehen kann, die intern allenfalls einer Zustimmung der Anteilsinhaber bedürfen. Die Wertungen der RIRL sprechen für Letzteres, die Tatsache, dass der ReO-Gesetzgeber in die internen Entscheidungsabläufe nicht eingreifen wollte, für eine einschränkende Auslegung und daher für Ersteres. Auf keinen Fall umfasst die Ersetzungsbefugnis des Gerichts Maßnahmen, die in die Beteiligungsrechte der Anteilsinhaber eingreifen (also die in Pkt 3.2.1., erster *bullet point*, angesprochenen Maßnahmen).

- Es könnte im Innenverhältnis bei der GmbH auch Weisungen an die Geschäftsführung geben, einen Antrag auf Einleitung eines Verfahrens nach der ReO *nicht* zu stellen. Eine sol-

---

99 ErläutRV 950 BlgNR 27. GP 21: „Durch Abs. 1 letzter Satz wird für das Innenverhältnis festgelegt …".
100 In diesem Bereich wäre es wohl auch immer so, dass ein Eingriff in zumindest die rechtliche Stellung der Anteilsinhaber erfolgt, sodass eine Ersetzung durch das Gericht schon deshalb ausscheidet.
101 Für dieses Verständnis spricht, dass *expressis verbis* nur Beschlüsse von Anteilsinhabern durch das Gericht ersetzt werden können, nicht aber etwa Beschlüsse eines Aufsichtsrats oder der Widerspruch eines Mitgeschäftsführers (s § 21 Abs 2 GmbHG); nur der genehmigende Gesellschafterbeschluss hat letztlich im Innenverhältnis exkulpierende Wirkung (§ 25 Abs 5 GmbHG; § 84 Abs 4 AktG). Darum geht es dem Gesetzgeber mit dieser Bestimmung also offenbar.
102 *Beispiel*: In einer Geschäftsordnung für die Geschäftsführung der GmbH ist vorgesehen, dass jede Änderung von Kreditverträgen der Genehmigung der Generalversammlung bedarf; der Plan sieht eine Stundung bzw allenfalls eine Forderungskürzung vor. Genau genommen ist das eine Änderung des Kreditvertrags. Würden die Gesellschafter dazu „grundlos" die Zustimmung verweigern, wäre das uE ein Anlassfall für die Ersetzungsbefugnis.
103 *Beispiele*: operative Maßnahmen, Mitarbeiterabbau, Schließung von Standorten, Verkauf von Assets etc.

che Weisung wäre wohl beachtlich.[104] Will man verhindern, dass § 37 Abs 1 letzter S ReO leicht ausgehebelt werden kann, müsste man auch in so einem Fall die Ersetzungsbefugnis wohl für zulässig erachten.

- Nur in dem beschriebenen (engen) Umfang kann daher uE dem Grunde nach überhaupt eine Ersetzungsbefugnis durch das Gericht bestehen, und dies auch nur dann, wenn durch den Restrukturierungsplan nicht in die „rechtliche oder wirtschaftliche" Stellung der Anteilsinhaber eingegriffen wird. Was damit gemeint ist, bleibt unklar und wird einer Akzentuierung durch die Lit und Rechtsprechung bedürfen.[105]

- Unklar ist, ob die Ersetzungsbefugnis nur dann besteht, wenn die Geschäftsleiter die Herbeiführung einer erforderlichen Zustimmung der Anteilsinhaber zumindest versucht haben. Vieles spricht dafür: Geht man in der Zusammenschau mit § 37 Abs 1 S 1 ReO davon aus, dass die gerichtliche Ersetzungsbefugnis nur dann besteht, wenn die Anteilsinhaber eine erforderliche Zustimmung „grundlos" verweigert haben, liegt ein solches Verständnis nahe. Bei der AG kann die Hauptversammlung über Fragen der Geschäftsführung (und nur um solche geht es hier) überhaupt nur entscheiden, wenn dies der Vorstand oder, sofern es sich um ein gem § 95 Abs 5 AktG seiner Zustimmung vorbehaltenes Geschäft handelt, der Aufsichtsrat verlangt (§ 103 Abs 2 AktG). Ohne deren Initiative gibt es hier erst gar keine „erforderliche" Zustimmung der Anteilsinhaber, die vom Gericht ersetzt werden könnte. Schließlich ist zu berücksichtigen, dass das ReO-Verfahren mit Eigenverwaltung des Schuldners erfolgt (§ 16 ReO). Eigenverwaltung ist Handeln des Schuldners entsprechend der internen Kompetenzverteilung.[106] Das ist zu respektieren. Die Ersetzungsbefugnis dürfte daher erst einsetzen, wenn die Geschäftsleiter zumindest versucht haben, eine nach der internen Kompetenzverteilung erforderliche Zustimmung der Anteilsinhaber herbeizuführen.

Hier ist zu betonen, dass diese Auslegung in einem Spannungsverhältnis zu den Wertungen der RIRL steht (s va ErwGr 57 und 96),[107] weil eine Befassung der Anteilsinhaber dazu führen könnte, dass diese Maßnahmen *gegen* ein ReO-Verfahren ergreifen.

- Für die Geschäftsleiter bleiben viele Unsicherheiten. Das Gericht „kann" den Beschluss ersetzen, es ist aber nicht gesichert, dass das Gericht dies auch tut. Die ReO regelt auch nicht, ob das Gericht den Ersetzungsbeschluss nur im schon beantragten Verfahren fassen kann,[108] oder schon vorab. Unklar ist auch, wer gegen einen solchen Beschluss binnen welcher Frist Rechtsmittel erheben könnte. All dies näher zu erörtern sprengt allerdings den Umfang dieses Beitrags.

---

104 Siehe dazu bereits oben FN 93; s auch *Thole*, BB 2021, 1347 (1350) (zum StaRUG, das aber weitergehende Eingriffe in die Rechte von Anteilsinhabern ermöglicht).
105 Insb hinsichtlich der „wirtschaftlichen" Stellung ist uE eine Akzentuierung und eine teleologische Reduktion iS einer „Unmittelbarkeits- oder Erheblichkeitsschwelle" erforderlich, betrifft doch argumentierbar *jede* die Gesellschaft betreffende Maßnahme zumindest indirekt auch die Stellung der Anteilsinhaber, was aber zu einer völligen Aushöhlung der Bestimmung führen würde.
106 *U. Torggler/Trenker* in *Konecny*, Insolvenz-Forum 2014, 73 (115).
107 Demnach soll die Wirksamkeit des Prozesses der Annahme und Umsetzung eines Restrukturierungsplans nicht durch das Gesellschaftsrecht gefährdet werden, wobei aber die Mitgliedstaaten bei der Beurteilung, welche Ausnahmeregelungen im Rahmen des nationalen Gesellschaftsrechts erforderlich sind, um die RIRL wirksam umzusetzen, einen gewissen Ermessensspielraum genießen sollten.
108 Dann müssten die Geschäftsleiter uU – wenn die Antragstellung ohne Zustimmung der Anteilsinhaber erfolgt ist – zuerst eine allenfalls haftungsbewehrte Handlung setzen und könnten erst dann einen Ersetzungsbeschluss erwirken.

Die von der ReO gewählte Lösung ist insgesamt unglücklich und unpraktikabel, gesellschaftsrechtlich ist § 37 ReO ein Fremdkörper. Wenn es keine Pflicht zur Stellung eines Antrags nach der ReO gibt (s Pkt 2.2.2.3.) und den Geschäftsleitern bei der Wahl der Sanierungsroute ein Ermessen zukommt (s Pkt 2.2.2.1.), sollten auch die Anteilsinhaber bei ihrer Entscheidung über die Zu- oder Ablehnung ein Ermessen haben.[109] In genau solche internen Entscheidungsprozesse beim Schuldner will die ReO nach den ErläutRV eigentlich nicht eingreifen.[110] Eine tiefergehende Vermessung und Diskussion durch Lit und Rechtsprechung ist absehbar.

Gleichzeitig besteht ein offensichtliches Spannungsverhältnis zwischen § 37 ReO und den Wertungen der RIRL, die im Grunde auch *gegen* den Willen der Anteilsinhaber sinnvolle Restrukturierungen ermöglichen wollen.[111] Die beschriebene Ersetzungsbefugnis schmälert im Ergebnis das Mitsprache- und Blockadepotential nach hier vertretener Ansicht kaum: die Anteilsinhaber haben weitgehend die gleichen Rechte, die sie auch außerhalb der ReO etwa bei einer außergerichtlichen Sanierung hätten. Ob der RIRL-Gesetzgeber dies mit dem in Art 12 RIRL vorgesehenen Obstruktionsverbot vor Augen hatte, ist zu bezweifeln.[112]

3.4. Erleichterung bei der Einberufung der Gesellschafterversammlung

Gem § 37 Abs 2 ReO kann die Einberufung der Gesellschafterversammlung zur Abstimmung über Maßnahmen, die der Zustimmung der Anteilsinhaber bedürfen, mit der im Gesetz vorgesehenen Einberufungsfrist erfolgen, auch wenn der Gesellschaftsvertrag eine längere Frist vorsieht.

Mit Art 32 RIRL wurde Art 84 der RL (EU) 2017/1132[113] geändert und vorgesehen, dass die Mitgliedstaaten Ausnahmeregelungen zu bestimmten Regelungen dieser RL[114] in dem Umfang und für den Zeitraum, wie diese Ausnahmeregelungen für die Festlegung des präventiven Restrukturierungsrahmens nach der RIRL erforderlich sind, erlassen.

Diese Bestimmung und ErwGr 96 RIRL könnten so verstanden werden, dass die RIRL Ausnahmen bzw Erleichterungen gegenüber dem gesetzlichen Normalfall verlangt, und damit

---

109 *Haglmüller*, Gesellschafterpflichten 148.
110 ErläutRV 950 BlgNR 27. GP 4.
111 Siehe nur ErwGr 57 S 1 RIRL: „Zwar sollten die berechtigten Interessen der Aktionäre und anderen Anteilsinhaber geschützt werden, die Mitgliedstaaten sollten jedoch sicherstellen, dass sie nicht grundlos die Annahme von Restrukturierungsplänen verhindern können, die den Schuldner in die Bestandsfähigkeit zurückführen würden."
112 Aufgrund der in der RIRL in Art 12 und ErwGr 57 vorgesehenen Flexibilität ist der Weg zu einer Richtlinienwidrigkeit zwar ein weiter. Wenn man die Anteilsinhaber schon nicht – wie von der RIRL ermöglicht – als eigene Klasse in den Restrukturierungsplan einbezieht, hätte man in der ReO aber auf andere Weise sicherstellen können, dass diese sinnvolle Restrukturierungen nicht „grundlos verhindern oder erschweren" (etwa durch ausdrückliche Beschränkungen ihrer Weisungs- oder Zustimmungsbefugnisse, wenn selbige etwa mit einem von der Gläubigermehrheit getragenen Restrukturierungsplan im Widerspruch stehen).
113 RL (EU) 2017/1132 des Europäischen Parlaments und des Rates vom 14. 6. 2017 über bestimmte Aspekte des Gesellschaftsrechts, ABl L 2017/169, 46.
114 Art 58 Abs 1 (iZm Einberufung Hauptversammlung bei schwerem Verlust des gezeichneten Kapitals), Art 68 (iZm Kapitalerhöhung), Art 72 (iZm Barkapitalerhöhung), Art 73, 74, 79 Abs 1lit b, Art 80 Abs 1 und Art 81 (alle iZm Kapitalherabsetzung).

mehr als nur die wie in der österr Umsetzung erfolgte Sicherstellung, dass der gesetzliche Normalfall gilt. Insofern ist jedenfalls für AGs[115] unsicher, ob die österr Umsetzung richtlinienkonform ist.

4. Fazit

Im Bereich der gesellschaftsrechtlichen Organpflichten wird sich durch die ReO wohl nicht viel ändern. Es gibt insb *keine* mit einer Insolvenzantragspflicht vergleichbare Pflicht zur Beantragung eines Restrukturierungsverfahrens nach der ReO. Auch weiterhin ist die aussichtsreichste Sanierungsroute im Einzelfall zu beurteilen. Für die Praxis können die in § 1 Abs 3 ReO erfolgten „*Konkretisierungen*" aber zur Folge haben, dass Geschäftsleiter bei der Beurteilung von (Sanierungs-)Maßnahmen und Handlungsalternativen im Rahmen der *Business Judgement Rule gerade* auch die vom Gesetzgeber in der ReO und den ErläutRV skizzierten Schritte berücksichtigen und in der dazugehörigen Entscheidungsfindung und Dokumentation „abarbeiten" werden müssen.

Während aufrechter Vollstreckungssperre ruht die Insolvenzantragspflicht wegen Überschuldung und eine Haftung für das daran geknüpfte Zahlungsverbot ist weitestgehend ausgeschlossen. Die Geschäftsleitung darf sich darauf aber nicht ausruhen, die generelle Pflicht zur Insolvenzprüfung und die an die Zahlungsunfähigkeit geknüpften Pflichten gelten weiterhin. Im vereinfachten Restrukturierungsverfahren bestehen mangels Vollstreckungssperre auch weiterhin dieselben Haftungsrisiken wie bei außergerichtlichen Restrukturierungen.

Die Anteilsinhaber sind dem Regime der ReO im Grunde nicht unterworfen; ein *Debt-Equity-Swap* gegen deren Willen ist nicht vorgesehen. Es besteht zwar in engen Grenzen die Möglichkeit, dass das Gericht im Innenverhältnis zur Gesellschaft erforderliche Zustimmungsbeschlüsse der Anteilsinhaber ersetzt. Dies ändert aber nichts daran, dass bei einer Restrukturierung, bei der ein Beitrag oder die Mitwirkung der Anteilsinhaber erforderlich ist, im Vorfeld geklärt werden muss, ob deren Unterstützung gegeben ist. Mit dem Verfahren nach der ReO lässt sich eine solche Unterstützung nicht erzwingen.

---

115 Die angesprochenen Bestimmungen der RL (EU) 2017/1132 gelten nur für AGs (s Art 44 Abs 1 iZm Anh I).

Restrukturierung nach der ReO und Steuerrecht

Sabine Kanduth-Kristen

Gliederung **Seite**

1. Einleitung 221
2. Steuerliche Auswirkungen beim Schuldner 222
   2.1. Behandlung von Schulderlässen 222
      2.1.1. Ertragsteuer 222
      2.1.2. Umsatzsteuer 225
   2.2. Verwertung von Vermögensgegenständen 227
      2.2.1. Ertragsteuer 227
      2.2.2. Umsatzsteuer 228
   2.3. Verlustverrechnung bei Körperschaften 229
3. Steuerliche Fragen iZm dem Restrukturierungsbeauftragten 230
   3.1. Abgabenrechtliche Stellung des Schuldners und des Restrukturierungsbeauftragten 230
   3.2. Vorsteuerabzug für die Leistungen des Restrukturierungsbeauftragten 231
4. Zusammenfassung 232

Mit der Umsetzung des „Präventiven Restrukturierungsrahmens" in das nationale Recht tritt neben das Sanierungsverfahren gem IO ein weiteres, gerichtliches Verfahren zur Sanierung von Unternehmen. Der nachfolgende Beitrag beschäftigt sich mit den (möglichen) steuerlichen Auswirkungen eines Restrukturierungsverfahrens gem ReO und zeigt derzeit bestehende Regelungslücken im Steuerrecht auf.

1. Einleitung

In der Praxis wird die Aushandlung eines Schulderlasses mit bestimmten Gläubigern oder Gläubigergruppen ein zentraler Bestandteil des Restrukturierungsplans nach der ReO sein.[1] Daneben kommen andere finanzielle Sanierungsmaßnahmen wie etwa die Veräußerung von nicht betriebs-notwendigen Vermögensgegenständen oder die Neuverhandlung von Finanzierungsrahmen und Finanzierungsfristen in Betracht. Insb der Erlass betrieblicher Schulden im Rahmen eines Verfahrens nach der ReO führt zu steuerlichen Folgen, für die der Gesetzgeber bislang noch keine Begleitmaßnahmen vorgesehen hat.[2] Der Beitrag beleuchtet die steuerlichen Auswirkungen von Restrukturierungsmaßnahmen[3] für den Schuldner, zeigt Regelungs-

---

1   Vgl *Mohr*, Die Richtlinie über die Restrukturierung und Insolvenz – ein kurzer Gesamtüberblick, ZIK 2019/115, 86 (87); ErläutRV 950 BlgNR 27. GP 1. Forderungserlässe oder -kürzungen zählen zu den Restrukturierungsmaßnahmen iSd § 1 Abs 2 ReO (vgl ErläutRV 950 BlgNR 27. GP 4) und sind in § 28 ReO ausdrücklich als mögliche Maßnahme vorgesehen.
2   Zur Notwendigkeit steuerlicher Begleitmaßnahmen s bereits *Kanduth-Kristen*, Richtlinie über Restrukturierung und Insolvenz: Zur Notwendigkeit steuerlicher Begleitmaßnahmen, ZIK 2019/255, 216 (216 ff). Der vorliegende Beitrag lehnt sich an diesen Beitrag an und führt die dort angestellten Überlegungen fort.
3   Forderungen des Fiskus fallen nicht unter die ausgenommenen Forderungen gem § 3 ReO, daher können bei Verfahrenseinleitung bestehende Steuerschulden Gegenstand eines Restrukturierungsplans sein und

bedarf auf und geht auf steuerliche Fragen ein, die sich iZm der Bestellung eines Restrukturierungsbeauftragten im Verfahren ergeben können.

2. Steuerliche Auswirkungen beim Schuldner

2.1. Behandlung von Schulderlässen

2.1.1. Ertragsteuer

Ein Erlass betrieblicher[4] Schulden im Rahmen eines Restrukturierungsplans[5] ist als Gewinn zu erfassen, der in Abhängigkeit von der Rechtsform des Unternehmens der Einkommensteuer (bei natürlichen Personen als Einzelunternehmer und Mitunternehmer betrieblich tätiger Personengesellschaften) oder der Körperschaftsteuer (bei juristischen Personen) unterliegt. Gem § 39 Abs 1 ReO wird der Schuldner bei einer Forderungskürzung im Rahmen eines vom Gericht bestätigten[6] Restrukturierungsplans von der Verbindlichkeit befreit, den betroffenen Gläubigern den Ausfall, den sie erleiden, nachträglich zu ersetzen oder für die sonst gewährte Begünstigung nachträglich aufzukommen. Die Formulierung und somit auch die Rechtsfolge[7] entspricht sinngemäß jener in § 156 Abs 1 IO zum rechtskräftig bestätigten Sanierungsplan, bezieht sich allerdings nur auf die unter den Restrukturierungsplan fallenden Forderungen jener Gläubiger, die von diesem betroffen sind. Der Gewinn ergibt sich bei Gewinnermittlung durch Betriebsvermögensvergleich gem § 4 Abs 1 oder § 5 EStG durch die Vermehrung des Betriebsvermögens aufgrund des (teilweisen) Wegfalls der Betriebsschulden. Bei Gewinnermittlung durch Einnahmen-Ausgaben-Rechnung führt der (teilweise) Wegfall jener Schulden zu einem Gewinn, deren Begleichung keine Betriebsausgabe darstellen würde, dies betrifft insb den Wegfall von Bankverbindlichkeiten.[8]

Ertragsteuerlich wird der Gewinn aus dem Schulderlass nach der Rechtsprechung und Verwaltungspraxis zum gerichtlichen Insolvenzverfahren nicht schon mit der gerichtlichen Bestätigung des Restrukturierungsplans (§ 34 ReO) verwirklicht, sondern erst in dem Zeitpunkt, in dem die im Restrukturierungsplan vereinbarte Quote geleistet wird. Wird die Quote in Raten entrich-

---

ggf einer (Einzel-)Vollstreckungssperre unterliegen. Darauf wird in der Folge allerdings nicht explizit eingegangen.

[4] Der Erlass privater Schulden hat ertragsteuerlich keine Auswirkungen. Insb bei Einzelunternehmern ist daher auf eine korrekte Trennung der betrieblichen und der privaten Sphäre zu achten (s dazu *Kanduth-Kristen* in *Kanduth-Kristen/Laudacher/Lenneis/Marschner/Peyerl*, Jahreskommentar EStG[14] [2021] § 36 Rz 11).

[5] Der Schulderlass muss betrieblich veranlasst sein, davon ist bei Fremdgläubigern im Rahmen eines Verfahrens nach der ReO auszugehen. Sind (Darlehens-)Forderungen von Gesellschaftern betroffen, liegt eine Einlage vor, wenn der Verzicht im Gesellschaftsverhältnis veranlasst ist, was im Einzelfall zu prüfen ist. Bei Kapitalgesellschaften wird bei einem Forderungsverzicht aufseiten des Gesellschafters der nicht mehr werthaltige Teil der Forderung gem § 8 Abs 1 KStG steuerwirksam.

[6] Der Restrukturierungsplan bedarf gem § 34 Abs 1 ReO jedenfalls der Bestätigung durch das Gericht (vgl dazu ErläutRV 950 BlgNR 27. GP 19).

[7] ErläutRV 950 BlgNR 27. GP 22.

[8] Siehe dazu ua *Heinrich* in *Doralt/Kirchmayr/Mayr/Zorn*, Einkommensteuergesetz (15. Lfg; 2011) § 36 Rz 48 ff; *Kanduth-Kristen* in *Kanduth-Kristen/Laudacher/Lenneis/Marschner/Peyerl*, Jakom EStG[14] § 36 Rz 13. Schulden wie zB Warenschulden, deren Bezahlung zu einer Betriebsausgabe führen würde, haben sich noch nicht gewinnmindernd ausgewirkt, sodass auch deren Wegfall zu keiner Gewinnerhöhung führt.

tet, entsteht der Gewinn aus dem Schulderlass sukzessive entsprechend der geleisteten Ratenzahlungen.[9] Laufende Verluste und Verlustvorträge aus Vorjahren sind mit dem Gewinn aus dem Schulderlass zu verrechnen.[10] Die Ertragsteuer, die sich ggf aus dem Schulderlass ergibt (25 % der Bemessungsgrundlage im Anwendungsbereich des KStG, bis zu 55 % im Anwendungsbereich des EStG), ist als künftige Ertragsteuerforderung nicht vom Restrukturierungsplan erfasst[11] und stellt damit für den Schuldner eine aus der Erfüllung des Restrukturierungsplans resultierende Belastung dar, auf die mit Blick auf den Sanierungserfolg Bedacht zu nehmen ist. Gem § 3 Abs 1 ReO sind vom Restrukturierungsverfahren ua nach Einleitung des Restrukturierungsverfahrens entstehende Forderungen ausgeschlossen. Für die Abgrenzung wird auf § 46 Z 1, 2, 4, 5 und 6 IO verwiesen.[12]

Zur steuerlichen Entlastung von Sanierungsvorgängen sehen die §§ 36 EStG und 23a KStG Begünstigungen für Gewinne aus Schulderlässen (EStG) bzw Sanierungsgewinne (KStG) in Form einer abweichenden Steuerfestsetzung bzw Steuerberechnung vor.[13] Die Regelungen erfassen allerdings lediglich Schulderlässe bzw Sanierungsgewinne aufgrund eines gerichtlichen Insolvenzverfahrens. § 36 EStG betrifft Gewinne aus Schulderlässen, die durch die Erfüllung eines Sanierungsplans gem §§ 140–156 IO, eines Zahlungsplans (§§ 193–198 IO) oder durch die Erteilung einer Restschuldbefreiung nach Durchführung eines Abschöpfungsverfahrens (§§ 199–216 IO) entstanden sind. § 23a KStG regelt die Berechnung der Steuer für Sanierungsgewinne aufgrund der Erfüllung der Sanierungsplanquote nach Abschluss eines Sanierungsplans gem §§ 140–156 IO. Aufgrund der abweichenden Steuerfestsetzung bzw Steuerberechnung ist die Ertragsteuer auf den Gewinn aus dem Schulderlass bzw Sanierungsgewinn lediglich in Höhe der im Insolvenzverfahren festgelegten Quote zu entrichten. Der Fiskus verzichtet daher in dem Ausmaß auf die Ertragsteuer auf diesen Gewinn, in dem auch die übrigen Gläubiger auf ihre Forderungen verzichten.[14]

Für den außergerichtlichen Ausgleich existiert keine gesetzliche Regelung betreffend die Behandlung von Gewinnen aus Schulderlässen bzw Sanierungsgewinnen. Ein Rechtsanspruch auf eine abweichende Steuerfestsetzung bzw Steuerberechnung besteht daher im außergerichtlichen Bereich nicht.[15] Nach EStR 2000 Rz 7272 sowie nach KStR 2013 Rz 1538[16] sind die Abgabenbehörden jedoch gem § 206 Abs 1 lit b BAO befugt, in Sanierungsfällen im Rahmen eines außergerichtlichen Ausgleichs von der Abgabenfestsetzung in einer dem § 36 EStG bzw § 23a

---

9 Vgl VwGH 24. 5. 1993, 92/15/0041; 23. 11. 2011, 2009/13/0041; EStR 2000 (idF BMF GZ 2021-0.103.726 vom 6. 5. 2021, abrufbar unter findok.bmf.gv.at/findok [abgefragt am 13. 8. 2021]) Rz 7270; KStR 2013 (idF BMF-010216/0005-IV/6/2019 vom 28. 11. 2019, abrufbar unter findok.bmf.gv.at/findok [abgefragt am 13. 8. 2021]) Rz 1523.
10 Zur Verlustvortragsgrenze gem § 8 Abs 4 Z 2 lit a KStG bei Körperschaften s Pkt 2.3.
11 Siehe dazu *Kahlert*, Hat das Steuerrecht die Macht, den von der EU-Kommission vorgeschlagenen präventiven Restrukturierungsrahmen außer Kraft zu setzen? NZI-Beilage 2017/1, 52 (55).
12 Siehe dazu auch Pkt 2.1.2.
13 Zur Begünstigung iZm einem Nachlass von Warenschulden bei einem Einnahmen-Ausgaben-Rechner s EStR 2000 Rz 7269a.
14 In der Wirkung entspricht dies de facto der Einordnung dieser Steuerforderung als Insolvenzforderung.
15 Vgl *Heinrich* in *Doralt/Kirchmayr/Mayr/Zorn*, EStG § 36 Rz 62; *Kanduth-Kristen* in *Kanduth-Kristen/Laudacher/Lenneis/Marschner/Peyerl*, Jakom EStG[14] § 36 Rz 32.
16 Die Einkommensteuerrichtlinien (EStR) und Körperschaftsteuerrichtlinien (KStR) stellen als Erlässe des Bundesministeriums für Finanzen Auslegungsbehelfe dar, aus denen über die gesetzlichen Bestimmungen hinausgehende Rechte und Pflichten nicht abgeleitet werden können.

KStG vergleichbaren Weise Abstand zu nehmen. Voraussetzung ist, dass der Schulderlass die Voraussetzungen eines Sanierungsgewinnes (Vorliegen von Sanierungsbedürftigkeit, Sanierungsabsicht und Sanierungseignung)[17] erfüllt, wobei es aber im Anwendungsbereich des EStG auf die Betriebsfortführung nicht ankommt (wohl aber im Anwendungsbereich des KStG). Die Abgabenbehörden haben bei einer Abstandnahme von der Abgabenfestsetzung in einer dem § 36 EStG vergleichbaren Weise (bei natürlichen Personen) darauf Bedacht zu nehmen, inwieweit die dem Schulderlass zugrunde liegende wirtschaftliche Situation auf unangemessen hohe Entnahmen zurückzuführen ist bzw inwieweit sich die zum Schulderlass Anlass gebenden Verluste bereits steuerlich ausgewirkt haben. Es besteht daher für außergerichtliche Vorgänge eine Richtlinienregelung, die für die Gerichte allerdings nicht bindend ist und bei deren Anwendung aufgrund des fehlenden rechtlichen Rahmens strengere Maßstäbe angelegt werden als im gerichtlichen Verfahren.

Mit der Umsetzung des präventiven Restrukturierungsrahmens in der ReO[18] in Form eines gerichtlichen Restrukturierungsverfahrens wird eine gesetzliche Regelung für eine vorinsolvenzliche Sanierung im Falle einer „wahrscheinlichen Insolvenz" (likelyhood of insolvency, s § 6 Abs 1 ReO) eingeführt. Das Restrukturierungsverfahren steht juristischen und natürlichen Personen offen, die ein Unternehmen betreiben (mit Ausnahme der in § 2 Abs 1 ReO genannten Schuldner). Kern des Verfahrens ist der Restrukturierungsplan, der die Restrukturierungsmaßnahmen enthält und vor allem auch eine Kürzung von Gläubigerforderungen vorsehen kann.[19] Sollten nur Finanzgläubiger betroffen sein, kann ein vereinfachtes Verfahren durchgeführt werden, in dem eine vom Gericht zu bestätigende Restrukturierungsvereinbarung gem § 45 ReO vorzulegen ist, der für alle in der Vereinbarung genannten betroffenen und vom Gericht einvernommenen Gläubiger die Wirkungen eines Restrukturierungsplans zukommen. Vor dem Hintergrund des Ziels der Regelung – Abwendung der Insolvenz und Sicherung der Bestandfähigkeit des Unternehmens – wäre es wünschenswert und auch zielführend, die Regelungen der §§ 36 EStG und 23a KStG auf Schulderlässe aufgrund eines Restrukturierungsplans bzw einer Restrukturierungsvereinbarung auszudehnen.

Die für das Vorliegen eines Sanierungsgewinnes gem § 23a KStG erforderlichen Kriterien der allgemeinen Sanierungsmaßnahme, Sanierungsbedürftigkeit, Sanierungsabsicht und Sanierungseignung werden bei Annahme und gerichtlicher Bestätigung eines Restrukturierungsplans bzw einer Restrukturierungsvereinbarung iSd ReO idR erfüllt sein.[20] In den Restrukturierungsplan bzw in die Restrukturierungsvereinbarung müssen zwar nicht alle Gläubiger einbezogen werden, doch muss das Ziel der Abwendung einer wahrscheinlichen Insolvenz angestrebt werden und erreichbar erscheinen. Daher sollte das Kriterium der allgemeinen Sanierungsmaßnahme, das nach hA einzelfallbezogen zu beurteilen ist und für das die Einbeziehung sämtlicher Gläubiger nicht erforderlich ist,[21] mE als gegeben angesehen werden können. Die Kriterien der Sanierungsbedürftigkeit (Stichwort: likelyhood of insolvency), der Sanierungsabsicht (Verzicht der Gläubiger zum Zwecke der Sanierung des Unternehmens) und der Sanierungseignung (Vermeidung

---

17 Vgl zu diesen Kriterien KStR 2013 Rz 1524 ff sowie *Blasina* in *Renner/Strimitzer/Vock*, Die Körperschaftsteuer (KStG 1988) (28. Lfg; 2016) § 23a Rz 14 ff.
18 Eingeführt mit dem RIRUG vom 26. 7. 2021.
19 Vgl ErläutRV 950 BlgNR 27. GP 1.
20 Ähnlich für die dt Rechtslage *Fischer*, Steuerrechtliche Implikationen des StaRUG, NZI-Beilage 2021, 69 (71).
21 Vgl KStR 2013 Rz 1525; s auch *Blasina* in *Renner/Strimitzer/Vock*, KStG § 23a Rz 25.

des Zusammenbruchs und Wiederherstellung der Ertragsfähigkeit des Unternehmens) werden aufgrund der Zielsetzungen des Verfahrens (Abwendung der Insolvenz, Sicherung der Bestandfähigkeit) ebenfalls erfüllt sein.[22]

Der Fiskus sollte daher (wie in einem gerichtlichen Sanierungsplanverfahren) einen Beitrag zum Gelingen des Restrukturierungsplans bzw der Restrukturierungsvereinbarung in der Form leisten, dass er im selben Verhältnis auf die Ertragsteuer aus dem Schuldelass (durch abweichende Steuerfestsetzung bzw Steuerberechnung) verzichtet, wie dies die am Restrukturierungsplan bzw an der Restrukturierungsvereinbarung teilnehmenden Gläubiger in Bezug auf ihre Forderungen tun. Dies wäre durch eine Erweiterung der Tatbestandsvoraussetzungen in § 36 EStG und § 23a KStG auf Restrukturierungsverfahren nach der ReO erreichbar.[23]

Anders als beim Sanierungsplanverfahren muss in einem Restrukturierungsplan nach der ReO keine einheitliche Quote vorgeschlagen werden. Bei der abweichenden Steuerfestsetzung gem § 36 EStG und bei der Steuerberechnung nach § 23a KStG wäre daher jeweils von den mit den Gruppen von Gläubigern vereinbarten Quoten auszugehen und eine „Mischquote" in Bezug auf den vom Restrukturierungsplan oder der Restrukturierungsvereinbarung betroffenen Forderungsbetrag zu ermitteln. Voll zu befriedigende bzw besicherte Gläubiger und solche, die am Restrukturierungsverfahren nicht teilnehmen, sind dabei mE nicht zu berücksichtigen.

> **Beispiel:**
>
> In einem Restrukturierungsverfahren verzichten Gläubiger mit Forderungen iHv 180.000 € auf ein Drittel der Forderungen (Quote 66,67 %), Gläubiger mit Forderungen iHv 120.0000 € verzichten auf die Hälfte der Forderungen (Quote 50 %). Forderungen iHv 100.000 € sind besichert und werden voll befriedigt. Die „Mischquote" beträgt 60 % (Quotenzahlung iHv 180.000 € im Verhältnis zu den betroffenen Gesamtforderungen von 300.000 €).

2.1.2. Umsatzsteuer

Sind von dem Schuldenerlass im Rahmen eines Restrukturierungsverfahrens auch Verbindlichkeiten aus Leistungsbeziehungen betroffen, für die dem Schuldner der Vorsteuerabzug zustand (insb Verbindlichkeiten aus Lieferungen und sonstigen Leistungen), ist eine Korrektur der Vorsteuer gem § 16 Abs 3 Z 1 UStG wegen Uneinbringlichkeit des Entgelts vorzunehmen.[24] Die in dem nachgelassenen Verbindlichkeitsbetrag enthaltene Vorsteuer ist an das Finanzamt zurückzuzahlen. Insoweit entsteht ertragsteuerlich kein Gewinn aus dem Schuldenerlass.

---

[22] Selbst im Falle eines klassenübergreifenden Cram-Downs ist erforderlich, dass der Restrukturierungsplan von einer signifikanten Gruppe von Gläubigern mitgetragen wird (vgl *Jurgutyte-Ruez/Urthaler*, Der präventive Restrukturierungsrahmen in der Restrukturierungs-RL, ZIK 2019/116, 91 [99]).

[23] Ergänzung einer Z 4 in § 36 Abs 2 EStG „4. Wegfall von Schulden durch Erfüllung eines Restrukturierungsplans (§§ 27 ff ReO) oder einer Restrukturierungsvereinbarung (§ 45 ReO)" sowie entsprechende Ergänzung in § 23a Abs 2 KStG.

[24] Auf der anderen Seite kann der Lieferant gem § 16 UStG die Umsatzsteuer korrigieren und vom Finanzamt zurückfordern.

> **Beispiel:**
>
> In einem Restrukturierungsverfahren verzichten Lieferanten mit Forderungen iHv 120.000 € brutto inkl 20 % Umsatzsteuer auf die Hälfte der Forderungen (Quote 50 %). Dem Schuldner stand ursprünglich ein Vorsteuerabzug iHv 20.000 € zu. Die Quotenzahlung beträgt 60.000 €. Von den verbleibenden 60.000 € sind 10.000 € (darin enthaltene Umsatzsteuer iHv 20 %) als Vorsteuerkorrektur iSd § 16 UStG an das Finanzamt zurückzuzahlen, der Gewinn aus dem Schulderlass beläuft sich auf 50.000 €.

Im Rahmen eines Insolvenzverfahrens nach der IO ist die Vorsteuerkorrektur für die vor dem Verfahren entstandene Lieferantenverbindlichkeiten als Insolvenzforderung iSd § 51 IO einzustufen und am Verfahrensende bloß quotenmäßig zu befriedigen.[25] Dies wird damit begründet, dass die (teilweise) Uneinbringlichkeit der gegenüber dem Schuldner bestehenden Forderungen der Lieferanten, die zu einer Vorsteuerkorrektur führt, aufgrund der Tatbestandsvoraussetzung der Zahlungsunfähigkeit idR bereits vor der Eröffnung des Insolvenzverfahrens eingetreten ist. Die Vorsteuerkorrektur stellt daher keine Masseforderung iSd § 46 Z 2 IO dar.

Gem § 3 Abs 1 Z 3 ReO sind vom Restrukturierungsverfahren nach Einleitung des Restrukturierungsverfahrens entstehende Forderungen ausgeschlossen. Für die Abgrenzung wird auf § 46 Z 1, 2, 4, 5 und 6 IO verwiesen. Forderungen, die gem § 46 Z 1, 2, 4, 5 und 6 IO als Masseforderungen einzustufen wären, sind daher vom Verfahren ausgenommen. In Bezug auf die Vorsteuerkorrektur gem § 16 UStG wegen Uneinbringlichkeit des Entgelts, die im Insolvenzverfahren eine Insolvenzforderung darstellt und nicht unter § 46 Z 2 IO fällt, ist allerdings zu beachten, dass diese in einem Restrukturierungsverfahren in Bezug auf die im Restrukturierungsplan erfassten Lieferantenverbindlichkeiten des Schuldners wohl erst nach der Einleitung des Restrukturierungsverfahrens entsteht. Eine Uneinbringlichkeit des Entgelts wird vor diesem Zeitpunkt idR nicht anzunehmen sein, da die Einleitung des Verfahrens zwar eine wahrscheinliche Insolvenz (und damit idR drohende Zahlungsunfähigkeit[26]) voraussetzt, nicht aber die eingetretene Zahlungsunfähigkeit des Schuldners. Bei „offenkundiger" Zahlungsunfähigkeit ist der Antrag auf Einleitung gem § 7 Abs 3 ReO vielmehr unzulässig.[27] Für zahlungsunfähige Schuldner sollte die Sanierung nicht im Rahmen eines Restrukturierungsverfahrens, sondern im Rahmen eines Insolvenzverfahrens nach der IO stattfinden.[28] Für die Auslösung einer Umsatzsteuer- und Vorsteuerkorrektur gem § 16 UStG wegen Uneinbringlichkeit des Entgelts reicht nach der Rechtsprechung des VwGH[29] eine bloße Zweifelhaftigkeit der Einbringlichkeit nicht aus, denn Uneinbringlichkeit ist „mehr als bloße Dubiosität, nämlich Realität und nicht Vermutung". Die Eröffnung eines Restrukturierungsverfahrens ändert zudem für die Gläubiger – anders als die Eröffnung eines Insolvenzverfahrens – vorerst nichts an den Durchset-

---

[25] Siehe dazu *Kanduth-Kristen* in *Berger/Bürgler/Kanduth-Kristen/Wakounig*, UStG-ON³ (2018) § 16 Rz 97; UStR 2000 Rz 2405.

[26] Gem § 6 Abs 2 ReO wird die wahrscheinliche Insolvenz auch vermutet, wenn die Eigenmittelquote 8 % unterschreitet und die fiktive Schuldentilgungsdauer 15 Jahre übersteigt.

[27] Die Einleitung eines Restrukturierungsverfahrens bei einem tatsächlich bereits zahlungsunfähigen Schuldner ist daher wohl nur im Ausnahmefall (nicht „offenkundige" Zahlungsunfähigkeit) denkbar.

[28] Vgl ErläutRV 950 BlgNR 27. GP 7.

[29] Vgl VwGH 23. 11. 1987, 87/15/0060; 23. 1. 1989, 87/15/0031; 20. 10. 2004, 2001/14/0128.

zungsmöglichkeiten in Bezug auf ihre Forderungen. Auch die Bewilligung einer Vollstreckungssperre[30] gem § 19 ReO setzt voraus, dass der Schuldner nicht zahlungsunfähig ist. Die Rechtswirkungen der Vollstreckungssperre treten gem § 21 Abs 2 ReO erst mit Zustellung der Bewilligung an den jeweiligen Gläubiger ein. Abgesehen davon, dass dieser Zeitpunkt nach Einleitung des Restrukturierungsverfahrens liegt, bedeutet auch eine verhängte (Einzel-)Vollstreckungssperre noch nicht, dass die von der Vollstreckungssperre umfassten Verbindlichkeiten des Schuldners uneinbringlich sind.

Zusammenfassend ist daher mE davon auszugehen, dass die Vorsteuerkorrektur gem § 16 UStG iZm den gegenüber dem Schuldner bestehenden und aufgrund des Restrukturierungsplanes nicht voll zu befriedigenden Lieferantenverbindlichkeiten in voller Höhe an das Finanzamt abzuführen ist.[31] Je nach Höhe der vom Restrukturierungsplan umfassten Lieferantenverbindlichkeiten und der ausverhandelten Quote kann die Verpflichtung zur Vorsteuerrückzahlung eine nicht unwesentliche Liquiditätsbelastung darstellen, auf die Bedacht zu nehmen ist.[32] Zwar haben die Vorsteuern anlässlich ihrer Geltendmachung die Liquidität des Unternehmens erhöht, diese Mittel werden aber vielfach im Unternehmen nicht mehr vorhanden sein. Die prozentuelle Belastung durch die Vorsteuerkorrektur ist dabei umso höher, je höher der Schuldnachlass durch den Lieferanten (und damit je geringer die Quotenzahlung) ausfällt. Bei einem nicht zahlungsunfähigen Schuldner wird die Vorsteuerkorrektur mE (erst) durch die Annahme und Bestätigung des Restrukturierungsplans ausgelöst. Sie sollte im Finanzplan gem § 27 Abs 7 lit e ReO berücksichtigt werden.

Zur Vermeidung der Vorsteuerkorrektur könnte geprüft werden, ob die Umwandlung der Lieferantenforderung in ein Darlehen in Betracht kommt.[33] Beschränkt sich der Restrukturierungsplan auf Gläubiger, denen gegenüber keine mit Umsatzsteuer belasteten Verbindlichkeiten bestehen, tritt die Problematik der Vorsteuerkorrektur nicht auf.

2.2. Verwertung von Vermögensgegenständen

2.2.1. Ertragsteuer

Bei der Ausarbeitung des Restrukturierungsplans ist zu beachten, dass Ertragsteuern aus der Aufdeckung stiller Reserven infolge der Verwertung von Vermögensgegenständen des Schuldners (wenn eine Verrechnung mit Verlustvorträgen nicht möglich ist) zu einer in voller Höhe zu begleichenden Verbindlichkeit gegenüber dem Fiskus und damit zu einer Liquiditätsbelas-

---

30 Die ReO sieht aber weder eine Prozesssperre noch eine Stundung von Forderungen vor (vgl ErläutRV 950 BlgNR 27. GP 11). Während der Vollstreckungssperre ruht allerdings die Verpflichtung des Schuldners, die Eröffnung eines Insolvenzverfahrens wegen Überschuldung zu beantragen (§ 24 Abs 1 ReO).
31 Aus unionsrechtlicher Sicht ist zudem darauf hinzuweisen, dass die Mitgliedstaaten dazu verpflichtet sind, die Erhebung der gesamten in ihrem Hoheitsgebiet geschuldeten Mehrwertsteuer sowie eine wirksame Erhebung der Eigenmittel der Union zu gewährleisten. Dieser Grundsatz ist zu berücksichtigen, wenn eine Mehrwertsteuerforderung nur teilweise befriedigt werden soll, denn die Maßnahme darf keinen allgemeinen und undifferenzierten Verzicht auf die Erhebung der Mehrwertsteuer darstellen (vgl EuGH 7. 4. 2016, C-546/14, *Degano Trasporti*).
32 Zur Wirkung der Vorsteuerkorrektur s *Kanduth-Kristen*, ZIK 2019/255, 216 (220).
33 Vgl *Kahlert*, Steuerliche Aspekte eines Restrukturierungsplans und eines Sanierungsvergleichs, WPg 2021, 867 (872).

tung des Schuldners führen.³⁴ Im Rahmen eines gerichtlichen Sanierungsverfahrens stellen Ertragsteuern aus der Verwertung von Massevermögen nach Insolvenzeröffnung durch den Insolvenzverwalter eine Masseforderung dar und fallen unter § 46 Z 2 IO. Eine Einbeziehung in den Restrukturierungsplan kommt daher für solche Steueransprüche, die erst während des Verfahrens entstehen, nicht in Betracht.³⁵ Hinzuweisen ist auch darauf, dass die aus der Verwertung von Liegenschaften resultierende Immobilienertragsteuer bei natürlichen Personen unmittelbar nach Zufluss des Veräußerungserlöses – und damit uU während der Restrukturierungsphase – zu entrichten ist.

2.2.2. Umsatzsteuer

Grundsätzlich stellt die Umsatzsteuer aus der Verwertung von Vermögensgegenständen des Schuldners eine Durchlaufposition dar (Verrechnung an den Käufer, Abfuhr an das Finanzamt). Belastungen aus dem Titel der Umsatzsteuer könnten sich jedoch aus der Verwertung von pfandrechtlich belasteten Liegenschaften im Rahmen der Restrukturierung ergeben, wenn für die Veräußerung gem § 6 Abs 2 UStG zur Umsatzsteuer optiert wird oder wenn im Falle der Nichtoption eine Vorsteuerkorrektur gem § 12 Abs 10 UStG anfällt.³⁶ Besicherte Gläubiger können in den Restrukturierungsplan einbezogen werden, es kann hierbei aber auch zwischen dem gesicherten und dem nicht gesicherten Teil der Forderung differenziert werden. Soweit dem Gläubiger der Erlös aus der Verwertung aufgrund seiner pfandrechtlichen Sicherstellung zur Gänze zukommt, ergibt sich für den Schuldner in der genannten Konstellation eine aus der Option zur Umsatzsteuer oder – im Falle der Nichtoption – eine aus einer Vorsteuerkorrektur gem § 12 Abs 10 UStG resultierende Steuerbelastung, der kein oder kein ausreichender Liquiditätszufluss gegenübersteht. Im Insolvenzfall würde die mit Pfandrechten belastete Liegenschaft eine Sondermasse iSd § 48 IO darstellen, die aufgrund der Option gem § 6 Abs 2 UStG anfallende Umsatzsteuer wäre als Sondermasseforderung iSd § 49 Abs 1 IO einzustufen, die vorab aus dem Verwertungserlös zu berichten ist. Eine Vorsteuerkorrektur gem § 12 Abs 10 UStG stellt im Insolvenzverfahren nach der Rechtsprechung des OGH eine bloß quotenmäßig zu befriedigende Insolvenzforderung dar.³⁷ Die Insolvenzmasse wird daher in beiden Fällen entweder nicht (Option zur Umsatzsteuer gem § 6 Abs 2 UStG) oder nicht voll (Vorsteuerberichtigung gem § 12 Abs 10 UStG) belastet.

Im Restrukturierungsverfahren gibt es das Institut der Sondermassekosten iSd § 49 Abs 1 IO nicht. Eine aus einer Option zur Steuerpflicht resultierende Umsatzsteuerbelastung ist somit unter Berücksichtigung der pfandrechtlichen Sicherstellung des Gläubigers zu kalkulieren. Für die Abgrenzung der vom Restrukturierungsverfahren ausgeschlossenen Forderungen verweist § 3 Abs 1 Z 3 ReO auf § 46 Z 1, 2, 4, 5 und 6 IO. Aus dem Verweis auf § 46 Z 2 IO, der ua auch die Einordnung von Steueransprüchen regelt, könnte nun geschlossen werden, dass eine (wegen einer als Restrukturierungsmaßnahme vorgesehenen Liegenschaftsveräußerung

---

34 Kritisch im Hinblick auf die Zielsetzungen der RIRL *Roth*, Notwendige steuerrechtliche Rahmenbedingungen für das vorinsolvenzliche Restrukturierungsverfahren, NZI-Beilage 2019/1, 51 (52 f).
35 Siehe auch *Kahlert*, NZI-Beilage 2017/1, 52 (55).
36 Zur Option zur Umsatzsteuer für Grundstücksveräußerungen sowie zur Vorsteuerkorrektur gem § 12 Abs 10 UStG s ua *Ruppe/Achatz*, Umsatzsteuergesetz⁵ (2018) § 6 Rz 249/1 ff und § 12 Rz 285 ff.
37 Vgl OGH 27. 11. 1997, 8 Ob 2244/96z; 25. 2. 2000, 8 Ob 144/99f; 27. 4. 2000, 8 Ob 226/99i; 21. 12. 2000, 8 Ob 85/00h.

absehbare) Vorsteuerberichtigung gem § 12 Abs 10 UStG, die im Falle eines Insolvenzverfahrens nach der Rechtsprechung des OGH als Insolvenzforderung einzustufen wäre, im Restrukturierungsplan berücksichtigt werden kann. Dabei ist allerdings zu bedenken, dass die Steuerforderung zum Zeitpunkt der Einleitung des Verfahrens als solche noch nicht besteht. Der Umgang mit solchen Steuerforderungen bedarf daher mE noch einer Klärung.

2.3. Verlustverrechnung bei Körperschaften

§ 8 Abs 4 Z 2 lit a KStG sieht vor, dass der Verlustvortrag bei Körperschaften nur im Ausmaß von 75 % des Gesamtbetrags der Einkünfte zusteht. 25 % des Gesamtbetrags der Einkünfte sind (nach Abzug allfälliger weiterer Sonderausgaben iSd § 8 Abs 4 Z 1 KStG)[38] auch bei Bestehen von Verlustvorträgen der Körperschaftsteuer zu unterwerfen. Die Verlustvortragsgrenze gilt allerdings gem § 8 Abs 4 Z 2 lit b KStG ua nicht für Sanierungsgewinne gem § 23a KStG sowie für Gewinne, die in Veranlagungszeiträumen anfallen, die von einem Insolvenzverfahren betroffen sind. Damit wird eine volle Verrechenbarkeit von Sanierungsgewinnen sowie von laufenden Gewinnen ermöglicht, die während eines Insolvenzverfahrens anfallen.[39] Die Aufhebung der Vortragsgrenze gilt nach Ansicht der Finanzverwaltung auch für Sanierungsgewinne aufgrund von außergerichtlichen Ausgleichen, denn die Anwendbarkeit des § 23a KStG ist nicht Voraussetzung für die Aufhebung der Verlustvortragsgrenze.[40] Mit der vollen Verrechnung von Verlustvorträgen in Zeiträumen, die von einem Insolvenzverfahren betroffen sind, soll eine ertragsteuerliche Entlastung von Konkurs- und Sanierungsverfahren nach der IO bewirkt werden. In zeitlicher Hinsicht sind Veranlagungszeiträume von der Eröffnung des Insolvenzverfahrens bis zu dessen Aufhebung betroffen.[41]

Für Körperschaften sollte auch im Rahmen des präventiven Restrukturierungsrahmens eine volle Verrechnung von Verlustvorträgen vorgesehen werden. Sanierungsgewinne, die aufgrund eines Restrukturierungsplans erzielt werden, sind bereits nach der geltenden Rechtslage iVm der von der Finanzverwaltung in KStR 2013 Rz 992b vertretenen Meinung von der Verlustvortragsgrenze ausgenommen, wenn die Kriterien der allgemeinen Sanierungsmaßnahme, Sanierungsbedürftigkeit, Sanierungsabsicht und Sanierungseignung als erfüllt angesehen werden.[42] Für laufende Gewinne, die etwa aus dem Verkauf von Vermögenswerten im Rahmen der Restrukturierung erzielt werden, könnte eine Ausnahme von der Vortragsgrenze vergleichbar der Regelung für Insolvenzverfahren vorgesehen werden. Das Restrukturierungsverfahren nach der ReO zielt auf die Abwendung der Zahlungsunfähigkeit (und damit auf die Vermeidung eines Insolvenzverfahrens) und auf die Sicherung der Bestandfähigkeit des Unternehmens ab (§ 1 Abs 1 ReO) und wird unter gerichtlicher Aufsicht geführt. Die ertragsteuerliche Entlastung durch die volle Verrechnung von bestehenden Verlustvorträgen erscheint daher ebenso ge-

---

[38] Bei § 7 Abs 3-Körperschaften werden allerdings in Bezug auf diese Ausgaben idR ohnehin Betriebsausgaben vorliegen, sodass für den Abzug als Sonderausgaben kaum ein Raum verbleibt.
[39] Siehe dazu *Raab/Renner* in *Renner/Strimitzer/Vock*, KStG (32. Lfg; 2019) § 8 Rz 1364 sowie KStR 2013 Rz 992b.
[40] Vgl KStR 2013 Rz 992b.
[41] Näher dazu KStR 2013 Rz 992b.
[42] Wie unter Pkt 2.1.1. dargestellt, wird mE davon auszugehen sein, dass die Gewinne aus Schulderlässen, die auf die Erfüllung eines Restrukturierungsplans zurückzuführen sind, unter den Begriff des Sanierungsgewinnes fallen.

rechtfertigt, wie die Entlastung im Falle eines Insolvenzverfahrens nach der IO. Die Aufhebung der Verlustvortragsgrenze könnte in § 8 Abs 4 Z 2 lit b KStG daher (analog zu TS 2) auch für Zeiträume, normiert werden, die von einem Restrukturierungsverfahren betroffen sind. Auch das Restrukturierungsverfahren ist ein vor Gericht geführtes Verfahren, das auf Antrag des Schuldners durch Beschluss des Gerichts (§ 7 Abs 5 ReO) eingeleitet wird und entweder mit dem Eintritt der Rechtskraft der Bestätigung des Restrukturierungsplans (bzw der Restrukturierungsvereinbarung im vereinfachten Restrukturierungsverfahren gem § 45 ReO) aufgehoben oder aus den in § 41 Abs 2 ReO genannten Gründen eingestellt wird. Anders als ein Insolvenzverfahren wird ein Restrukturierungsverfahren nicht öffentlich bekannt gemacht, außer es handelt sich auf Antrag des Schuldners[43] um ein in die Ediktsdatei aufzunehmendes Europäisches Restrukturierungsverfahren gem § 44 ReO.

Sollte es im Zuge der Restrukturierung zu einem Wechsel der Anteilseigner kommen (auch die Gesamtveräußerung des Unternehmens fällt unter den Begriff der Restrukturierung, s § 1 Abs 2 ReO), ist § 8 Abs 4 Z 2 lit c KStG zu beachten, wonach der Verlustabzug im Falle eines sog Mantelkaufs nicht mehr zusteht. Der Tatbestand des Mantelkaufs liegt bei einer wesentlichen Änderung der organisatorischen und wirtschaftlichen Struktur einer Körperschaft iZm einer wesentlichen Änderung der Gesellschafterstruktur auf entgeltlicher Grundlage vor.[44] Erfolgen die Änderungen zum Zwecke der Sanierung mit dem Ziel der Erhaltung eines wesentlichen Teils der betrieblichen Arbeitsplätze, geht der Verlustabzug jedoch nicht unter.

3. Steuerliche Fragen iZm dem Restrukturierungsbeauftragten

3.1. Abgabenrechtliche Stellung des Schuldners und des Restrukturierungsbeauftragten

Gem § 16 Abs 1 ReO behält der Schuldner im Restrukturierungsverfahren die Kontrolle über seine Vermögenswerte und den Betrieb seines Unternehmens, soweit nicht dem Restrukturierungsbeauftragten Aufgaben übertragen wurden. Unter welchen Voraussetzungen ein Restrukturierungsbeauftragter zu bestellen ist, ist in § 9 ReO geregelt. Er kann auf Antrag des Schuldners, auf Antrag der (nach dem Betrag der Forderungen zu berechnenden) Gläubigermehrheit oder von Amts wegen bestellt werden. Bei Beantragung durch die Gläubigermehrheit haben die beantragenden Gläubiger die Kosten des Restrukturierungsbeauftragten zu tragen. Selbst wenn dem Schuldner bestimmte Rechtshandlungen zur Wahrung der Interessen betroffener Gläubiger gem § 16 Abs 2 ReO verboten oder von der Zustimmung des Gerichts oder des Restrukturierungsbeauftragten abhängig gemacht werden, dürfen dem Schuldner nicht diejenigen Beschränkungen auferlegt werden, die einen Schuldner kraft Gesetzes im Konkursverfahren treffen.[45]

---

43 Siehe dazu ErläutRV 950 BlgNR 27. GP 23 f.
44 Siehe zu diesen Kriterien ua *Raab/Renner* in *Renner/Strimitzer/Vock*, KStG § 8 Rz 1395 ff sowie KStR 2013 Rz 993 ff.
45 Vgl dazu ErläutRV 950 BlgNR 27. GP 10, wonach dem Schuldner zumindest die teilweise Kontrolle über seine Vermögenswerte und den täglichen Betrieb seines Unternehmens verbleiben muss.

Die Einleitung eines Restrukturierungsverfahrens ändert (wie auch die Eröffnung eines Insolvenzverfahrens) nichts an der Stellung des Schuldners als Steuersubjekt und Steuerschuldner iS der Abgabenvorschriften. Aufgrund der weitgehenden Eigenverwaltung durch den Schuldner und mit Blick auf die dem Gesetzgeber vorschwebenden Aufgaben des Restrukturierungsbeauftragten gem § 14 ReO ist dieser mE – anders als ein Insolvenzverwalter – nicht als Vertreter des Schuldners iSd § 80 BAO einzustufen.[46] Die Vertreterhaftung gem § 9 BAO greift für den Restrukturierungsbeauftragten somit nicht. Bei Gesellschaften bleibt die abgabenrechtliche Verantwortlichkeit der zur Geschäftsführung berufenen Organe unverändert. Der Schuldner (bzw dessen Vertreter iSd § 80 BAO bei juristischen Personen und die zur Erfüllung der abgabenrechtlichen Pflichten berufenen Geschäftsführer oder Gesellschafter iSd § 81 BAO bei Personenvereinigungen) hat seine abgabenrechtlichen Pflichten weiterhin selbst zu erfüllen und seine abgabenrechtlichen Rechte zu wahren. Anders als bei Eröffnung eines Insolvenzverfahrens iSd IO erlischt auch das einem Steuerberater erteilte Mandat mit der Einleitung des Restrukturierungsverfahrens nicht.[47]

Sollte eine umsatzsteuerliche Organschaft bestehen, wird diese durch die Einleitung eines Restrukturierungsverfahrens beim Organträger oder der Organgesellschaft nicht berührt, weil sich an der finanziellen, wirtschaftlichen und organisatorischen Eingliederung iSd § 2 Abs 2 Z 2 UStG durch die Verfahrenseinleitung nichts ändert.[48]

3.2. Vorsteuerabzug für die Leistungen des Restrukturierungsbeauftragten

Im Insolvenzverfahren nach der IO erbringt der Insolvenzverwalter nach hA eine sonstige Leistung, die für das Unternehmen des Schuldners ausgeführt wird. Die Masse ist bei Vorliegen der sonstigen Voraussetzungen zum Abzug der Vorsteuer aus der Kostennote des Insolvenzverwalters berechtigt.[49] Bei Beauftragung von Sachverständigen durch ein Gericht ist hingegen das Gericht der Leistungsempfänger, sodass der unterlegenen und letztlich Kosten tragenden Partei hierfür kein Vorsteuerabzug zusteht.[50]

Die Tätigkeit des Restrukturierungsbeauftragen ist mE aus umsatzsteuerlicher Sicht nicht mit jener eines Sachverständigen vergleichbar, der die Leistung gegenüber dem Gericht erbringt, sondern vielmehr mit jener eines Insolvenzverwalters, auch wenn das Aufgabenspektrum des Restrukturierungsbeauftragten aufgrund der weitgehenden Eigenverwaltung des Schuldners

---

46 Ebenso für die dt Rechtslage nach dem StaRUG *Witfeld*, Aktuelle Steuerfragen in Krise und Insolvenz, NZI 2021, 665 (668); s weiters *Fischer*, NZI-Beilage 2021, 69 (70).
47 Eine automatische oder begünstigte Auflösung von bestehenden Verträgen und Auftragsverhältnissen infolge der Einleitung eines (ohne entsprechenden Antrag des Schuldners nicht öffentlich bekannt zu machenden) Restrukturierungsverfahrens ist in der ReO nicht vorgesehen.
48 Ebenso für die dt Rechtslage *Fischer*, NZI-Beilage 2021, 69 (70).
49 Vgl ua *Kanduth-Kristen* in *Berger/Bürgler/Kanduth-Kristen/Wakounig*, UStG-ON³ § 12 Rz 28; *Mayr* in *Ecker/Epply/Rößler/Schwab*, Kommentar zur Mehrwertsteuer – UStG 1994 (62. Lfg, 2020) § 12 Anm 95; *Ruppe/Achatz*, UStG⁵ Einf Rz 148.
50 Vgl *Kanduth-Kristen* in *Berger/Bürgler/Kanduth-Kristen/Wakounig*, UStG-ON³ § 12 Rz 18; *Mayr* in *Ecker/Epply/Rößler/Schwab*, UStG 1994 § 12 Anm 193/1; *Ruppe/Achatz*, UStG⁵ § 1 Rz 58.

weniger breit ist.[51] Auch aufgrund der Zielsetzung des Verfahrens (Sanierung des schuldnerischen Unternehmens) kann mit guten Argumenten vertreten werden, dass der Restrukturierungsbeauftragte seine Leistung an das schuldnerische Unternehmen erbringt.[52] Bei Vorliegen der sonstigen Voraussetzungen steht dem Schuldner daher der Vorsteuerabzug aus den von ihm zu tragenden Kosten zu. ME gilt dies unabhängig davon, ob der Restrukturierungsbeauftragte auf Antrag des Schuldners oder von Amts wegen bestellt wird. Erfolgt die Bestellung auf Antrag der Gläubiger, haben diese gem § 9 Abs 1 Z 3 ReO die Kosten hierfür zu übernehmen. Die Kostentragung ist aus umsatzsteuerlicher Sicht für die Frage des Vorsteuerabzugs allerdings nicht das ausschlaggebende Kriterium. Daher steht einem Leistungsempfänger auch dann der Vorsteuerabzug zu, wenn das Entgelt von dritter Seite gezahlt wird.[53] Wird die Kostentragung durch die Gläubiger als Entgelt von dritter Seite gewertet, steht dem Schuldner bei Vorliegen der sonstigen Voraussetzungen der Vorsteuerabzug zu, die Gläubiger sind nicht vorsteuerabzugsberechtigt.[54]

4. Zusammenfassung

Bislang wurden noch keine steuerlichen Begleitmaßnahmen zur ReO verabschiedet. Wünschenswert und für das Gelingen der Sanierung wesentlich erscheint insb eine gesetzliche Regelung zur Behandlung von Schulderlässen aufgrund eines Restrukturierungsplans bzw einer Restrukturierungsvereinbarung. Um das Ziel der ReO aus steuerlicher Sicht nicht zu konterkarieren, sollten die Begünstigungen der §§ 36 EStG und 23a KStG auf Schulderlässe im Rahmen eines Restrukturierungsverfahrens ausgedehnt werden. Außerdem sollte die Verlustvortragsgrenze bei Körperschaften auch für Gewinne aufgehoben werden, die in Zeiträumen anfallen, die von einem Restrukturierungsverfahren gem ReO betroffen sind.

Im Bereich der Umsatzsteuer können sich im Verfahren Liquiditätsbelastungen ergeben, auf die Bedacht zu nehmen ist. Zu denken ist hierbei zB an die Vorsteuerkorrektur iSd § 16

---

51 In der aktuellen dt Literatur wird hingegen vertreten, dass der Restrukturierungsbeauftragte seine Leistung gegenüber dem Land erbringt, dessen Restrukturierungsgericht den Restrukturierungsbeauftragten bestellt hat (vgl *Schumann*, Die Besteuerung der Vergütungen des Restrukturierungsbeauftragten, NWB Sanieren 7/2021, 200 [201], wonach der Insolvenzverwalter für eine in einem gewissem Maße verselbständigte Masse tätig werde und seine Vergütung aus dieser entnehme, was für den Restrukturierungsbeauftragten nicht gelte; ähnlich *Schmittmann*, Besteuerung der Umsätze und Einkünfte des Sanierungsmoderators und des Restrukturierungsbeauftragten, ZRI 2021, 705 [707 f]).
52 Aus umsatzsteuerlicher Sicht ist bei vertraglich geschuldeten Leistungen grundsätzlich derjenige Leistungsempfänger, der sich zivilrechtlich die Leistung ausbedungen hat und aus dem zivilrechtlichen Verpflichtungsgeschäft berechtigt und verpflichtet ist (vgl *Ruppe/Achatz*, UStG[5] § 12 Rz 72; *Mayr* in *Ecker/Epply/Rößler/Schwab*, UStG 1994 § 12 Anm 181). Das Fehlen einer Auftragserteilung und schuldrechtlichen Beziehung muss aber nach der Rechtsprechung des VwGH (23. 12. 2015, 2012/13/0122 betreffend Gutachtenserstellung auf Basis einer behördlichen oder gesetzlichen Anordnung) nicht zum Verlust des Vorsteuerabzugs führen (vgl *Payerer* in *Berger/Bürgler/Kanduth-Kristen/Wakounig*, UStG-ON[3] § 12 Rz 100).
53 Vgl *Ruppe/Achatz*, UStG[5] § 12 Rz 74.
54 Ein bloßer Kostenträger, der nicht Leistungsempfänger ist, ist nicht vorsteuerabzugsberechtigt (vgl *Mayr* in *Ecker/Epply/Rößler/Schwab*, UStG 1994 § 12 Anm 191). Die Belastung der kostentragenden Gläubiger mit dem Bruttobetrag kann in diesem Fall nur auf zivilrechtlichem Wege vermieden werden. Würden die antragstellenden Gläubiger als "Auftraggeber" hinsichtlich der Leistung des Restrukturierungsbeauftragten und damit als Leistungsempfänger angesehen, wären diese bei Vorliegen der sonstigen Voraussetzung zum Vorsteuerabzug berechtigt.

UStG aufgrund eines Schulderlasses durch Lieferanten sowie an die Umsatzsteuer gem § 6 Abs 2 UStG oder eine Vorsteuerkorrektur gem § 12 Abs 10 UStG infolge der Veräußerung von pfandrechtlich belasteten Liegenschaften. Können solche Ansprüche nicht in den Restrukturierungsplan einbezogen werden, sind sie dennoch bei der Ausarbeitung des Finanzplans aufgrund der zu erwartenden Liquiditätsbelastung zu berücksichtigen.

Anders als ein Insolvenzverwalter ist der Restrukturierungsbeauftragte nicht Vertreter des Schuldners iSd § 80 BAO. Der Schuldner hat daher seine abgabenrechtlichen Pflichten selbst zu erfüllen und seine Rechte zu wahren. Die Leistung des vom Gericht bestellten Restrukturierungsbeauftragten ist mit Blick auf einen allfälligen Vorsteuerabzug durch den Schuldner mE nicht mit jener eines gerichtlich bestellten Sachverständigen, sondern mit jener eines Insolvenzverwalters vergleichbar und wird für das Unternehmen des Schuldners erbracht. Bei Vorliegen der sonstigen Voraussetzungen steht diesem daher der Vorsteuerabzug zu.

Der neue Privatkonkurs nach dem RIRUG

Birgit Schneider

Gliederung **Seite**

1. Einleitung 236
2. Änderungen beim Zahlungsplan 236
   2.1. Änderungen bei der anzubietenden Quote 236
   2.2. Nicht angemeldete Insolvenzforderungen 237
      2.2.1. Allgemeines 237
      2.2.2. Von der Eröffnung verständigte Insolvenzgläubiger 237
         2.2.2.1. Anforderungen an die Verständigung 237
         2.2.2.2. Verfahrensrechtliches 238
      2.2.3. Nicht von der Eröffnung verständigte Insolvenzgläubiger ... 240
   2.3. Änderung des Zahlungsplans 240
3. Änderungen im Abschöpfungsverfahren 241
   3.1. Abschöpfungsplan – Tilgungsplan 241
   3.2. Erweiterung der Einleitungshindernisse beim Tilgungsplan ... 242
      3.2.1. Rechtzeitigkeit des Eröffnungsantrags 242
         3.2.1.1. Allgemeines 242
         3.2.1.2. Unternehmensbetrieb 243
         3.2.1.3. Kein Unternehmensbetrieb 244
         3.2.1.4. Keine öffentliche Bekanntmachung der offenkundigen Zahlungsunfähigkeit 245
      3.2.2. Verlängerung der Frist des § 201 Abs 1 Z 3 IO 245
   3.3. Änderungen bei den Obliegenheiten 245
      3.3.1. Auskunft über eine zumutbare Erwerbstätigkeit 245
      3.3.2. Selbstständige Erwerbstätigkeit 246
      3.3.3. Information über die Verletzung der Auskunft über die Erwerbstätigkeit 247
   3.4. Widerruf der Restschuldbefreiung 247
   3.5. Verwertungsbefugnis des Treuhänders 248
   3.6. Entlohnung des Treuhänders 249
   3.7. Beendigung des Abschöpfungsverfahrens 249
   3.8. Nicht angemeldete Insolvenzforderungen 250
4. Sonstige Änderungen 250

In Umsetzung der RL (EU) 2019/1023 bringt das RIRUG Änderungen bei der Entschuldung natürlicher Personen. Das Abschöpfungsverfahren gibt es künftig als Tilgungs- und als Abschöpfungsplan. Für eine Entschuldung nach drei Jahren beim Tilgungsplan werden die Anforderungen an die Redlichkeit des Schuldners erhöht. Daneben werden Änderungen beim Zahlungsplan vorgenommen.

1. Einleitung

Nachdem mit dem IRÄG 2017 das Abschöpfungsverfahren auf fünf Jahre verkürzt und die Mindestquote entfallen ist, stehen mit dem RIRUG die nächsten Änderungen bei der Entschuldung natürlicher Personen an: Diese betreffen zum einen den Zahlungsplan, zum anderen wird die Abtretungserklärung im Abschöpfungsverfahren auf drei Jahre verkürzt, wenn der Schuldner einen Tilgungsplan beantragt. Die Möglichkeit des fünfjährigen Abschöpfungsplans bleibt bestehen. Damit in Zusammenhang werden die Einleitungshindernisse beim Tilgungsplan verschärft.

2. Änderungen beim Zahlungsplan

Die Änderungen beim Zahlungsplan durch das RIRUG sind teilweise durch die Verkürzung des Abschöpfungsverfahrens bedingt bzw stehen damit im Zusammenhang. Darüber hinaus hat der Gesetzgeber das RIRUG zum Anlass genommen, Änderungen vor allem bei den nicht angemeldeten Insolvenzforderungen vorzunehmen.

2.1. Änderungen bei der anzubietenden Quote

Bislang musste der Schuldner gem § 194 Abs 1 S 1 IO den Insolvenzgläubigern eine Quote anbieten, die seiner Einkommenslage in den nächsten fünf Jahren entspricht.[1] Durch die Verkürzung der Dauer der Abtretungserklärung im Abschöpfungsverfahren auf (in vielen Fällen) drei Jahre war eine Verkürzung der Frist zur Berechnung der Quote beim Zahlungsplan erforderlich. Der Schuldner muss gem § 194 Abs 1 S 1 IO nunmehr eine Quote anbieten, die seiner *Einkommenslage in den nächsten drei Jahren entspricht.*[2]

Die anzubietende Quote hat zunächst nur Bedeutung für die *Zulässigkeit des Zahlungsplans.*[3] Nicht geändert wird die maximale Zahlungsfrist; diese darf (weiterhin) höchstens sieben Jahre betragen.

Der Zahlungsplanantrag unterliegt nach wie vor der *Zustimmung der Insolvenzgläubiger.*[4] Schon die ErläutRV zur KO-Nov 1993[5] halten fest, dass der Schuldner nur dann eine Zustimmung der Insolvenzgläubiger erhalten wird, wenn er jene Quote anbietet, die die Insolvenzgläubiger in einem Abschöpfungsverfahren erwarten können. Dem entsprach die frühere Rechtslage (vor dem IRÄG 2017), weil insofern ein Gleichklang der Zahlungsfrist zwischen Zahlungsplan und Abschöpfungsverfahren bestand. Durch die Verkürzung der Abtretungserklärung auf drei bzw fünf Jahre besteht dieser nicht mehr. Eine Verkürzung der maximalen Zahlungsfrist auf fünf Jahre wäre daher angebracht gewesen.

---

[1] Dazu näher s *Kodek*, Handbuch Privatkonkurs[2] (2015) Rz 351 ff; *Mohr*, Privatinsolvenz[3] (2018) Rz 391 ff.
[2] § 12a IO wurde nicht geändert, sodass Ab- und Aussonderungsrechte am Einkommen weiterhin bei der Angemessenheit der Quote zu berücksichtigen sind.
[3] ErläutRV zum RIRUG 950 BlgNR 27. GP 27.
[4] Zu den Erfordernissen der Annahme s *Nunner-Krautgasser/Anzenberger* in Koller/Lovrek/Spitzer, IO (2019) § 147 Rz 1 ff.
[5] 1218 BlgNR 18. GP 24.

2.2. Nicht angemeldete Insolvenzforderungen
2.2.1. Allgemeines

Zwischen der angebotenen und der tatsächlich im Zahlungsplan vereinbarten Quote kann ein beträchtlicher Unterschied bestehen, ohne dass vom Schuldner höhere Zahlungen geleistet werden.[6] Vor allem wenn die tatsächlich angemeldeten Insolvenzforderungen geringer ausfallen, verlangen Insolvenzgläubiger regelmäßig eine „Aufbesserung" der Quote, die sich aufgrund des angebotenen pfändbaren Betrags in Verhältnis zu den angemeldeten (und festgestellten) Insolvenzforderungen errechnet.

Vor dem dargestellten Hintergrund und aufgrund des Umstands, dass ein Vorgehen nach § 197 IO nur als Ausnahme gedacht war,[7] wird die Möglichkeit, nachträglich Quotenzahlungen verlangen zu können, empfindlich eingeschränkt. Damit soll vor allem der Verfahrensaufwand, der mit der nachträglichen Geltendmachung von Insolvenzforderungen verbunden ist,[8] vermieden werden.[9] Denn in vielen Fällen erhalten die Insolvenzgläubiger keine Quote.

Weiterhin unterliegen jene Insolvenzgläubiger, die nur aus Verschulden des Schuldners unberücksichtigt geblieben sind, nicht den Beschränkungen des § 197 IO bzw den Wirkungen des Zahlungsplans.

2.2.2. Von der Eröffnung verständigte Insolvenzgläubiger

Anspruch auf eine allfällige Quote haben künftig nur mehr jene Insolvenzgläubiger, die ihre Forderung nicht angemeldet haben und auch *nicht von der Eröffnung des Insolvenzverfahrens verständigt* wurden. Wurde hingegen ein Insolvenzgläubiger von der Eröffnung verständigt, hat aber seine Forderung nicht angemeldet, hat er seinen *Quotenanspruch verloren*, wenn ein Zahlungsplan zustande kommt. Diese Rechtsfolge tritt unabhängig davon ein, ob eine Quotenzahlung der Einkommens- und Vermögenslage des Schuldners entspricht.

2.2.2.1. Anforderungen an die Verständigung

Erforderlich ist eine *individuelle Verständigung* eines Insolvenzgläubigers *von der Verfahrenseröffnung*.[10] Ein Ausschluss von Quotenzahlungen wird damit nicht durch die bloße Kenntnis oder ein Kennenmüssen von der Eröffnung des Insolvenzverfahrens[11] bewirkt.

Gem § 75 Abs 1 Z 1 IO ist jedem Insolvenzgläubiger, dessen Anschrift bekannt ist, eine Ausfertigung des Edikts zuzustellen. Auch wenn das Insolvenzgericht keine Nachforschungspflicht bezüglich der Gläubigerdaten trifft,[12] sind dem Insolvenzgericht viele Gläubiger samt Anschrift aus dem Insolvenzakt bekannt: Im Schuldenregulierungsverfahren erfolgt die Eröffnung des In-

---

6 Siehe auch *Schneider*, Privatinsolvenz³ (2018) 154.
7 ErläutRV zum RIRUG 950 BlgNR 27. GP 28.
8 Dazu *Kodek*, Privatkonkurs² Rz 439 ff; *Schneider*, Privatinsolvenz³ 158 ff; *Schneider*, Zahlungsplan und Exekution einer nicht angemeldeten Forderung, ZIK 2012/65, 42 (44 ff).
9 ErläutRV zum RIRUG 950 BlgNR 27. GP 28.
10 Zur Beweislast der Zustellung s *Posani*, Neues für Zahlungspläne und Abschöpfungsverfahren durch das RIRUG, ZIK 2021/94, 95 (95 f).
11 Vgl *Kodek* in KLS, IO § 3 Rz 39 ff.
12 *Katzmayr* in *Konecny*, Kommentar zu den Insolvenzgesetzen (43. Lfg; 2011) § 75 IO Rz 6.

solvenzverfahrens vielfach über Antrag des Schuldners, sodass ein Vermögensverzeichnis regelmäßig bereits im Zeitpunkt der Eröffnung vorliegt. Andernfalls hat das Insolvenzgericht den Schuldner „unverzüglich" nach Eröffnung zur Erstellung eines solchen aufzufordern. In das Vermögensverzeichnis sind ua die Verbindlichkeiten mit Namen und Anschrift des Gläubigers aufzunehmen (§ 100a Abs 1 IO). Darüber hinaus werden im Eröffnungsverfahren routinemäßig Abfragen aus dem Exekutionsregister durchgeführt.[13] In beiden Fällen erlangt das Insolvenzgericht die erforderlichen Informationen für eine individuelle Zustellung.[14]

Zudem kommt eine individuelle Zustellung nicht nur bei Eröffnung in Betracht, sondern immer dann, wenn das Insolvenzgericht von einem weiteren Gläubiger erfährt.[15] Eine Verständigung hat erst dann zu unterbleiben, wenn der Insolvenzgläubiger seine Forderung nicht mehr rechtzeitig anmelden könnte.[16]

Auch Insolvenzgläubiger gem § 184a Abs 3 IO, deren Forderungen erst durch die Beendigung einer Gesamtvollstreckung von ausgeschlossenen zu Insolvenzforderungen werden,[17] sind von der Eröffnung zu verständigen, damit sie von einem Quotenanspruch bei unterlassener Forderungsanmeldung ausgeschlossen werden. Diese Gläubiger sind bei Beendigung der Gesamtvollstreckung zur Anmeldung aufzufordern.[18] Gleichzeitig sollte ihnen die Verständigung von der Eröffnung übermittelt werden.

Gem § 145 Abs 1 IO[19] ist jedem Insolvenzgläubiger eine Abschrift des Zahlungsplanantrags zuzustellen. Nach § 197 Abs 1 IO kommt es indes auf die Verständigung von der Eröffnung des Insolvenzverfahrens an, sodass die Übermittlung des Zahlungsplanvorschlags nicht ausreicht, um den Insolvenzgläubiger von der späteren Geltendmachung auszuschließen.

2.2.2.2. Verfahrensrechtliches

Eine eigene Regelung fehlt, wie vorzugehen ist, wenn ein Insolvenzgläubiger, der nicht angemeldet hat, aber von der Eröffnung verständigt wurde, dennoch versucht, seine Forderung oder die Quote einbringlich zu machen.

Zunächst könnte der Insolvenzgläubiger versuchen, über eine *Mahnung*[20] die Quote zu erhalten. Dazu hat der OGH zutreffend festgehalten,[21] dass eine Mahnung nur dann Wirkungen zeitigen kann, wenn die materiellen Voraussetzungen für eine Quotenzahlung vorliegen, also insb eine entsprechende Leistungsfähigkeit des Schuldners gegeben ist. Insolvenzgläubiger, die ihre Forderungen nicht angemeldet haben, sollen nicht über den „Umweg" der Mahnung Zahlungen erlangen können, die ihnen nicht zustehen. Diese Grundsätze lassen sich auf die neue Rechts-

---

13 *Katzmayr* in *Konecny,* Insolvenzgesetze § 75 IO Rz 4.
14 Siehe auch *Schumacher* in KLS, IO § 75 Rz 6.
15 *Katzmayr* in *Konecny,* Insolvenzgesetze § 75 IO Rz 6; *Schumacher* in KLS, IO § 75 Rz 7.
16 *Schumacher* in KLS, IO § 75 Rz 7.
17 Dazu *Schneider,* ZIK 2021/136, 126 (129 f).
18 Zu den Anforderungen an die Verständigung s *Schneider,* ZIK 2021/136, 126 (130).
19 Diese Norm betreffend den Sanierungsplan ist gem § 193 Abs 1 S 2 IO sinngemäß auf den Zahlungsplan anzuwenden.
20 Zu den Anforderungen an eine Mahnung s *Schneider,* Mahnung und Nachfristsetzung bei Verzug des Schuldners, ZIK 2010/182, 128 (129 ff); OGH 3 Ob 41/10s ZIK 2010/227, 153.
21 OGH 3 Ob 51/11p ZIK 2011/272, 189; dazu *Schneider,* Wiederaufleben und Exekution einer nicht angemeldeten Forderung, ZIK 2011/227, 165 (166 f).

lage übertragen: Bei jenen Gläubigern, die gem der Neuregelung überhaupt keinen Quotenanspruch haben, kann eine *Mahnung des Schuldners keine Wirksamkeit* entfalten. Denn dieser Insolvenzgläubiger hat seinen Quotenanspruch durch Unterlassen der Forderungsanmeldung verwirkt.

Bei der Durchsetzung von allfälligen Quotenzahlungen von Insolvenzgläubigern, die ihre Forderungen nicht angemeldet haben, ist weiter danach zu unterscheiden, ob der Insolvenzgläubiger bereits über einen Titel verfügt. Hat der Insolvenzgläubiger keinen Titel, kann er gegen den Schuldner eine Klage erheben.[22] Mit Aufhebung des Insolvenzverfahrens ist auch die Prozesssperre weggefallen, sodass eine klagsweise Geltendmachung wieder möglich ist.[23] Die rechtskräftige Bestätigung des Zahlungsplans ist kein Umstand, den das (Prozess-)Gericht von Amts wegen berücksichtigt.[24] Es liegt daher am Schuldner einzuwenden, dass der klagende Insolvenzgläubiger mangels Anmeldung, aber erfolgter Verständigung keinen Quotenanspruch mehr hat.[25] Andernfalls erhält der Insolvenzgläubiger einen Titel, den er gegen den Schuldner zwangsweise durchsetzen kann. Der Schuldner kann die rechtskräftige Bestätigung des Zahlungsplans und den Ausschluss des Gläubigers vom Quotenanspruch nicht mehr in einem Oppositionsprozess nachholen.[26]

Anders ist die Situation, wenn der Insolvenzgläubiger bereits einen Titel gegen Schuldner aus der Zeit vor Eröffnung des Insolvenzverfahrens hat. Nach § 197 Abs 3 IO darf die Exekution nur bewilligt werden, wenn der Gläubiger einen Beschluss des Insolvenzgerichts vorlegt, in dem vorläufig festgestellt wird, inwieweit der Schuldner eine Quote zu leisten hat.[27] Wird ohne einen derartigen Beschluss die Exekution bewilligt, ist sie *von Amts wegen oder auf Antrag einzustellen*.

Durch die geplante Änderung kann zugunsten eines Insolvenzgläubigers, der seine Forderung nicht angemeldet hat, aber von der Eröffnung verständigt wurde, kein Beschluss gem § 197 Abs 2 IO ergehen. Diese Norm geht nämlich davon aus, dass der Insolvenzgläubiger überhaupt einen potenziellen Quotenanspruch hat. Fraglich ist daher, ob eine Exekution einzustellen ist oder der Schuldner auf eine Oppositionsklage[28] zu verweisen ist.

Berücksichtigt man, dass § 197 Abs 2 und 3 IO gerade deshalb eingeführt wurden, weil Oppositionsprozesse hintangehalten werden sollen,[29] so würde dieses Ziel konterkariert. Für eine Einstellung spricht neben dem Zweck des einfachen Verfahrens der Umstand, dass die Exekution nur soweit stattfinden kann, als ein Beschluss gem § 197 Abs 2 IO vorliegt. Wenn der Insolvenzgläubiger keinen derartigen Beschluss erlangen kann, weil er keinen Quotenanspruch hat, ist eine *dennoch bewilligte Exekution einzustellen*.

---

22 *Schneider*, Privatinsolvenz[3] 159.
23 Siehe auch *Kodek*, Privatkonkurs[2] Rz 445.
24 *Lovrek* in *Konecny/Schubert*, Insolvenzgesetze (31. Lfg; 2008) § 156 KO Rz 125; RIS-Justiz RS0001231.
25 Vgl *Kodek*, Privatkonkurs[2] Rz 445; *Schneider*, Privatinsolvenz[3] 159; s auch OGH 17 Ob 5/21s.
26 *Schneider*, Privatinsolvenz[3] 159; vgl auch OGH 3 Ob 64/07v ZIK 2007/288, 176.
27 Dazu näher *Kodek*, Privatkonkurs[2] Rz 441 ff; *Posani*, ÖBA 2016, 917 ff (Entscheidungsanmerkung); *Schneider*, ZIK 2012/65, 42 (44); OGH 3 Ob 189/14m ZIK 2015/208, 151; OGH 3 Ob 215/11f ZIK 2012/100, 72 = EvBl 2012/65, 457 (*Posani*).
28 Vgl *Lovrek* in *Konecny/Schubert*, Insolvenzgesetze § 156 KO Rz 127; *Nunner-Krautgasser/Anzenberger* in KLS, IO § 156c Rz 8; RIS-Justiz RS0001231.
29 ErläutRV zur Ins-Nov 2002, 988 BlgNR 21. GP 38.

Eine Überprüfung, ob ein Insolvenzgläubiger von der Eröffnung verständigt wurde, ist vom Exekutionsgericht im Rahmen eines Einstellungsverfahrens leicht möglich. Dass es einer Beurteilung bedarf, ob es sich überhaupt um eine Insolvenzforderung (und nicht etwa um eine ausgeschlossene Forderung handelt, für die der Schuldner auch nach rechtskräftiger Bestätigung des Zahlungsplans uneingeschränkt haftet), ist schon nach der Rechtslage bis zum RIRUG der Fall und spricht nicht gegen die Anwendung von § 197 Abs 3 IO.

2.2.3. Nicht von der Eröffnung verständigte Insolvenzgläubiger

Wurde der Insolvenzgläubiger nicht von der Eröffnung des Insolvenzverfahrens verständigt und hat er seine Forderung nicht angemeldet, so hat er weiterhin Anspruch auf die Quote, soweit sie der Einkommens- und Vermögenslage entspricht.[30] Das bedeutet, dass der Insolvenzgläubiger eine uU geringere oder keine Quote erhält, wenn der Schuldner seinen pfändbaren Einkommensbezug bereits für die Befriedigung jener Gläubiger benötigt, die ihre Forderungen rechtzeitig angemeldet haben. Eine höhere Quote als im Zahlungsplan festgelegt kann der Insolvenzgläubiger keinesfalls erhalten.[31]

Bislang wurde vertreten,[32] dass der Schuldner jene pfändbaren Bezüge anzusparen hat, die er nicht zur Quotenerfüllung benötigt bzw waren diese Beträge bei der Berechnung einer möglichen Quote zu berücksichtigen. Nunmehr ist jedoch nur mehr maßgeblich, ob der Schuldner aktuell bzw künftig in der Lage ist, weitere Zahlungen aus dem pfändbaren Bezug zu leisten.[33] Als Zeitraum kommt es auf die Restlaufzeit des Zahlungsplans an. Darüber hinaus wird angeordnet, dass für allfällige Quotenzahlungen ein Zeitraum mindestens bis zum Ablauf von drei Jahren ab Annahme des Zahlungsplans maßgeblich ist. Dabei wurde vor allem an den (seltenen) Fall einer Einmalzahlung gedacht, bei der es keine Restlaufzeit gibt.

Das bedeutet Folgendes: Ist die Zahlungsfrist länger als drei Jahre, ist die Restlaufzeit maßgeblich, und zwar unabhängig davon, wie lange die Zahlungsfrist tatsächlich noch läuft. Ist die Zahlungsfrist hingegen kürzer als drei Jahre, ist auf den Zeitraum bis drei Jahre ab Annahme des Zahlungsplans abzustellen. Denn der Wortlaut der Norm erfasst nicht nur eine Einmalzahlung, sondern etwa auch einen Zahlungsplan mit einer Laufzeit von zB zwei Jahren.

Nach Ablauf der so ermittelten Frist steht dem Insolvenzgläubiger kein Anspruch mehr gegen den Schuldner zu.

2.3. Änderung des Zahlungsplans

Bei einer unverschuldeten Verschlechterung der Einkommens- und Vermögenslage[34] kann der Schuldner die neuerliche Abstimmung über einen Zahlungsplan und die Einleitung des Abschöpfungsverfahrens beantragen.[35] In § 198 Abs 1 Z 1 und 2 IO sind besondere Anrechnungs-

---

[30] *Kodek*, Privatkonkurs² Rz 438 ff; *Mohr*, Privatinsolvenz³ Rz 497 ff; *Schneider*, Privatinsolvenz³ 154 ff.
[31] *Mohr*, Privatinsolvenz³ Rz 501.
[32] OGH 3 Ob 232/00t ZIK 2002/47, 30.
[33] Siehe ErläutRV zum RIRUG 950 BlgNR 27. GP 28.
[34] *Schneider*, Privatinsolvenz³ 163 ff.
[35] Die Möglichkeit der Stundung von Zahlungsplanraten gem § 11 2. COVID-19-JuBG ist mit 30. 6. 2021 außer Kraft getreten.

regeln vorgesehen, die zu einer *Verkürzung der Laufzeit des neuen Zahlungsplans* bzw – bei dessen Nichtannahme – der Abtretungserklärung des Abschöpfungsverfahrens führen können.

Beim neuerlichen Zahlungsplanantrag kommt es zu einer Anrechnung auf die Berechnungsfrist bezüglich der Angemessenheit der Quote. Die höchst zulässige Zahlungsfrist von sieben Jahren bleibt auch bei einem geänderten Zahlungsplan.

Die Änderungen zur Berechnung der Angemessenheit der Quote sehen eine Anrechnung der Hälfte der Frist des Zahlungsplans vor, während der *Zahlungen geleistet* wurden. Es soll also nicht mehr auf die bloß abgelaufene Zeit des Zahlungsplans ankommen. Hintergrund dieser Neuregelung ist, dass etwa Zeiten, in denen pfändbare Bezüge an einen Ab- oder Aussonderungsgläubiger geflossen sind, nicht angerechnet werden sollen.[36] Für Schuldner bedeutet das durchaus eine Verschärfung zur bisherigen Rechtslage, weil es nur darauf ankam, dass noch kein Wiederaufleben der Forderungen eingetreten ist.[37] Nunmehr muss der Schuldner, um eine Anrechnung vornehmen zu dürfen, sämtliche Quoten bezahlt haben.

Bringt der Schuldner einen neuerlichen Zahlungsplanantrag ein, hat das Insolvenzgericht die Zulässigkeit der angebotenen Quote zu beurteilen.[38] Hat der Schuldner in seinem Antrag eine Anrechnung vorgenommen, muss das Insolvenzgericht diese überprüfen können. Der Schuldner wird daher die *geleisteten Zahlungen nachzuweisen* haben.

Wird der neuerliche Zahlungsplan von den Insolvenzgläubigern nicht angenommen, kann der Schuldner für diesen Fall die Einleitung des Abschöpfungsverfahrens beantragen. In Betracht kommen mE beide Varianten des Abschöpfungsverfahrens. Denn es wird beim Einleitungshindernis gem § 201 Abs 2 IO beim Tilgungsplan auf den Eröffnungszeitpunkt abgestellt und nicht auf den Zeitpunkt der Einleitung des Abschöpfungsverfahrens.

Auf die Dauer der Abtretungserklärung ist jene Frist des Zahlungsplans, während der Zahlungen geleistet wurden, zur Hälfte anzurechnen. Insofern wird ein Gleichklang zum Zahlungsplan hergestellt.

3. Änderungen im Abschöpfungsverfahren

3.1. Abschöpfungsplan – Tilgungsplan

Das Abschöpfungsverfahren gibt es nunmehr in zwei Varianten, als Abschöpfungsplan (der dem bisherigen Abschöpfungsverfahren mit Restschuldbefreiung entspricht) und als Tilgungsplan.[39] Letzterer hat eine Dauer von drei Jahren ohne Mindestquote, wobei dort die Anforderungen an die Redlichkeit des Schuldners erhöht wurden.[40]

Es bedarf wie bislang eines Antrags des Schuldners auf Einleitung des Abschöpfungsverfahrens. Bestandteil dieses Antrags ist die Abtretungserklärung des Schuldners.[41] Je nachdem,

---

36 ErläutRV zum RIRUG 950 BlgNR 27. GP 28.
37 *Schneider*, Privatinsolvenz[3] 167.
38 Vgl *Mohr*, Privatinsolvenz[3] Rz 520.
39 Zu verfassungsrechtlichen Bedenken der Befristung für Nichtunternehmer s *Posani*, ZIK 2021/94, 95 (99).
40 ErläutRV zum RIRUG 950 BlgNR 27. GP 29.
41 *Kodek*, Privatkonkurs[2] Rz 517.

welche Variante der Schuldner beantragt, hat die Abtretungserklärung den Zeitraum von drei bzw fünf Jahren zu umfassen.[42]

Nach § 199 Abs 1 IO kann der Schuldner spätestens mit dem Antrag auf Annahme des Zahlungsplans die Durchführung eines Abschöpfungsverfahren mit Tilgungsplan oder mit Abschöpfungsplan beantragen. Die ErläutRV zum RIRUG[43] stellen klar, dass es sich nicht um ein Entweder-Oder handeln muss,[44] sondern dass der Abschöpfungsplan als Eventualantrag zum Tilgungsplan gestellt werden kann.[45] Über diesen Eventualantrag ist erst zu entscheiden, wenn das Hauptbegehren – die Einleitung als Tilgungsplan – abgewiesen wurde.[46] Das hat Bedeutung für die Einleitungshindernisse, die sich teilweise zwischen Tilgungs- und Abschöpfungsplan unterscheiden. Ist dasselbe Einleitungshindernis für beide Varianten verwirklicht, kann zwar in einem Beschluss über die (Nicht-)Einleitung entschieden werden, es ist aber ersichtlich zu machen, dass sowohl über das Haupt- als auch über das Eventualbegehren entschieden wurde. Zudem kann der Insolvenzgläubiger das Einleitungshindernis nur bei einem Antrag geltend machen, um etwa dem Schuldner den Tilgungsplan, nicht aber den Abschöpfungsplan zu „versperren".

3.2. Erweiterung der Einleitungshindernisse beim Tilgungsplan

Die bestehenden Einleitungshindernisse[47] gelten gleichermaßen beim Tilgungs- und beim Abschöpfungsplan. Darüber hinaus wird beim Tilgungsplan der „Redlichkeitsmaßstab erhöht".[48] Weiterhin sind Einleitungshindernisse nur auf Antrag eines Gläubigers mit den entsprechenden Bescheinigungen wahrzunehmen.[49]

3.2.1. Rechtzeitigkeit des Eröffnungsantrags

3.2.1.1. Allgemeines

Der Schuldner soll nur dann von der verkürzten Dauer des Abschöpfungsverfahren profitieren können, wenn er „rechtzeitig" einen Eröffnungsantrag stellt. Bei der Rechtzeitigkeit werden jedoch nicht die Maßstäbe des § 69 IO angelegt,[50] sondern angeknüpft wird an die öffentliche Bekanntmachung der offenkundigen Zahlungsunfähigkeit.[51] Wie lange der Schuldner zu die-

---

42 Bei einer fehlenden bzw für den „falschen" Zeitraum abgegebenen Abtretungserklärung ist der Antrag einer Verbesserung zugänglich; s *Kodek*, Privatkonkurs[2] Rz 517; s auch *Schneider*, Die Verlängerung des Abschöpfungsverfahrens, ZIK 2012/242, 165.
43 950 BlgNR 27. GP 28.
44 Dem Schuldner bleibt es aber unbenommen, nur eine Variante des Abschöpfungsverfahrens zu beantragen.
45 Ausgeschlossen ist aber, dass der Schuldner zunächst die Entscheidung über den Tilgungsplan abwartet, um sodann einen Antrag auf Abschöpfungsplan zu stellen; *Posani*, ZIK 2021/94, 95 (97).
46 Vgl *Geroldinger* in *Fasching/Konecny*, Kommentar zu den Zivilprozessgesetzen III/1[3] (2017) § 227 ZPO Rz 60. Beim vorherigen Zahlungsplan reicht es hingegen aus, wenn dieser nicht angenommen wurde; *Kodek*, Privatkonkurs[2] Rz 501.
47 Ausführlich *Posani*, Die Würdigkeit im Abschöpfungsverfahren (2019) 17 ff.
48 ErläutRV zum RIRUG 950 BlgNR 27. GP 29.
49 Dazu *Mohr*, Privatinsolvenz[2] Rz 544 ff; *Posani*, Würdigkeit 76 ff; *Schneider*, Privatinsolvenz[3] 190 ff.
50 Dazu *Schumacher* in KLS, IO § 69 Rz 25 ff.
51 Dazu *Schneider*, ZIK 2021/136, 126 (126 ff).

sem Zeitpunkt bereits zahlungsunfähig ist, spielt keine Rolle. Eine Handlungsobliegenheit zur Vermeidung des Einleitungshindernisses beim Tilgungsplan trifft ihn erst ab öffentlicher Bekanntmachung der offenkundigen Zahlungsunfähigkeit.[52]

3.2.1.2. Unternehmensbetrieb

Das neue Einleitungshindernis unterscheidet, wie sich aus § 201 Abs 3 IO ergibt, zwischen Unternehmern und Nichtunternehmern.[53] Betreibt der Schuldner ein Unternehmen, stellt es ein Einleitungshindernis dar, wenn er nicht längstens binnen 30 Tagen nach öffentlicher Bekanntmachung des Beschlusses über die Feststellung der offenkundigen Zahlungsunfähigkeit gem § 49a EO die Eröffnung des Insolvenzverfahrens beantragt. Maßgeblicher Zeitpunkt des Unternehmensbetriebs ist der Vollzug im Exekutionsverfahren, der zur Feststellung der offenkundigen Zahlungsunfähigkeit geführt hat.[54] Betreibt der Schuldner im Zeitpunkt des Eröffnungsantrags[55] kein Unternehmen mehr (und ist damit die sachliche Zuständigkeit der Bezirksgerichte gegeben), greift für ihn dennoch nicht die Erleichterung gem § 201 Abs 3 IO.[56]

Der Schuldner muss spätestens innerhalb von 30 Tagen nach öffentlicher Bekanntmachung des Beschlusses über die offenkundige Zahlungsunfähigkeit die Eröffnung des Insolvenzverfahrens beantragen. Er muss sohin aktiv die Eröffnung des Insolvenzverfahrens betreiben. Es kommt aber nicht darauf an, wann der Antrag auf Einleitung des Abschöpfungsverfahrens gestellt wird. Es reicht sohin aus, wenn zunächst nur die Eröffnung beantragt wird und erst im Laufe des Insolvenzverfahrens – etwa nach Schließung und Verwertung des Unternehmens – ein Zahlungsplanantrag und ein Antrag auf Einleitung des Abschöpfungsverfahrens eingebracht werden.

Die öffentliche Bekanntmachung der offenkundigen Zahlungsunfähigkeit bedeutet eine weitgehende Exekutionssperre.[57] Daher kann es sein, dass bereits ein Gläubiger einen Antrag auf Eröffnung des Insolvenzverfahrens gestellt hat. Das schließt einen eigenen Antrag des Schuldners nicht aus.[58] Welcher der beiden Anträge zur Eröffnung geführt hat, ist irrelevant. Der eigene Eröffnungsantrag des Schuldners verhindert jedenfalls das Einleitungshindernis.

Bei einem Unternehmer ist das Vorliegen des Einleitungshindernisses leicht nachzuvollziehen.[59] Denn es sind nur das Datum der öffentlichen Bekanntmachung und jenes des Eröffnungsantrags des Schuldners zu vergleichen. Auch die erforderliche Bescheinigung des Einleitungshindernisses gelingt dem Insolvenzgläubiger idR ohne Schwierigkeiten.

---

52 Unabhängig davon besteht die Antragspflicht ab Eintritt der Zahlungsunfähigkeit; *Mohr*, Privatinsolvenz² Rz 150. Deren Verletzung hat aber keine unmittelbare Auswirkung auf die Entschuldung.
53 Dass es sich um eine natürliche Person handeln muss, folgt schon daraus, dass das Abschöpfungsverfahren nur diesen offensteht (§ 181 IO).
54 Ebenso *Posani*, ZIK 2021/94, 95 (97); zum in Betracht kommenden Vollzug und zum Verfahren s *Schneider*, ZIK 2021/136, 126 (126 f).
55 *Schneider* in *Konecny*, Insolvenzgesetze (49. Lfg; 2012) § 63 IO Rz 138 f.
56 Auch wenn eine (vollständige) Einstellung des Unternehmensbetriebs (*Schneider* in *Konecny*, Insolvenzgesetze § 63 IO Rz 92 ff) innerhalb der relativ kurzen Frist vielfach nicht möglich sein wird, ist das bei Kleinunternehmern durchaus vorstellbar.
57 *Schneider*, ZIK 2021/136, 126 (127).
58 *Schumacher* in KLS, IO § 69 Rz 4; s auch *Winter*, Zum Verhältnis von Insolvenzeröffnungs- und Entschuldungsanträgen zueinander, ZIK 2014/300, 210.
59 ErläutRV zum RIRUG 950 BlgNR 27. GP 29.

3.2.1.3. Kein Unternehmensbetrieb

Betreibt der Schuldner im Zeitpunkt des maßgeblichen Vollzugs kein Unternehmen, schafft § 201 Abs 3 IO gewisse Erleichterungen.[60] Innerhalb von 30 Tagen ab öffentlicher Bekanntmachung der offenkundigen Zahlungsunfähigkeit müssen zum einen „Maßnahmen zur Beseitigung der Zahlungsunfähigkeit oder zur Vorbereitung eines Insolvenzverfahrens" ergriffen werden. Zum anderen darf der Schuldner zwischen öffentlicher Bekanntmachung der offenkundigen Zahlungsunfähigkeit und Eröffnung des Insolvenzverfahrens keine neuen Schulden eingehen, die er bei Fälligkeit nicht bezahlen kann.

Geeignete Maßnahmen zur Beseitigung der Zahlungsunfähigkeit sind alle Arten einer außergerichtlichen Lösung, etwa durch den Abschluss von Raten- oder Stundungsvereinbarungen[61] oder Umschuldungsversuche.[62] Erforderlich ist, dass sich der Schuldner mit sämtlichen Gläubigern, die offene und fällige Forderungen gegen den Schuldner haben, in Verbindung setzt. Nicht ausreichend ist eine Regelung mit dem betreibenden Gläubiger aus dem Exekutionsverfahren.

Nicht verlangt wird, dass die Maßnahmen bereits abgeschlossen sein müssen. Ebenso wenig ist es notwendig, dass die Versuche aussichtsreich sind. Auch hier gelten sohin nicht die Maßstäbe des § 69 IO.[63]

Gleichermaßen kann der Schuldner die Vorbereitung eines Insolvenzverfahrens betreiben.[64] Dazu reicht es aus, wenn sich der Schuldner innerhalb der 30-Tage-Frist zu einer Beratung über eine Entschuldung anmeldet.[65] Das ist jedenfalls bei einer anerkannten Schuldenberatungsstelle möglich; es kommen jedoch auch Beratungen bei einem Rechtsanwalt in Betracht. Die ErläutRV zum RIRUG[66] stellen zudem auf eine aktive Mitwirkung des Schuldners ab. Das ist insb dahin zu verstehen, dass der Schuldner die erforderlichen Unterlagen bereithält, also etwa einen Exekutionsregisterauszug, Gehaltszettel, eine Aufstellung der laufenden Ausgaben udgl. Dass der Schuldner beim ersten Beratungsgespräch noch nicht alle Unterlagen gesammelt hat, schadet mE nicht. Hintergrund der Erleichterung bei Nichtunternehmern ist, dass diese mitunter mit einer Antragstellung überfordert sind.[67] Deshalb soll bei ihnen die Inanspruchnahme professioneller Hilfe ausreichend sein.

In diesem Zusammenhang betonen die ErläutRV zum RIRUG,[68] dass auch ein ernsthaftes Bemühen um eine angemessene Erwerbstätigkeit eine Rolle spielen kann. Das Unterlassen kann jedoch nicht automatisch zur Begründung des Einleitungshindernisses führen.

---

60 ErläutRV zum RIRUG 950 BlgNR 27. GP 29.
61 ErläutRV zum RIRUG 950 BlgNR 27. GP 29.
62 OGH 8 Ob 133/08d ZIK 2009/214, 141.
63 Dazu *Schumacher* in KLS, IO § 69 Rz 25 ff.
64 Wie sich aus den ErläutRV zum RIRUG (950 BlgNR 27. GP 29) ergibt, stellen diese insb auf eine Entschuldung des Schuldners ab. Grundsätzlich reicht es aber aus, wenn der Schuldner die Eröffnung beantragt. Auch dann hat er das Einleitungshindernis abgewendet, mag er erst während des Insolvenzverfahrens Entschuldungsanträge einbringen.
65 ErläutRV zum RIRUG 950 BlgNR 27. GP 29.
66 950 BlgNR 27. GP 29.
67 ErläutRV zum RIRUG 950 BlgNR 27. GP 29.
68 950 BlgNR 27. GP 29.

Darüber hinaus darf der Schuldner zwischen öffentlicher Bekanntmachung der offenkundigen Zahlungsunfähigkeit und der Eröffnung des Insolvenzverfahrens keine neuen Schulden eingehen, die er bei Fälligkeit nicht bezahlen kann.[69] Die Formulierung findet sich auch bei der Obliegenheit gem § 210 Abs 1 Z 8 IO, sodass die dazu geltenden Grundsätze beim Einleitungshindernis des § 201 Abs 2 Z 1 IO heranzuziehen sind. Erfasst werden somit nur rechtsgeschäftliche Verbindlichkeiten.[70]

Auch bei Nichtunternehmern ist das Einleitungshindernis von einem Insolvenzgläubiger geltend zu machen und zu bescheinigen.[71] Die leichte Nachvollziehbarkeit[72] ist bei Nichtunternehmern nicht gegeben, weil nicht einfach ein Vergleich zwischen der öffentlichen Bekanntmachung der offenkundigen Zahlungsunfähigkeit und dem Eröffnungsantrag ausreicht, um die Einhaltung der 30-Tage-Frist beurteilen oder bescheinigen zu können. Über wessen Antrag das Insolvenzverfahren eröffnet wurde, ist für das Einleitungshindernis irrelevant.

3.2.1.4. Keine öffentliche Bekanntmachung der offenkundigen Zahlungsunfähigkeit

§ 201 Abs 2 Z 1 IO knüpft sowohl beim Unternehmer als auch beim Nichtunternehmer an die öffentliche Bekanntmachung der offenkundigen Zahlungsunfähigkeit an. Es ist zu erwarten, dass es dazu in einer Vielzahl von Exekutionsverfahren kommen wird. Ist diese Voraussetzung bei einem Schuldner jedoch nicht erfüllt, scheidet das Einleitungshindernis gem § 201 Abs 1 Z 1 IO von vornherein aus.

Die öffentliche Bekanntmachung der offenkundigen Zahlungsunfähigkeit ist gem § 71a Abs 2b Z 1 EO jedenfalls zwei Jahre nach der Eintragung in der Ediktsdatei zu löschen. Mit der Löschung entfällt mE auch dann das Einleitungshindernis, wenn während der öffentlichen Bekanntmachung weder der Schuldner noch ein Gläubiger einen Antrag auf Eröffnung des Insolvenzverfahrens gestellt haben.

3.2.2. Verlängerung der Frist des § 201 Abs 1 Z 3 IO

Das Einleitungshindernis des § 201 Abs 1 Z 3 IO[73] stellt auf eine Frist von drei Jahren vor dem Antrag auf Einleitung des Abschöpfungsverfahrens ab.[74] Beim Tilgungsplan wird diese Frist auf fünf Jahre verlängert.

3.3. Änderungen bei den Obliegenheiten
3.3.1. Auskunft über eine zumutbare Erwerbstätigkeit

Mit dem IRÄG 2017 wurde als Obliegenheit des Schuldners eingeführt, dass er – sofern er keinen pfändbaren Einkommensbezug hat – dem Gericht und dem Treuhänder zu bestimmten Zeitpunkten Auskunft über seine Bemühungen um eine Erwerbstätigkeit zu erteilen hat. Diese

---
69 Dazu auch *Posani*, ZIK 2021/94, 95 (97 f).
70 *Posani*, Würdigkeit 124.
71 *Schneider*, Privatinsolvenz³ 190 f.
72 Vgl ErläutRV zum RIRUG 950 BlgNR 27. GP 29.
73 Ausführlich *Posani*, Würdigkeit 57 ff.
74 Seit der GREx ist darauf und nicht mehr auf den Eröffnungsantrag abzustellen.

Obliegenheit ist zu weit formuliert,[75] weil sie auch jene Schuldner zur Auskunft verpflichtet hat, bei denen – obwohl sie keine pfändbaren Bezüge haben – dennoch keine Verletzung der Obliegenheit vorliegt.[76]

Zur Klarstellung wird nunmehr in § 202 Abs 2 IO geregelt, wann einem Schuldner die Auskunft über seine Bemühungen aufzutragen ist. Wie bisher ergeht dieser Auftrag nur an jene Schuldner, die keinen oder einen geringen pfändbaren Bezug haben.[77] Des Weiteren muss eine Obliegenheitsverletzung nach § 210 Abs 1 Z 1 IO vorliegen können.[78] Die ErläutRV zum RIRUG[79] nennen als Beispiel einen Mindestpensionisten, dem der Auftrag nicht zu erteilen ist. Schon schwieriger ist die Situation bei Unterhaltspflichten, die bei der Obliegenheitsverletzung zu berücksichtigen sind.[80] Je nach dem Alter der Kinder ist eine (Vollzeit-)Erwerbstätigkeit nicht zumutbar, sodass keine Verletzung der Obliegenheit vorliegen kann.

Abzustellen ist nur auf die Zumutbarkeit der Erwerbstätigkeit, nicht auch darauf, ob es zu einer Beeinträchtigung der Befriedigung der Insolvenzgläubiger kommen kann. Eine dahingehende Beurteilung hat mE beim Auftrag nach § 202 Abs 2 IO nicht zu erfolgen, weil es eine vorgreifende Prüfung der Einstellung darstellen würde. Zudem wird bei der Obliegenheit nach § 210 Abs 1 Z 5a IO nur auf die Verletzung der Auskunftserteilung abgestellt. Schon diese kann zur vorzeitigen Einstellung des Abschöpfungsverfahrens führen, ohne dass es auf die Beeinträchtigung der Befriedigung der Insolvenzgläubiger ankommt.[81]

Kann eine Obliegenheitsverletzung vorliegen, ist dem Schuldner vom Insolvenzgericht aufzutragen, dem Gericht und dem Treuhänder Auskunft über seine Bemühungen zu erteilen. Das Gericht hat die Zeitpunkte festzulegen, zu denen der Schuldner die Auskünfte zu erteilen hat. Der Auftrag ist seit dem RIRUG nur mehr für das nächste Rechnungslegungsjahr zu erteilen. Damit wird auch klargestellt, dass der Auftrag nicht während des gesamten Abschöpfungsverfahrens bestehen muss.[82]

Die Obliegenheit gem § 210 Abs 1 Z 5a IO betreffend die Auskunft über die Bemühungen um eine angemessene Erwerbstätigkeit knüpft nunmehr an die gem § 202 Abs 2 IO festgelegten Zeitpunkte an.

3.3.2. Selbstständige Erwerbstätigkeit

Der Schuldner kann während des Abschöpfungsverfahrens einer selbstständigen Erwerbstätigkeit nachgehen. Nach § 210 Abs 2 IO hat der Treuhänder einen Betrag zu bestimmen, den der Schuldner monatlich abzuführen hat. Dabei hat der Treuhänder die Vorgaben des § 210 Abs 2 IO zu beachten: Er hat die Einkünfte aus der selbstständigen Tätigkeit mit jenen zu vergleichen, die der Schuldner bei einer angemessenen unselbstständigen Erwerbstätigkeit erzielen

---

75 ErläutRV zum RIRUG 950 BlgNR 29.
76 *Schneider*, Privatinsolvenz³ 213 f; *Schneider*, Der neue Privatkonkurs, in *Konecny*, Insolvenz-Forum 2017 (2018) 123 (128 f).
77 Nach den ErläutRV zum IRÄG 2017 (1588 BlgNR 25. GP 11) ist ein geringfügig pfändbarer Betrag iHv 10 € bzw 20 € anzunehmen.
78 Zur Obliegenheit der angemessenen Erwerbstätigkeit s *Posani*, Würdigkeit 90 ff.
79 950 BlgNR 27. GP 29.
80 *Schneider*, Die angemessene Erwerbstätigkeit als Obliegenheit des Schuldners, ZIK 2013/123, 82 (82 ff).
81 *Schneider*, Privatinsolvenz³ 220 f.
82 So bereits *Schneider* in *Konecny*, Insolvenz-Forum 2017, 123 (136).

könnte.[83] Vom Gewinn aus der selbstständigen Tätigkeit darf dem Schuldner nur so viel verbleiben, als dem Existenzminimum bei einer unselbstständigen Tätigkeit entspricht.[84]

Der Schuldner kann gegen den vom Treuhänder bestimmten Betrag gem §§ 84, 203 Abs 4 IO beim Insolvenzgericht Beschwerde erheben. Dann hat das Insolvenzgericht den festgesetzten Betrag zu überprüfen.[85] Das Insolvenzgericht kann dem Treuhänder eine Weisung erteilen, in welcher Höhe der Betrag festzusetzen ist.

3.3.3. Information über die Verletzung der Auskunft über die Erwerbstätigkeit

Der Schuldner hat sowohl zu den beschlussmäßig festgelegten Zeitpunkten über seine Bemühungen um eine angemessene Erwerbstätigkeit Auskunft zu erteilen als auch dann, wenn der Treuhänder dies verlangt. Kommt der Schuldner dieser Aufforderung zur Auskunftserteilung nicht nach, stellt das noch keine Obliegenheitsverletzung dar. Allerdings kann ihn das Gericht gem § 210a Abs 2 IO zur Vernehmung über die Einhaltung der Obliegenheitsverletzungen laden. Bei einem unentschuldigten Fernbleiben ist das Abschöpfungsverfahren einzustellen.[86]

Erteilt der Schuldner zwar die erforderlichen Auskünfte, ergibt sich daraus aber, dass der Schuldner seine Obliegenheit verletzt, kann dieser Umstand nicht zur amtswegigen Einstellung des Abschöpfungsverfahrens führen. Vielmehr haben die Insolvenzgläubiger einen Antrag auf vorzeitige Einstellung des Abschöpfungsverfahrens zu stellen. Dazu müssen sie Kenntnis über eine allfällige Obliegenheitsverletzung erlangen. Deshalb wird in § 210a Abs 4 IO festgehalten, dass der Treuhänder die Insolvenzgläubiger zu informieren hat, wenn „offenkundig" eine Verletzung einer Obliegenheit vorliegt. Durch die Offenkundigkeit wird der Prüfungsmaßstab durch den Treuhänder nicht überspannt, sondern er soll nur über eindeutige Fälle informieren[87] – die Entscheidung, ob eine Obliegenheitsverletzung vorliegt, obliegt weiter dem Insolvenzgericht.

3.4. Widerruf der Restschuldbefreiung

Die rechtskräftige Verurteilung nach §§ 156, 158, 162 oder 292a StGB bildet gem § 201 Abs 1 Z 1 IO ein Einleitungshindernis. Sie muss im Zeitpunkt der Einleitung vorliegen und darf nicht der beschränkten Auskunft aus dem Strafregister unterliegen.[88] Bei einer rechtskräftigen Verurteilung wegen einer dieser Straftaten während des Abschöpfungsverfahrens ist es auf Antrag eines Insolvenzgläubigers gem § 211 Abs 1 Z 1 IO vorzeitig einzustellen.

In § 216 Abs 1 IO wird darüber hinaus für den Tilgungsplan festgehalten, dass die spätere Verurteilung wegen §§ 156, 158, 162 oder 292a StGB zu einem Widerruf der Restschuldbefreiung führen kann. Um zum Widerruf zu führen, muss die rechtskräftige Verurteilung innerhalb von fünf Jahren nach Einleitung des Abschöpfungsverfahrens erfolgen.[89] Diese Frist ergibt sich

---

83 ErläutRV zur KO-Nov 1993, 1218 BlgNR 18. GP 33.
84 *Kodek,* Privatkonkurs² Rz 640.
85 ErläutRV zum RIRUG 950 BlgNR 27. GP 31.
86 Siehe dazu auch *Schneider* in *Konecny,* Insolvenz-Forum 2017, 123 (130).
87 Ebenso *Posani,* ZIK 2021/94, 95 (102 f).
88 Siehe dazu *Posani,* Würdigkeit 17 ff.
89 ErläutRV zum RIRUG 950 BlgNR 27. GP 31.

aus der dreijährigen Dauer des Tilgungsplans sowie aus dem Umstand, dass der Antrag auf Widerruf der Restschuldbefreiung innerhalb von zwei Jahren nach Eintritt der Rechtskraft der Erteilung der Restschuldbefreiung gestellt werden kann (§ 216 Abs 2 IO).

Ein Antrag auf Widerruf der Restschuldbefreiung ist nur möglich, wenn sich die rechtskräftige Verurteilung des Schuldners nachträglich herausstellt. Wann die Verurteilung nach Einleitung des Abschöpfungsverfahrens erfolgt ist, ist irrelevant, jedoch darf der Insolvenzgläubiger keine Kenntnis gehabt haben.[90]

3.5. Verwertungsbefugnis des Treuhänders

Den Schuldner trifft die Obliegenheit, bestimmtes Vermögen[91] an den Treuhänder herauszugeben. Anders als bei den pfändbaren Bezügen hat der Treuhänder nicht bereits kraft seiner Bestellung eine Verwertungsbefugnis. Vielmehr bedarf es einer Übergabe durch den Schuldner.[92] Mit der Übergabe an den Treuhänder ist das Vermögen haftungsrechtlich den Insolvenzgläubigern zugewiesen[93] und unterliegt der Exekutionssperre des § 208 IO.

Die Kompetenz, das herausgegebene Vermögen zu verwerten, wurde dem Treuhänder durch das RIRUG eingeräumt.[94] Die Stellung des Treuhänders kann als Ermächtigungstreuhand gewertet werden.[95] Der Schuldner verliert durch die Herausgabe die Verfügungsbefugnis über dieses Vermögen. § 203 Abs 2 IO enthält jedoch keine Regelungen über das Verfahren zur Verwertung. Die ErläutRV[96] verweisen lediglich auf § 157i IO betreffend den Treuhändersanierungsplan.[97]

Die Art der Verwertung, freihändig oder kridamäßig, wird vom Treuhänder festgelegt. Einer insolvenzgerichtlichen Genehmigung der Verwertung bedarf es nicht.[98] Dann ist eine öffentliche Bekanntmachung der beabsichtigten Veräußerung genauso wenig erforderlich wie die Anhörung des Schuldners gem § 118 IO.[99]

Wenn das herausgegebene Vermögen mit Absonderungsrechten belastet ist, hat die Anwendung von § 120 IO bei der Verwertung durch den Treuhänder im Abschöpfungsverfahren Bedeutung. Nur über §§ 119, 120 IO kann eine (einfache) Lastenfreistellung erreicht werden.[100] Diese Möglichkeit wird beim Treuhändersanierungsplan bejaht[101] und lässt sich auf die Verwertung durch den Treuhänder übertragen.

---

[90] *Schneider*, Privatinsolvenz³ 231.
[91] Dazu näher *Posani*, Würdigkeit 104 ff.
[92] *Posani*, ZIK 2021/94, 95 (100).
[93] Vgl *Riel* in KLS, IO § 157g Rz 12.
[94] Zur Möglichkeit der Enthebung des bisherigen und Bestellung eines anderen Treuhänders zur Durchführung der Verwertung s OLG Linz 2 R 8/21s ZIK 2021/127, 119 (zust *Schneider*).
[95] *Posani*, ZIK 2021/94, 95 (100); vgl auch *Riel* in KLS, IO § 157g Rz 1.
[96] 950 BlgNR 27. GP 29.
[97] Zur nicht abgeschlossenen Vermögensverwertung bei Ablauf der Abtretungserklärung s *Posani*, ZIK 2021/94, 95 (101 f).
[98] *Riel* in KLS, IO § 157i Rz 19.
[99] Siehe auch *Schneider*, ZIK 2021/127, 122 (Entscheidungsanmerkung).
[100] Dazu *Riel* in *Konecny/Schubert*, Insolvenzgesetze (11. Lfg; 2006) § 120 KO Rz 50 ff.
[101] *Riel* in KLS, IO § 157i Rz 21; *Trenker*, Treuhänderüberwachung der Sanierungsplanerfüllung (2017) 114 ff; ebenso für das Abschöpfungsverfahren *Schneider*, ZIK 2021/127, 122 (Entscheidungsanmerkung).

Durch die analoge Anwendung von § 119 IO ist der Verwertungserlös über eine *Meistbotsverteilung durch das Insolvenzgericht* zu verteilen, wenn Absonderungsrechte bestehen.[102] Dem steht § 203 Abs 1 IO nicht entgegen, wonach der Treuhänder die Verteilung vorzunehmen hat. Der Meistbotsverteilungsbeschluss schafft lediglich die Grundlage für die Verteilung. Wird das Vermögen gerichtlich veräußert, gehen die Regelungen über die Meistbotsverteilung vor.

Das vom Schuldner herausgegebene Vermögen kann ihm gem § 119 Abs 5 IO (wieder) zur freien Verfügung überlassen werden.[103] Das ändert nichts daran, dass der Schuldner seiner Obliegenheit zur Herausgabe nachgekommen ist.

Ein Wohnbedarf des Schuldners am herausgegebenen Vermögen hindert die Verwertung nicht.[104] Hier sind mE dieselben Grundsätze wie im Insolvenzverfahren heranzuziehen.

Der Treuhänder kann zudem den Schuldner mit der Verwertung von Vermögen beauftragen. Dann sind die Verfügungen des Schuldners wirksam. Dabei ist mE zu beachten, ob der Schuldner eine Verwertung bewältigen kann. Der Treuhänder kann sich seiner Aufgabe – ohne eine Enthebung beantragen zu müssen – nicht dadurch entledigen, indem er dem Schuldner etwa die Verwertung einer Liegenschaft aufträgt.

3.6. Entlohnung des Treuhänders

Der Treuhänder hat für seine Tätigkeit Anspruch auf Entlohnung. § 204 Abs 1 IO erhöht die Mindestentlohnung auf 15 € monatlich zzgl USt. Des Weiteren wird in § 204 Abs 2 IO verankert, dass die Mindestentlohnung des Treuhänders – anders als jene des Insolvenzverwalters – nicht herabgesetzt werden kann. Eine Verminderung der Entlohnung kommt somit nur mehr dann in Betracht, wenn der Treuhänder mehr als die Mindestentlohnung begehrt. Eine Erhöhung der Entlohnung kommt stets in Betracht, wenn die Voraussetzungen des § 82b IO erfüllt sind.[105]

3.7. Beendigung des Abschöpfungsverfahrens

Wenn das Abschöpfungsverfahren nicht vorzeitig eingestellt wird, ist dem Schuldner nach Ablauf der Abtretungserklärung die Restschuldbefreiung zu erteilen. Dazu bedarf es auch eines Beschlusses, mit dem das Abschöpfungsverfahren für beendet erklärt wird. In § 213 IO wird ein weiterer Fall der Beendigung normiert, und zwar für den Fall, dass die angemeldeten Insolvenzforderungen zur Gänze befriedigt wurden. Maßgeblich muss mE sein, dass es sich nicht nur um angemeldete, sondern auch um festgestellte Insolvenzforderungen handelt. Ist die Bestreitungsfrist noch nicht abgelaufen oder ein Prüfungsprozess anhängig, ist eine Sicherstellung erforderlich.

---

[102] *Riel* in KLS, IO § 157i Rz 21; *Trenker*, Treuhänderüberwachung 116 f.
[103] *Mohr* in *Konecny/Schubert*, Insolvenzgesetze (3. Lfg; 1998) § 203 KO Rz 4.
[104] Siehe dazu auch *Schneider*, ZIK 2021/127, 122 (Entscheidungsanmerkung); aA OLG Linz 2 R 8/21s ZIK 2021/127, 119 (*Schneider*), wonach der Wohnbedarf das Verschulden an der Obliegenheitsverletzung ausschließt.
[105] Dazu *Konecny/Riel*, Entlohnung im Insolvenzverfahren (1999) Rz 187 ff.

3.8. Nicht angemeldete Insolvenzforderungen

Insolvenzgläubiger, die ihre Forderungen im Insolvenzverfahren nicht angemeldet haben, sind im Abschöpfungsverfahren nur dann zu berücksichtigen, wenn ihre Forderung feststeht[106] und sie von der Eröffnung des Insolvenzverfahrens nicht verständigt wurden. Von der Eröffnung verständigte Insolvenzgläubiger werden selbst bei Feststehen ihrer Forderung nicht berücksichtigt. Insofern wird ein Gleichklang zum Zahlungsplan hergestellt.

Für den Treuhänder bedeutet diese Regelung, dass er die Verständigung von der Eröffnung des Insolvenzverfahrens überprüfen muss. Das ist durch Einsicht in den Insolvenzakt relativ leicht zu bewerkstelligen. Allerdings muss der Treuhänder auch beurteilen, ob es sich überhaupt um eine Insolvenzforderung handelt. Das war zwar auch schon bisher der Fall, weil etwa ausgeschlossene Forderungen bei der Verteilung nicht zu berücksichtigen sind; durch die Gesamtvollstreckung und die damit einhergehende Neuregelung bei den Insolvenzforderungen kann die Abgrenzung im Einzelfall schwierig sein.

4. Sonstige Änderungen

Kleinere Änderungen werden in § 187 IO betreffend die Befugnisse des Schuldners vorgenommen. Dabei handelt es sich im Wesentlichen um Klarstellungen. In § 187 Abs 1 Z 6 IO wird zudem verankert, dass der Schuldner nicht befugt ist, die kridamäßige Verwertung der Insolvenzmasse zu beantragen. Somit besteht keine Beschränkung mehr auf das unbewegliche Vermögen.

Die Befugnisse des Schuldners bei der Entziehung der Eigenverwaltung ohne Bestellung eines Verwalters werden dahin erweitert, dass dem Schuldner alle Postsendungen zuzustellen sind (§ 190 IO).

Schließlich wird in § 192 IO die Vertretungsbefugnis der anerkannten Schuldenberatungsstellen auf das Rekursverfahren ausgedehnt. Lediglich im Verfahren vor dem OGH muss sich der Schuldner weiterhin von einem Rechtsanwalt vertreten lassen.

---

106 Dazu *Schneider*, Privatinsolvenz³ 204 f.

RIRUG: Allgemeine Änderungen im Insolvenzrecht und im Gebührenrecht

Franz Mohr/Eva Reichel

Gliederung	Seite
1. Einleitung	251
2. Folgezustellungen an „führungslose" Kapitalgesellschaften nach § 258a Abs 1a IO	252
2.1. Rechtslage vor dem RIRUG	252
2.2. Problemlage	252
2.3. Der neue § 258a Abs 1a IO	252
3. Sonstiges im Insolvenzrecht	253
4. Änderungen bei den Gerichtsgebühren	253
4.1. Pauschalgebühr für das Verfahren erster Instanz	253
4.2. Weitere Neuerungen	256
4.3. Pauschalgebühr für Rekurse	256
4.4. Pauschalgebühr für Revisionsrekurse	256
4.5. Schuldenregulierungsverfahren	256
4.6. Restrukturierungsverfahren	257
5. Zusammenfassung	258

Der Beitrag gibt einen Überblick über zweierlei, die Änderungen im Insolvenzrecht jenseits der Umsetzung der RIRL und des „Privatinsolvenzrechts" sowie die Anpassungen im Gerichtsgebührenrecht durch das RIRUG.

1. Einleitung

Den Schwerpunkt des RIRUG bildet die Umsetzung der RIRL, einerseits durch Schaffung einer Restrukturierungsordnung (ReO) und Regelungen zur Anfechtbarkeit und Nachrangigkeit von Finanzierungen und Transaktionen iZm der Restrukturierung sowie andererseits durch die Erleichterung der Entschuldung; diese wird um damit im Zusammenhang stehende Änderungen des „Privatinsolvenzrechts" ergänzt.

Von den weiteren Neuerungen, die das RIRUG gebracht hat, sind va jene über die Zustellungen an führungslose Kapitalgesellschaften und die Neuordnung der Gerichtsgebühren hervorzuheben. Der neue § 258a Abs 1a IO stellt klar, wie *Folgezustellungen an „führungslose" Kapitalgesellschaften nach Eröffnung eines Insolvenzverfahrens* über deren Vermögen vorzunehmen sind. Die Gerichtsgebühren im Insolvenzverfahren wurden vor allem übersichtlicher geregelt und in einer Bestimmung zusammengefasst.

2. Folgezustellungen an „führungslose" Kapitalgesellschaften nach § 258a Abs 1a IO

2.1. Rechtslage vor dem RIRUG

Bereits seit dem IRÄG 2017 besteht die Möglichkeit, Zustellungen in Insolvenzverfahren an insolvente Kapitalgesellschaften, die keinen organschaftlichen Vertreter haben, also insoweit „führungslos" sind, durch Aufnahme in die Ediktsdatei vorzunehmen (§ 258a Abs 1 IO); die Bestellung eines Kurators oder Notgeschäftsführers ist nicht nötig. Die Zustellung an die Gesellschaft gilt vier Wochen nach Aufnahme in die Ediktsdatei als bewirkt. Gleichzeitig ist in der Ediktsdatei der Hinweis zu veröffentlichen, dass alle weiteren Zustellungen an die Gesellschafter, und zwar an deren dem Gericht zuletzt bekannten Anschrift, erfolgen werden. Jene Gesellschafter, deren Anschrift dem Gericht bekannt ist, sind über diese Art der Zustellung vom Gericht unmittelbar zu benachrichtigen. Die Gesellschafter einer GmbH werden im Regelfall an ihrer im Firmenbuch ersichtlichen Anschrift zu benachrichtigen sein. Bei Aktiengesellschaften sind – abgesehen von Einpersonen-Gesellschaften iSd § 35 AktG – nicht die Aktionäre, sondern die Mitglieder des Vorstands und des Aufsichtsrats zu verständigen, die zuletzt im Firmenbuch eingetragen waren oder dies immer noch sind.[1] Ein Zustellanstand hinsichtlich dieser Benachrichtigung hindert das weitere Verfahren nicht.

2.2. Problemlage

In der Praxis kommt diese Art der Zustellung zunächst beim Beschluss auf Eröffnung des Insolvenzverfahrens zu tragen; es kam jedoch immer wieder zu *Unklarheiten*, wie mit *weiteren Zustellungen im Laufe des Insolvenzverfahrens* zu verfahren ist. Nach dem Konzept des § 258a Abs 1 IO sind Folgezustellungen an die Kapitalgesellschaft nicht an diese, sondern an die Gesellschafter an deren zuletzt bekannte Anschrift vorzunehmen. Konnte aber bspw bereits die Benachrichtigung der Ediktalzustellung an die Gesellschafter nicht zugestellt werden – etwa weil keine zustellfähige Adresse der Gesellschafter vorlag oder die Gesellschafter selbst Kapitalgesellschaften ohne organschaftliche Vertretung sind – wäre eine Folgezustellung an diese Gesellschafter von vornherein sinnlos.[2] In diesen Fällen stellte sich die Frage, ob dann eine *neuerliche Ediktalzustellung möglich* oder sogar *geboten* ist.

2.3. Der neue § 258a Abs 1a IO

Mit dem seit dem RIRUG neuen § 258a Abs 1a IO soll diese Frage – wie vorzugehen ist, wenn Folgezustellungen an einzelne oder alle Gesellschafter nicht vorgenommen werden können – nun beantwortet werden. Es wird ausdrücklich vorgesehen, dass *Folgezustellungen* an die *Kapitalgesellschaft* grundsätzlich *an die zuletzt bekannte Anschrift der Gesellschafter* vorzunehmen sind. Die Zustellung hat *an alle Gesellschafter*, und nicht etwa nur an den Mehrheitsgesellschafter, zu erfolgen. Dadurch bekommen diese als Eigentümer die Gelegenheit, für eine Bestellung vertretungsbefugter Organe zu sorgen. Die Zustellung an sämtliche Gesellschafter

---

1 ErläutRV 1588 BlgNR 25. GP 18 (IRÄG 2017).
2 Für eine detaillierte Darstellung der Probleme bei Folgezustellungen s näher *Übertsroider/Lettner*, Die Zustellung nach § 258a IO, ZIK 2020/223, 190.

gilt als wirksame Zustellung an die Gesellschaft selbst; die Rechtsmittelfrist wird mit der letzten Zustellung an einen Gesellschafter ausgelöst.[3]

Daneben gilt weiterhin § 257 Abs 2 IO; ist also eine Zustellung durch öffentliche Bekanntmachung gesondert vorgeschrieben, so hat diese neben der Zustellung an die Gesellschafter zu erfolgen. Die Wirkungen der Zustellung treten dann mit der öffentlichen Bekanntmachung ein.

Schlägt eine Zustellung an einen Gesellschafter fehl, so ist wiederum auf die Ebene der Kapitalgesellschaft zurückzukehren und direkt an diese – sinngemäß nach § 258 Abs 1 IO – zuzustellen. Die Zustellung an die Kapitalgesellschaft erfolgt demnach ohne Bestellung eines Kurators oder Notgeschäftsführers durch *Aufnahme in die Ediktsdatei*. Daneben hat das Gericht dennoch jenen Gesellschaftern, die an ihrer dem Gericht bekannten Anschrift erreichbar sind, – entsprechend der Ankündigung in der ersten Ediktalzustellung – eine Beschlussausfertigung zuzusenden. Die Folgen der Zustellung treten aber bereits durch die öffentliche Bekanntmachung ein. Auch alle weiteren Zustellungen können durch Aufnahme in die Ediktsdatei erfolgen, worauf wiederum in der Bekanntmachung hinzuweisen ist (§ 258 Abs 2 IO).

3. Sonstiges im Insolvenzrecht

Weitere Änderungen des Insolvenzrechts, die weder die Umsetzung der RIRL noch das „Privatinsolvenzrecht" betreffen, sind überschaubar. Hervorzuheben ist die Erweiterung des Kreises der *nahen Angehörigen in § 32 IO*. Während vor dem RIRUG nicht alle Gesellschafter nach dem EKEG erwähnt wurden, sondern nur die nach § 5 EKEG, ist die Einschränkung entfallen und sind nunmehr alle Gesellschafter nach dem EKEG nahe Angehörige. Die Angehörigeneigenschaft kann sich somit auch aus einem abgestimmten Verhalten nach § 6 EKEG, aus einer Treuhandschaft (§ 7 EKEG), sowie aus den Bestimmungen über verbundene Unternehmen, Konzerne, Stille Gesellschaften und KG (§§ 8–11 EKEG) ergeben.

In § 80b Abs 3 IO über die Unabhängigkeit des Insolvenzverwalters und § 269 Abs 1 Z 10 IO über die Insolvenzverwalterliste wurde berücksichtigt, dass nach § 80 Abs 5 IO auch eine *eingetragene Personengesellschaft zum Insolvenzverwalter* bestellt werden kann.

Die RIRL enthält im Titel IV Maßnahmen zur Steigerung der Effizienz von Restrukturierungs-, Insolvenz- und Entschuldungsverfahren. Die Vorgaben für das Insolvenzverfahren sind erfüllt.[4] Eine Umsetzung wurde nur in einem Fall als zweckmäßig angesehen. § 254 Abs 4 IO wurde durch den Grundsatz, der generell bei Gerichtsverfahren Bedeutung haben sollte, ergänzt, dass das Gericht jede Entscheidung mit Blick auf eine *zügige Bearbeitung* der Angelegenheit auf effiziente Weise zu treffen hat.

4. Änderungen bei den Gerichtsgebühren

4.1. Pauschalgebühr für das Verfahren erster Instanz

Mit dem RIRUG wurden die Gerichtsgebühren im Insolvenzverfahren übersichtlicher geregelt und in § 22 GGG zusammengefasst. Neben der *Eingabengebühr* für die Forderungsanmeldung

---

[3] ErläutRV 950 BlgNR 27. GP 33 (RIRUG).
[4] Siehe die Ausführungen in ErläutRV 950 BlgNR 27. GP 32.

(25 €) und den Antrag eines Gläubigers auf Eröffnung des Insolvenzverfahrens (47 €) fällt für das Insolvenzverfahren – wie vor dem RIRUG – eine *Entscheidungsgebühr* an, und zwar bei der Beendigung des Verfahrens. Diese Pauschalgebühr für das Insolvenzverfahren erster Instanz ist nach TP 6 Z I a des Tarifs zum GGG für die Beendigung durch Schlussverteilung, gerichtliche Bestätigung des Sanierungs- oder Zahlungsplans, Einleitung des Abschöpfungsverfahrens oder für die Beendigung mit Einverständnis der Gläubiger zu entrichten; nicht bei Aufhebung mangels kostendeckenden Vermögens.

Die Pauschalgebühr ist nach § 22 Abs 1 GGG mit gerichtlichem Beschluss festzusetzen. Der Gebührenanspruch wird mit der Verkündung des Beschlusses über die Gebühr, ohne Verkündung mit der Zustellung des Beschlusses an den Zahlungspflichtigen begründet (§ 2 Z 1 lit f GGG). An die Verkündung des Beschlusses wird – eine redaktionelle Änderung – auch angeknüpft, wenn der Schuldner zahlungspflichtig ist.

Die *Pauschalgebühr ist zu bestimmen,* sobald alle Voraussetzungen für die Bestätigung des Sanierungs- oder Zahlungsplans, die Einleitung des Abschöpfungsverfahrens oder die Aufhebung des Insolvenzverfahrens nach Schlussverteilung oder mit Einverständnis der Gläubiger erfüllt sind. Der Zahlungspflichtige ist zur Zahlung der Gebühr aufzufordern (§ 22 Abs 1 GGG).

Ist ein Masseverwalter bestellt, so hat dieser die Pauschalgebühr aus der Insolvenzmasse zu zahlen. In allen anderen Fällen trifft die Zahlungspflicht den Schuldner.[5] Solche anderen Fälle sind neben dem Sanierungsverfahren mit Eigenverwaltung das Schuldenregulierungsverfahren, wenn dem Schuldner die Eigenverwaltung nicht entzogen wurde. Auch wenn die Gebühr nicht vollständig aus der Insolvenzmasse beglichen werden kann, trifft die Zahlungspflicht den Schuldner. Bei wörtlicher Auslegung hieße dies („wenn"), dass die Zahlungspflicht nur den Schuldner trifft; sachgerechter ist es jedoch, eine Zahlungspflicht des Schuldners nur soweit anzunehmen, als die Gebühr nicht aus der Insolvenzmasse bezahlt werden kann. Dass die Bestimmung in diesem Sinne auszulegen ist, wird durch die Materialien bestärkt, führen doch diese aus, dass der Schuldner in dem Ausmaß, in dem die Insolvenzmasse dafür unzulänglich ist, den darüberhinausgehenden Anteil zu zahlen hat.[6]

Bei Zahlungspflicht des Schuldners ist der Masseverwalter nicht zur Zahlung aufzufordern, ebenso nicht der Sanierungsverwalter, auch einer Zustellung an den Sanierungsverwalter bedarf es nicht mehr.[7]

Wie vor dem RIRUG ist nach § 22 Abs 4 GGG die Bestätigung des Sanierungsplans davon abhängig, dass die Pauschalgebühr bezahlt oder sichergestellt ist. Diese Regelung wird mit dem RIRUG auf die *Bestätigung des Zahlungsplans* ausgedehnt: Nach den Materialien ist nicht ersichtlich, warum nur bei der Bestätigung des Sanierungsplans, nicht aber auch bei der Bestätigung des Zahlungsplans die Gebühr vorher bezahlt oder sichergestellt sein soll.[8] Die Änderung bedeutet, dass es dem Schuldner verwehrt ist, die Pauschalgebühr nicht sofort, sondern binnen drei Jahren zu bezahlen, wie dies § 196 IO ermöglichte. Der Wegfall dieser Stundung kann im Einzelfall dem Schuldner die Entschuldung erschweren.

---

5 Bei einer Zahlungspflicht des Schuldners sieht das GGG jeweils auch eine Zahlungspflicht der Personen vor, die die Haftung für die Verbindlichkeiten des Schuldners übernommen haben.
6 ErläutRV 950 BlgNR 27. GP 34.
7 ErläutRV 950 BlgNR 27. GP 34.
8 ErläutRV 950 BlgNR 27. GP 34.

In den Fällen jenseits von Sanierungs- und Zahlungsplan ist – wie nach TP 6 Anm 1 idF vor dem RIRUG – die Aufhebung des Insolvenzverfahrens davon abhängig, dass die Pauschalgebühr bezahlt wird. Dies erfasst die Fälle, in denen es eines Aufhebungsbeschlusses bedarf, also die Aufhebung nach Verteilung gem § 139 IO und mit Einverständnis der Gläubiger gem § 123b IO. Für die *Einleitung des Abschöpfungsverfahrens* gibt es keine Sonderbestimmung, sodass auch dieser Fall umfasst sein könnte. Da das Insolvenzverfahren mit Eintritt der Rechtskraft der Einleitung des Abschöpfungsverfahrens aufgehoben ist (§ 200 Abs 4 IO), kann die ex lege eintretende Aufhebung nicht von der Bezahlung der Pauschalgebühr abhängig gemacht werden. Dass bereits die Einleitung des Abschöpfungsverfahrens die Bezahlung der Pauschalgebühr verlangt, sagt das Gesetz aber nicht. Daher ist die Pauschalgebühr im Abschöpfungsverfahren nach § 203 Abs 1 IO zu tilgen.

Wird die Pauschalgebühr *nach der Aufhebung des Insolvenzverfahrens* erhöht, so obliegt die Zahlung des Erhöhungsbetrags dem Schuldner (§ 22 Abs 3 GGG). Zu einer Erhöhung kann es nach den Materialien insb kommen, wenn der Masseverwalter im Rekursweg eine Erhöhung der Entlohnung erreicht.[9] Die ErläutRV[10] erwähnen auch den Fall einer Nachtragsverteilung. Nach TP 6 Anm 1 GGG ist in diesem Fall die Gebühr neu zu bemessen und die bisher bezahlte Gebühr abzuziehen. Sollte ein Restbetrag verbleiben, also die Gerichtsgebühr erhöht werden, so hat das Gericht dem Insolvenzverwalter die Zahlung aus der Nachtragsverteilungsmasse aufzutragen. Die Zahlungspflicht des Schuldners, die zusätzlich besteht, hat daher für diesen Fall keine praktische Bedeutung.

Ist der Beschluss über die *Bestimmung der Pauschalgebühr irrtümlich*[11] nicht vor rechtskräftiger Aufhebung gefasst worden, so ist er auf Antrag des Revisors oder von Amts wegen nachzuholen (§ 22 Abs 5 GGG). Dies bedarf einer berichtigenden Auslegung. Die Regelung ist nämlich zu eng, wenn sie nur auf die rechtskräftige Aufhebung abstellt, die es nur bei einer Aufhebung des Insolvenzverfahrens nach Verteilung und mit Einverständnis der Gläubiger gibt. In den anderen Fällen, die für eine Gebührenpflicht maßgebend sind, hat das Gericht keinen Aufhebungsbeschluss, der rechtskräftig werden kann, zu fassen, sondern das Insolvenzverfahren ist mit Eintritt der Rechtskraft der Bestätigung des Sanierungsplans, des Zahlungsplans oder der Einleitung des Abschöpfungsverfahrens aufgehoben. Auch in diesen Fällen kommt wohl eine Nachholung des Beschlusses in Betracht.

Auf die vor dem RIRUG vorgesehene Zahlungspflicht des Masseverwalters bei schuldhafter Gebührenverkürzung wurde mit dem RIRUG verzichtet. § 22 Abs 5 GGG sieht eine Zahlungspflicht des Masseverwalters vor, wenn ihn ein *Verschulden an der mangelnden Zahlung* aus der Insolvenzmasse trifft. Dies wird selten sein. Die Materialien[12] erwähnen zwei Fälle: einerseits, dass in dem vom Insolvenzgericht genehmigten Verteilungsentwurf die Pauschalgebühr gesetzwidrig nicht unter die zur Gänze zu befriedigenden Masseforderungen aufgenommen worden ist, und andererseits, dass ein Gebührenbestimmungsbeschluss vom Gericht nicht gefasst wurde.

---

9 ErläutRV 950 BlgNR 27. GP 34.
10 950 BlgNR 27. GP 34.
11 Die Einschränkung auf irrtümliche Fälle ist wohl nur daraus zu erklären, dass der Gesetzgeber bei jedem Fall einer Nichtbestimmung von einem Irrtum ausgeht; eine Unterscheidung wäre mE nämlich nicht gerechtfertigt.
12 ErläutRV 950 BlgNR 27. GP 34.

4.2. Weitere Neuerungen

Das RIRUG brachte auch Klarstellungen, nämlich dass das Wort „eines Gläubigers" in Anm 1a TP 5 GGG ein Zahlwort ist, und die Kumulation der Forderungsanmeldungen mehrerer Gläubiger daher mehrfach die Eingabengebühr auslöst, und dass auch ein *Antrag eines Gläubigers nach § 197 Abs 2 IO* gebührenpflichtig ist.[13]

Für Gläubiger von *Unterhaltsforderungen* minderjähriger Kinder gibt es eine Erleichterung. Sie trifft keine Gebührenpflicht nach TP 5 GGG, somit auch nicht für einen Antrag auf Eröffnung eines Konkursverfahrens.

4.3. Pauschalgebühr für Rekurse

Wie vor dem RIRUG gibt es eine Pauschalgebühr für Rekurse, sie wird aber auf 350 € reduziert (TP 6 Z II GGG). Die Fälle, in denen eine Gebühr anfällt, werden im GGG taxativ aufgezählt; sie wird bei einem Rekurs gegen den Beschluss auf Aufhebung des Insolvenzverfahrens nach Schlussverteilung, gegen die Bestätigung des Sanierungs- oder Zahlungsplans oder die Einleitung des Abschöpfungsverfahrens vorgesehen, nicht mehr aber gegen eine Aufhebung mit Einverständnis der Gläubiger. Ein Rekurs gegen einen Beschluss, mit dem die Bestätigung des Sanierungs- oder Zahlungsplans versagt wurde, ist nicht gebührenpflichtig.[14]

4.4. Pauschalgebühr für Revisionsrekurse

Eine Pauschalgebühr für Revisionsrekurse fällt gem TP 6 Z III GGG an, wenn sich der Revisionsrekurs gegen Entscheidungen über Rekurse richtet, für die eine Gebühr zu entrichten ist. Wird eine Entscheidung des Rekursgerichts mit Revisionsrekurs angefochten, für die – wäre sie in erster Instanz getroffen worden – eine Gebühr angefallen wäre, so ist ebenfalls eine Gebühr zu zahlen. Dies ist etwa gegeben, wenn die Bestätigung des Sanierungsplans vom Gericht erster Instanz versagt wurde, vom Rekursgericht die Entscheidung abgeändert und der Sanierungsplan bestätigt wurde.

4.5. Schuldenregulierungsverfahren

Im Schuldenregulierungsverfahren ist bei Eigenverwaltung keine Pauschalgebühr zu entrichten. Mit dem RIRUG wurde klargestellt, dass dies nur gilt, wenn für das *gesamte Schuldenregulierungsverfahren* dem Schuldner die Eigenverwaltung zusteht (TP 6 Anm 3 GGG). Auch eine Gebühr für Rekurs und Revisionsrekurs fällt in diesem Fall nicht an. Ungeklärt ist, ob bei Bestellung eines Insolvenzverwalters mit beschränktem Geschäftskreis eine Pauschalgebühr anfällt, zumal dies die Eigenverwaltung nur einschränkt. ME ist in diesem Fall eine Gebühr zu entrichten, weil bei Eigenverwaltung des Schuldners während eines Teils des Verfahrens eine Gebühr anfällt.

Nicht geklärt ist weiters der mit der GREx eingeführte Fall, dass dem Schuldner die Eigenverwaltung entzogen wird, dennoch aber *kein Insolvenzverwalter bestellt* wird (§ 190 Abs 1 IO). TP 6 Anm 1 S 1 GGG sieht den Entfall der Pauschalgebühr bei Eigenverwaltung vor; demnach

---

13 Die ErläutRV 950 BlgNR 27. GP 34 verweisen auf die E BVwG 17. 10. 2019, I421 2220607-1/2E.
14 ErläutRV 950 BlgNR 27. GP 35.

wäre eine Pauschalgebühr zu zahlen. ME spricht aber die Gleichbehandlung aller Fälle, in denen kein Insolvenzverwalter zu bestellen ist, dagegen. Für dieses Ergebnis kann auch ins Treffen geführt werden, dass die Gebühr primär an die Entlohnung des Insolvenzverwalters anknüpft, wenngleich TP 6 Z I lit a GGG auch eine Mindestgebühr vorsieht.

4.6. Restrukturierungsverfahren

Im Restrukturierungsverfahren ist wie im Insolvenzverfahren eine Pauschalgebühr vorgesehen, die jedoch mit Zahlungsauftrag festzusetzen ist.[15] Für sie ist der Antragsteller, also der Schuldner, nach § 23 GGG zahlungspflichtig.

Die Gebühr fällt nur bei einer Bestätigung des Restrukturierungsplans an, wobei nicht maßgebend ist, ob über die Bestätigung im ordentlichen Verfahren, im Europäischen Restrukturierungsverfahren oder im vereinfachten Verfahren entschieden wird,[16] wenngleich im vereinfachten Restrukturierungsverfahren von Restrukturierungsvereinbarung und nicht von einem Restrukturierungsplan gesprochen wird.[17] Die Bestätigung des Restrukturierungsplans und der Restrukturierungsvereinbarung ist nicht von der Entrichtung der Pauschalgebühr abhängig.

Die *Höhe der Gebühr* orientiert sich nicht an der Entlohnung des Restrukturierungsbeauftragten, sondern knüpft direkt an den zur Befriedigung der Gläubiger erforderlichen Betrag an. Sie beträgt 0,3 % davon, mindestens 473 €, höchstens 30.000 €. Auslegungsbedürftig ist der Begriff des zur Befriedigung der Gläubiger erforderlichen Betrags. Anders als beim Sanierungsplan müssen im Restrukturierungsplan nicht alle unbesicherten Forderungen gekürzt werden; auch Forderungen besicherter Gläubiger können gestundet, aber nicht gekürzt werden – eine Kürzung könnte zur Versagung der Bestätigung führen. Da ein Gleichklang mit der Gebühr bei einem Sanierungsplan angestrebt wird,[18] ist mE nur auf die Gläubiger abzustellen, deren Forderungen gekürzt werden und damit einen Beitrag zur Restrukturierung leisten, also auf die *Forderungen der betroffenen Gläubiger*. Die besicherten Gläubiger können zwar betroffen sein; sie sind aber bei der Berechnungsgrundlage nicht zu berücksichtigen, weil die Forderungen nur gestundet werden können.

Weiters ist für Rekurse (Revisionsrekurse) gegen die Bestätigung des Restrukturierungsplans (Restrukturierungsvereinbarung) und für Forderungsanmeldungen eine Gerichtsgebühr zu zahlen; zu dieser kann es allerdings nur im Europäischen Restrukturierungsverfahren nach § 44 ReO kommen.

Auch für die *Liste der Restrukturierungsbeauftragten* wurde ein Gebührentatbestand in der TP 14 GGG (215 € für die Eintragung während des ersten Kalenderjahrs, für jede Verlängerung um ein Kalenderjahr 44 €) geschaffen.

---

15 ErläutRV 950 BlgNR 27. GP 33.
16 ErläutRV 950 BlgNR 27. GP 34.
17 Dies wurde offenbar übersehen; auch wird die vereinfachte Restrukturierungsvereinbarung nicht in § 40 ReO, wie dies die ErläutRV ausführen, sondern in § 45 ReO geregelt.
18 Siehe die Berechnungen zur Höhe der Gebühr (ErläutRV 950 BlgNR 27. GP 34).

5. Zusammenfassung

Mit dem neuen § 258 Abs 1a IO wird Klarheit geschaffen, wie bei Folgezustellungen an „führungslose" Kapitalgesellschaften im Insolvenzverfahren vorzugehen ist. Ist eine individuelle Zustellung an sämtliche Gesellschafter nicht möglich, kann an die Kapitalgesellschaft durch Edikt zugestellt werden. Die Änderungen im Gerichtsgebührenrecht regeln nicht nur die Gebühren für das Restrukturierungsverfahren, sondern bringen sinnvolle Klarstellungen für die Gerichtsgebühren im Insolvenzverfahren, werfen aber auch neue Fragen auf.

Stichwortverzeichnis

A

Abschöpfungsverfahren 16, 17
Absonderungsgläubiger 118
Absonderungsrechte 25
Abtretungserklärung 236
Akkordstörer 65, 187
Akteneinsicht 178
Akteneinsichtsrecht 70
Änderung des Zahlungsplans 240
Anerkennung 179, 184
Anfechtungsschutz 99, 114
Anlaufkosten 75
Anspruch auf Ausfall 158
Anteilsinhaber 201, 212
Antragszurücknahme 8
Aufforderung 177
Aufgaben des Restrukturierungsbeauftragten 102
Aufhebung der Vollstreckungssperre 138
Auflösungserklärungen 137
aufrechtes Zurückbehaltungsrecht 45
Auskunft über zumutbare Erwerbstätigkeit 245
außergerichtliche Vereinbarung 5
außergerichtlicher Ausgleich
– Schulderlass 223
Aussonderungsansprüche 25
Aussonderungsberechtigte 118

B

bedingte Fortbestehensprognose 29, 37
Beendigung des Abschöpfungsverfahrens 249
besicherte Forderungen 43
besondere Verfahrensart 189
Bestandfähigkeit 54, 56, 59, 66
– Sicherung der
– Handlungsleitfaden 207
– Pflicht der Geschäftsleitung 206
Bestandfähigkeitsprüfung 34
Bestandgefährdung 20, 47, 53
Bestätigung 13
– zu versagen 63
Bestätigungsverfahren 99, 154
Bestätigungsvoraussetzungen 153

Bestellung des Restrukturierungsbeauftragten 90
Bestellungsgründe 92
Beweismaß 198
Bewilligung der Vollstreckungssperre 120
Binnenfälle 3
Business Judgement Rule 206, 210

C

Cram-Down 26, 28, 46, 81, 82, 143, 148

D

Debt-Equity-Swap 83, 147, 213, 214, 215
Drittsicherheitenbesteller 159
drohende Zahlungsunfähigkeit 36

E

Ediktsdatei 11, 102, 175
Eigenverwaltung 87
– Pflichten im Restrukturierungsverfahren 210
Eigenverwaltung des Schuldners 104
Einleitungsantrag 12
Einleitungshindernisse 39, 242
Einschränkung der Eigenverwaltung 77
Einstellung der Exekution 239
Einstellungsgrund 78
Einzelvollstreckungsverfahren 180
Entlohnung des Treuhänders 249
Entlohnungsantrag 82
Entschuldung 14
Europäisches Restrukturierungsverfahren 4, 10, 173, 185
Europäisches vereinfachtes Restrukturierungsverfahren 6
Eventualantrag 242

F

fairness opinion 156
Fälligkeit der Forderung 133
Finanzgläubiger 190
Finanzierungen 64
Finanzierungscharakter 190
Finanzplan 61
Forderungsanmeldung 11, 151, 176, 182

Stichwortverzeichnis

Forderungskürzung und -stundung 43
Fortbestehensprognose 21, 59, 72, 147, 167
 – positiv 53, 58
Forum-Shopping 183

G

gerichtliche Bestätigung 153
gerichtliches Restrukturierungsverfahren 68
Gerichtssachverständige 194
Gerichtsstand für Restrukturierungsverfahren 183
Gesamtvollstreckung 15
Geschäftsleiter s Geschäftsleitung
Geschäftsleitung 201
 – Definition 203
Gesellschafterfinanzierungen 168
Gesellschafterversammlung
 – Pflicht zur Einberufung 218
Gewinne aus Schulderlässen
 – steuerliche Begünstigung 223
Gläubigergleichbehandlung 46
Gläubigerinteresse 154
Gläubigerklassen 65, 120, 148
Gläubigermehrheit 95, 153
Gläubigerschutzverbände 78, 152
Gläubigerstellung 178
Gleichbehandlung
 – von Gläubigern 208
grenzüberschreitende Fälle 3

H

Haftung 123
Haftung des Restrukturierungsbeauftragten 110
Haftungserleichterung 124

I

Immobilienertragsteuer 228
incentives 112
Insolvenz
 – wahrscheinliche 60, 66
Insolvenzabwendung
 – Handlungsleitfaden 204
 – Pflicht der Geschäftsleitung 203
Insolvenzantragspflicht 122, 204, 208
 – Ruhen der 211
Insolvenzprävention 34

Insolvenzrecht 1
Insolvenzschutz 115
Insolvenzsperre 122
Interessenberücksichtigung
 – Pflicht der Geschäftsleitung 208
internationale Zuständigkeit 69, 179, 181
Ipso-facto-Klauseln 10, 139

J

Jahresabschlüsse 63
juristische Personen 9

K

Kapitalflussrechnung 61
Kapitalmehrheit 193
klassenübergreifender Cram-Down 94, 156
Konkursantrag 123
Kontokorrentkredit 165
Kostenbestimmungsantrag 113
Kostenersatzregelung 83
Kostenvoranschlag 76, 111
Kostenvorschuss 112
Krisenstadium 54, 60
Krisenursachen 55

L

Leistungsverweigerungsrechte 136
Leistungsverweigerungssperre 134

M

Mahnung 238
Mantelkauf
 – Verlustvortrag 230
Material-Adverse-Change-Klauseln 139
Multiplikatormethode 155

N

Netting-Mechanismen 139
neue Finanzierung 166
nicht angemeldete Insolvenzforderungen 237
Nichtzahlung 134
niedrige Eintrittsschwelle 89

O

Obstruktionsverbot 213, 215
offensichtliches Einleitungshindernis 46

öffentliche Bekanntmachung 174
öffentliche Restrukturierungsverfahren 184
öffentliches Gesamtverfahren 180
ordentliches Restrukturierungsverfahren 4, 9
Organisationsmodell der „doppelten Unabhängigkeit" 101
Organschaft 231

P

par condicio creditorum 208
Pflichtensituation 58
Plausibilität 150
Publizität 28

R

Rechtsschutz 121
Rechtsstellung der Gläubiger 37
Regelentlohnung 112
Rekurs 83, 102, 160
Rekursrecht 74
relative Nichtigkeit 141
Reorganisationsbedarf 20
Reorganisationsplan 53
Reorganisationsverfahren 2
– Haftung bei Nichteinleitung 210
Restrukturierungsantragspflicht 206
Restrukturierungsbeauftragter 5, 75, 86, 88
– Abgabenrecht 231
– umsatzsteuerliche Leistung 232
Restrukturierungsbedarf 48
Restrukturierungsfähigkeit 37
Restrukturierungsinstrument 48
Restrukturierungskonzept 52, 60, 71
Restrukturierungsmaßnahmen 54, 56, 146, 192
Restrukturierungsplan 10, 68, 72, 106, 143
Restrukturierungsplanmaßnahmen 40
Restrukturierungsplantagsatzung 79, 150
Restrukturierungsrahmen 34
restrukturierungsspezifische Pflichten 110
Restrukturierungsvereinbarung 12, 189
Restrukturierungsverfahren 1, 8
– Europäisches 64
– Vereinfachtes 64

S

Sachverständige 65
Sachverständigenbestätigung 198
Sanierungskonzept 53, 57
Sanierungsoptionen 19
Sanierungsplanung 19
Sanierungsverfahren
– mit Eigenverwaltung 56
Säumnisfolgen 69
Scheme of Arrangement 183, 184
Schuldenregulierungsverfahren 15
Schulderlass
– außergerichtlicher Ausgleich 223
– ertragsteuerliche Behandlung 222
– Restrukturierungsverfahren 224
Schuldner 8
– in Eigenverwaltung 87
Schuldnerantrag 11
Selbständige Erwerbstätigkeit 246
Sondervorteil 46
stakeholder 107
Steuerfestsetzung
– Restrukturierungsverfahren 225
– Schulderlass 223
Steuersubjekt
– Restrukturierungsverfahren 231
Stimmrecht 152
Stimmrechtsprüfung 81

T

Tagsatzung 151
Tilgungsplan 241
Transaktionen 169
Treuepflicht
– der Geschäftsleitung 208
– shift of fiduciary duties 209

U

Überschuldung 38
Überwachung 106
– des Schuldners 97
Umsatzsteuer
– Verwertung von Liegenschaften 228
Uneinbringlichkeit des Entgelts
– Vorsteuerkorrektur 225
unmittelbar verbindliche Maßnahmen 41

Stichwortverzeichnis

Untauglichkeit 57, 58
Unternehmensfortführung 127, 130
Unternehmensleitung
– Definition 203
Unternehmenssanierung 127

V

Vereinbarungsbeschränkung 138
vereinfachtes Restrukturierungsverfahren 4, 12, 187
– Ruhen der Insolvenzantragspflicht 211
Verfahrenseinleitung 10
Verfahrensgebäude 31
Verfahrenskosten 26
Verfügungsbeschränkungen 92, 100
Verlustvortrag
– Körperschaften 229
– Mantelkauf 230
Verlustvortragsgrenze
– Körperschaften 229
vermutete Zahlungsunfähigkeit 23
Versagungsgründe 153
Verständigung von der Eröffnung 237
Verteilungsquote 157
Vertragsänderungen 42
Vertragsänderungssperre 137
Vertragsauflösung 129
Vertragsauflösungssperre 24, 136
Vertragsautomatismen 140
Vertragsschutz 128, 132
Vertragstypen 131
Verwertung von Vermögensgegenständen
– Ertragsteuer 227
Verwertungsbefugnis des Treuhänders 248
Verwertungsmaßnahmen 105
vollständige Erfüllung 130

Vollstreckungssperre 5, 8, 10, 24, 64, 73, 91, 93, 115, 116, 118, 124, 128, 176
– Ausschluss der Haftung 212
– Ruhen der Insolvenzantragspflicht 211
– Zahlungsverbot 212
Vorbereitungsverfahren 71
Vorschlagsrecht 95
Vorsteuerabzug
– Leistung des Restrukturierungsbeauftragten 232
Vorsteuerkorrektur 225, 227
– Verwertung von Liegenschaften 228

W

Wahlrecht 59
wahrscheinliche Insolvenz 20, 34, 35, 47, 70, 198
– Pflichten der Geschäftsleitung 203
– Sicherung der Bestandfähigkeit 207
Warnkennzahlen 36
wesentliche Vermögensverschlechterung 160
Widerruf der Restschuldbefreiung 247

Z

Zahlungsfrist 236
Zahlungsplan 16
– Zulässigkeit 236
Zahlungsstockung 22
Zahlungsunfähigkeit 22, 117
Zahlungsverbot 39, 212
Zahlungsverzug 132
Zinsansprüche 45
Zug-um-Zug-Leistungspflichten 134
Zugangsvoraussetzungen für das Restrukturierungsverfahren 89
Zustellungen in Insolvenzverfahren 252
zustimmungsbedürftige Maßnahmen 41
Zustimmungsvorbehalt 105
Zwischenfinanzierung 23, 77, 164

ZIK – Zeitschrift für Insolvenzrecht & Kreditschutz

Alles, was Sie über Insolvenzrecht und Kreditschutz wissen müssen!

ExpertInnen aus der Praxis beleuchten die rechtlichen Hintergründe aktueller Insolvenzfälle. Rechts- und Unternehmensberater sowie Unternehmer finden in der ZIK 6x pro Jahr prägnante Berichte über die aktuelle Rechtslage im Insolvenzrecht und Kreditschutz.

MEHR ALS EINE ZEITSCHRIFT – IHR ABO-VORTEIL:

- Viele **digital exklusive ZIK-Artikel**, ua zum Schwerpunkt „Covid-19 und Insolvenzrecht"
- Zugriff auf alle **ZIK-Artikel seit 1995**
- **Ortsunabhängig** nutzbar am PC, Tablet oder Smartphone
- 20% Rabatt auf ausgewählte ARS-Seminare

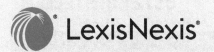

Bestellen Sie jetzt Ihr ZIK-Abo oder lesen Sie 30 Tage lang kostenlos*:
zik.lexisnexis.at

*Registrierung erforderlich, Testzugang endet automatisch
Stand Juni 2021. Änderungen vorbehalten.

 Weil Vorsprung entscheidet.

ABGB Taschenkommentar

Der Taschenkommentar zum ABGB und zu wichtigen Nebengesetzen (EheG, EPG, EKHG, KSchG, ASVG) setzt in der 5. Auflage die bewährte praxisorientierte Schnellinformation fort, die die maßgeblichen Einzelheiten unter dem Gesichtspunkt „Information vor Dokumentation" vermittelt.

Der Herausgeber:
Vizepräsident des OGH - Univ.-Prof. Dr. Matthias Neumayr

Das „kleine Schwarze" für Jurist:innen!

5., neu bearbeitete und erweiterte Auflage
Preis € 319,-
Wien 2020 | 2.468 Seiten
Best.-Nr. 31073005 | ISBN 978-3-7007-7615-4

JETZT BESTELLEN!
E-Mail: kundenservice@lexisnexis.at | Tel.: +43-1-534 52-0

Ab 40 Euro Bestellwert versandkostenfrei innerhalb von Österreich unter shop.lexisnexis.at